Allgemeine Psychotherapie

Allgemeine Psychotherapie

Neue Ansätze zu einer Integration psychotherapeutischer Schulen

herausgegeben von
Rudolph F. Wagner und Peter Becker

Hogrefe · Verlag für Psychologie
Göttingen · Bern · Toronto · Seattle

Dr. phil. Rudolph F. Wagner, geb. 1960. 1982-1989 Studium der Psychologie in Heidelberg. Wissenschaftliche Tätigkeit in verschiedenen Forschungsprojekten in den Fachbereichen Psychologie, Psychosomatik und Medizinische Biometrie. 1995 Promotion. Seit 1990 Wissenschaftlicher Mitarbeiter am Institut für Psychotherapie und Medizinische Psychologie der Universität Würzburg. Als Dozent, Lehrtherapeut und Supervisor in verschiedenen Ausbildungsinstituten tätig.

Prof. Dr. Peter Becker, geb. 1942. 1963-1969 Studium der Psychologie in Saarbrücken. Von 1969-1970 Leiter einer Erziehungsberatungsstelle. 1972 Promotion. Von 1970 bis 1978 als wissenschaftlicher Mitarbeiter bzw. Assistenzprofessor am Psychologischen Institut der Universität des Saarlandes an der Ausbildung in Klinischer Psychologie und Psychotherapie beteiligt. Seit 1979 Professor für Psychologie an der Universität Trier. Arbeitsschwerpunkte: Persönlichkeits-, Gesundheits-, Diagnostische und Klinische Psychologie.

Die Deutsche Bibliothek - CIP-Einheitsaufnahme

Allgemeine Psychotherapie : neue Ansätze zu einer Integration psychotherapeutischer Schulen / hrsg. von Rudolph F. Wagner und Peter Becker. - Göttingen ; Bern ; Toronto ; Seattle : Hogrefe, Verl. für Psychologie, 1999
ISBN 3-8017-1185-4

© Hogrefe-Verlag GmbH & Co. KG, Göttingen · Bern · Toronto · Seattle 1999
Rohnsweg 25, D-37085 Göttingen

Umschlagillustration: Margarete Lindau, Leipzig
Druck: Dieterichsche Universitätsbuchdruckerei
W. Fr. Kaestner GmbH & Co. KG, D-37124 Rosdorf / Göttingen
Printed in Germany
Auf säurefreiem Papier gedruckt
ISBN 3-8017-1185-4

Inhaltsverzeichnis

5   Allgemeine und Differentielle Psychotherapie auf systemischer Grundlage

Auf dem Weg der Integration

Rudolph F. Wagner und Peter Becker

Der vorliegende Band *Allgemeine Psychotherapie - Neue Ansätze zu einer Integration psychotherapeutischer Schulen* entstand vor dem Hintergrund eines sich immer deutlicher artikulierenden Bedürfnisses von Psychotherapeutinnen und Psychotherapeuten unterschiedlicher Schulrichtungen, die starren Grenzen aufzulösen und in der Psychotherapie das umzusetzen, was sich - jenseits der Therapieschulen - als sinn- und wirkungsvoll in der Behandlung erwiesen hat. Ein wichtiger Schritt in diese Richtung war das 1994 von Grawe, Donati und Bernauer publizierte Werk *„Psychotherapie im Wandel - Von der Konfession zur Profession"*, welches diesem schon lange bestehenden Integrationsbedürfnis eine breite wissenschaftliche Basis zur Verfügung stellte und die Diskussion um eine schulenübergreifende Psychotherapie wieder neu (und heftig) entfachte. Das von den Autoren darin vorgestellte Konzept einer *Allgemeinen Psychotherapie* wurde inzwischen weiter ausgearbeitet (Grawe, 1998; s. auch den Beitrag von Grawe in diesem Band). Die gegenwärtige Situation auf dem Psychotherapiemarkt ist jedoch noch weit entfernt von einer integrativen Behandlungsform jenseits der Therapieschulen, was sich u.a. an der noch starken Orientierung an sogenannten Richtlinienverfahren im gerade verabschiedeten Psychotherapeutengesetz zeigt. Dennoch: Die Erkenntnis, daß nicht einzelne Therapieverfahren „die ganze Wahrheit" repräsentieren, sondern daß es verschiedene Sichtweisen und Wirkfaktoren gibt, die in den einzelnen Therapierichtungen unterschiedlich stark ausgeprägt sind, wird von immer mehr Psychotherapeutinnen und Psychotherapeuten geteilt.

Als im Oktober 1997 an der Universität Würzburg unter dem Thema *„Gesellschaft im Wandel. Psychologische Antworten auf Fragen der Zeit"* der 4. Deutsche Psychologentag (zugleich 19. Kongreß für Angewandte Psychologie) vom Berufsverband Deutscher Psychologinnen und Psychologen veranstaltet wurde (Richardt, Krampen & Zayer, 1997), gab es mehrere Beiträge, die sich mit dem Problem der Integration verschiedener psychotherapeutischer Ansätze beschäftigten. Unter Leitung von Rudolph F. Wagner fand ein Symposium statt, das sich dem Thema *„Allgemeine und methodenübergreifende Psychotherapie"* widmete. Als nach dem Kongreß die Anfragen nach einer ausführlichen schriftlichen Fassung der Beiträge sich häuften, entschieden wir (Peter Becker und Rudolph Wagner) uns, die Herausgeberschaft für eine Publikation der Beiträge zu übernehmen. Dabei freuten wir uns besonders, daß wir Klaus Grawe, der als einer der wichtigen „Väter" einer Allgemeinen Psychotherapie angesehen werden kann, dazu gewinnen konnten, einen Beitrag für diesen Band zu schreiben. Nach einer ausführlichen Überarbeitung und Aktualisierung der Vortragsmanuskripte können wir nun ein Buch vorstellen, in dem sich - so hoffen wir - unterschiedliche Herangehensweisen auf fruchtbare Art und Weise der Integration psychotherapeutischer Schulen widmen. Zu Worte kommen Kollegen, die primär in Praxiseinrichtungen, Universitätskliniken, Psychotherapieinstituten, in der Psychotherapieforschung und der psychologischen Grundlagenforschung arbeiten. Wir sehen darin auch einen ersten Schritt zum breiten Dialog zwischen Praktikern und Forschern, der in der Literatur schon seit längerem vehement gefordert, aber bisher selten umgesetzt wird. Daß die einzelnen Blickrichtungen unterschiedlich sind und die Autoren neben übereinstimmenden Positionen verschiedene Akzente setzen, mag für diejenigen, die hier eine Ansammlung systematisch geordneten Wissens erwarten, enttäuschend sein. Wir halten solche Erwartungen jedoch (momentan noch) für verfrüht und sehen in der hier vorgestellten Vielfalt von Ideen und Perspektiven einen Reichtum, der sich für die Erreichung des Ziels einer Allgemeinen Psychotherapie als fruchtbar erweisen kann.

Zur Vorstrukturierung wollen wir hier die Schwerpunkte der einzelnen Beiträge nennen:

Nach diesem einleitenden Kapitel zeigen Einsiedel, Singer, Schlitt und Schönefuß in ihrem Beitrag *„Integration und Evaluation therapeutischen Handelns. Vorschläge für eine eigenständige universitäre psychotherapeutische Ausbildung"* Mängel der bisherigen Therapiesituation auf und leiten daraus Vorschläge für eine Reform der psychotherapeutischen Ausbildung ab. Ein besonderes Gewicht erhält dabei eine integrative Diagnostik, deren formale und inhaltliche Aspekte ausführlich dargestellt werden. Aufbauend auf einer integrativen Diagnostik schlagen die Autoren eine Analyse verschiedener existentieller Ziele vor, wobei Therapie-, Erziehungs- und Lebensziele Berücksichtigung finden sollen. Durch die Überprüfung und Bewertung des Handelns der Therapeutinnen und Therapeuten entsteht so eine evaluative Therapie. Unnötiges Leid für Klientinnen und Klienten, Patientinnen und Patienten könnte vermieden werden, wenn die von den Autoren geforderte Zusammenarbeit verschiedener Berufsgruppen verwirklicht würde. Die Autoren wollen ihren Ansatz als System verstanden wissen, welches für Änderungen oder auch Ergänzungen offen ist. Die propagierte evaluative Therapie will das Scheuklappendenken psychotherapeutischer Schulrichtungen überwinden. Als Konsequenz aus den vielfältigen Anforderungen an die Therapeutinnen und Therapeuten schlagen die Autoren eine Wissenschaft von der Integration und Evaluation therapeutischen Handelns vor, welche nach ihrem Modell die Grundlage für eine eigenständige universitäre Ausbildung in Psychotherapie bildet.

Rudolph Wagner geht in seinem Beitrag *„Ein integratives Menschenbild einer an ethischen Dimensionen orientierten Allgemeinen Psychotherapie"* ausführlich auf die Menschenbildannahmen verschiedener psychotherapeutischer Schulrichtungen ein. Dabei wird der Einfluß dieser impliziten Vorstellungen vom Menschen auf das Therapiegeschehen, auf den Patienten bzw. die Patientin und auf die gesamtgesellschaftliche Entwicklung aufgezeigt. Auf dem Weg zu einer Allgemeinen Psychotherapie sollten wir nach Wagner eine metatheoretische Betrachtungsperspektive einnehmen. Folgerichtig stellt er die Grundlagen eines metatheoretischen Rahmenmodells psychotherapeutischer Theorien dar, in welchem verschiedene Therapietheorien nach ihren anthropologischen Kernannahmen qua Menschenbildannahmen geordnet werden. Für eine Allgemeine Psychotherapie schlägt er ein integratives Menschenbild vor, welches diese unterschiedlichen Therapieperspektiven in sich vereint. Vor dem Hintergrund einer wissenschaftstheoretischen Erörterung stellt er ethische Prinzipien dar, die im psychotherapeutischen Handeln eine Rolle spielen, und formuliert daraus eine Rangreihe für die Auswahl psychotherapeutischer Theorien und Verfahren. Dieses *ethischsequentielle Vorgehen* orientiert sich an dem Grad der Reduktion des Patienten im Menschenbild der jeweiligen Therapietheorie. In seinem Modell kommt der Autor durch die Integration dieses ethisch-sequentiellen Vorgehens mit den Ergebnissen der Psychotherapieforschung zu einer anthropologisch nicht-reduktiven Allgemeinen Psychotherapie, die es ermöglicht, über die Grenzen einzelner Therapieschulen und deren teilweise widersprüchliche Menschenbildannahmen hinweg, Psychotherapie durchzuführen, die sich am Stand der Therapieforschung orientiert und den Patienten nicht unnötig einschränkt.

Der Beitrag von Heinz Hummitzsch *„Psychotherapie und die Integration psychotherapeutisch relevanten Wissens im Rahmen eines allgemeinen Modells"* geht davon aus, daß allein über den Nachweis der empirischen Wirksamkeit psychotherapeutischer Methoden eine integrative Allgemeine Psychotherapie nicht zu entwickeln ist. Der Autor ist der Ansicht, daß einzelne Therapierichtungen mit ihrer Therapiesprache jeweils einen Teil der Wirklichkeit psychischen Funktionierens mehr oder minder sinnvoll beschreiben. Um das vorhandene Wissen in fairer Weise beurteilen und in eine Allgemeine Psychotherapie überführen zu können, hält er es für notwendig, eine übergreifende Sprache zu entwickeln, in der sich die Ergebnisse verschiedener Schulen ausdrücken lassen. In seinem Modell geht er zunächst von einer sozialpsychologischen Perspektive aus und entwickelt das Konzept des therapeutischen Raumes, der durch die beiden Variablen *Nähe versus Distanz zum Problem* und *Nähe versus Distanz in der Beziehung* bestimmt ist. Dann werden die Grundlagen eines kognitiv-emotionalen Modells des Menschen vorgestellt, das anhand einiger heuristischer Kriterien auf seine Eignung, psychotherapeutisch relevante Probleme darzustellen, untersucht wird. Mit Hilfe des Modells gelingt es dem Autor, Konstrukte verschiedener Therapierichtungen in einer einheitlichen Sprache darzustellen. Die praktische Anwendung des Modells wird am Beispiel der klientenzentrierten Therapie nach Carl Rogers demonstriert.

Im Beitrag von Klaus Grawe *„Allgemeine Psychotherapie: Leitbild für eine empiriegeleitete psychologische Therapie"* werden einleitend grundsätzliche Überlegungen zur wissenschaftlichen Fundierung von Psychotherapie angestellt und auf die Zielvorstellung einer Allgemeinen Psychotherapie angewandt. Nach Auffassung von Grawe braucht eine Allgemeine Psychotherapie aufeinander bezogene Theorie und Empirie. In einem zweiten Teil wird eine theoretische Grundlage für die Annäherung an die Zielvorstellung einer Allgemeinen Psychotherapie vorgestellt. Es handelt sich um eine konsistenztheoretische Sichtweise der Entstehung, Aufrechterhaltung und Behandlung psychischer Störungen. Es wird gezeigt, wie aus dieser Theorie empirisch prüfbare Hypothesen abgeleitet werden können und wie die Hypothesen im Rahmen einer klinischen Therapievergleichsstudie empirisch untersucht werden können. In einem dritten Teil werden eine Systematik wirkungsrelevanter Aspekte des Therapiegeschehens und eine prozeßanalytische Methode zur Analyse von Therapieprozessen im Hinblick auf die Verwirklichung der postulierten Wirkfaktoren vorgestellt. Es wird gezeigt, wie auf dieser theoretischen Grundlage hypothesengeleitete Analysen zur Herausarbeitung empirisch fundierter therapeutischer Handlungsregeln durchgeführt werden können. Die Erarbeitung einer solchen Handlungsregel wird an einem konkreten Beispiel beschrieben.

In seinem Beitrag *„Allgemeine und Differentielle Psychotherapie auf systemischer Grundlage"* geht es Peter Becker um die Formulierung schulenübergreifender psychotherapeutischer Prinzipien, die aus einer Systemtheorie der Entstehung psychischer Störungen, einer integrative Persönlichkeitstheorie auf systemischer und faktorenanalytischer Grundlage sowie einer Analyse der empirischen Psychotherapieforschung abgeleitet werden. In Analogie zur Unterschiedung von Allgemeiner und Differentieller Psychologie wird zwischen einer Allgemeinen und einer Differentiellen Psychotherapie unterschieden. Die so verstandene Allgemeine Psychotherapie sucht nach generellen bzw. auf möglichst viele Fällen anwendbaren Prinzipien und ist eher störungsübergreifend orientiert. Becker formuliert derartige Prinzipien, die sich in Gestalt von zehn Maximen zusammenfassen lassen. Die Differentielle Psychotherapie hingegen befaßt sich mit den Variationen des psychotherapeutischen Vorgehens in Abhängigkeit von den individuellen Besonderheiten der beteiligten Interaktionspartner. Es wird aufgezeigt, daß sich neben der individuellen Symptomatik insbesondere die Berücksichtigung der Persönlichkeit des Klienten bzw. der Klientin in der Psychotherapie als fruchtbar erweist, ein Gesichtspunkt, der in den meisten Schulen und Lehrbüchern der Psychotherapie vernachlässigt wird. Generell hält Becker die Systemtheorie für einen geeigneten theoretischen Rahmen für die Erklärung und schulenübergreifende Behandlung psychischer Störungen.

Im letzten Kapitel des Buches greifen Becker und Wagner noch einmal den Grundgedanken der Integration psychotherapeutischer Richtungen aus metatheoretischer Perspektive auf. Unter dem Titel *„Rückblick und Ausblick: Auf dem Weg zu einer Allgemeinen Psychotherapie"* versuchen sie, vor dem Hintergrund der in den vorhergehenden Kapiteln dargestellten Überlegungen, eine Bündelung verschiedener Ansätze, deren gemeinsame Leitidee die Therapieintegration ist. Hierbei zeigt die geschichtliche Perspektive, daß es verschiedene Überlegungen zur Integration therapeutischer Schulen gibt. In einer Zusammenschau der in diesem Band vorgestellten Ansätze zeigen die Autoren Gemeinsamkeiten und Unterschiede sowie Schwerpunkte und Defizite der einzelnen Integrationsansätze auf. Im Anschluß daran wird die Idee einer Allgemeinen Psychotherapie noch einmal erläutert, bevor auf dieser Grundlage Vor- und Nachteile dieses (kontrafaktischen) Konzepts diskutiert werden. Im letzten Teil dieses Kapitels geben die Autoren ihrer Hoffnung Ausdruck, daß eine schulenübergreifende Allgemeine Psychotherapie als wichtige Chance einer modernen Psychotherapie eine Zukunft haben wird.

In diesem Buch werden verschiedene Modelle eines integrativen psychotherapeutischen Vorgehens dargestellt. Die Zeit ist reif für eine psychotherapeutische Behandlung, die das Wissen unterschiedlicher Herangehensweisen nutzt. Für das bevorstehende Jahrtausend wünschen wir uns eine feste Verankerung eines solchen integrativen Vorgehens im Gesundheitssystem. Wir hoffen, daß es mit diesem Buch gelingt, einen Schritt auf diesem Weg zu gehen.

In diesem Einleitungsartikel haben wir die männliche und weibliche Form jeweils getrennt dargestellt, was uns angesichts der vielen Psychotherapeutinnen, die in der psychotherapeutischen Versorgung tätig sind, wichtig erscheint. Diese Regel haben wir jedoch wegen der besseren Lesbarkeit in den folgenden Beiträgen nicht strikt eingehalten, sondern oftmals nur eine Geschlechtsform verwendet. Falls es nicht anders angegeben ist, sind damit immer beide Geschlechter gemeint.

Literatur

Grawe, K. (1998). *Psychologische Therapie*. Göttingen: Hogrefe.

Grawe, K., Donati, R. & Bernauer, F. (1994). *Psychotherapie im Wandel. Von der Konfession zur Profession*. Göttingen: Hogrefe.

Richardt, G., Krampen, G. & Zayer, H. (Hrsg.) (1997). *Beiträge zur Angewandten Psychologie*. Bonn: Deutscher Psychologen Verlag.

1 Integration und Evaluation therapeutischen Handelns. Vorschläge für eine eigenständige universitäre psychotherapeutische Ausbildung[1]

Eckehard Einsiedel[2], Peter C. Singer[3], Harald Schlitt[4] und Götz Schönefuß[5]

1.1 Notwendigkeit einer Reform der psychotherapeutischen Ausbildung

Wir leben in einer Übergangzeit verstärkten sozialen, kommunikativen und ethischen Wandels. Dieser Strukturwandel des persönlichen, familiären und gesellschaftlichen Lebens hat zu weitverbreiteten Verunsicherungen geführt. Es gibt kaum noch Möglichkeiten, funktionale Hilfskompetenzen in Familie und Gemeinde zu aktivieren (Stichworte für den Kontakt- und Wertewandel: Mobilität, Vereinzelung, Anonymisierung, Reduzierung menschlicher Interaktion auf rationale und zweckgerichtete Inhalte, Dominanz sogenannter Sachzwänge).

Daß aus diesen Veränderungen ein erhöhter Bedarf an sozio- und psychotherapeutischer Hilfe resultiert, ist bekannt. Der gestiegene Bedarf kann jedoch längst nicht mehr hinreichend gedeckt werden. Es versagen zunehmend nicht nur die traditionellen *prä*-professionellen Strukturen, wie z.B. Familie, Verwandtschaft, Nachbarschaft und Gemeinde. Auch die *professionellen* Institutionen und Organisationen greifen meist zu kurz. So sind z.B. die Angebote der kirchlichen Einrichtungen, der Wohlfahrtsverbände, der kommunalen oder staatlichen Hilfsinstitutionen, des derzeitigen Medizinsystems schon wegen ihrer hohen Spezialisierung oft unzureichend.

Die aktuelle Situation der psychotherapeutischen Helfer ist nicht nur aus diesen Gründen besonders schwierig. Zu weiteren Einengungen ihrer Möglichkeiten seien genannt:

- die sogenannte Kostenexplosion im Gesundheitswesen,
- lange Vorgeschichte und Mängel des Psychotherapeutengesetzes,
- intra- und interdisziplinäre Auseinandersetzungen über Methoden und Inhalte psychotherapeutischer Intervention,
- Einengung des Methodenstreites auf z.B. tiefenpsychologische bzw. psycho-

---

[1] Herrn Stephan Wagner, Interventionskoordinator der DGzET, zugeeignet

[2] Klinikum der Universität Mainz, Kinderklinik, Pädiatrische Psychologie

[3] Deutsche Gesellschaft zur Evaluation von Therapieformen, DGzET

[4] Bundesarbeitsgemeinschaft Psychologisch-Medizinischer Initiativgruppen, BPMI

[5] Klinikum der Universität Mainz, Frauenklinik, Psychosomatische Gynäkologie

analytische Verfahren vs. Verhaltenstherapien,

- Versuche, diese Einengungen gesetzgeberisch festzuschreiben.

Während Baumann (1996) „Psychotherapie in vielen Aspekten von der Psychologie her fundiert" sieht und Hoffmann (1997) „körperliche und seelische Probleme zu integrieren versucht", ist zukünftig eine über medizinische und psychologische Basiswissenschaften hinausgehende (auch weitere Disziplinen wie z.B. Pädagogik, Soziologie, Theologie integrierende) *eigenständige universitäre Ausbildung „Psychotherapie"* zu postulieren.

Zur Herleitung dieser Forderung zunächst ein kindliches Mißverständnis:

Der sechsjährige Sohn eines Psychologen fragt seine Mutter (ebenfalls Psychologin), was denn sein Vater (Psychotherapeut in einer Klinik) eigentlich mache. Er wird kindgemäß aufgeklärt: „Wenn jemand krank ist, und die Ärzte ihn mit ihren Mitteln nicht gesund machen können, holen sie den Papa. Wenn also die Ärzte nicht mehr wissen, wie sie ihn heilen können, versucht der Papa zu helfen".

Wochen vergehen. Ein betagter Nachbar erkrankt schwer, liegt komatös auf der Intensiv-Station eines Krankenhauses. Die Mutter unterhält sich darüber mit den Angehörigen auf dem Hof. Der Kleine steht dabei. Als sie ins Haus gehen, fragt der Sechsjährige seine Mutter: „Warum holen die denn keinen Psychologen?"

Der Junge verwechselt also Ratsuche bei einem *schwerwiegenden* (gravierenden) Fall mit Ratsuche bei einem *schwierigen* (komplex-diffizilen) Fall. Diese Anekdote ist im Vorfeld der Weiterentwicklung des vorliegenden Ansatzes zur Unterscheidung der Rollenfunktion von Psychiatern und Psychologen bei sogenannten ‚einfachen Leuten' in Analogie zu setzen. Dazu einige Stichworte:

- Die meisten Laien kennen den Unterschied zwischen Psychologe und Psychiater überhaupt nicht.
- Falls doch, dann ist der Psychologe für ‚leichte' Fälle (z.B. Leistungsstörungen, Störungen des Unterrichts, Schulschwänzen, Ladendiebstähle, Platzangst, Tierphobien), der Psychiater für ‚schwere' Fälle (z.B. uneinfühlbare Geisteskrankheiten, Mord, sexueller Mißbrauch, Kleptomanie) zuständig.

Und in der Weiterführung dieses unbestreitbaren Mißverständnisses:

- wer ‚Schwerwiegendes' meistern kann, kann auch ‚Leichtes' meistern,
- und er ist natürlich in jedem Fall der Weisungsgeber,
- und im Zweifelsfall geht man doch lieber gleich zum Psychiater
- usw.

Zu den Folgemißverständnissen ist hier nur der derzeit in der Gesetzgebungs-Festschreibung befindliche „Untersuchungsvorbehalt" der Ärzteschaft beim Anfang 1998 verabschiedeten Psychotherapeutengesetz zu nennen (siehe dazu Ergänzungsvorschlag in Kapitel 5).

Diese traditionellen Strukturen im Gesundheitswesen, die erkämpften und berufs- und verbandspolitisch ausgebauten Usancen und Privilegien, sind auch im Bewußtsein der Bevölkerung längst verinnerlicht worden. Reformbestrebungen einerseits und Abwehr- bzw. Fragmentierungsprozesse andererseits, sind so komplex und so fest zu einem gordischen Knoten verstrickt, daß – auch deshalb – ein tatsächlicher Neuanfang, *eine eigenständige, universitäre Ausbildung in Psychotherapie* anzustreben ist.

Zur Verdeutlichung dieser These wiederum einige Zuspitzungen. In der beruflichen Sozialisation späterer Psychotherapeuten werden z.b. folgende Hilfswissenschaften akademisch gelehrt:

- **Anatomie** (bei der zur Psychotherapie-Profession primär vorausgesetzten **Medizin**), oder z.B.
- **Statistik** (bei der zur Psychotherapie ebenfalls vorausgesetzten **Psychologie**), oder z.B.
- **Hebräisch** (bei der ebenfalls für die psychotherapeutische Profession als wichtig angesehenen **Theologie**).

Anatomie, Statistik, Hebräisch sind – vorsichtig ausgedrückt – für die psychotherapeutische Praxis vergleichsweise nachrangig. Statt diese Beispiele für Biologie, Pädagogik, Soziologie, Jurisprudenz fortzusetzen, der Hinweis: ars longa, vita brevis est! Das Leben ist tatsächlich zu kurz, um einen Psychotherapeuten, damit er endlich selbständig arbeiten kann und ‚zugelassen‘ wird, erst ein volles ‚*Mutterfach-Studium*‘, dann eine facharzt-äquivalente *Weiterbildung*, dann eine schulbezogen eingeengte *psychotherapeutische Spezialisierung* zuzumuten.

Und: die Kunst ist auch viel zu komplex, als daß sie derart verkürzt werden könnte. Die oben beklagte Beschränkung der psychotherapeutischen Interventionsmodi, z.B. auf psychoanalytisch orientierte einerseits und behavioristisch-lerntheoretisch orientierte Strategien und Techniken andererseits, ist dafür nur ein Beispiel. Mittelalterliche Scholastik, Dogmatismus, Fundamentalismus sind angeblich überwundene Begrenzungen wissenschaftlichen Fragens. Zur Leitthematik des Deutschen Psychologentages 1997: „*Gesellschaft im Wandel*" ist zu erinnern, daß die Psychologie – als eine a priori emanzipatorische Disziplin – in ihrer vornehmsten und häufigsten Anwendung, der Psychotherapie, nicht ständig und auch noch gesetzgeberisch festgeschrieben ideologisch verkürzt werden darf.

Einige Auswirkungen der Verkürzung der Realität für das medizinisch dominierte Gesundheitswesen haben wir im August 1997 auf dem 7th World Congress der World Society Of Cardio-Thoracic-Surgeons angesprochen:

„In der wissenschaftlichen Forschung werden neuerdings epistemologische Fragen wieder mehr berücksichtigt. Für diese – insgesamt erfreuliche – Entwicklung ist u.a. der Umstand mitverantwortlich, daß auch in den empirisch fundierten Disziplinen laufend Fehler gemacht werden. Offensichtliche Datenfälschungen sind damit gar nicht gemeint. Gemeint ist folgende Fehlersequenz: Zum ersten werden zumeist nur Teilaspekte eines Problems experimentell untersucht. Ein weiterer Fehler ist der, daß meistens nur die Dinge erfaßt werden, die leicht zugänglich sind. Ein dritter Fehler resultiert aus dem Umstand, daß wir schließlich meinen, die untersuchten – partiellen – Aspekte würden hinreichende Ergebnisse liefern. Ein vierter Fehler ist insofern nachsichtig zu beurteilen, als er den meisten Forschern überhaupt nicht bewußt wird. Das Dilemma führt aber zu immensen Folgekosten. Sie resultieren aus dem Mißverständnis, daß (zumindest implizit) unterstellt wird, die nicht untersuchten Fakten würden auch nicht existieren. Solche Fragmentierungen werden dann noch mit den modernen Schlagworten „lean production" und „small is beautiful" und mit dem Hinweis auf die wegen der weltweiten Kostenexplosion im Gesundheitswesen notwendigen Spargebote rationalisiert. Gründlichere Untersuchungen kosten – kurzfristig gesehen – tatsächlich mehr. Sie sind trotzdem einzufordern. Wie wir lokal handeln, jedoch global denken müssen, müssen wir auch die langfristigen Implikationen unseres akuten Verhaltens reflektieren, weil sonst die – zunächst einfachen und preiswerten – Interventionen höchst komplex und teuer werden, und sie – vor allem – erfolglos bleiben" (Einsiedel & Clausner, 1997).

1.2   Konzept, Teilprozesse und Rahmenbedingungen der Psychotherapie

Um für vorliegendes Anliegen diese Forderungen nach tatsächlich wirksamer Hilfe zu erfüllen, ist vor jeder Therapie nach der Indikation für die Behandlung, nach den Zielen der Behandlung, nach ihren Methoden und schließlich nach den Bewertungs- und Überprüfungsmöglichkeiten der gesamten Intervention zu fragen. Dazu sind zur Planung und Durchführung die konkreten Möglichkeiten des Therapeuten (z.B. nach Profession, Institution, technischen, ökonomischen, gesellschaftlichen Bedingungen) einzubeziehen, und sind die therapeutischen Perspektiven explizit zu machen. Einige Rahmenbedingungen psychotherapeutischer Interventionen sind in Tabelle 1.1 dargestellt.

Tab. 1.1: Rahmenbedingungen psychotherapeutischer Interventionen

Indikation(-en)
Therapieziele
Methoden
Möglichkeiten der Instituition
Fallspezifitäten
Individualisierung
Bewertung
Überprüfung

Ein Anlaß zu einer Intervention ist dann gegeben, wenn ein Betroffener um Hilfe bittet oder, weil dieser Mensch z.B. zu jung, ‚uneinsichtig' oder bewußtlos ist, wenn in seinem Namen (von seinen Angehörigen, vom ‚Nächsten') um Hilfe gebeten wird. Von einer Therapie kann erst gesprochen werden, wenn Hilfe *sorgfältig geplant* und nach den beruflichen, wissenschaftlichen Regularien des konsultierten Therapeuten *systematisch* herbeigeführt werden soll. Sie ist problemorientiert, zielgerichtet und – auch wenn sie lange dauern kann – zeitlich befristet. Als wissenschaftliche Verfahren stehen ihre Grundannahmen und praktischen Vorgehensweisen in Übereinstimmung mit den Ergebnissen der Grundlagenforschung (vgl. z.B. Baumann, 1996; Beutler & Crago, 1991; Breuer, 1989; Brocke, 1993; Einsiedel, 1983; Grawe, Donati & Bernauer, 1994; Kanfer, 1995; Perrez, 1982 a,b; Strotzka, 1975). Demnach sind psychotherapeutische Interventionen professionelle, wissenschaftlich fundierte Verfahrensweisen, die mit psychologischen Mitteln im Erleben und Verhalten des Betroffenen zum Zwecke der Entfaltung und Förderung der körperlichen und seelischen Gesundheit an verschiedenen psychischen Komplexitätsebenen ansetzen (vgl. Perrez und Baumann, 1991).

Diese Interventionen sind nach mehreren Seiten abzugrenzen. So ist eine systematische Verhaltensänderung zu unterscheiden z.B. von einem bloßen Rat (der zudem nicht nach ‚Gutdünken' abgegeben werden kann) oder von einer Krisenintervention (als ebenfalls vergleichsweise kurzfristige, direkte Hilfsmaßnahme) oder von einem „Coaching", im Sinne einer Optimierung erwünschter ('gesunder') Lebensverhältnisse (siehe Becker, 1982, 1995; Einsiedel, Burkhart & Henrichs, 1995). Zudem kann die Erfahrung des Therapeuten erst richtig greifen, wenn umfassend und detailliert diagnostiziert wurde und wenn das aus diesem „Erkennen durch Unterscheiden" gewonnene Wissen in ein angemessenes therapeutisches Handeln umgesetzt wird.

Zu den genannten Rahmenbedingungen ist ferner festzuhalten, daß Indikation und Therapieziele nicht ausschließlich vom Hilfesuchenden definiert werden können. Oft ist es ja eine wesentliche Anfangsaufgabe des Therapeuten, bei seinem Klienten ein angemessenes Problembewußtsein zu schaffen. Zwar handelt es sich auf den Verhaltens- und Erlebnisebenen, auf denen in der Regel Psychotherapie stattfindet, zumeist nicht um vitale Notstände. Die psychotherapeutische Profession ist jedoch genauso ernstzunehmen, wie z.B. die Onkologie oder die Unfallmedizin oder die Organtransplantation. Allein dieser Aspekt berührt berufsethische, berufspolitische, jedoch auch methodologische und methodische Fragen nicht nur marginal, sondern zentral. Die weiteren Dimensionen der Tabelle 1.1 werden unten (Kapitel 1.5) erläutert.

1.3   Zur Bedeutung der Diagnostik für die Psychotherapie

Der Grundregel einer ursprünglich ärztlichen Interventions-Ethik „keine Therapie ohne Diagnostik" wird bei psychischen Störungen oft zuwidergehandelt. In der medizinischen Diagnostik wird etwa eine Herzkatheteruntersuchung unter strenger Beachtung anatomischer, pharmakologischer und technischer Bedingungen durchgeführt, und werden auch diätetische Empfehlungen (z.B. quantitativ nach Kalorien, qualitativ nach Kohlehydrat-, Protein-, Fettgehalt) präzise differenziert. Bei psychologischen Abklärungen, als einziges Beispiel sei an die Pathogenese eines gestörten Eßverhaltens erinnert, wird oft nicht hinreichend diagnostiziert. Vor allem existieren kaum Modelle zur *simultanen* Beachtung spezifischer Wirkungen, zur *Vernetzung* einzelner Einflußgrößen und zu der aus dieser Vernetzung möglicherweise resultierenden *Emergenz* neuer Merkmale. Wagner (1995, 1997) weist darauf hin, daß das bloße „... Nebeneinander verschiedenster Theorien und Ansätze" (1997, S. 377) in der Therapieforschung nicht mehr genüge und daß der aus der Fixierung auf einzelne Therapieschulen resultierende Reduktionismus zu überwinden sei. Er schlägt dazu ein „ethisch-sequentielles Vorgehen" und eine „möglichst unreduzierte Wahrnehmung" des Patienten durch den Therapeuten vor (siehe dazu auch den Beitrag von Wagner in diesem Band).

Unzureichende Annahmen über psychische Störungen beruhen auch auf dem Umstand, daß oft nur experimentelle Untersuchungen als wissenschaftlich angesehen werden. Sie können sich jedoch dann fortschrittshemmend auswirken, wenn sie in einen wissenschaftlich unzureichend begründeten Erklärungszusammenhang gestellt werden. So liegt zu Einzelfaktoren des Verhaltens oft eine Vielzahl von widersprüchlichen Untersuchungen vor. Erkenntnistheoretisch gesehen ist diese Widersprüchlichkeit oft Ausdruck unzureichender Forschungsstrategien. So wird z.B. in Analogie zu naturwissenschaftlichen Ansätzen bzw. zum traditionellen medizinischen Modell versucht, verhaltensanalytisch genau abgegrenzte oder auch operational widerspruchsfrei definierte Symptome oder auch einzelne Noxen jeweils isoliert zu untersuchen. Dieser Reduktionismus kann jedoch die durchgängig sehr komplexe, systemisch vernetzte, oft emergierende Symptomatik psychischer Störungen nicht angemessen spiegeln. Viele dieser Störungen sind bereits in sich widersprüchlich bzw. doppel- oder vielgesichtig bzw. multifaktoriell.

Erst eine tatsächlich umfassende wie detailgenaue Untersuchung relevanter Einflußgrößen und ihre adäquate theoretische Zuordnung ermöglichen hinreichende Erklärungs- und Behandlungsansätze. So ist z.b. der als „Erfolgskontrolle" übliche Vergleich unterschiedlicher psychotherapeutischer Verfahren auf der ‚Handlungsebene' unzureichend. Psychotherapeutische Verfahren stehen nicht gleichrangig nebeneinander. Sie setzen an unterschiedlichen Verhaltensweisen oder unterschiedlichen Erlebnis- und Einstellungsphänomenen oder unterschiedlichen Dimensionen der Persönlichkeit an. Auch dazu ist auf die Ansätze zur Überwindung des psychotherapeutischen Schulenstreites über die Entwicklung integrativer Persönlichkeitstheorien (siehe Becker, 1995, 1996, 1997; Einsiedel, 1983; Einsiedel et al, 1995; Grunert, 1993) hinzuweisen.

1.3.1 Formale Aspekte der Diagnostik

Psychodiagnostik erfüllt im Rahmen der Klinischen Psychologie zunächst fünf zentrale Aufgaben (vgl. Bastine, 1992a; Bastine & Tuschen, 1996):

- die Definition, Identifikation und Klassifikation klinisch-psychologischer Phänomene, insbesondere von psychischen Problemen und Störungen (vgl. American Psychiatric Association, 1987, 1994; Dilling, Mombour & Schmidt, 1994; Margraf & Schneider, 1994; Schulte & Wittchen, 1988; Stieglitz & Baumann, 1994; Wittchen & Schulte, 1988),
- die Indikationsstellung (vgl. Bastine, 1992b, Baumann, 1981; Bommert, Henning & Wälte, 1990; Grawe, 1978, 1992; Grawe, Donati & Bernauer, 1994),
- die Erklärung psychischer Phänomene (z.B. Bastine, 1984; Davison & Neale, 1988; Reinecker, 1994, 1995)
- die Prognose des künftigen Entwicklungsverlaufs (z.B. Einsiedel, 1983; Grawe, 1987; v. Quekelberghe, 1984; Schulte, 1991; Wellek, 1967),
- die Evaluation prozessualer Therapiemerkmale und des Behandlungserfolgs (z.B. Bastine, Fiedler & Kommer, 1989; Grawe, Caspar & Ambühl, 1990; Kanfer, Reinecker & Schmelzer, 1996; Schulte, 1991, 1993a).

Zum Aufweis der Relevanz einzelner Aspekte einer hinreichenden Diagnostik (siehe Tabelle 1.2) ist zunächst auf Vorarbeiten (z.B. Einsiedel, 1983, S. 66-78; Einsiedel et al, 1995, S. 49-84) hinzuweisen. Dort wird u.a. beschrieben, daß die aus der Trennung der einzelnen Disziplinen resultierende *Überspezialisierung der Einzelwissenschaften* zu erheblichen Mängeln bei der Beurteilung konkreter Probleme führen kann, weil im konkreten Fall von einer tatsächlichen Interdependenz der einzelnen Dimensionen eines Problems auszugehen ist. Daß andererseits die Beachtung interaktionaler Verhältnisse nicht zu einer Vernachlässigung manchmal monokausal determinierender Einzelmerkmale führen darf, wird im vorliegenden Kontext schon aus der polaren Gegenläufigkeit der Einzeldimensionen der Axiomatik – hier z.B. Ganzheitlichkeit vs.

Tab. 1.2: Formale Aspekte hinreichender Diagnostik

Inhaltliche Angemessenheit
Methodologische Richtigkeit
Ganzheitlichkeit
Detailgenauigkeit
Längsschnittlichkeit
Querschnittlichkeit
Konkretisierbarkeit
Generalisierbarkeit
Interdependenz
Emergenz
Überprüfbarkeit

Detailgenauigkeit, Längsschnittlichkeit vs. Querschnittlichkeit, Konkretisierbarkeit vs. Generalisierbarkeit – deutlich.

Zur Veranschaulichung zunächst eine Kasuistik:

Im Verlauf der psychotherapeutischen Behandlung eines neunjährigen Drittklässlers kommt es zu einem – von der Mutter schamvoll geschilderten – Eklat, der beinahe zur Einweisung in eine jugendpsychiatrische Anstalt geführt hätte. Der Junge wird dem klinischen Psychotherapeuten vorgestellt, nachdem er vorher dreimal wegen „abdomineller Beschwerden" unklarer Genese (während der ersten Behandlung waren „Koliken", während der zweiten eine „Appendizitis" diagnostiziert worden) stationär behandelt worden war.

Zur Vorgeschichte: Udo war als gesundes aufgewecktes jüngstes Kind gesunder Eltern (Aufsteigerfamilie; Vater nach kleinen Anfängen inzwischen Chef einer Versicherungsagentur mit ca. 20 Mitarbeitern) „normal" eingeschult worden. In der ersten und zunächst auch in der 2. Klasse war er ein guter Schüler bzw. mit den Worten seiner Mutter: „ein glücklicher Springins-Feld". Diese Expansivität war auch der Anlaß für ‚sein Unglück': Grundschule, große Pause. Udo stürmt auf den Hof, prallt auf eine Klassenkameradin, diese fällt (ohne ernsthafte Folgen). Die daneben stehende Lehrerin tadelt ihn und trifft ihn „... wie im Reflex, es war eher eine Abwehrbewegung" (so wörtlich) mit der Rückseite der rechten Hand im Gesicht. Nächster Tag. Die Lehrerin unterrichtet. Während des Unterrichts wird die Tür aufgerissen. Udo's stattlich-hochgewachsener Vater stürmt in den Klassensaal, macht keinerlei Vorreden, sondern erklärt, daß er die körperliche Züchtigung seines Sohnes nicht hinnehme und diese Aktion starte, um der Lehrerin eine Lektion zu erteilen. Sie solle merken wie es sei, wenn man plötzlich unglücklich gemacht werde. Es folgte eine Beschwerde beim Direktor. Im weiteren Verlauf kommt es tatsächlich zu einer schulrechtlichen Untersuchung. Udo, die Mitschülerin, die Lehrerin, weitere Zeugen werden befragt, Rektor, Schulrat, Schulamt werden eingeschaltet. Die disziplinarrechtliche Untersuchung bleibt jedoch „...... ohne Ergebnis". Die Erwachsenen sprechen sich aus, die Lehrerin entschuldigt sich bei Udo, sein Vater bei der Lehrerin. Udo entwickelt jedoch eine Schulangst. Er fehlt einige Tage. Als die Schulverweigerung anhält, wird eine Schulpsychologin eingeschaltet. Diese beschränkt ihre Analyse auf eine (verhaltensdiagnostische) „Baseline", diagnostiziert eine „akute Schulphobie", erlaubt und verlängert die Schulpause, startet ein Angstdesensibilisierungsprogramm und plant ein Token-Belohnungsprogramm, wenn Udo – zunächst zeitlich begrenzt und mit ihr – wieder am Unterricht teilnimmt.

In dieser subjektiv immer unerträglicher werdenden Situation entwickelt Udo zum ersten Mal „Bauchschmerzen". Diese werden von den Eltern eklatant verstärkt. Endlich gibt es für sie (wieder) eine konkrete Erklärung. Die nun folgende Behandlungskette: Bauchschmerzen, Konsultationen verschiedener niedergelassener Ärzte, Einweisung ins Krankenhaus, Aufnahme als Notfall, Trennung von den Eltern, invasive Behandlungen usw. stellt eine zwar belastende, jedoch eingeschliffene Prozedur dar, während die Gespräche mit der Psychologin „als wenig sachdienlich" erlebt worden waren. Die medizinischen Interventionen führen schließlich zur Schlußdiagnose: „... gesichert organisch unauffällige Befunde", bleiben jedoch insofern ohne Erfolg, als sich Udo weiterhin weigert, die Schule zu besuchen. Dem Psychotherapeuten berichtet die Mutter beim zweiten Behandlungstermin den eingangs thematisierten Vorfall: Als Udo am Vortag vom Vater geweckt worden war und die Mutter von der Verabschiedung des Vaters an der Haustür zurückkam, überraschte sie ihren Sohn, wie er in der Wohnküche in den Kühlschrank urinierte. Die Mutter wörtlich: „Als ich ihn erschrocken anschrie ‚Was machst Du da?', machte er einfach weiter ..." (!)

Ein – linear betrachtet – jeweils richtig bzw. nach der jeweiligen Disziplin lege artis erzieherisch, pädagogisch, schulrechtlich, allgemeinmedizinisch, pädiatrisch, neurologisch, schulpsychologisch, kinderchirurgisch behandeltes Kind entwickelt in einer Situation subjektiver Ausweglosigkeit eine neue Variante kindlicher Verhaltensstörungen, weil systemisch-interdependentielle Realitäten nicht angemessen mitbehandelt werden. Diese Mängel stellen im derzeitigen Gesundheitssystem eher die Regel als die Ausnahme dar. Ein Großteil der allgemein beklagten „Kostenexplosion" im Gesundheitswesen ist von daher zu erklären.

Über die aus vorstehender Kasuistik evident werdenden Veranschaulichungen hinaus folgen für allgemeinere Zwecke zu den in Tabelle 1.2 zusammengestellten Axiomen jeweils stichwortartige Erläuterungen:

„Inhaltliche Angemessenheit und methodologische Richtigkeit": Inhaltliche Angemessenheit meint z.B. Beachtung der Bedeutsamkeit und der Reichhaltigkeit von Aussagesystemen, des Stellenwertes von Forschungsansätzen usw.. Methodologische Richtigkeit meint, daß nach den üblichen Kriterien der jeweiligen Fachwissenschaft die Regeln von z.B. Untersuchung, Befundung, Einordnung der Befunde, Hypothesenbildung, auch der Ökonomie zu berücksichtigen sind. Zu erinnern ist zunächst an Kodizes wie z.B.: „nicht mit Kanonen auf Spatzen schießen", „dem Patienten nicht schaden", „so wenig invasiv wie möglich vorgehen" und „der Therapeut sollte sich so schnell wie möglich überflüssig machen" (vgl. „Prinzip der minimalen Intervention", Kanfer, 1975).

Konkret sind demnach diejenigen Methoden und Vorgehensweisen zu wählen, die mit einem Mindestaufwand an theoretischen und wirtschaftlichen Implikationen ein Maximum an Hilfe versprechen. Professionelle Therapeut-Klient-Beziehung heißt auch, daß der Psychotherapeut dem Klienten nicht einfach irgendeine Hilfe schuldet, sondern die beste Hilfe, die zur Zeit verfügbar ist. Daß der Grundsatz einer einfachen und sparsamen Intervention nicht einseitig vertreten werden kann, verdeutlicht auch die Position Lewins „nichts ist praktischer als eine gute Theorie". Zwar braucht demnach z.B. bei einem akuten Problem (Beispiel: Schulangst eines Zweitkläßlers) nicht unbedingt eine lückenlose Familienanamnese erhoben werden, doch kann auch nicht ausschließlich medizinisch auf die „abdominellen Beschwerden" des Betroffenen abgestellt werden. Wie für alle Axiome der Diagnostik gilt auch hier, daß die Annäherung an spezifische Ziele die Entfernung von anderen Zwecken bedeuten kann (Schneewind, 1977).

Zu Ganzheitlichkeit und Detailgenauigkeit: Die ganzheitliche Betrachtung erfolgt aus einer systemischen Perspektive. Während in den der naturwissenschaftlichen Axiomatik folgenden sogenannten „linearen Ansätzen" die Merkmale einzelner Erkenntnisobjekte detailliert untersucht werden, stellen die Systemwissenschaften vor allem auf die Beziehungen zwischen einzelnen Merkmalen/Ereignissen oder ihren Organisationsprozessen ab (vgl. Willke, 1993). Demnach ist „das Ganze etwas gegenüber der Summe seiner Teile Ausgezeichnetes" (Aristoteles), es besitzt die „Gestaltqualität" der „Übersummativität" (v. Ehrenfels, zitiert nach Wellek, 1967). Der jeweilige Antagonismus zwischen den Polen: „das Wahre ist das Ganze" (Hegel, 1970) oder: „das Ganze ist etwas gegenüber der Summe seiner Teile Ausgezeichnetes" und: „das Wahre ist das genau Erfaßbare" oder: „der Teufel steckt in den Details", ist durch eine Integration der gegenläufig erscheinenden Positionen auf neuem Niveau zu überwinden (Einsiedel, 1983). Erst eine tatsächlich ganzheitliche wie detailgenaue Untersuchung der relevanten Einflußgrößen ermöglicht hinreichende Erklärungs- und Behandlungsansätze. Diese doppelte Blickrichtung läßt sich zum Beispiel durch die sogenannte „Zoom-Objektiv-Metapher" veranschaulichen (vgl. Bartling, Echelmayer, Engberding & Krause, 1992; Kanfer, Reinecker & Schmelzer, 1996). Wie bei einem verstellbaren Zoom-Objektiv lassen sich bei großer Brennweite einzelne Details von Systemen sehr genau analysieren, während umgekehrt in Weitwinkel-Einstellung der Stellenwert der fokussierten Details im Gesamtkontext untersucht werden kann. Auf diese Weise werden Konstellationen auf verschiedenen Auflösungsniveaus (Makro- und Mikroebenen, vgl. Baumann, 1984) analysiert, und Interventionen in Teilbereichen des Systems erfolgen immer unter Berücksichtigung des gesamten (Problem-)Hintergrunds.

  Zu Längs- und Querschnittlichkeit: Längschnittlichkeit meint die Berücksichtigung der „Zeitgestalt" der Realität, d.h. der Vergangenheit, der Gegenwart und der Zukunft eines jeden Ereignisses oder einer jeden Existenz in unterschiedlichen Zeitfenstern. So sollte z.B. im ‚Zeitfenster Vergangenheit' die Erfassung der einzelnen Merkmalsbereiche immer auch auf die Lebenszeit bezogen sein, um die Entstehungsgeschichte, Art und Verlauf primärer und sekundärer Störungsmechanismen, Komorbiditäten usw. adäquat aufklären zu können (Deegener, 1984; Dehmel & Wittchen, 1984; Jüttemann & Thomae, 1987; Kemmler & Echelmeyer, 1978; Kessler & Schmidt, 1984; v. Quekelberghe, 1984; Schmidt & Kessler, 1976). Im Hinblick auf Gegenwart und Zukunft ist z.B. auf die Verlaufs- bzw. therapiebegleitende Diagnostik (vgl. z.B. Grawe & Braun, 1994; Hautzinger, 1994; Laireiter, Lettner & Baumann, 1995; Schulte, 1976, 1993b; Stieglitz & Baumann, 1994), die Prozeßdiagnostik (vgl. Bastine, Fiedler & Kommer, 1989; Grawe, Caspar & Ambühl, 1990; Schulte, 1991) oder auf die „Hierarchie existentieller Lebensziele" (Einsiedel, 1983; siehe unten) zu verweisen.

  Querschnittlichkeit (Stichwort: Statusdiagnostik) bezieht sich auf die Erfassung systemeigener, z.B. körperlicher und persönlichkeitsspezifischer Bedingungen, sowie auf die möglichst simultane Erfassung peristatischer, z.B. umweltspezifischer, sozioökonomischer und familiärer Merkmale zu einem gegebenen Zeitpunkt. In einer „multimodalen" und „multimethodalen" Diagnostik (Schulte, 1993b) werden nicht nur die Inhalte unterschiedlicher Datenebenen erfaßt, sondern auch unterschiedliche Datenquellen (z.B. Angehörige, Lehrer) und Konstrukte berücksichtigt (vgl. Seidenstücker & Baumann, 1987).

Veränderungen vollziehen sich als zeitlich verlaufende Prozesse. Um ihrer Komplexität gerecht zu werden, sind auch hier Einseitigkeiten zu vermeiden bzw. die Antagonismen längsschnittlicher und querschnittlicher Betrachtungen zu überwinden und auf neuem Niveau zu integrieren (vgl. Einsiedel, 1983). Querschnittliche (Status-)Diagnostik als die Erfassung unterschiedlicher Datenebenen einerseits und längsschnittliche Diagnostik – z.b. als lebensgeschichtliche funktionale Bedingungsanalyse – andererseits, sind zu verbinden und führen zu einer Erweiterung traditioneller psychodiagnostischer und psychotherapeutischer Ansätze.

Zu Konkretisierbarkeit und Generalisierbarkeit: In sich als wissenschaftlich bezeichnenden Interventionsbeschreibungen werden – zumeist implizit – naturwissenschaftliche, auf nomothetische Gesetzmäßigkeiten ausgerichtete Wirkmechanismen unterstellt. Zudem ist das Gesundheitswesen einerseits aus diesen Gründen, andererseits vor allem aus wirtschaftlichen Zwängen darauf ausgerichtet, den Patienten an das (z.B. Krankenhaus-, Organisations-, Abrechnungs-) System anzupassen. Vom homo patiens her gesehen, wäre eine umgekehrte Zielrichtung anzustreben. „Konkretisierbarkeit" in vorliegendem Kontext meint demnach zunächst die Abklärung der tatsächlichen Möglichkeiten des Spezialisten (und seiner Institution), auf die Bedürfnisse des Leidenden eingehen zu können. Auch hier sind die konkreten Bedingungen abzuklären, beispielsweise, ob grundsätzlich vorhandene Kapazitäten in Interventionsmaßnahmen transferiert werden können. Schließlich ist auch von diesem Aspekt her zu prüfen, ob – vielleicht aus dem Behandlungsverlauf evident werdende – individuelle (Zusatz-) Bedürfnisse tatsächlich erfüllt werden können.

Andererseits ist einsichtig, daß ‚das Rad nicht jeweils neu erfunden werden muß', daß z.B. in der Medizin und zunehmend auch in den Sozialwissenschaften auf einen gesicherten Bestand an diagnostischen und therapeutischen Techniken rekurriert werden kann. Mit dem Modell der „mittleren Abstraktion" (Einsiedel, 1983) wird das Spannungsfeld zwischen Theorie und Praxis veranschaulicht und konstruktiv umgesetzt. Zur Theorie sind dabei die nach einem Vorschlag Norretanders (1997) so zu nennenden „Exformationen": Generalisierbarkeit, Wissenschaftlichkeit, Nomothetik zu assoziieren, zur Praxis die exformativen Wortfelder: Individualisierung, Konkretisierbarkeit, Ideographie.

Zu Interdependenz und Emergenz: Interdependenz meint die Untersuchung der wechselseitigen Abhängigkeiten des Verhaltens, spezifischer Zustandsbilder und Einflußgrößen, bzw. die systemische Vernetzung der einzelnen diagnostizierten Merkmalsbereiche, die im „Modell der Integrativen Diagnostik" (siehe unten) thematisiert sind. Berücksichtigt werden die inhaltlich und formal korrekte Vernetzung genereller und differentieller, systemeigener und peristatischer, querschnittlicher und längsschnittlicher, verifizierender und relativierender bzw. falsifizierender Aspekte. Zusätzlich werden „emergente" Einflußgrößen, d.h. mögliche neue Merkmale, die in den Teildimensionen des Systems nicht enthalten sind und erst aus den Interdependenzen neu entstehen, abgeklärt. Emergenz bezeichnet demnach das Phänomen, daß mit der Bildung eines Systems neue Eigenschaften auftreten, die es auf der Ebene der Subsysteme oder der Elemente nicht gibt (Popper, 1977; Medawar & Medawar, 1977; v. Uexküll & Wesiak, 1986; Willke, 1993). Mit dem Übergang von einfacheren zu komplexeren Systemebenen können (sprunghaft) neue Phänomene auftreten. Allein dieses Phänomen der Emergenz bzw. die Ausbildung unterschiedlicher Emergenzniveaus auf unterschiedlichen Systemebenen (z.b. Zelle, Organ, Organismus, psychisches System, soziales System) mit unterschiedlichen Komplexitätsgraden und Gesamteigenschaften läßt traditionelle diagnostische Ansätze, z.b. viele Formen reduktionistischer Analyse, obsolet erscheinen (Einsiedel., 1983; v. Uexküll & Wesiak, 1986; Willke, 1993; siehe auch Beitrag von Becker in diesem Band).

Zu Überprüfbarkeit: Überprüfbarkeit bezieht sich auf die intersubjektive, empirische und logische Kontrollierbarkeit und Beurteilung der angewandten diagnostischen und therapeutischen Verfahrensweisen (Stichwort: „kontrollierte Praxis"; vgl. Petermann, 1992). Evaluation beinhaltet nicht nur die Erfassung von Veränderungen während der Therapie (Stichwort: kontinuierliche therapiebegleitende Diagnostik, vgl. z.b. Lutz & Windheuser, 1974), die Effektivitäts-, Erfolgskontrolle (Stichwort: Prä-, Post-Evaluation und Katamnese; vgl. z.b. Mash & Terdal, 1977; Reinecker, 1982, 1983; Rüger & Senf, 1994), sondern vor allem auch die Bewertung dieser Veränderungen unter dem Blickwinkel der therapeutischen Ziele (Stichwort: zielorientierte Evaluation; vgl. z.b. Einsiedel, 1983; Kanfer et al, 1996; Kazdin & Wilson, 1978; Schulte, 1993a). Diese therapeutischen Ziele sind nicht beliebig zu sehen, sondern anthropologisch bzw. persönlichkeitstheoretisch zu fundieren (siehe Becker, 1995; Einsiedel, 1983; Wagner, 1995; in vorliegender Arbeit: siehe Kapitel 1.4).

Evaluations-Probleme werden nochmals erörtert (siehe unten, Kapitel 1.5). Schon in vorliegendem Kontext ist jedoch festzuhalten: Wenn tatsächlich

- umfassend wie detailgenau,
- punktuell wie systemisch vernetzt,
- fachmännisch wie eigeninitiativ,
- akut wie langfristig erfolgreich,
- situativ engagiert wie auf Dauer reflektiert,
- in Einzelschritten wie insgesamt evaluativ
- vorgegangen werden soll, sind in einem definierten Turnus Intervision, Supervision, Interventionskoordination und Evaluation zu organisieren.

Bei vorliegendem Ansatz handelt es sich um ein ‚offenes System', das Möglichkeiten für Änderungen oder auch Ergänzungen bzw. Emergenzen bietet. Mit der Betonung der Offenheit ist andererseits keine Beliebigkeit gemeint. Die Verlaufsgestalt einer konkreten Hilfe bei psychosozialen Störungen verdeutlichen folgende mögliche Abläufe: (subjektiver) Leidensdruck => Erstintervention => Integrative Diagnostik => spezifische ambulante, stationäre oder rehabilitative Fachinterventionen => nachsorgende (Eigen-)Hilfe, z.B. in Gruppenaktivitäten => ‚große' Psychotherapie => Intervision => Supervision => Interventionskoordination => Evaluation der Gesamtintervention. Dieses Vorgehen steht nicht im Widerspruch zu einer autonomen Selbststrukturierung. Zudem sind bei vorstehender Sequenz Überschneidungen einerseits und Alternativen in der Chronologie des Ablaufes möglich.

1.3.2 Merkmalsbereiche der Diagnostik

Inhaltlich ist in einer *„Integrativen Diagnostik"* der aktuelle Status (vgl. Einsiedel, 1983) eines Betroffenen abzuklären (siehe Tabelle 1.3). Dieser Befund mit den Subka-

tegorien: Verhalten, Erleben, Persönlichkeitsstruktur, Zustandsbild eines Menschen –
wird als Funktion sozialer, anamnestischer, situationaler, psychischer, somatischer Einflußgrößen, ihrer gegenseitigen Interdependenzen und möglicher Emergenzen betrachtet (Einsiedel, 1976, 1979, 1983; Einsiedel & Wolff, 1984). Zusätzlich befindet sich jeder
Mensch in jeder Situation auf spezifischen „existentiellen Niveaus", die mit den Merk-
malsbereichen eines Ziel-Kontinuums (siehe unten) gekennzeichnet werden können.

Tab. 1.3: Merkmalsbereiche einer Integrativen Diagnostik

Situativer Befund
Somatischer Befund
Anamnese
Psychischer Befund
Sozialer Befund
Interdependenzen
Emergenzen

Die einzelnen Bereiche kovariieren und sind nach den jeweiligen Niveaus in eine nach
oben offene Vielzahl weiterer Dimensionen und Merkmale zu differenzieren. Mit diesem Ansatz wird die für den Fortschritt gerade psychosozialer Interventionen sehr
ungünstige Beliebigkeit diagnostischer Abklärung überwunden. Es werden sowohl körperliche und psychische wie soziale und familiäre wie relativ überdauernde (z.B. traits,
habits) wie akut intermittierende (z.B. states) Einflußgrößen als auch – längsschnittlich
gesehen – anamnestische, situative, verlaufsspezifische und (voraussichtliche) perspek-
tivische Entwicklungen einbezogen. Trotz der zwischenzeitlichen Relativierungen der
sogenannten „konventionellen Diagnostik" sind persönlichkeitsspezifische Abklärungen und ihre Integration in das gesamtdiagnostische bzw. intervenierende Szenario
nicht überflüssig geworden. Diese Bezugsmodelle ermöglichen einen übergeordneten
Zusammenhang, von dem aus der Stellenwert von Einzelbefunden erst genauer
bestimmt werden kann.

Vor diesem Hintergrund sind z.B. für den „psychischen Befund" folgende „Dimensionen" (Bereiche, Konstrukte) zu erfassen:

- **Intelligenz** mit z.B. den jeweils weiter zu differenzierenden Merkmalen: verba-
le Fähigkeiten, praktische Fähigkeiten, Kreativität;
- **Cerebralfunktionen** mit z.B. den Merkmalen: Feinmotorik, Koordinationsfä-
higkeit, Visuomotorik;
- **Leistungsvermögen** mit z.B. den Beurteilungsaspekten: Leistungsgeschwin-
digkeit, Leistungsausdauer, Leistungsgüte;
- **Motivation** mit z.B. den Bereichen: Sicherheitsbedürfnis, Anschlußmotivati-
on, Leistungsmotivation;
- **Emotionalität/Affektivität** (im Sinne relativ überdauernder Bereitschaften einerseits und momentaner Zustände andererseits) mit z.B. den Qualitäten: Labilität, Angst, Wut;
- **Vitalität** (genetisch, hormonell, endokrinologisch mitbestimmte Reaktionswei-
sen) mit z.B. den Aspekten: Expansivität, Aggressivität, Zustandsbefindlich-
keit;

- **Normativität** (Oberbegriff für moralisch, gewissensmäßig gesteuerte Grundeinstellungen) mit z.b. den Konstrukten: Gewissen, Bindungsfähigkeit, Gemüt;
- **Soziabilität** (auf Partner, Familie, Gemeinde, Eigen- und Fremdgruppen bezogene Verhaltensweisen bzw. Einstellungen) unter z.b. den Aspekten: Typologie, soziale Integration, soziale Verantwortlichkeit.

Die im konkreten Fall weiter zu differenzierenden Konstrukte, sind nach dem Vorschlag Welleks (1967) einerseits in einer „genetischen Aufschichtung" und andererseits (sinngemäß bezüglich Normativität und Soziabilität) in einer „Kernschichtung" einander zuzuordnen. Sie hängen im weiteren auch von anderen Determinanten konkreten Verhaltens ab. Die genannten Bereiche stehen auch nicht gleichrangig nebeneinander. Sie sind umso gewichtiger

- je leibnäher sie sind,
- je früher sie im Leben gelernt werden,
- je mehr sie sozial determiniert (belohnt oder bestraft) werden,
- je mehr sie der normativen Eigenkontrolle unterliegen.

1.4   Zur Hierarchie existentieller Ziele

Damit Eltern, Erzieher, Helfer in ihrem erzieherischen oder therapeutischen Verhalten sicherer werden, sind auch das jeweilige existentielle Niveau einer Normabweichung bzw. die Ziele intervenierenden Handelns zu verdeutlichen. Dieses Ziel-Kontinuum (siehe Einsiedel, 1979, 1983) ist mit der bekannten Maslowschen „Hierarchie der Motive": physiologische Bedürfnisse, Bedürfnis nach Sicherheit, nach Geborgenheit und Liebe, nach Geltung, Selbstverwirklichung (Maslow, 1954) nicht identisch. Maslows Ansatz scheint nach Inhalten und Motivsequenz vergleichsweise beliebig. In Tabelle 1.4 sind die an existentiellen Bedürfnissen ausgerichteten Ziele einer umfassenden Therapie zusammengestellt.

Tab. 1.4: Ziel-Kontinuum: (Therapie-, Erziehungs-, Lebensziele)

Sinn (Lebensgenuß)
Autonomie
Leistung
Verhalten
Vitales Niveau

Die Bedeutung der *Vitalfunktionen* (Atmung, Nahrungsaufnahme, Kreislauf, Wasser-, Elektrolyt-, Säure-, Basenhaushalt, Ausscheidung, Temperaturregulation, Motorik) ist mit der Schopenhauer-Sentenz: „Gesundheit ist nicht alles, aber ohne Gesundheit ist alles nichts" zu exemplifizieren. Neben Gesundheit und Nahrung sind weitere *vitale* Notwendigkeiten:

- Bedürfnis nach **primärer Kommunikation** (Beispiele: Haut-, Blickkontakt des Säuglings mit der Mutter, Rede und Antwort in persönlich-direktem Kontakt, die Bedürfnisse nach Zärtlichkeit, nach Sexualität),

* Bedürfnis nach **Sicherheit** um Leib und Leben,
* Bedürfnis nach **Wohnung** bzw. **Revier,**
* **Regenerations-, Erholungs**bedürfnis.

Auch *Verhaltensnormen* sind nicht absolut zu setzen. Sie ändern sich zeitlich und regional (siehe Jaspers, 1965). Zur Veranschaulichung kann gesagt werden, daß die Normen der Gesellschaft, in der man auf Dauer leben will, zu erfüllen sind, bevor ‚höhere' Ziele angestrebt werden können.

Durch seine besondere *Lern-* und *Leistungsfähigkeit* kompensiert der Mensch seine relative biologische Insuffizienz. Oft überkompensiert er sie sogar. Im Ergebnis haben wir Menschen uns die Welt bereits zu anthropozentriert untertan gemacht. Bis in die Jetzt-Zeit wurde zudem „Leistungsstörung" einseitig als Leistungsdefizit gesehen. Leistungsstreben war – gerade im mitteleuropäischen Raum – sozusagen ein nicht zu hinterfragender Wert. Ein „Savoir-vivre", ein „Dolce-farniente" wurden eher kritisch gesehen. Erst in neuester Zeit werden auch Leistungs- und Arbeitssucht als Störungen entdeckt.

Zur *Autonomie*: In der Adoleszenz kann elterliche Fürsorge intermittierend als unerträglich einengend erlebt werden. Abgrenzung, Selbstfindung, Freiheit sind Qualitäten einer lebensimmanenten Tendenz zu autonomem Handeln. Diese Tendenz zur Autonomie ist ubiquitär. Sie wird in der Sozialisation nur verschieden stringent (je nach historischen, gesellschaftlichen und ökonomischen Bedingungen repressiv oder offener) ausgestaltet.

Zur *Sinnfindung* bzw. *Lebensgenußfähigkeit*: Für Frankl (1956) ist der Mensch wesentlich durch seine Fähigkeit zur „Sinnsuche" bestimmt. Der in der Vergangenheit in Situationen des Wohllebens regelmäßig zu beobachtende Regress ganzer Gesellschaften auf ‚vitale' Niveaus ist heute wegen der Gefahr irreversibler Umweltzerstörung und totaler Selbstvernichtung nicht mehr möglich. Es besteht eine vitale Indikation zu systematischer Reflexion von Problemen, die mit den Termini: Überflußgesellschaft, Wohlstandsgesellschaft, strukturelle Arbeitslosigkeit, individuelle und gesellschaftliche Sinnerfüllung zu beschreiben sind. „Lebensgenußfähigkeit" meint inhaltlich z.B. die Anerkennung und Fähigkeit zu kommunikativem, taktilem, oralem, sexuellem, ästhetischem Genuß, die Fähigkeit zum Erkennen und Realisieren von Bedürfnissen und Vorstellungen, die Möglichkeit zum Leben in Kongruenz mit (frühen, sozialen, ethischen) Normen, zum Genuß auch spielerischer Intentionen, zum bewußt und schuldlos erlebten Nichtstun, die Fähigkeit zur Selbstverwirklichung, schließlich die Fähigkeit zur Akzeptanz des individuellen Todes. Solche Sinnfragen sind dabei nicht beliebig, wohl aber höchst spezifisch. Hier gilt es, die jeweils evident werdende „Sehnsucht des Lebens" zu erkennen.

Die aus der beschriebenen *„Integrativen Diagnostik"* und einer *„Hierarchisierung von Lebenszielen"* möglich werdende Approximation an die Realität macht die Vielzahl von Einflußgrößen einsichtig. Diese Multidimensionalität ist nicht darstellbar. Die Unübersichtlichkeit der Realität ist nur exemplarisch zu verdeutlichen. Die Vielzahl der in jedem diagnostischen Bereich, auf jedem existentiellen Niveau, für jede Fragestellung jeweils gegebenen Einflußgrößen soll vor allem veranschaulichen, daß die Gegebenheiten einer multifaktoriellen Realität nicht ignorierend verkürzt werden dürfen. Zur

Überwindung einer – gerade in monothematisch-schulbezogenen Interventionen – häufigen „Reduktion" des Patienten schlägt Wagner für die Psychotherapie „... Konzepte wie Kreativität, Autonomie und Freiheit als zentrale Aspekte menschlichen Seins" bzw. „... die Anwendung von Metakommunikation über Ziele und Methoden, durch die die Autonomie des Patienten besonders betont wird" (1997, S. 379) vor.

1.5 Ansätze zur Bewertung unseres Handelns: Eine „Evaluative Therapie"

In einer konkretisierenden Ausdifferenzierung der von Bastine (1992a) genannten zentralen Aufgaben der Psychodiagnostik ist vor jeder Therapie zu fragen,
- *was* behandlungsbedürftig ist (Stichwort: Störung, Indikation),
- *wohin* zu behandeln ist (Stichwort: Ziele der Existenz),
- *wie* zu behandeln ist (Stichwort: Theorien, Strategien, Methoden, Techniken),
- *womit* diese einzelnen Schritte nach Zweckmäßigkeit und tatsächlicher Wirksamkeit zu evaluieren sind.

Es ist zudem konkret zu untersuchen,
- *warum* (nach subjektiven Empfinden und nach objektiven Gegebenheiten),
- *wo* (z.B. im körperlichen Bereich und/oder im psychischen Bereich und/oder im sozialen Bereich),
- *wann* (in der Vergangenheit, Gegenwart oder Zukunft),
- *in welchem Ausmaß* (z.B. erheblich oder gering, persistierend oder vorübergehend)

eine Normabweichung vorliegt, und
- *mit welchen konkreten Möglichkeiten* des Therapeuten (Stichworte: Profession, Institution, technische, ökonomische, gesellschaftliche Bedingungen) zu rechnen ist, und
- *welche* therapeutischen *Perspektiven* – als operationalisierbare Ziele – *explizit* gemacht werden können.

Nach einer „Integrativen Diagnostik", nach der Bestimmung des akut hauptsächlich tangierten „existentiellen Niveaus" sowie nach der Einschätzung des Ausmaßes einer Normabweichung kann konkret operationalisiert werden, was, wohin, wie zu behandeln ist. Da eine gute Therapie als eine strukturgenetisch abgeleitete Kurzform einer ‚richtigen' Erziehung, einer ‚angemessenen' Sozialisation einer insgesamt ‚geglückten' Existenz anzusehen ist, resultieren daraus auch adäquate Maximen für die Zusammenarbeit der Helfer (und Helfersysteme) mit den Betroffenen (und deren Systemen) und damit für die Prävention. Konkret könnte vielleicht der Ethiker sagen, wohin wir behandeln sollen (oder auch nicht). Die Probleme Genmanipulation, Schwangerschaftsabbruch, Sterbehilfe, apparategestütztes Weiterexistieren sind dazu zu erinnern. Dabei sollte der *Arzt* z.B. *körperlich* behandeln, der *Psychologe* z.B. das *Verhalten* modifizieren, *Soziologe* und *Sozialarbeiter* z.B. das *Zusammenwirken* von Verhalten optimieren, der *Jurist* z.B. die *Folgen* des Verhaltens beurteilen, der *Lehrer* z.B. die *Leistungsaspekte* des Verhaltens reflektieren usw. Und: nach der Maxime, daß der

Krieg zu ernst ist, um ihn den Generälen zu überlassen, sollte jeder Fachspezialist – von seinem Spezialbereich her – anderen Fachspezialisten ‚reinreden'. Konkret sollte unabhängig vom Rang, von historisch gewachsenen Usancen, von in Verbänden und Kammern berufspolitisch gehüteten Vorrechten jeweils der Fachmann bei einem Problem der Meinungsführer sein, dem als'erstem etwas ‚auffällt'.

Wenn in Diagnostik und Intervention tatsächlich nach den Prinzipien der *„Integration"* und *„Evaluation"* verfahren wird, kann jeder Spezialist selbst erkennen, wo er etwas nach den Regeln seiner fachspezifisch eingeengten Kunst selbst diagnostisch erfassen und behandeln kann und wo eben nicht. Diese Forderungen nach Integration und Evaluation konnten seither noch nicht angemessen umgesetzt werden, weil es noch keine Wissenschaft von dieser Integration und Evaluation therapeutischen Tuns gibt. Einige Voraussetzungen der „Evaluativen Therapie" (siehe Einsiedel, 1983) sind in Tabelle 1.5 zusammengefaßt.

Tab. 1.5: Anwendungsdimensionen einer Evaluativen Therapie

Erstinterventionen
Rahmeninformationen
Integrative Diagnostik
Bestimmung der jeweils betroffenen Existenzniveaus
Beachtung der Kausalität existentieller Sequenzen
Therapiekontrakt
Beachtung fachspezifischer, institutioneller, verlaufsspezifischer Möglichkeiten und Grenzen
Einsatz der jeweils optimalen Techniken
Systematische Kombination der Therapieelemente
Individualisierung
Modifikationen der Intervention
Supervision
Interventionskoordination
Evaluation

Zu Erstinterventionen, Rahmeninformationen: Schon dem Erstgespräch kommt eine nicht unerhebliche Bedeutung für den weiteren Therapieverlauf zu. Es dient dem gegenseitigen Kennenlernen und Informationsaustausch, der Einleitung und dem Aufbau einer interpersonellen bzw. therapeutischen Beziehung und besitzt erste therapeutische Funktionen (vgl. z.B. Frank & Frank, 1996; Hand, 1986; Hoffmann, 1981, 1996). Initial werden z.B. akute Ängste reduziert, wird Zuspruch gegeben, wird Hilfe in Aussicht gestellt, werden auch tatsächliche Möglichkeiten und Grenzen des Therapeuten für Hilfestellungen (grob) umrissen. Copingverhalten wird stimuliert.

Grundlegende Merkmale eines angemessenen Therapeutenverhaltens und einer guten Beziehungsgestaltung orientieren sich z.B. an den Darstellungen von Truax und Carkhuff (1967), Strupp (1973), Hoffmann (1981), Goldstein und Myers (1986), Margraf und Brengelmann (1992), Bachmair, Faber, Henning, Kolb und Willig, (1994), Petermann (1996). Zu weiteren Rahmeninformationen ist zunächst auf die gegebenen (siehe oben, Kapitel 2) Erläuterungen hinzuweisen. Der Patient hat das Recht, umfassend über die inhaltlichen und formal-organisatorischen Aspekte der Therapie informiert zu werden. Dazu gehört auch die Abklärung der ökonomischen, versicherungsrechtlichen, zeitlichen, örtlichen, technischen Rahmenbedingungen der psychotherapeutischen Intervention.

Auf den jeweiligen Stellenwert einer *„Integrativen Diagnostik"* (Abklärung sozialer, anamnestischer, situativer, psychischer, körperlicher, interdepentieller und emergenter Befunde) und der *Bestimmung der jeweils betroffenen Existenzniveaus* wurde bereits verwiesen. In der Übergangsphase zwischen diagnostischen Abklärungen und beginnender therapeutischer Hilfe ist demnach zu differenzieren, ob primär vitale oder verhaltensnotwendige oder leistungsspezifische oder autonomierelevante oder sinnbezogene Probleme der Existenz akut und/oder relativ überdauernd belastend wirken und therapeutisch zu modifizieren sind.

Zu Kausalität existentieller Sequenzen: Wie aufgewiesen, sind vitale Bedürfnisse zeitlich und kausal prädominant vor Verhaltensproblemen; diese wiederum sind relevanter als leistungsspezifische und auch wichtiger als Autonomie- oder Sinnfragen. Da Sinnsetzungen jedoch wiederum eng mit vitalen Funktionen korrelieren, ist – bildlich gesehen – eher von einem kreisförmigen als von einem linearen Zusammenhang auszugehen. Zudem ist hier festzuhalten, daß die Relevanz der existentiellen Niveaus nicht allgemein bzw. nomothetisch festgelegt werden kann, sondern jeweils individuell abzuklären ist.

Zu Therapiekontrakt: In einem mit dem Klienten zusammen erarbeiteten, für alle Seiten verbindlichen Therapievertrag (vgl. Kirschenbaum & Flanery, 1983, 1984) sollten z.b. Therapieaussichten und -ziele, Therapiemodalitäten, Verschwiegenheit, Abstinenz, voraussichtliche Dauer, Kosten der Intervention, Abbruchgründe usw. fixiert und erläutert werden. In der Regel enthält der Therapievertrag auch Klauseln darüber, welche Konsequenzen bei Erfüllen oder Nicht-Erfüllen der vereinbarten Verpflichtungen eintreten werden. Der Therapievertrag ist ein Hilfsmittel, dem Klienten die Spielregeln therapeutischen Vorgehens transparent zu machen, ihn zur Aufnahme der Psychotherapie zu motivieren (vgl. Meichenbaum & Turk, 1994) und die Therapeut-Klient-Beziehung als kooperative Arbeitsbeziehung zu kennzeichnen (z.B. Kanfer et al, 1996). Er transzendiert insofern rein juristische Sicherungstendenzen und soll verbindliche Arbeitsgrundlagen schaffen. Dabei ist darauf zu achten, daß der Patient den Erläuterungen zum Therapiekontrakt tatsächlich folgen kann. Eine nach diesen Erläuterungen eingeräumte Bedenkzeit ermöglicht es ihm, seinen Entschluß nochmals zu reflektieren und zudem anderweitige Interventionsmöglichkeiten zu erfragen und zu überprüfen. In dieser Phase der Intervention sollten „Übertragungsphänomene" noch nachrangig sein bzw. minimalisiert werden, jedoch bezüglich ihrer Auswirkungen für den Patienten verständlich und empathisch modifizierbar thematisiert werden.

Ein weiteres wichtiges Moment des Therapiekontraktes ist die vorherige Ankündigung des Therapeuten, daß er sich nach dem Beginn der Therapie die Entscheidung vorbehält, wann die Therapie beendet werden kann, und daß andererseits der Klient die Therapie nur abbrechen soll, wenn der Therapeut kardinale Regeln (z.B. Abstinenz oder Kostenvereinbarungen) verletzt. Daß natürlich auch dann noch ein Abbruch, ein Scheitern der Therapie möglich ist, ist selbstverständlich: Der Klient kann ja z.B. einfach wegbleiben. Formal greifen in solchen Fällen vertragsrechtliche Regelungen. Inhaltlich sind hier die sehr komplexen, einer wissenschaftlichen Überprüfung bedürftigen Fragen der Indikationsstellung, des Umfanges, der Reichweite von Psychotherapie, weiter der (passiven und aktiven) Therapiefähigkeit und der gesellschaftlichen Rahmenbedingungen psychosozialer Interventionen angesprochen. Diese Probleme erfordern eine weitere wissenschaftliche Abklärung, die auch eine nähere Bestimmung der Pole Therapiezwang einerseits und Emanzipation des homo patiens andererseits ermöglichen.

Zu Beachtung fachspezifischer, institutioneller, verlaufsspezifischer Möglichkeiten und Grenzen: Zur Anpassung der fachspezifischen Interventionsprinzipien an die jeweiligen Realitäten ist der Zielkonflikt zwischen grundsätzlich gegebenen Möglichkeiten und den fachlichen, institutionellen, persönlichen Begrenzungen zu reflektieren. Auch die Kriterien für eine Optimierung von Interventionsstrategien sind zukünftig systematisch zu untersuchen. Diese Optimierung kann beispielsweise zwischen den Kriterien: „Engagement", „Individualisierung", „Intuition", „therapeutische Kunst" einerseits und den dazu mitunter polar entgegengesetzten (ebenfalls in sich oft hilfreichen) Kriterien: „umfassende Abklärung", „Standardtherapie", „kollegiale Supervision", „Sicherheit durch Konsiliarmöglichkeiten" andererseits liegen.

Zu Einsatz der jeweils optimalen Techniken: Therapeutische Theorien und Techniken stehen nicht gleichrangig nebeneinander. Die erkenntnistheoretisch reflektierte, nach ganzheitlicher Diagnostik und der Hierarchisierung existentieller Bedürfnisse möglich gewordene Integration und Evaluation psychotherapeutischer Interventionen erlaubt einen methodenübergreifenden, systematisch reflektierten Einsatz inhaltlich unterschiedlicher Strategien und Techniken. Insofern können einzelne Therapieelemente, z.B. aus unterschiedlichen Schulrichtungen, andere nicht einfach ersetzen. Dieser von Therapieschulen häufig festgeschriebene Ausschluß konkurrierender Modellvorstellungen wird im Ansatz einer „Evaluativen Therapie" überwunden.

Zu Systematische Kombination der Therapieelemente: Aus dem konkreten Verlauf und dem jeweils erreichten „existentiellen Niveau" ergibt sich auch eine begründbare Systematik der Kombination einzelner Interventionsstrategien oder -techniken. Diese These kann in vorliegendem Kontext nur kurz veranschaulicht werden. So kann z.B. unterstellt werden, daß z.B. „nach ärztlicher Anweisung" kustodial und/oder direktiv interveniert werden kann (muß), wenn vitale, lebensbedrohliche Zustände therapeutisch zu kompensieren sind. Bei der therapeutischen Steuerung ‚höherer' Problemlagen – z.B. Leistungs-, Autonomie- oder Sinn-Bedürfnisse – ist (zunehmend) klientenzentriert, nondirektiv vorzugehen.

Resultieren Problemgenesen aus den frühen Anfängen der Existenz (können sie beispielsweise nicht mehr erinnert werden bzw. sind sie „verdrängt"), haben sie zudem eine zusätzlich komplizierende „reaktionsbildende" Verlaufsgeschichte, kann die therapeutische Intervention tiefenpsychologisch fundiert oder psychoanalytisch ausgerichtet werden. Bei spezifisch lerngeschichtlich oder auch peristatisch bedingten Störungen kann z.B. erfolgreich verhaltenstherapeutisch interveniert werden.

Liegen (wiederum vergleichsweise so zu nennende) berufliche, schulische, leistungsspezifische, insgesamt eher „intelligenzaffine", den motivationalen und voluntativen Bereichen einer Persönlichkeit zuzuordnende Schwierigkeiten vor, können kognitiv ausgerichtete Interventionstechniken helfen. Bei gefühlstiefen, gemüthaften, affektiven, leibnahen Störungen können unter bestimmten Voraussetzungen zusätzlich eher regressionsfördernde und/oder körperorientierte Techniken angebracht sein. Hier kann sogar die Erweiterung des berühmten Freud-Diktums „Wo Es war, soll Ich werden" gelten: „... aus Es soll Ich, und aus Ich soll Es werden" (v. Weizsäcker, zitiert nach H. Becker, 1988, S. X).

Sind – entwicklungspsychologisch gesehen – relativ späte und leibferne bzw. kommunikative Störungen zu behandeln, kann sinnvoll gruppentherapeutisch interveniert werden, während bei frühen und schweren Beeinträchtigungen zu Beginn der Therapie eine duale Situation sinnvoll erscheint.

Diese kursorischen Veranschaulichungen von Indikationsannahmen bedürfen der weiteren Erforschung und Begründung. Mit diesen Beispielen sollte vor allem gezeigt werden, daß Therapierichtungen nicht jeweils nur für eine der hier genannten Störungsbilder sozusagen ‚zuständig' sind (und für andere nicht). Eine systematische Zuordnung des seitherigen Bestandes an psychotherapeutischen Schulen ist überfällig. Sie scheint auch wichtiger als eine ‚Überstreckung' monothematisch naiver (wenn auch manchmal – historisch gesehen –, großer') Therapierichtungen.

Zu Prinzip der Individualisierung: „Integrative Diagnostik", eine Abklärung der Therapiefähigkeit der Beteiligten, eine Reflexion der ökonomischen, institutionellen, fachspezifischen Möglichkeiten können keine ‚Festlegungen' bedeuten. Im Interventionsverlauf sind diagnostische (Vor-)Entscheidungen weiter auszudifferenzieren, zu ergänzen und gegebenenfalls auch zu revidieren (vgl. Kaminski, 1970; Schulte 1991; Vogel, 1993). Zur Diskussion „klassifikatorische vs. individuell-problemorientierte Diagnostik" und „standardisierte vs. individualisierte Intervention" siehe z.B. Caspar (1995), Caspar & Grawe (1993, 1994), Lieb (1993), Schulte (1993b, 1994, 1995). Im übrigen bleibt der Patient der eigentliche ‚Herr des Verfahrens'. Er kann sich weigern, einzelne vom Therapeuten vorgeschlagene Schritte zu gehen. Er kann sich auch ‚ganz' verweigern, und er kann abbrechen. Auch diese Fragen sind sorgfältig zu reflektieren. Dabei ist nicht der Patient an irgendwelche Institutionen und/oder Prinzipien anzupassen, sondern ist umgekehrt zu prüfen, ob und inwieweit spezifische Einrichtungen, Theorien, Strategien, Praktiken einem Patienten nützen können oder nicht (Einsiedel & Jonen-Kern, 1992).

Zu Modifikation der Intervention: „Statt ihre diagnostische Ignoranz und ihre therapeutische Impotenz zu ertragen, versteigen sich viele Behandler in unsinnige und abstruse (Behandlungs-)Vorschläge, und/oder sie geraten in Vorwurfshaltungen gegenüber ihren Klienten." (Blotcky & Grossman, 1978, S. 1204, übersetzt vom Verfasser)." Dieses Dilemma vieler Therapeuten resultiert im wesentlichen aus mangelnder diagnostischer Abklärung und aus fach- und methodenspezifischer Einengung. Die oben genannten erkenntnistheoretischen, methodischen und inhaltlichen Axiome und Sicherungen erweitern sachangemessene Handlungsmöglichkeiten.

Auch die Spannung zwischen fachlicher Kompetenz und fallspezifischer Unwissenheit ist dem Patienten von vornherein offenzulegen. Diese Haltung hat nichts mit „Versuchs-Irrtums-Verhalten" oder mit „naiver Polypragmasie" zu tun. Zu jedem Therapieverlauf gehören Überraschungen. Werden sie von vornherein bewußt gemacht und wird auch die Ummünzung ganz allgemein positiver Erwartungshoffnungen ausschließlich auf die persönliche Autorität des Therapeuten relativiert, werden auch verlaufs- und sachbedingte Modifikationen der Intervention besser toleriert. Als weitere formale Zwischenergebnisse der Therapie werden auch zunehmend Vorschläge des Klienten einbezogen (siehe auch Einsiedel & Jonen-Kern, 1992; Wagner, 1997).

Zu Regelhafte Supervision und Interventionskoordination: Neben der üblichen Supervision (vgl. Engelhardt, 1994; Frank, 1995; Plessen & Kaatz, 1985; Zimmer, 1996) wird zur Sicherung des tatsächlichen Erfolges in der „Evaluativen Therapie" als weiteres Novum eine nach spezifischen Therapiesequenzen obligate Supervision für Therapeut und Klient bei einem zu dieser Supervision besonders ausgebildeten *„Interventionskoordinator"* vorgeschlagen. Mit diesem Modell erreichen psychotherapeutische Künste das Niveau objektiver Überprüfbarkeit.

Mit der „Interventionskoordination" soll die Wirksamkeit psychosozialer Interventionen sichergestellt werden. Bewährte und erfahrene Therapeuten sind in einem weiteren Ausbildungsgang mit den Methoden und Inhalten einer tatsächlichen Integration intervenierenden Handelns vertraut zu machen. Interventionskoordinatoren sollten auch mit entsprechenden ‚Alpha-Inspektions-Rechten' (z.B. Einsichtnahmemöglichkeiten in Gerichts-, Kliniks-, Schul- oder Verwaltungsakten, Recht auf (zusätzliche) Kommunikation mit dem/den jeweiligen Fachbehandler/n bzw. mit dem betreffenden Hilfesuchenden selbst, Recht auf Einberufung interdisziplinärer Helferkonferenzen) ausgestattet werden. Die mit dieser Rollenfunktion verbundenen ethischen, rechtlichen, sozialen datenschutzspezifischen Implikationen sind zu reflektieren und zu definieren. Den Interventionskoordinatoren sind jedoch keine Behörden(-Apparate) zuzuordnen. Ihre Funktion sollten jeweils z.B. regional und qualitativ so begrenzt werden, daß sie sich tatsächlich Zeit für den einzelnen Hilfesuchenden nehmen können und die entsprechenden Fachspezialisten und Fachinstitutionen kontaktieren bzw. auch neu einschalten können. Diese Tätigkeitsmerkmale erfordern z.B. auch ambulante Einsätze, jedoch nur wenig Hilfspersonal.

Mit dieser Interventionskoordination

* wird Hilfe in einer umfassenden Weise tatsächlich sichergestellt,
* können – unter dem Aspekt einer volkswirtschaftlichen Gesamtrechnung – erhebliche Kosten eingespart werden,
* wird auch ein relevanter Beitrag für mehr Transparenz, für eine tatsächliche Emanzipation Hilfesuchender, für eine weitere Demokratisierung öffentlicher Einrichtungen, Ämter und Institutionen, für einen konstruktiven Wandel der Gesellschaft geleistet.

Zu Evaluation der Intervention: Hier geht es z.B. um katamnestische Untersuchungen des tatsächlichen Therapieerfolges (z.B. Kazdin & Wilson, 1978; Mash & Terdal, 1977; Rüger & Senf, 1994; Schulte, 1993a), um die Überprüfung der Kosten-Nutzen-Relation, jedoch auch um die Reflexion der Möglichkeiten und Grenzen therapeutischer, rehabilitativer, prophylaktischer und gesellschaftlicher Anstrengungen (vgl. Bühringer & Hahlweg, 1986; Hayes, Jacobson, Follette & Dougher, 1994; Neumer & Margraf, 1996; Wheeler & Janis, 1980; Yates & Newman, 1980). Die aus der Notwendigkeit einer umfassenden Evaluation psychotherapeutischer Intervention einsichtig werdende Evaluative Therapie geht von der Erfahrung aus, daß bereits die Vielzahl der im Einzelfall zu berücksichtigenden diagnostischen Daten einen multifaktoriellen Ansatz bedingt. Dies heißt nicht, nur jeweils unterschiedliche therapeutische Strategien und Techniken anzuwenden, sondern vor allem, therapeutische Interventionen theoretisch, methodologisch, sachlogisch, klinisch und empirisch hinreichend zu evaluieren. Spezifische Modalitäten einer psychotherapeutischen Intervention können demnach nicht a priori festgelegt werden. Die akute Psychotherapiediskussion ist jedoch so sehr von berufspolitischen Nebeninteressen überfrachtet, daß hier nur einige globale Hinweise möglich sind. Zunächst scheint der Schulenstreit insofern unsinnig, als einzelne therapeutische Techniken bei dem regelhaft multidimensional bedingten Problem einer Interventionsindikation notwendig unzureichend bleiben müssen. Ein methodenübergreifendes Vorgehen kann jedoch z.B. dann nicht zum Ziel führen, wenn Verfahrensweisen sozusagen zu früh (z.B. tiefenpsychologisch gesehen: bei „Widerständen") aufgegeben werden. Erst eine nach den Kriterien der „Evaluativen Therapie" reflektierte Metatheorie ermöglicht Hinweise darauf, wann welche Intervention mit welchem voraussichtlichen Erfolg durchgeführt werden kann und wann andere Techniken warum anzuwenden sind, und wann Kontraindikationen bestehen.

1.6   Perspektive: Eine eigenständige universitäre Ausbildung in Psychotherapie

Daß Einsicht, Appell und auch eine mit vorstehenden Hinweisen versuchte Operationalisierung einer psychotherapeutischen Handlungsstrategie nicht genügen, ist zunächst mit nachfolgendem Hinweis zu explizieren (siehe Einsiedel, 1990): Wer sich mit Problemen der Kommunikation beschäftigt, stellt oft Diskrepanzen zwischen einem methodischen Rationalismus und einem thematischen Irrationalismus fest. Eine Aussage ist logisch zu ordnen, das ‚Leben' ist jedoch psychologisch oder biologisch bestimmt. Aus dieser Diskrepanz zwischen einem ‚allgemeinen Tun' und der fachspezifischen Reflexion dieses Tuns können z.B. auf Wahrnehmungsselektion, Reifikations-, Prägnanz- und Kausalitätstendenzen beruhende Problemverkürzungen resultieren.

Wie können Helfer demnach zukünftig zum tatsächlichen Nutzen von Hilfesuchenden besser zusammenarbeiten? Auf dem Wege zu einer dringend indizierten Optimierung der psychotherapeutischen Intervention zweigen viele Irrwege ab. Auch der ‚Mainstream' ist ständig zu überprüfen. Tatsächlicher Fortschritt kommt zumeist nicht durchbruchsartig. Eine „Gesellschaft im Wandel" braucht – auch hier – keine Helden mehr. Sie sollte endlich damit beginnen, mit der Propagierung von Über-Vätern, GeistesHeroen, Super-Stars aufzuhören. Auch bei psychotherapeutischen Metastrategien sind keine universellen Algorithmen zu erwarten.

Eine Anwendung dieser Einsicht für vorliegendes Problem: Integration und Evaluation können von einzelnen Fachspezialisten nicht geleistet werden, weil damit jeder Mensch überfordert wäre. Auch eine Institutionalisierung der Integration und Evaluation würde wegen der Gefahr der Überbürokratisierung nicht zum Ziel führen. Angesichts der Weite des Feldes ist es jedoch verwunderlich, daß eine eigenständige, universitäre Ausbildung in Psychotherapie so wenig gefragt, ja noch nicht einmal diskutiert wird. Befindet sich unsere Profession tatsächlich im Wandel? Vor dem Hintergrund dieser Frage scheint der – wissenschaftlich genannte, jedoch über ideologische

Einengungen nie hinausgelangende – Streit der (psychologischen) Schulen wie eine Desinformation oder wie eine Ablenkung vom notwendigen Wandel der Gesellschaft. Dieser historisch und berufspolitisch gesehen zwar verständliche, inhaltlich, problem- und zukunftsbezogen jedoch lähmende Streit der Schulen und Disziplinen kann nach vorliegendem Modell zukünftig tatsächlich überwunden werden. Entsprechend der „Hierarchie therapeutischer Ziele" bzw. „existentieller Bedürfnisse" sind für die Psychotherapie zukünftig jeweils medizinisch, psychologisch, pädagogisch, soziologisch und philosophisch (beziehungsweise ‚sinnbezogen') fundierte Interventionstechniken zu fordern.

Auch von daher können psychotherapeutische Künste, d.h. epistemologisch gesehen „naive Theorien" (Schulen) endlich zu wissenschaftlich begründeten, lehr- und lernbaren und einer Evaluation zugänglichen psychotherapeutischen Interventionen weiter entwickelt werden. Daß z.B. die Ansätze Grawes „Von der Konfession zur Profession" (1994) oder Beckers zur Überwindung des Schulenstreites durch die Etablierung einer „integrativen Persönlichkeitstheorie" (1997) oder Wagners mit dem Vorschlag eines „metatheoretischen Rahmenmodelles psychotherapeutischer Theorien" (1995) von unterschiedlichen Positionen aus in die gleiche Richtung zielen, ist festzuhalten. Dazu ist auch auf die entsprechenden Beiträge des vorliegenden Bandes hinzuweisen.

Zur Therapie *körperlicher* Störungen und Krankheiten existieren medizinische Hochschulen oder Fakultäten mit Dutzenden Fachdisziplinen und noch viel zahlreicheren sogenannten „Spezialitäten", „Subspezialitäten" und „Sonderprojekten". Über 60% aller Kranken haben jedoch - zumindest unter anderem auch - relevante *psychische* Probleme. Diese These bedarf zukünftiger Überprüfungen und Ergänzungen. Im vorliegendem Kontext ist darauf hinzuweisen, daß der im unlängst verabschiedeten Psychotherapeutengesetz erlassene medizinische Untersuchungsvorbehalt selbstverständlich unbestreitbar, weil sachangemessen bleibt. Es sind jedoch für ‚nicht-körperliche' Verursachungen z.B. psychologische oder pädagogische oder soziologische oder normative (sinnbezogene) Problemstellungen analoge Untersuchungsvorbehalte zu fordern. Daß sie ebenso notwendig sind, zeigt exemplarisch auch die in vorliegender Arbeit vorgestellte Kasuistik. Eine Appendektomie ist beispielsweise keine geeignete Therapie bei Schulangst. Der finanziell aufwendige, iatrogen komplizierende und chronifizierende therapeutische Irrweg hätte vermieden werden können, wenn ein „psychologischer Untersuchungsvorbehalt" ebenso (gesetzlich) vorgeschrieben gewesen wäre wie der medizinische im jetzt verabschiedeten Psychotherapeutengesetz.

Nach Pascal ist „die leibliche Klaviatur gröber als die psychische", d.h. psychische Sachverhalte sind häufig diffiziler, komplexer, insofern zwar nicht unbedingt schwerwiegender, jedoch ‚schwieriger'. Es braucht dazu nicht unterstellt zu werden, daß die besagten 60% aller Kranken unter psychogenen Störungen leiden. Wenn ihnen angemessen geholfen werden soll, sind für eine eigenständige psychotherapeutische Profession eine adäquate universitäre Ausbildung, eine eigenständige Lehre und Forschung unabdingbar und überfällig.

Literatur

American Psychiatric Association. (1987). *Diagnostic and statistical manual of mental disorders* (3rd ed.-revised; DSM-III-R). Washington/DC: American Psychiatric Press.

American Psychiatric Association. (1994). *Diagnostic and statistical manual of mental disorders* (4th ed., DSM-IV). Washington/DC: American Psychiatric Press.

Bachmeir, S., Faber, J., Hennig, C., Kolb, R. & Willig, W. (1994). *Beraten will gelernt sein. Ein praktisches Lehrbuch für Anfänger und Fortgeschrittene* (5. Aufl.). München: Psychologie Verlags Union.

Bartling, G., Echelmeyer, L., Engberding, M. & Krause, R. (1992). *Problemanalyse im therapeutischen Prozeß. Leitfaden für die Praxis* (3. Aufl.). Stuttgart: Kohlhammer.

Bastine, R. (1984). *Klinische Psychologie*, Band 1. Stuttgart: Kohlhammer.

Bastine, R. (1992a). Klinische Psychodiagnostik. In R. Bastine (Hrsg.), *Klinische Psychologie*, Band 2 (S.1-55). Stuttgart: Kohlhammer.

Bastine, R. (Hrsg.) (1992b). *Klinische Psychologie*, Band 2 (Kap. 10.4). Stuttgart: Kohlhammer.

Bastine, R., Fiedler, P.A. & Kommer, D. (Hrsg.) (1989). Psychotherapeutische Prozeßforschung [Themenheft]. *Zeitschrift für klinische Psychologie, 18*, 1-92.

Bastine, R. & Tuschen, B. (1996). *Klinisch-Psychologische Diagnostik. Enzyklopädie der Psychologie. Grundlagen der klinischen Psychologie*. Band 1 (S. 195-268). Göttingen: Hogrefe.

Baumann, U. (Hrsg.) (1981). *Indikation zur Psychotherapie. Perspektiven für Forschung und Praxis*. München: Urban & Schwarzenberg.

Baumann, U. (Hrsg.) (1984). *Psychotherapie: Makro-/Mikroperspektive*. Göttingen: Hogrefe.

Baumann, U. (1996). Wissenschaftliche Psychotherapie auf der Basis der wissenschaftlichen Psychologie. *Report Psychologie, 21* (9), 686-699.

Becker, H. (1988). *Konzentrative Bewegungstherapie* (2. Aufl.). Stuttgart: Thieme.

Becker, P. (1982). *Psychologie der seelischen Gesundheit*. Band 1 Theorien, Modelle, Diagnostik. Göttingen: Hogrefe.

Becker, P. (1995). *Seelische Gesundheit und Verhaltenskontrolle. Eine integrative Persönlichkeitstheorie und ihre klinische Anwendung*. Göttingen: Hogrefe.

Becker, P. (1996). Persönlichkeit. In: A.Ehlers & K. Hahlweg (Hrsg.), *Psychologische und biologische Grundlagen*. Enzyklopädie der Psychologie. Serie II Klinische Psychologie. Band 1 (S. 465-534). Göttingen: Hogrefe.

Becker, P. (1997). Eine integrative Persönlichkeitstheorie als Grundlage einer differentiellen Psychotherapie. In: G. Richardt, G. Krampen & H. Zayer (Hrsg.), *Beiträge zur Angewandten Psychologie* (S. 370-373). Bonn: Deutscher Psychologenverlag.

Beutler, L.E. & Crago, M. (Eds.) (1991). *Psychotherapy research: An international review of programmatic studies*. Washington/DC: American Psychological Association.

Blotcky, M. G. & Grossman, J. (1978). Childhood enuresis: a psychological perspective. *Southern Medical Journal, 71* (10), 1203-1205.

Bommert, H., Henning, T. & Wälte, D. (1990). *Indikation zur Familientherapie*. Stuttgart: Kohlhammer.

Breuer, F. (1989). *Wissenschaftstheorie für Psychologen. Eine Einführung* (4. Aufl.). Münster: Aschendorff.

Brocke, B. (1993). Wissenschaftliche Fundierung psychologischer Praxis. Theoretische Psychologie, angewandte Psychologie und professionelle psychologische Praxis. In: W.

Bungard & T. Herrmann (Hrsg.), *Arbeits- und Organisationspsychologie im Spannungsfeld zwischen Grundlagenorientierung und Anwendung* (S.15-47). Bern: Huber.

Bühringer, G. & Hahlweg, K. (1986). Kosten-Nutzen-Aspekte psychologischer Behandlung. *Psycholgische Rundschau, 37*, 1-19.

Caspar, F. (1995). Die Anwendung standardisierter Methoden und individuelle Neukonstruktion therapeutischen Handelns. In: H. Reinecker & D. Schmelzer (Hrsg.), *Verhaltenstherapie, Selbstregulation, Selbstmanagement. Frederik H. Kanfer zum 70. Geburtstag.* Göttingen: Hogrefe.

Caspar, F. & Grawe, K. (1993). Psychotherapie: Anwendung von Methoden oder ein heuristischer integrierender Produktionsprozeß? In: F. Christmann, M. Dietrich & W. Larbig (Hrsg.), *Ambulante Verhaltensmedizin und Psychotherapie. Der Blick über den Zaun* (S. 35-53). München: Quintessenz.

Caspar, F. & Grawe, K. (1994). Was spricht für, was gegen individuelle Fallkonzeptionen? Überlegungen zu einem alten Problem aus einer neuen Perspektive. *Verhaltenstherapie, 4*, 186-196.

Davison G.C. & Neale, J.C. (1988). *Klinische Psychologie. Ein Lehrbuch* (3. Aufl.). München: Psychologie Verlags Union.

Deegener, G. (1984). *Anamnese und Biographie im Kindes- und Jugendalter.* Weinheim: Beltz.

Dehmel, S. & Wittchen, H.U. (1984). Anmerkungen zur retrospektiven Erfassung von Lebenereignissen und Lebensbedingungen bei Verlaufsuntersuchungen. *Zeitschrift für Klinische Psychologie, 13*, 88-110.

Dilling, H., Mombour, W., Schmidt, M.H. & Schulte-Markwort, (Hrsg.) (1994). Weltgesundheitsorganisation: *Internationale Klassifikation psychischer Störungen. ICD-10 Kapitel V (F). Klinisch diagnostische Leitlinien.* Bern: Huber.

Einsiedel, E. (1976). Eine neue Variante kindlicher Verhaltensstörungen im Kontext psychosomatischer Erkrankungen. *Monatsschrift Kinderheilkunde, 124*, 473-474.

Einsiedel, E. (1979). Zum Stellenwert psychosozialer Merkmale bei ambulanten Operationen von Kindern. In: S. Hofmann-v. Kap-herr (Hrsg.). *Ambulante Operationen im Kindesalter* (S. 21-37). Friedrichdorf: Wissenschaftliche Abteilung der Milupa AG.

Einsiedel, E. (1983). *Störungen im Kindesalter. Eine Systematik der Diagnostik und Therapie psychosozialer Normabweichungen.* Göttingen: Hogrefe.

Einsiedel, E. (1990). Integration und Evaluation intervenierenden Handelns. Evaluation. *Zeitschrift zur Integration psychosozialer Interventionen, 1*, 8-25.

Einsiedel, E., Burkhart, M., Henrichs, K.J. (1995). *Bedürfnisentsprechende Nachsorge für Übergewichtige. Hilfe und Selbsthilfe.* Mainz: Verlag für Evaluation.

Einsiedel, E. & Clausner, A. (1997). Funnel Chest. Psychological and Psychosomatic Aspects in Children, Youngsters and Young Adults. *World Society Of Cardio-Thoracic-Surgeons; Seventh World Congress, Düsseldorf* (Im Druck).

Einsiedel, E. & Jonen-Kern, R. (1992). Psychosomatische Funktionsstörungen bei Kindern und Jugendlichen. Pubertätsmagersucht als Beispiel. *Therapiewoche-Pädiatrie, 5*, 1, 69-75.

Einsiedel, E., Schlitt, H., Lehr, A. & Hofmann-v. Kap-herr, S. (1985). Zur Objektivierung psychosozialer Merkmale bei chronischer körperlicher Beeinträchtigung; Beispiel: Trichterbrust - Ergebnisse einer integrativen Diagnostik. *Zeitschrift für Kinderchirurgie, 3* (40), 136-139.

Einsiedel, E. & Wolff, M. (1984). Psychologische Aspekte des Unfalls, der Hospitalisation und der Rehabilitation. In: H. Sauer (Hrsg.), *Das verletzte Kind. Lehrbuch der Kindertraumatologie* (S. 33-58). Stuttgart, New York: Thieme.

Engelhardt, W. (1994). Supervision. In M. Zielke & J. Sturm (Hrsg.) *Handbuch Stationäre Verhaltenstherapie* (S. 975-982). Weinheim: Psychologie Verlags Union.

Frank, M. & Frank, F. (1996). Das Erstgespräch in der Verhaltenstherapie. In J. Margraf (Hrsg.), *Lehrbuch der Verhaltenstherapie*. Band 1 (261-269). Berlin: Springer.

Frank, R. (1995). Psychotherapie-Supervision. *Report Psychologie, 20,* 33-46.

Frankl, V.A. (1956). *Theorie und Therapie der Neurosen. Einführung in die Logotherapie und Existenzanalyse.* Wien: Urban & Schwarzenberg.

Goldstein, A.P. & Myers, C.R. (1986). Relationship enhacement methods. In: F.H. Kanfer & A.P. Goldstein (Eds.). *Helping people change: A textbook of methods* (3rd. ed., pp. 19-65). New York: Pergamon.

Grawe, K. (1978). Indikation in der Psychotherapie. In: L.J. Pongratz (Hrsg.), *Handbuch der Psychologie*. Band 8 Klinische Psychologie, 2. Halbband (S. 1849-1883). Göttingen: Hogrefe.

Grawe, K. (1987). Psychotherapie als Entwicklungsstimulation von Schemata - ein Prozeß mit nicht voraussehbarem Ausgang. In: F.M. Caspar (Hrsg.), *Problemanalyse in der Psychotherapie* (S. 72-87). Tübingen: DGVT.

Grawe, K. (1992). Psychotherapieforschung zu Beginn der neunziger Jahre. *Psychologische Rundschau, 43,* 132-162.

Grawe, K. & Braun, U. (1994). Qualitätskontrolle in der Psychotherapiepraxis. Zeitschrift für *Klinische Psychologie, 23,* 242-267.

Grawe, K., Caspar, F. & Ambühl, H. (1990). Differentielle Psychotherapieforschung: Vier Therapieformen im Vergleich. *Zeitschrift für klinische Psychologie - Forschung und Praxis, 19,* 292-376.

Grawe, K., Donati, R. & Bernauer, F. (1994). *Psychotherapie im Wandel. Von der Konfession zur Profession.* Göttingen: Hogrefe.

Grunert, S.C. (1993). *Essen und Emotionen. Die Selbstregulation von Emotionen durch das Eßverhalten.* Weinheim: Beltz.

Hand, I. (1986). Verhaltenstherapie und kognitive Therapie in der Psychiatrie. In: K.P. Kisker, H. Lauter, J.E. Meyer, C. Müller & E. Strömgren (Hrsg.), *Psychiatrie der Gegenwart. Band 1 Neurosen, Psychosomatische Erkrankungen, Psychotherapie* (S. 277-306). Berlin: Springer.

Hautzinger, M. (1994). Diagnostik in der Psychotherapie. In: R.D. Stieglitz & U. Baumann (Hrsg.), *Psychodiagnostik psychischer Störungen* (S.284-295). Stuttgart: Enke.

Hayes, S.C., Jacobson, N.S., Follette, V.M. & Dougher, M.J. (1994). *Acceptance and change: Content and context in psychotherapy.* Reno, NV.: Context Press.

Hegel, F. (1969). *Werke. Theorie-Werkausgabe.* Frankfurt: Suhrkamp.

Hoffmann, N. (1981). *Gesprächsführung und psychologische Therapie und Beratung.* Salzburg: Müller.

Hoffmann, N. (1996). Therapeutische Beziehung und Gesprächsführung. In: J. Margraf (Hrsg.), *Lehrbuch der Verhaltenstherapie*. Band 1 (251-259). Berlin: Springer.

Hoffmann, S.O. (1997). Dem Arzt den Körper, die Seele dem Psychologen. *Report Psychologie, 22* (1), 22-25.

Jaspers, K. (1965). *Allgemeine Psychopathologie* (8. Aufl.). Berlin: Springer.

Jüttemann, G. & Thomae, H. (Hrsg.) (1987). *Biografie und Psychologie.* Göttingen: Hogrefe.

Kaminski, G. (1970). *Verhaltenstheorie und Verhaltensmodifikation.* Stuttgart: Klett.

Kanfer, F.H. (1975). Self-management methods. In: F.H. Kanfer & A.P. Goldstein (Eds.), *Helping people change: A textbook of methods* (pp. 309-356). New York: Pergamon.

Kanfer, F.H. (1995). Scientific roots of psychotherapy. In: W. Senf & M. Broda (Hrsg.), *Praxis der Psychotherapie.* München: Thieme.

Kanfer, F.H., Reinecker, H. & Schmelzer, D. (1996). *Selbstmanagement-Therapie. Ein Lehrbuch für die klinische Praxis* (2. Aufl.). Berlin: Springer.

Kazdin, A.E. & Wilson, G.T. (1978). Criteria for evaluating psychotherapy. *Archives of General Psychology, 35*, 407-416.

Kemmler, L. & Echelmeyer, L. (1978). Anamnese-Erhebung. In: L.J. Pongratz (Hrsg.), *Handbuch der Psychologie*. Band 8 Klinische Psychologie, 2. Halbband (S. 1628-1648). Göttingen: Hogrefe.

Kessler, B.H. & Schmidt, L.R. (1984). Anamnese und Ratingverfahren. In: L.R. Schmidt (Hrsg.), *Lehrbuch der Klinischen Psychologie* (S. 206-219). Stuttgart: Enke.

Kirschenbaum, D.S. & Flanery, R.C. (1983). Behavioral contracting: Outcomes and elements. In: M. Hersen, R.M. Eisler & P.M. Miller (Eds.), *Progress in behavior modification* (Vol.15, pp. 217-275). New York: Academic Press.

Kirschenbaum, D.S. & Flanery, R.C. (1984). Toward a psychology of behavioral contracting. *Cinical Psychology Review, 4*, 597-618.

Laireiter, A.R., Lettner, K. & Baumann, U. (1995). Dokumentation ambulanter Psychotherapie: Elemente, Strukturen und offene Fragen. In: F. Caspar (Hrsg.), *Psychotherapeutische Problemanalyse* (2. Aufl.). Tübingen: DGVT-Verlag.

Lieb, H. (1993). Individualisierung oder Standardisierung der Therapie: Eine fruchtlose Alternative. *Verhaltenstherapie, 3*, 222-230.

Lutz, R. & Windheuser, H.J. (1974). Therapiebegleitende Diagnostik. In: D. Schulte (Hrsg.), *Diagnostik in der Verhaltenstherapie* (S. 196-218). München: Urban & Schwarzenberg.

Margraf, J. & Brengelmann, J.C. (Hrsg.) (1992). *Die Therapeut-Patient-Beziehung in der Verhaltenstherapie*. München: Röttger.

Margraf, J. & Schneider, S. (1994). Klassifikatorische Diagnostik, strukturierte Interviews und Therapieindikation. In: H. Reinecker (Hrsg.), *Lehrbuch der Klinischen Psychologie* (2. Aufl.). Göttingen: Hogrefe.

Mash, E.J. & Terdal, L.G. (1977). After the dance is over. Some issues and suggestions for follow-up assesment in behavior therapy. *Psychological Reports, 41*, 1287-1308.

Maslow, A.H. (1954). *Motivation and personality*. New York: Harper.

Medawar, P.B. & Medawar, J.S. (1977). *The Life Science*. New York: Harper & Row.

Meichenbaum, D. & Turk, D.C. (1994). *Therapiemotivation des Patienten. Ihre Förderung in Medizin und Psychotherapie - ein Handbuch*. Bern: Huber.

Neumer, S. & Margraf, J. (1996). Kosten-Effektivitäts- und Kosten-Nutzen-Analyse. In J. Margraf (Hrsg.), *Lehrbuch der Verhaltenstherapie*. Band 1 (S. 543-551).

Norretanders, T. (1997). *Spüre die Welt. Die Wissenschaft des Bewußtseins*. Reinbek: Rowohlt.

Perrez, M. (1982 a). Was nützt Psychotherapie? *Psychologische Rundschau, 33*, 121-126.

Perrez, M. (1982 b). Die Wissenschaft soll für die psychotherapeutische Praxis nicht länger tabu bleiben! *Psychologische Rundschau, 33*, 136-141.

Perrez, M. & Baumann, U. (1991). Systematik der klinisch-psychologischen Intervention: Einleitung. In: M. Perrez & U. Baumann (Hrsg.), *Lehrbuch Klinische Psychologie*. Band 2 Intervention (S.21-30). Bern: Huber.

Petermann, F. (1992). *Einzelfalldiagnose und klinische Praxis* (2. Aufl.). München: Quintessenz.

Petermann, F. (1996). *Psychologie des Vertrauens*. (3. Aufl.). Göttingen: Hogrefe.

Plessen, U. & Kaatz, S. (1985). *Supervision in Beratung und Therapie*. Salzburg: Otto Müller.

Popper, K.R. (1977). Kritik des Materialismus. In: K.R. Popper & J.C. Eccles (Hrsg.), *Das Ich und sein Gehirn*. München: Piper.

Quekelberghe, R. van (1984). Zur Methode der Lebenslaufanalyse. Eine Darstellung aus tätig-keitspsychologischer Sicht. In: R. van Quekelberghe (Hrsg.), *Studien zur Handlungstheorie und Psychotherapie*. Band 2 (S. 65-103). Landau: Erziehungswissenschaftliche Hochschule.

Reinecker, H. (1982). Grundlagen, Versuchsplanung und Auswertungsmöglichkeiten von Einzelfallanalysen. *Zeitschrift für klinische Psychologie und Psychotherapie, 30*, 120-140.

Reinecker, H. (1983). *Grundlagen und Kriterien verhaltenstherapeutischer Forschung*. Salzburg: AVM.

Reinecker, H. (Hrsg.) (1994). *Lehrbuch der Klinischen Psychologie. Modell psychischer Störungen* (2. Aufl.). Göttingen: Hogrefe.

Reinecker, H. (1995). *Fallbuch der Klinischen Psychologie. Modelle psychischer Störungen. Einzelfallstudien zum Lehrbuch der Klinischen Psychologie*. Göttingen: Hogrefe.

Rüger, U. & Senf, W. (1994). Evaluative Psychotherapieforschung: Klinische Bedeutung von Psychotherapie-Katamnesen. *Zeitschrift für Psychosomatische Medizin und Psychoanalyse, 40*, 103-116.

Schmidt, L.R. & Kessler, B.H. (1976). *Anamnese: Methodische Probleme, Erhebungsstrategien und Schemata*. Weinheim: Beltz.

Schneewind, K.A. (Hrsg.) (1977). *Wissenschaftstheoretische Grundlagen der Psychologie*. München: DTV.

Schulte, D. (Hrsg.) (1976). *Diagnostik in der Verhaltenstherapie* (2. Aufl.). München: Urban & Schwarzenberg.

Schulte, D. (Hrsg.) (1991). *Therapeutische Entscheidungen*. Göttingen: Hogrefe.

Schulte, D. (1993 a). Wie soll Therapieerfolg gemessen werden? *Zeitschrift für klinische Psychologie - Forschung und Praxis, 22*, 374-393.

Schulte, D. (1993 b). Lohnt sich eine Verhaltensanalyse? *Verhaltenstherapie, 3*, 5-13.

Schulte, D. (1994). Vom zunehmenden Einfluß klassifikatorischer Diagnostik auf psychotherapeutische und psychodiagnostische Forschung und Praxis. *Diagnostica, 40*, 262-269.

Schulte, D. (1995). Standardisierung des Individuellen, Individualisierung des Standardisierten: Versuch einer Klärung aus Anlaß eines Artikels von Caspar und Grawe. *Verhaltenstherapie, 5*, 42-46.

Schulte, D. & Wittchen, H.U. (1988). Klassifikation psychischer Störungen und Klinische Diagnostik. Neue Ansätze, neue Methoden, neue Möglichkeiten. *Diagnostica, 34*, 1-2.

Seidenstücker, G. & Baumann, U. (1987). Multimodale Diagnostik als Standard in der Klinischen Psychologie. *Diagnostica, 33*, 243-258.

Stieglitz, R.D. & Baumann, U. (Hrsg.) (1994). *Psychodiagnostik psychischer Störungen*. Stuttgart: Enke.

Strotzka, H. (Hrsg.) (1975). *Psychotherapie: Grundlagen, Verfahren, Indikation*. München: Urban & Schwarzenberg.

Strupp, H.H. (1973). On the basic ingredients of psychotherapy. *Journal of Consulting and Clinical Psychology, 41*, 1-8.

Truax, C.B. & Carkhuff, R.R. (1967). *Toward effective counseling and psychotherapy*. Chicago: Aldine.

Vogel, G. (1993). *Planung und Improvisation im Therapieprozeß. Eine Analyse mikrotherapeutischer Entscheidungsprozese*. Münster: Waxmann.

Wagner, R.F. (1995). Ein metatheoretisches Rahmenmodell psychotherapeutischer Theorien. *Zeitschrift für Klinische Psychologie, Psychopathologie und Psychotherapie, 43*, 185-199.

Wagner, R.F. (1997). Für ein ethisch-sequentielles Vorgehen in der Psychotherapie. In: G. Richardt, G. Krampen & H. Zayer (Hrsg.), *Beiträge zur Angewandten Psychologie* (S. 377-380). Bonn: Deutscher Psychologenverlag.

Wellek, A. (1967). *Die Polarität im Aufbau des Charakters* (3. Aufl.). Bern: Huber.

Wheeler, D.D. & Janis, I.J. (1980). *A practical guide for making decisions.* New York: Free Press.

Willke, H. (1993). *Systemtheorie. Eine Einführung in die Grundprobleme der Theorie sozialer Systeme* (4. Aufl.). Stuttgart: Gustav Fischer Verlag.

Wittchen, H.U. & Schulte, D. (1988). Diagnostische Kriterien und operationalisierbare Diagnosen. Grundlagen der Klassifikation psychischer Störungen. *Diagnostica, 34,* 3-27.

Uexküll, T. von & Wesiak, W. (1986). Wissenschaftstheorie und Psychosomatische Medizin, ein bio-psycho-soziales Modell. In: T. von Uexküll (Hrsg.), *Psychosomatische Medizin* (3. Aufl., S. 1-30). München: Urban & Schwarzenberg.

Yates, B. & Newmann, F.L. (1980). Approaches to cost-effectiveness analysis and cost-benefit analyses of psychotherapy. In: G.R. Vandenbos (Ed.), *Psychotherapy practice, research, policy* (pp. 103-162). Beverly Hills: Sage.

Zimmer, D. (1996). Supervision in der Verhaltenstherapie. In: J. Margraf (Hrsg.), *Lehrbuch der Verhaltenstherapie,* Band 1 (S. 525-536). Berlin: Springer.

2 Ein integratives Menschenbild einer an ethischen Dimensionen orientierten Allgemeinen Psychotherapie

Rudolph F. Wagner

2.1 Problemstellung: Die Vielfalt psychotherapeutischer Methoden, Verfahren und Schulen und daraus folgende Probleme für die psychotherapeutische Behandlungssituation

Der Bereich der Psychotherapie ist gekennzeichnet durch eine Vielzahl von Methoden, Verfahren und Schulen, die es auch psychotherapeutischen Experten nicht leicht macht, den Überblick zu behalten bzw. einen solchen überhaupt erst zu erlangen. Margraf (1996a) spricht hier vom „Therapiedschungel" (S. 162), der eine Orientierung für alle Beteiligten erschwert. Daß es in einer solchen Situation für Patienten, die sich wegen eines Problems in eine psychotherapeutische Behandlung begeben wollen, schwer oder gar unmöglich ist, die für sie richtige Therapie auszuwählen, verwundert nicht! Wie soll es für jemanden, der sich nicht mit Psychotherapieforschung auseinandersetzt, auch möglich sein, die Therapieform herauszufinden, die für ihn, mit seiner speziellen Störung, auf seinem persönlichen Hintergrund, die wahrscheinlich effektivste Behandlung darstellt? Dabei hat die Wahl einer bestimmten Therapierichtung und eines bestimmten Therapeuten weitreichende Folgen für den Patienten: Abhängig davon, zu welcher Therapeutin bzw. zu welchem Therapeuten der Patient (mehr oder weniger zufällig; vgl. Meyer, Richter, Grawe, v.d. Schulenburg & Schulte, 1991; Reinecker & Krauß, 1994) kommt, wird ihm ein ganz bestimmtes – und auch ganz anderes (!) – Bild seiner Erkrankung (die in einigen Therapieformen gar keine Erkrankung, sondern nur noch ein Symptom oder gar eine Lösung darstellt) vorgegeben. Aus einer übergeordneten Perspektive ergeben sich in dieser Situation eine Reihe von Fragen, die durch die verschiedenen Therapieschulen sehr unterschiedlich beantwortet werden: Ist die Problematik, die eine Patientin zum Therapeuten treibt, die Ursache einer problematischen, konfliktbehafteten Beziehung zu ihrer Mutter, die ihre Wurzeln in der frühen Kindheit hat? Oder stekken verdrängte sexuelle Impulse hinter ihrer Symptomatik? Ist das Symptom nur Zeichen einer familiären Störung und die Patientin der Indexpatient? Muß die Patientin vor allem lernen, ihre Aggressionen im Hier und Jetzt richtig auszuleben, da hinter ihren Beschwerden verdrängte Emotionen stecken? Ist die Problematik ein Ausdruck einer allgemeinen Lebensangst? Steht dahinter ein massiver Partnerkonflikt, der der Patientin nicht bewußt ist? Oder stabilisiert sie mit ihrer Störung nur das Gefüge ihrer Familie? ... Die Aufzählung ließe sich noch lange fortführen, und ich hoffe, keine Therapieschule fühlt sich vernachlässigt, weil ihre spezielle Sichtweise von Problemen nicht dargestellt wird. Diese kleine Auswahl von Möglichkeiten soll die Problematik aufzeigen, die sich aus der Situation ergibt, daß es keine übergeordnete Theorie oder Therapieform gibt, die in diesem undurchsichtigen Dschungel von Therapieschulen und Therapierichtungen eine Orientierung liefert; denn fast alle Therapierichtungen haben zu ein und demselben Problem bei ein und demselben Patienten ihre eigene, spezifische Sichtweise, aus der eine (schulen-)spezifische Behandlungsform folgt (vgl. z.B. Lang, 1994): Je nachdem, zu welchem Therapeuten bzw. zu welcher Therapeutin die Patientin bzw. der Patient gelangt, wird ihr bzw. ihm eine dieser vielen möglichen Sichtweisen als die Sichtweise „verkauft" werden, aus der sich dann auch die entsprechenden therapeutischen Interventionen ableiten. So hängt es hauptsächlich davon ab, ob eine Patientin mit ihrem Problem zu einem Psychoanalytiker, einer Familientherapeutin, einer Gestalttherapeutin, einem Verhaltenstherapeuten, einem Gesprächspsychotherapeuten etc. kommt, welches Bild der Störung ihr vermittelt und welche Therapiemethode in der Therapie durchgeführt wird! Dieses Problem der unüberblickbaren Vielfalt an Meinungen ergibt sich störungsunspezifisch. Unabhängig davon, ob die Patientin beispielsweise an Ängsten, Depressionen, sexuellen Störungen, Persönlichkeitsstörungen, Zwangsstörungen oder Kleptomanie leidet: immer wird ihr Problem unter dem Blickwinkel – man könnte auch sagen unter den Scheuklappen – einer speziellen Schule gesehen und behandelt.

Diese Situation ist alles andere als optimal und sowohl für Therapeuten als auch für Patienten äußerst unbefriedigend. Therapeuten sind durch diese Situation in ihrer eigenen Schulrichtung gefangen, sehen den Patienten und sein Problem nur unter dem Blickwinkel ihrer Schule und rezipieren kaum oder gar nicht die Forschungsergebnisse anderer Therapieschulen. Und ein Therapeut, der nicht mehr über den Tellerrand der eigenen Schulrichtung blickt, wird zwangsläufig immer stärker unter Einschränkungen seiner Wahrnehmung leiden. Den Patienten wiederum bleibt oftmals nichts anderes übrig, als sich mehr oder weniger auf ihr Glück oder die Erfahrungen von Freunden und Bekannten zu verlassen, wenn sie für die Behandlung ihrer Probleme einen Psychotherapeuten bzw. eine Psychotherapeutin suchen. Sie müssen fast blind darauf vertrauen, daß der Therapeut und die Verfahren der Therapieform, die er vertritt, tatsächlich zur Linderung der Probleme beitragen.

Fast schon paradox mutet diese Situation deshalb an, weil es inzwischen durchaus das Wissen gibt, welche therapeutischen Vorgehensweisen bei bestimmten Patienten und bestimmten Störungen eher indiziert sind und welche weniger. Äußerst notwendig und wünschenswert ist in dieser Situation daher eine Orientierungshilfe, die es Therapeuten und Patienten ermöglicht, genau jenes Vorgehen auszuwählen, welches bei einem bestimmten Patienten mit einer bestimmten Störung die mit hoher Wahrscheinlichkeit besten Erfolgsaussichten verspricht.

Genau dies ist das Anliegen der Psychotherapieforschung, die sich seit mehreren Jahrzehnten immer differenzierter der Frage widmet, welche Art von Intervention bei welchen Patienten mit welcher Störung welche Effekte erzielt bzw. indiziert ist. Auch hier gibt es eine Vielzahl von empirischen Untersuchungen, die es nicht leicht machen, einen Überblick über den Stand der Forschung zu erhalten. Im Unterschied zur Vielfalt auf dem Psychotherapiemarkt gibt es hier jedoch anerkannte methodische Verfahren, welche eine integrative Sichtweise der Vielzahl von Untersuchungen und Teilergebnissen erlauben, wie z.B. verschiedene Verfahren der Metaanalyse. Eine der umfangreichsten

Arbeiten, die den Stand der Psychotherapieforschung abbilden, stellen die metaanalytischen Ergebnisdarstellungen von Grawe, Donati und Bernauer (1994) dar. In diesem Buch, welches den optimistischen Untertitel *Von der Konfession zur Profession* trägt, werden Wirksamkeitsnachweise verschiedener Verfahren zusammengetragen und mittels metaanalytischer Auswertungsmethoden zusammengefaßt. Diese Ergebniszusammenstellungen bilden die Grundlage einer von Grawe konzipierten Allgemeinen Psychotherapie, die das Ziel verfolgt, Psychotherapie ohne schulenspezifische Einengungen zu etablieren.

2.2 Allgemeine Psychotherapie

In den letzten Jahren wird immer häufiger das Konzept einer Allgemeinen Psychotherapie genannt, welche sich als Lösung der oben genannten Problematik anbietet. Die Allgemeine Psychotherapie will schulenunabhängig und somit möglichst scheuklappenfrei eine Anwort auf die Frage geben, welche Therapie bei welchem Patienten mit welchen Problemen geeignet ist.

Das von Grawe (z.B. 1995, 1997) entwickelte Konzept einer Allgemeinen Psychotherapie (siehe auch Grawe in diesem Band) entstand in der Auseinandersetzung mit einer Vielzahl von Untersuchungsergebnissen aus dem Bereich der Psychotherapieforschung. Regulative Zielidee einer Allgemeinen Psychotherapie bildet eine patientenorientierte, schulenübergreifende, am jeweiligen Erkenntnisstand der empirischen Psychologie und Psychotherapieforschung orientierte Psychotherapie. In neueren Publikationen spricht Grawe (1998) von *Psychologischer Therapie*, um damit die enge Anbindung psychotherapeutischen Handelns an die Grundlagenwissenschaft Psychologie zu unterstreichen. Aufgrund der Ergebnisdarstellungen zur Wirksamkeit einzelner therapeutischer Verfahren von Grawe, Donati und Bernauer (1994) lassen sich verschiedene Wirkprinzipien psychotherapeutischen Handelns ableiten. Grawe spricht von vier (vorläufigen) therapeutischen Wirkprinzipien, die einen sehr großen Teil der empirisch festgestellten Effekte der verschiedenen therapeutischen Vorgehensweisen erklären (Grawe, 1995, S. 134ff.): Ressourcenaktivierung, Problemaktualisierung, aktive Hilfe zur Problembewältigung und Klärungsperspektive. Diese Wirkfaktoren sieht er als gesicherte Elemente einer empirisch fundierten psychotherapeutischen Veränderungstheorie. Zur ausführlichen Darstellung dieser Wirkfaktoren sei auf die oben genannte Literatur und auf Grawes Beitrag in diesem Band verwiesen. Im Unterschied zu den bisher existierenden Psychotherapieschulen wird in der Allgemeinen Psychotherapie keine dieser Perspektiven ausgeklammert. „Sie [die Allgemeine Psychotherapie] könnte aus dem gesamten Repertoire empirisch bewährter Vorgehensweisen schöpfen, ohne welche wegen ihrer Herkunft auszuklammern" (Grawe, 1997, S. 154). Eine Allgemeine Psychotherapie befindet sich in ständiger Entwicklung. Im Austausch mit der empirischen Forschung wird – so die Zielvorstellung – immer wieder neues Wissen aufgenommen und theoretisch integriert. Aus diesen neuen Erkenntnissen sollen dann praktische Schlußfolgerungen im Sinne veränderter psychotherapeutischer Behandlungsweisen gezogen werden. Gemeinsames Fundament einer Allgemeinen

Psychotherapie ist die Orientierung an allgemeinen wissenschaftlichen Prinzipien. Ein
zentrales Charakteristikum einer Allgemeinen Psychotherapie stellt somit die Offenheit
gegenüber verschiedenen theoretischen Orientierungen dar, was sehr deutlich auch im
Titel einer Arbeit von Grawe (1994) herausgestellt wird: *Psychotherapie ohne Grenzen
– Von den Therapieschulen zur Allgemeinen Psychotherapie*. Eine zentrale Forderung
ist jedoch, daß die entsprechenden Theorien, Konzepte, Verfahren etc. empirisch überprüft und bewährt sind. Nur dann werden sie in den Fundus der Allgemeinen Psychotherapie aufgenommen. Diese Forderung der empirischen Überprüfung führt dazu, daß
zumindest zur Zeit viele der bisher existierenden Therapieschulen und -richtungen in
eine Allgemeine Psychotherapie nicht problemlos integriert werden können. Allgemeine Psychotherapie meint somit das Gegenteil einer Therapierichtung: „Eine Therapierichtung ist durch einen bestimmten theoretischen Ansatz und bestimmte von
vornherein festgelegte Charakteristika des therapeutischen Vorgehens gekennzeichnet.
Eine Allgemeine Psychotherapie kann aber weder durch einen bestimmten theoretischen Ansatz noch durch bestimmte Vorgehensweisen charakterisiert werden. Die
Theorien und Vorgehensweisen wechseln mit dem Erkenntnisfortschritt, ohne daß sich
an dem, was mit allgemeiner Psychotherapie gemeint ist, etwas ändert" (Grawe, 1997,
S. 154).

Zusammenfassend kann man sagen, daß eine Allgemeine Psychotherapie sich durch
eine größtmögliche Offenheit gegenüber empirischen Ergebnissen aus der Psychotherapieforschung kennzeichnet und das Ziel hat, diese ohne Ansehen der Theorierichtung
in ihren Fundus zu integrieren. Das Problem der Vielfalt psychotherapeutischer Richtungen und Anwendungen wird hier gelöst, indem psychotherapeutische Verfahren auf
der Grundlage wissenschaftlicher Ergebnisdarstellungen entsprechend ihrer nachgewiesenen Wirksamkeit unter bestimmten Randbedingungen geordnet werden.

2.3   Ein Ordnungsschema durch wissenschaftstheoretische Einheiten

Während sich die Allgemeine Psychotherapie auf der Grundlage der Psychologie an
empirischen Effektivitätsnachweisen orientiert und anhand dieser versucht, die Indika-
tionsfrage zu beantworten, besteht eine andere Möglichkeit, die Vielzahl psychotherapeutischer Schulen und Verfahren sinnvoll zu ordnen, um so eine rationale Zuordnung
und effiziente Behandlung zu ermöglichen, darin, daß wir eine übergeordnete Perspektive zu den psychotherapeutischen Theorien einnehmen und so versuchen, ein Ordnungsschema zu finden. Um eine solche übergeordnete Perspektive zu den verschiedenen psychotherapeutischen Theorien zu erreichen, muß man – nicht nur bildlich
gesprochen – einen Standpunkt über den Theorien einnehmen, also eine metatheoretische Perspektive wählen. Im Rahmen der Psychologie, als Wissenschaft vom Erleben
und Verhalten des Menschen, wird eine solche metatheoretische Perspektive in der
Wissenschaftstheorie oder der Theoretischen Psychologie eingenommen. Aus einer
solchen wissenschaftstheoretischen Betrachtung heraus wird es möglich, deskriptive
und präskriptive Aussagen über verschiedene Theorien zu machen.

Ein wissenschaftstheoretisches Ordnungsschema, welches sich für das Ausgangsproblem der psychotherapeutischen Theorien- und Methodenvielfalt als hilfreiche Grundlage erweist, ist ein Modell, welches von Groeben (1986) im Zusammenhang mit einer Integration von empirischer und hermeneutischer Forschung entwickelt wurde. Das Modell besteht aus wissenschaftstheoretischen Einheiten, welche Theorien zusammenfassen, die von gleichen oder ähnlichen Menschenbildannahmen ausgehen. Wissenschaftliche Theorien über den Menschen – und das sind in der Regel psychologische Theorien – enthalten (zumindest implizit) immer auch Vorstellungen über Grundannahmen des Menschen. Innerhalb der Analytischen Wissenschaftstheorie wurde dieser Sachverhalt unter der Perspektive des sogenannten non-statement views von Theorien expliziert. Danach „bestehen Theorien nicht aus einem System von Aussagen (wie es die klassische Aussagenkonzeption von Theorien, der sogenannte statement view postuliert), sondern sind in ihrem Kern ... eher „Gebilde begrifflicher Art" und als solche natürlich gegenüber Erfahrung und damit Falsifikation immun" (Groeben, 1986, S. 11). Die Grundannahmen über den Menschen (qua Menschenbildannahmen) befinden sich in diesem Theoriekern und können somit empirisch nicht direkt überprüft werden. Dennoch haben diese Annahmen einen enormen Einfluß auf die Methodologie und Methodik und somit auch auf die möglichen Ergebnisse von Forschungen, die von diesen Theorien ausgehen. Beispiele hierzu werden unten gegeben. Dieser als Gegenstands-Methodik-Interaktion bezeichnete Zusammenhang wurde im Rahmen der Kritischen Theorie vor allem durch Habermas (1968) rekonstruiert. Sehr vehement und kritisch wird dies auch von Feyerabend (1980) herausgearbeitet, der in diesem Zusammenhang von dogmatischen Traditionen spricht, die „gewisse Grundwerte in die Welt hinausprojizieren..." (S. 136f.). Ausführlich wird die Relevanz des Konzeptes der Gegenstands-Methodik-Interaktion für die Psychologie von Groeben und Westmeyer (1975) dargestellt.

In seinem Modell entwickelt Groeben (1986) drei wissenschaftstheoretische Gegenstandseinheiten, die er *Handeln*, *Tun* und *Verhalten* nennt. Ihnen lassen sich verschiedene psychologische Theorien zuordnen, die sich durch ähnliche oder gleiche Grundannahmen qua Menschenbildannahmen auszeichnen, da sie den gleichen oder ähnlichen Paradigmen (sensu Kuhn, 1967) entstammen: In der Gegenstandseinheit des *Handelns* werden jene Theorien verortet, welche von einem rationalitäts-, reflexions- und kommunikationsfähigen Menschen ausgehen. Das Erkenntnis-„Objekt" wird in diesen Theorien möglichst unreduziert (bezüglich seiner „höheren" geistigen Fähigkeiten) wahrgenommen. Theorien, die unter die *Tuns*- oder die *Verhaltens*-Einheit subsumiert werden, lassen sich durch eine zunehmende Reduktion des Menschen um eben jene Fähigkeiten charakterisieren. In der Einheit des *Tuns* wird der Mensch vor allem als Wesen betrachtet, das durch unbewußte Aktivitäten gesteuert ist; in der Einheit des *Verhaltens* werden gar die kognitiven bzw. emotionalen Vorgänge des Menschen als vernachlässigbare Größen angesehen (sogenanntes black-box-Modell des Menschen). Diese wissenschaftstheoretischen Einheiten sollen im folgenden die Grundlagen für ein metatheoretisches Rahmenmodell psychotherapeutischer Theorien bilden.

2.4   Ein metatheoretisches Rahmenmodell psycho-
therapeutischer Theorien

2.4.1   Die Relevanz eines Rahmenmodells für die Allgemeine
Psychotherapie

In einem metatheoretischen Rahmenmodell psychotherapeutischer Theorien (ausführlich dargestellt bei Wagner, 1995a) werden die von Groeben (1986) entwickelten wissenschaftstheoretischen Einheiten auf den Bereich der Psychotherapie übertragen.
Dieses Vorgehen verfolgt zwei miteinander zusammenhängende Ziele: Zum einen soll
dadurch die Möglichkeit geschaffen werden, die Grundlagen *eines integrativen Menschenbildes* zu entwickeln, welches einer Allgemeinen Pychotherapie zugrunde liegen
kann, zum anderen soll durch die Orientierung an anthropologischen Kernannahmen
der einzelnen Theorien eine *ethische Dimension* zur Beurteilung psychotherapeutischer
Theorien und Verfahren entwickelt werden. Beide Aspekte werden im folgenden ausgeführt.

Ein metatheoretisches Rahmenmodell, welches sich an anthropologischen Kernannahmen orientiert, liefert ein Ordnungsschema, welches neben der empirischen Effizienz auch *ethische Aspekte* als Kriterien für die Auswahl von psychotherapeutischen
Interventionen heranzuziehen erlaubt. Die Auswahl von Verfahren und Methoden
allein unter dem Blickwinkel der empirischen Effektivität ist ein zweck-rationales Vorgehen. Eine solche einseitige Betrachtung birgt jedoch eine große Gefahr in sich, da die
Vernachlässigung wert-rationaler Aspekte (unintendierte) negative Folgen haben kann.
Gerade bei der Anwendung psychotherapeutischer Verfahren können solche inhärenten
Dynamiken zu katastrophalen Entwicklungen führen. Ethische Aspekte verdienen in
diesem Bereich daher eine besondere Beachtung. Beispiele für diese Gefahr finden sich
nicht selten in der Geschichte der Verhaltenstherapie (vgl. Schorr, 1984): In frühen,
behavioristischen Verhaltenstherapien wurden die Prinzipien des klassischen und operanten Konditionierens teilweise skrupellos auf Menschen angewandt, ohne die (ethische) Problematik dieses Vorgehens zu reflektieren. So wurden bei der sogenannten
Aversionsbehandlung „unerwünschte" Verhaltensweisen mit extrem unangenehmen
(aversiven) Reizen, wie z.B. Injektion von ekelauslösenden Substanzen, elektrischen
Schocks etc. gekoppelt, um eine Reduktion der Auftretenswahrscheinlichkeit dieser
„unerwünschten" Verhaltensweisen (und somit eine Anpassung an eine gewünschte
Norm) zu erreichen. Publiziert wurde dieses Vorgehen z.B. bei der „Behandlung" von
homosexuellen Männern bzw. von Menschen, die sexuell „abweichendes Verhalten"
zeigten. So berichtet Raymond (1956, 1969) von der Behandlung von Patienten mit
sexuellen Abweichungen mit Hilfe von Apomorphin-Injektionen, welche Ekel- und
Übelkeitsgefühle auslösen. Feldman und McCulloch (1971) berichten über die „Therapie" von Homosexuellen mittels Elektroschock als aversivem Reiz, der den „Patienten" zeitlich gekoppelt mit Bildern nackter Männer appliziert wurde.

Eine Ursache für die Anfälligkeit der damaligen Verhaltenstherapie für solche skru-
pellosen Anwendungen liegt u.a. darin, daß Skinner (in: Rogers & Skinner, 1965) mit
behavioristischem Ubiquitätsanspruch normative Aspekte selbst als Verstärker definierte. Seine Analyse stellt jedoch weniger eine Auseinandersetzung mit Wertproble-

men, sondern eher eine dogmatische Festlegung dar (vgl. Reinecker, 1978, 268f.). Ziele, Werte und Normen sind nämlich präskriptive Sätze und können als solche nicht aus deskriptiven (beschreibenden) Sätzen abgeleitet werden. Wissenschaftstheoretisch wird die unzulässige „Ableitung" präskriptiver Sätze aus deskriptiven Sätzen als naturalistischer Fehlschluß verurteilt. So kann aus dem deskriptiven Satz *Anwendung von Konfrontationsverfahren führt bei Patientinnen mit Agoraphobie zu einer Angstreduktion* nicht der präskriptive Satz abgeleitet werden *Patientinnen mit Agoraphobie sollten mit Konfrontationsverfahren behandelt werden.* Korrekt wird der Schluß erst, wenn man als Prämisse einen allgemeineren normativen Satz hinzufügt, z.B.: *Therapeuten sollten die Angst von Patientinnen mit Agoraphobie reduzieren* (und z.B. nicht zunächst auf systemischer Ebene die Folgen für die Partnerschaft analysieren). Ohne auf das Problem der (unintendierten) Nebenfolgen näher einzugehen, sei an dieser Stelle nur erwähnt, daß wir es hier mit einem gemischten Satzsystem aus normativem Obersatz, empirischem Untersatz und normativem Schlußsatz zu tun haben, der im Rahmen der Ziel-Mittel-Argumentation dazu dienen kann, Normen, Ziele und Werte zu begründen und zu kritisieren (vgl. zur Ziel-Mittel-Argumentation: Scheele & Groeben, 1988). Der gesamte Bereich der Begründung und Rechtfertigung wissenschaftlicher und somit auch psychotherapeutischer Ziele und Werte, welcher von Habermas (1968) ausführlich analysiert und von Albert (1968) in seiner Analyse des Werturteils-Freiheits-Postulats als *Problem der Wertbasis* definiert wird, wurde in der frühen Verhaltenstherapie als Problem kaum erkannt.

Die ethischen Probleme, die diese Art von „Therapien" aufwerfen, werden heute zwar durchaus kritisch gesehen (z.B. Margraf, 1996b; Reinecker, 1994a), nicht jedoch die grundsätzlichen Gefahren von (heutigen!) Theorien und Verfahren, die ein solches reduktives Menschenbild implizieren. Diese Gefahren, die Groeben (1986, S. 68) als „technologische Pervertierbarkeit" bezeichnet, wurden von Stanley Kubrick (1964) in seinem Film „Clockwork Orange" künstlerisch eindrucksvoll dargestellt. Sehr deutlich weist auch Feger (1981, S. 112f.) auf die Folgen für die Weltkonstruktion hin, wenn er betont: „jeder, der Paradigmen entwickelt, weiß, daß er ein Stück neuer Wirklichkeit entwirft, und daß er ein Angebot macht, nicht nur wie Ereignisse zu deuten, sondern wie – eben auch für andere Menschen – Situationen zu gestalten sind."

Neben der Einführung einer ethischen Dimension zur Beurteilung psychotherapeutischer Verfahren besteht – wie oben schon erwähnt – ein weiteres Ziel, welches durch ein metatheoretisches Modell im Bereich der Psychotherapie erreicht werden soll, darin, einen Entwurf für ein Menschenbild einer Allgemeinen Psychotherapie zu entwickeln. Aus einem solchen Entwurf eines *integrativen Menschenbildes* können dann wiederum Ableitungen für die psychotherapeutische Behandlung von Patienten (z.B. zur Beziehungsgestaltung und zur Auswahl von Interventionsverfahren) gemacht werden. Das postulierte Vorgehen der Allgemeinen Psychotherapie, Interventionen vor allem auf der Grundlage ihrer empirischen Effektivität auszuwählen, trägt nämlich die Gefahr in sich, daß Therapeuten zu einem eklektizistischen Vorgehen verleitet werden. Ein eklektizistisches Vorgehen schneidet zwar empirisch relativ gut ab (vgl. Grawe et al., 1994, S. 649f.), ist jedoch aus metatheoretischer Perspektive äußerst kritisch zu beurteilen: Die Anwendung von Methoden und Verfahren unterschiedlicher theoretischer Provenienz bei einem Patienten in einer psychotherapeutischen Behandlung ist nicht nur wenig wissenschaftlich, sondern sie verhindert auch das übergeordnete Ziel von Psychotherapie, eine (bessere) Integration des Handelns und Erlebens des Patienten zu erreichen, da dieser kein einheitliches Erklärungsmodell seiner Probleme erhält. Eine fruchtbare wechselseitige Beeinflussung zwischen Wissenschaft und Praxis, wie sie auf der Basis einer Allgemeinen Psychotherapie wünschenswert wäre, wird durch ein eklektizistisches Vorgehen erschwert, da unklar bleibt, welche Interventionen zu welchen Wirkungen führen, und Interaktionseffekte nicht vorhersehbar sind. Weiterhin stellen Verfahren, die aus unterschiedlichen theoretischen Ansätzen stammen, auch sehr unterschiedliche Anforderungen an den Therapeuten. Dies kann zur Überforderung des Therapeuten oder auch zu Inkonsistenzen in seinem Verhalten führen. Beides wirkt sich negativ auf die Therapeut-Patient-Beziehung aus und kann so zu einer Verringerung des Therapieerfolges führen. Bisherige Forschungen zeigen nämlich sehr deutlich, daß einerseits die Therapeut-Patient-Beziehung eine enorm relevante Größe darstellt (vgl. Orlinsky, Grawe & Parks, 1994, die darlegen, daß die Wichtigkeit einer positiven Therapiebeziehung für das Therapieergebnis empirisch besser abgesichert ist als jede störungsspezifische Interventionsform für sich allein) und daß andererseits schon geringe Änderungen im Therapeutenverhalten zu deutlichen Änderungen im Erleben und Verhalten des Patienten führen (vgl. z.B. Schulte, 1991; Wagner, 1989). Kommer (1982) weist darauf hin, daß unter wissenschaftshistorischem Aspekt eklektische Denkansätze häufig ein Übergangsstadium zwischen einer endgültigen Ablösung überholter und der Etablierung neuer theoretischer Perspektiven darstellen!

Ein metatheoretisches Rahmenmodell soll zum einen die bisher vernachlässigte ethische Dimension für die Auswahl von Verfahren mitberücksichtigen und zum anderen einen Entwurf für ein Menschenbild einer Allgemeinen Psychotherapie liefern, welche in der Lage ist, Forschungsergebnisse aus verschiedenen theoretischen Richtungen zu integrieren. Im folgenden werden die Grundlagen eines solchen Rahmenmodells ausführlicher dargestellt.

2.4.2 Die Einheit des Verhaltens

Unter die Einheit des Verhaltens lassen sich nach Groeben (1986) solche Theorien subsumieren, in denen der Mensch in Parallelität zu kognitiv begrenzten (z.B. tierischen) Organismen modelliert wird. Der Patient wird dadurch auf ein Objekt reduziert, welches auf externe Reize reagiert. Besonders in der frühen Verhaltenstherapie wurden auf der Grundlage des Behaviorismus, welcher die disziplinäre Matrix sensu Kuhn (1967) für die Verhaltens-Einheit darstellt, viele Theorien und Methoden entwickelt, die dieses sehr reduktive Menschenbild implizieren. Zentrale Konzepte dieser Einheit sind die Prinzipien des klassischen und operanten Konditionierens. Die anthropologischen Kernannahmen des Behaviorismus betreffen z. B. das sogenannte black-box-Modell, d.h. die Modellierung des Menschen als einen schwarzen Kasten, der auf Außenreize in vorhersagbarer Weise reagiert. Kognitive Vorgänge werden bei der Erforschung des Menschen als vernachlässigbare Größe angesehen. So betont Watson (1913) in seinem Aufsatz *Psychology as the behaviorist views it*, daß der Behaviorismus mentale Zustände als einer wissenschaftlichen Analyse unzugänglich ansieht und daher Berichte über solche Zustände als Datenquelle für die wissenschaftliche Forschung ausklammert. Der Patient erhält im Rahmen behavioristischer Theorien (unmerklich) die Rolle des Passiven, des Objekts, welches auf Außenreize in vorhersehbarer Art und Weise reagiert und der Hilfe von außen bedarf. Typisch hierfür sind Beschreibungen wie: „Folgt auf eine Verhaltensweise eine negative Verstärkung, so wird die Auftretenswahrscheinlichkeit für dieses Verhalten erhöht". Kognitiv-emotionale Aktivitäten des Patienten, seine eigenen Vorstellungen, Pläne, Ideen und Ziele, seine (frei aufsteigende) Intentionalität werden unter dieser reduktiven Sichtweise nicht erfaßt und somit auch nicht gefördert. Durch eine unreflektierte technologische Anwendung von Verfahren, die auf diesen Prinzipien beruhen, besteht darüber hinaus die Gefahr, daß diese in der Person liegenden Fähigkeiten langfristig unterdrückt werden.

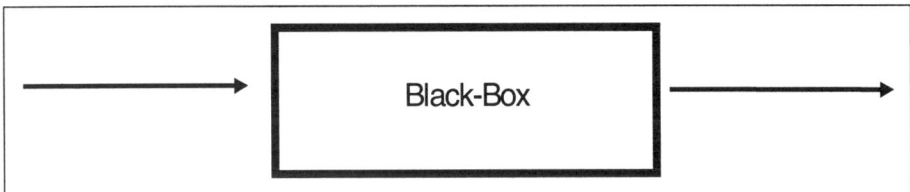

Abb. 2.1: Der Mensch als black-box: Theorien der Verhaltens-Einheit.

Gegen eine solche reduktive Konzeption des Menschen läßt sich neben vielen anderen Argumenten (vgl. dazu ausführlich Groeben & Scheele, 1977) vor allem das wissenschaftstheoretische tu-quoque-Argument anführen, welches den Widerspruch bei der Selbstanwendung des Bildes, das sich der Forscher vom Patienten macht, auf das Selbstbild des Forschers problematisiert: Wenn der Mensch tatsächlich nur auf Außenreize hin reagiert, wie ist es möglich, daß es Forscher gibt, die z.B. die Lerngesetze entwickeln? (Zur ausführlichen Diskussion u.a. über die moralischen Probleme, die mit einer Anfechtung des tu-quoque-Arguments zusammenhängen, siehe Groeben, 1979).

Die Argumentation gegen ein Menschenbild, wie es der Verhaltens-Einheit zugrunde liegt, soll hier beispielhaft durch Erfahrungen und Bewertungen eines davon Betroffenen unterstützt werden: So beschwerte sich vor kurzem ein Patient, der aufgrund einer Atopischen Dermatitis (Neurodermitis) einen Verhaltenstherapeuten aufgesucht hatte, daß ihm dieser Therapeut die Zusammenhänge zwischen Streß, seinem Kratzverhalten und dem weiteren Krankheitsverlauf mit Bildern und Zeichnungen so „primitiv" dargestellt habe, daß er sich vorkam, wie ein Hund, der beim Tönen der Glocke „zu sabbern" beginne! Er sei dann zur nächsten Stunde nicht mehr erschienen. Dieses Beispiel aus der Perspektive eines Patienten verdeutlicht auch, wie eine eigentlich sinnvolle Behandlung – denn das Erläutern und Durchbrechen des Teufelskreises von Streß-Kratzen-Krankheitssymptomen ist ein zentraler Baustein einer sinnvollen Behandlung der Erkrankung (vgl. Münzel, 1995; Stangier, Gieler & Ehlers, 1996) – durch eine unreflektierte Anwendung behavioristischer Prinzipien, ohne Rücksicht auf die Beziehungsgestaltung und die Selbstsicht des Patienten, zu einer Ablehnung derselben und somit zu einem (weiteren) Mißerfolgserlebnis des Patienten führen kann.

Nach der Kritik an Theorien, die der Verhaltens-Einheit zugeordnet werden, sollte daher unbedingt auch die enorme Relevanz dieser Theorien und Verfahren für die wissenschaftliche Entwicklung und für die Behandlung von Patienten betont werden. Eine grundsätzliche Ablehnung von Theorien der Verhaltens-Einheit würde nämlich „das Kind mit dem Bade ausschütten". Angesichts der überragenden Erfolge von Verfahren die auf diesen Theorien basieren – z.b. bei der Behandlung von Phobien und Zwängen – wäre es auch aus ethischen Gründen unverantwortlich, wollte man den Patienten diese effektiven Behandlungsmaßnahmen vorenthalten (eine ausführlichere, ethische Begründung folgt weiter unten). Wissenschaftshistorisch ist am behavioristischen Ansatz auch die Betonung der Umwelt als eines wichtigen Faktors für menschliches Lernen und menschliche Entwicklung hervorzuheben. Die Untersuchung dieser Umweltfaktoren durch Theorien der Verhaltens-Einheit ermöglichte es, Umweltsituationen wissenschaftlich exakt zu analysieren und sie so zu gestalten, daß unnötiges Leid vermieden werden kann. Kritisiert werden muß jedoch eine unreflektierte Übergeneralisierung dieser behavioristischen Gesetzmäßigkeiten auf das gesamte menschliche Verhalten, die auf der Grundlage des Ubiquitätsanspruchs behavioristischer Theorien besonders in der frühen Verhaltenstherapie durchgeführt wurde. Das reduktive, behavioristische Menschenbild wird auch aus psychoanalytischer Sicht kritisiert, indem auf die Notwendigkeit der Berücksichtigung innerer Prozesse in der Psychotherapie hingewiesen wird (z.B. Lang, 1995, 1997).

2.4.3 Die Einheit des Tuns

Unter die Einheit des Tuns werden Theorien subsumiert, die eine Diskrepanz zwischen dem Erklärungsmodell des Menschen für seine eigenen Aktivitäten einerseits und dem Erklärungsmodell des Wissenschaftlers andererseits postulieren. Das, was nach Meinung des Patienten die Ursache für sein Verhalten ist, stellt sich nach Theorien der Tuns-Einheit als oberflächliche Erklärung heraus, hinter der die *eigentlichen, tiefer liegenden* Gründe versteckt sind. Die Einheit des Tuns ist somit idealtypisch durch ein Auseinanderfallen von subjektiver Intention und objektiver Motivation gekennzeichnet (Groeben, 1986). Die paradigmatische Theorie für die Tuns-Einheit stellt die Psychoanalyse dar. Aber auch viele andere Theorien, wie z.B. die aus der Sozialpsychologie stammende *Dissonanztheorie* oder die *Theorie der psychologischen Reaktanz*, sowie verschiedene Teiltheorien der *Gestalttherapie* lassen sich unter die Tuns-Einheit subsumieren. In der Psychoanalyse, die diese Einheit paradigmatisch repräsentiert, wird der Mensch aufgeteilt in drei ungleiche Teile. Die Instanz des Ich, die vor allem den bewußten Anteil des Menschen ausmacht, vermittelt zwischen den Trieben und Wünschen des Es auf der einen und internalisierten moralischen Vorstellungen sowie Werthaltungen des Über-Ich auf der anderen Seite. Mit der Eisberg-Metapher versuchte Freud, das Verhältnis von Bewußtem zu Unbewußtem zu verdeutlichen: Wie beim Eisberg nur ein kleiner Teil aus dem Wasser rage, so sei auch beim Menschen nur ein ganz geringer Teil bewußt. Der Hauptanteil an Motiven und Strebungen sei dagegen im Meer des Unbewußten unserer bewußten Verarbeitung nicht zugänglich.

Das Menschenbild im psychoanalytischen Modell wird manchmal auch als Dampfkessel-Modell bezeichnet, da den Trieben die zentrale Rolle für menschliche Aktivitäten zugeschrieben wird. Im Unterschied zu den reduktiven Modellierungen des Menschen in Theorien der Verhaltens-Einheit werden hier durchaus die inneren Vorstellungen des Patienten berücksichtigt (vgl. Lang, 1995, 1997). Das Menschenbild ist

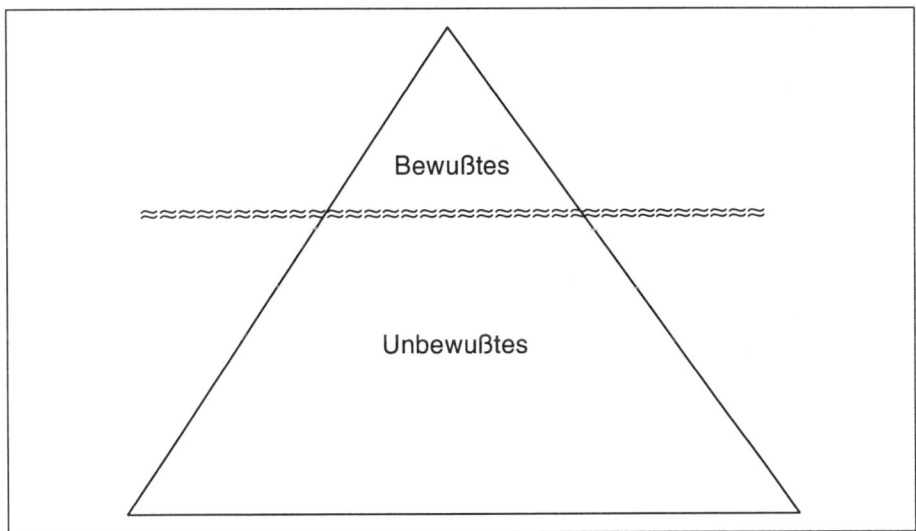

Abb. 2.2: Der Mensch als Objekt des Unbewußten: Theorien der Tuns-Einheit.

jedoch als deutlich pessimistisch zu bezeichnen, da es schon methodologisch von einer intentionalen Innensicht des handelnden Menschen dezidiert absieht (Groeben, 1986, 157ff.). Auch aus den Reihen der Humanistischen Psychologie wurde das Menschenbild der Psychoanalyse wiederholt kritisiert (vgl. Karmann, 1987, S. 26ff.): So bemängelt Fritz Perls, der ursprünglich selbst Psychoanalytiker war, die unbedeutende Rolle, die im Rahmen der Psychoanalyse den bewußten Handlungen zugeschrieben wurde: „... Freud hat dem Ich die Rolle der zweiten Geige zugewiesen, während das Unbewußte an führender Stelle stand" (Perls, 1978, S. 97). Auch Maslow (1973) und Rogers (1973) verurteilen die Übermacht der Triebe im Modell der Psychoanalyse und betonen demgegenüber die Zielgerichtetheit des Menschen und die Selbstaktualisierungstendenz des Individuums. Titze (1978) erwähnt, daß schon Alfred Adler diese Kritik äußerte. Dessen Formulierung „Nicht der Trieb hat den Menschen, sondern der Mensch hat den Trieb" bringt die starke Betonung des Unbewußten im Freudschen Modell auf den Punkt. Dadurch gestand schon Adler dem Menschen die Möglichkeit zur Selbstbestimmung und Selbstverwirklichung zu, „die ihm von den Triebpsychologen und Biologen genommen wurde" (Titze, 1978, S. 223). Zwar laufen die Entwicklungsziele der Psychoanalyse darauf hinaus, den bewußten Anteilen mehr Stellenwert einzuräumen; dies wird in der bekannten Forderung Freuds deutlich: Wo Es war, soll Ich werden! Das – für eine Einordnung unter die Tuns-Einheit charakteristische – Auseinanderfallen von subjektiver Intention und objektiver Motivation wird jedoch als statistischer Normalfall unterstellt. Psychoanalytische Interpretationsmuster basieren auf der Annahme, daß menschliche Motive grundsätzlich nicht das sind, was sie zu sein scheinen. Ursache hierfür ist die (unzulässige) Verallgemeinerung bestimmter Strukturen psychisch erkrankter Personen als die „condition humaine" überhaupt, woraus sich zwangsläufig anthropologische Beschränkungen und Reduktionismen ergeben (vgl. Groeben & Erb, 1991, 12f.). Diese äußern sich auch in den Prägungsvorstellungen der Psychoanalyse, in denen den frühkindlichen Entwicklungen, Komplexen etc. die entscheidende lebenshistorische Funktion zugeschrieben wird: „Die gesamte menschliche Entwicklung scheint in den ersten Lebensjahren beschlossen zu sein" (Herzog, 1991, S. 127). Folgerichtig subsumieren Groeben und Erb (1991) das Neurosemodell der Psychoanalyse unter die Gruppe der reduktiv-implikativen Subjektmodelle. Das Menschenbild der Psychoanalyse widerspricht somit einem Gegenstands(vor)verständnis vom reflexions-, rationalitäts- und handlungsfähigen Menschen. Zur ausführlicheren Darstellung der Psychoanalyse siehe Thomä und Kächele (1986), Mertens (1990, 1996); zur ausführlicheren Darstellung der Kritik des psychoanalytischen Menschenbildes siehe Herzog (1984, 1991), Groeben (1986) sowie Groeben & Erb (1991); letztere gehen auch auf die – aus anthropologischer Sicht – positiven Entwicklungen innerhalb der psychoanalytischen Theorienbildung durch die Ich-psychologische New Yorker Schule ein, in welcher die Verallgemeinerung pathogener Strukturen, wie sie sich im Freudschen Grundmodell manifestiert, aufgegeben wurde.

Bevor wir auf die wissenschaftstheoretische Gegenstandseinheit des Handelns näher eingehen, sei auch hier auf die wichtige Rolle von Theorien der Tuns-Einheit hingewiesen, denn unzweifelhaft kommt unbewußten Prozessen eine bedeutende Rolle bei der Beschreibung und Erklärung menschlicher Aktivität zu. Beispielhaft soll hier nur auf die Erkenntnisse der Wahrnehmungspsychologie, auf viele sozialpsychologische Theorien, wie z.B. die Theorie der kognitiven Dissonanz, auf das Strukturmodell des psychischen Regulationssystems von Becker (1995, S. 83; sowie Becker in diesem Band) oder auf Arbeiten zur unbewußten Informationsverarbeitung (z.B. Epstein, 1990) verwiesen werden. Für den Bereich der Psychotherapie von hoher Relevanz sind auch Theorien zur Beziehungsgestaltung, die erklären, wie interpersonale Beziehungen oft auf unbewußten Mustern basieren, und eine wichtige Variable bei der Entstehung psychischer Störungen darstellen (z.B. Bowlby, 1995; Grawe, 1997; Schmidt & Strauß, 1996; Strauß & Schmidt, 1997). Wie schon oben bei der Darstellung der Theorien der Verhaltens-Einheit, soll auch hier betont werden, daß es unverantwortlich wäre, würde man wissenschaftlich fundierte Theorien der Tuns-Einheit nicht für eine Allgemeine Psychotherapie heranziehen und nutzen, denn zweifellos gibt es viele menschliche Aktivitäten, die sich durch solche Theorien besser und einfacher erklären lassen als durch Theorien der Verhaltens- oder der Handlungs-Einheit. Uns geht es an dieser Stelle vielmehr darum, den *Ubiquitätsanspruch* dieser Theorien kritisch in Frage zu stellen. Denn paradigmatische Theorien der Tuns-Einheit gehen bei der Erklärung menschlicher Aktivitäten fast grundsätzlich von unbewußten Strebungen aus. Neben der Annahme unbewußter Prozesse halten wir es jedoch durchaus für sinnvoll und begründbar, daß viele menschliche Aktivitäten durch bewußte (Theorien der Handlungs-Einheit) oder quasi automatisch ablaufende (Theorien der Verhaltens-Einheit) Prozesse bestimmt werden und durch Theorien dieser Gegenstandseinheiten besser beschrieben und erklärt werden können. Unter die Einheit des Tuns werden viele verschiedene Theorien subsumiert. Es ist daher zu beachten, daß das Konzept des *Unbewußten* bzw. der *unbewußten Verarbeitung* in den einzelnen Theorien der Tuns-Einheit sehr unterschiedlich definiert wird. In manchen Theorien kommt es zur Mystifizierung unbewußt ablaufender Prozesse. Dem *Unbewußten* (z. B. in psychoanalytischen Theorien) werden dabei oftmals quasi magische Qualitäten zugesprochen. Ausschlaggebend für die

Unterordnung unter die Tuns-Einheit im Rahmen unseres Modell ist, daß diese Theorien von Motiven ausgehen, die im Menschen vorhanden, ihm aber nicht bewußt sind.

Eine Asymmetrie zwischen Erkenntnis-Subjekt und Erkenntnis-Objekt, zwischen Therapeut und Patient, ist zentral für Theorien, die der Verhaltens- und der Tuns-Einheit zuzuordnen sind: Im Behaviorismus wird der Mensch auf seine organismischen Dimensionen, in der Neurosetheorie der Psychoanalyse auf seine unbewußten Strebungen reduziert. Dimensionen wie Autonomie, Intentionalität, individuelle Reflexion (qua Welt- und Selbstsicht) werden dagegen in Theorien der Verhaltens- und der Tuns-Einheit explizit ausgeschlossen (im Behaviorismus), oder ihr Anteil wird – wie innerhalb der Neurosetheorie der Psychoanalyse – als äußerst gering veranschlagt. Theorien, in denen diese reflexiven Seiten des Menschen nicht nur explizit berücksichtigt, sondern auch besonders hervorgehoben werden, werden in der Einheit des Handelns verortet.

2.4.4 Die Einheit des Handelns

Unter die Einheit des Handelns sind Theorien bzw. Forschungsprogramme zu subsumieren, die die bewußte Handlungsfähigkeit des Menschen thematisieren. Als Vertreter eines solchen Menschenbildes lassen sich z.B. die Humanistische Psychologie (z.B. Kollbrunner, 1987) nennen, in deren Mittelpunkt die Wert- und Sinnorientierung des Menschen steht, aber auch die Gestaltpsychologie, Kellys Psychologie der personalen Konstrukte (1955) oder Handlungs- und Entscheidungstheorien. Paradigmatisch wird die Einheit des Handelns durch das Forschungsprogramm Subjektive Theorien (Groeben, Wahl, Schlee & Scheele, 1988) repräsentiert. Im Rahmen des Forschungsprogramms Subjektive Theorien (FST) wurden explizit die dahinter stehenden Menschenbildannahmen herausgearbeitet: Das FST geht vom epistemologischen Subjektmodell (Groeben & Scheele, 1977) aus, bzw. postuliert ein solches Menschenbild als regulative Zielidee. Dabei wird dargelegt, daß zur Erforschung von komplexen menschlichen Aktivitäten, nicht nur die (objektiven) Theorien des Wissenschaftlers, sondern auch die (subjektiven) Theorien des Untersuchten mitberücksichtigt werden sollten. Im epistemologischen Subjektmodell wird der Mensch als reflexions-, kommunikations-, rationalitäts- und handlungsfähiges Subjekt angesehen. Entsprechend werden diese Modellattribute (der Reflexions-, Sprach- und Kommunikationsfähigkeit) des Menschen in diesem Ansatz besonders hervorgehoben. Im Handlungsbegriff werden die Intentionalität des Handelns qua bewußter Entscheidung für bestimmte Handlungsalternativen unter Rückbezug auf spezifische Ziele, Normen etc. sowie die Planung und Rolle der Handlungsausführung als konstitutive Merkmale angesetzt (Groeben, 1986, 71ff.). Ein Beispiel für eine fruchtbare Anwendung des FST-Ansatzes liefert Wagner (1995b) bei der Erforschung von Prozessen der Krankheitsbewältigung. Auch Beschreibungen innerhalb des Selbstmanagement-Ansatzes von Kanfer, Reinecker und Schmelzer (1996) lassen sich mit dem epistemologischen Subjektmodell in Einklang bringen. Nach Kanfer, Reinecker und Schmelzer bezeichnet Selbstmanagement die Fähigkeit des Menschen, aus sich selbst heraus Ziele festzusetzen, aufgrund dieser Ziele hierarchische Handlungspläne zu entwickeln und sich dann entsprechend seinen aufgestellten Zielen und seinen Handlungsplänen zu verhalten. Ziel einer Selbstmanagement-Therapie ist es, dem Klienten zu helfen, eine erhöhte Selbststeuerungsfähigkeit zu erwer-

ben. Der Klient soll selbst zum Therapeuten seiner Probleme werden. Hier zeigt sich
also ein Menschenbild, wonach der einzelne prinzipiell fähig ist, Selbstregulation zu
erlernen, um so ein erhöhtes Maß an Selbstbestimmung, Autonomie und persönlicher
Freiheit zu gewinnen. Man könnte aufgrund dieser Konzepte des Selbstmanagement-
Ansatzes geradezu von einem humanistischen Menschenbild sprechen (vgl. Groeben
& Erb, 1991).

Im Unterschied zu den reduktionistischen Menschenbildannahmen der Theorien auf
Verhaltens- und Tuns-Ebene werden hier bewußt positive Aspekte des Menschen hervorgehoben, die durchaus nicht immer schon vorhanden sein müssen, deren Realisierung jedoch als möglich angesehen und als grundsätzlich positiv bewertet wird. Zwar
sieht auch die Psychoanalyse bewußte, reflexive Anteile im Menschen, die z.B. im
neueren Konzept des Arbeitsbündnisses ihren Niederschlag finden (vgl. Thomä &
Kächele, 1986, 64ff.; Mertens, 1990, 149ff.), jedoch spielen diese Fähigkeiten im sogenannten Störungsbereich nur eine untergeordnete Rolle. In der Einheit des Handelns
werden die reflexiven, rationalen Anteile des Menschen bewußt hervorgehoben, indem
die Reflexions-, Sprach- und Kommunikationsfähigkeit des Menschen in den Mittelpunkt der Betrachtungen gestellt werden. Nicht zuletzt wegen der Besonderheiten in der
Psychotherapie soll hier erwähnt werden, daß durch die Vertreter des FST von Anfang
an ein offenes Rationalitätskonzept propagiert wurde. Dieses impliziert z.B. ein integratives Verhältnis zu den eigenen Bedürfnissen (im Sinne einer Beachtung und
Berücksichtigung derselben im täglichen Handeln) sowie eine Verbindung von Kognition und Emotion (vgl. Groeben, 1988, S. 216), wie sie auch in heutigen Emotionstheo-
rien postuliert wird (Scheele, 1990). Somit werden natürlich auch Konzepte wie
Liebes-, Genuß- und Arbeitsfähigkeit, Leib- und Körperlichkeit als positive Aspekte
des Menschseins bewertet und hervorgehoben. Erkenntnis-Subjekt und Erkenntnis-
Objekt, Therapeut und Klient werden hier in struktureller Parallelität modelliert:
Grundsätzlich verfügen beide über die gleichen Fähigkeiten und Möglichkeiten.

Beispiele für psychotherapeutische Ansätze, die der Handlungs-Einheit zuzuordnen
sind, gibt es in verschiedenen Theorien. Zu nennen sind hier z.B. die Humanistische
Psychotherapie, die Gesprächspsychotherapie (mit der Annahme der Selbstverwirkli-
chungs- bzw. Selbstaktualisierungstendenz des Menschen), die Existenzanalyse oder
Logotherapie Victor Frankls, systemische Therapieverfahren (die von konstruktivisti-
schen Annahmen ausgehen und somit der Weltkonstruktion des Patienten eine zentrale
Rolle beimessen), die Selbstmanagement-Therapie, die Kognitive Therapie (z.B. mit
den Verfahren des Sokratischen Dialogs und rationalen Diskurstechniken) oder psychotherapeutische Interventionsformen, die sich aus rational-philosophischen Theorien
ableiten (wie z.B. die sogenannte Philosophische Praxis; Achenbach, 1984; Heintel &
Macho, 1989). In mehr oder weniger ausgeprägter Form versuchen diese therapeutischen Richtungen, bzw. die daraus abgeleiteten Verfahren, den Patienten bei seinen
Reflexionen über sein Leben, seine Ziele, seine Sinnsetzung letztendlich über seine
individuelle Selbst- und Weltsicht zu unterstützen. In Abbildung 2.3 wird dieses Menschenbild durch die leuchtende Glühbirne symbolisch dargestellt.

Wie schon oben, bei der Darstellung der Verhaltens- und der Tuns-Einheit, so soll
auch hier explizit darauf hin gewiesen werden, daß Theorien der Handlungs-Einheit
ebenfalls nur einen Bereich menschlicher Aktivitäten erklären. Einer Überziehung des

Abb. 2.3: Der Mensch als reflexives Subjekt: Theorien der Handlungs-Einheit.

Geltungsanspruchs dieser Theorien gilt es somit auch hier vorzubeugen. Nur jene menschlichen Aktivitäten, die durch bewußte, reflexive Prozesse gesteuert werden können, sollen durch Theorien der Handlungs-Einheit erforscht bzw. mit daraus abgeleiteten Verfahren behandelt werden.

Die dargestellten drei wissenschaftstheoretischen Einheiten, die sich an den anthropologischen Kernannahmen psychotherapeutischer Theorien orientieren, bilden die Grundlage eines metatheoretischen Rahmenmodells, welches eine Zusammensicht verschiedener psychotherapeutischer Sichtweisen erlaubt. Diesen Einheiten können unterschiedliche therapeutische Verfahren und Methoden zugeordnet werden. Wenn wir diese Einheiten als Grundlage einer Allgemeinen Psychotherapie (oder einer Psychologischen Therapie sensu Grawe (1998)) annehmen, können wir daraus Ableitungen für ein bestimmtes Menschenbild dieser schulenübergreifenden Psychotherapie machen.

2.5 Ein integratives Menschenbild einer Allgemeinen Psychotherapie

In einer schulenübergreifenden Allgemeinen Psychotherapie sollten für die psychotherapeutische Behandlung jene Verfahren und Methoden angewandt werden, die sich nach wissenschaftlicher Erkenntnis am besten bewährt haben. Wir erhalten somit eine Vielzahl von verschiedenen Verfahren, die vor dem Hintergrund des dargestellten metatheoretischen Rahmenmodells unterschiedlichen Einheiten zugeordnet werden können. So sollte aufgrund des aktuellen Wissensstandes beispielsweise bei der Behandlung von Zwängen die Methode der Konfrontation und Reaktionsverhinderung berücksichtigt werden (vgl. Lakatos & Reinecker, 1998; Reinecker, 1994b), die der Verhaltens-Einheit zuzuordnen ist. Bei der Behandlung von Depressionen sollte die Änderung der negativen Selbst- und Weltsicht des Patienten mittels Verfahren, die der Tuns- und der Handlungs-Ebene zuzuordnen sind, einen wichtigen Teil der Therapie darstellen (vgl. Hautzinger, 1998). Als Grundlage eines Menschenbildes einer Allgemeinen Psychotherapie wird daher eine integrative Sichtweise vorgeschlagen. Das bedeutet, daß der Mensch *nicht nur unter einer* Theorienperspektive betrachtet und analysiert wird; vielmehr sollte statt dessen der Mensch mit seinen Problemen *sowohl* unter der Perspektive von handlungstheoretischen Konzeptionen, *als auch* unter der Perspektive von tuns- und von verhaltenstheoretischen Konzeptionen modelliert und dadurch auch möglichst erfolgversprechend behandelt werden. Dazu ist es jedoch nötig, daß die einzelnen Theorien ihren Ubiquitätsanspruch aufgeben. Der Patient, der wegen behandlungsbedürftiger Probleme psychotherapeutisch behandelt wird, sollte nicht nur unter der Theorienperspektive einer einzigen Therapieschule betrachtet werden, sondern es sollte versucht werden, möglichst viele Sichtweisen, die sich bei der Problematik des Patienten als erfolgreich bewährt haben, zu berücksichtigen. Paradigmen wie der Behaviorismus, die Psychoanalyse oder die Handlungspsychologie müssen somit ihren Anspruch, das gesamte menschliche Verhalten zu erklären, aufgeben. Für ein integratives Menschenbild einer Allgemeinen Psychotherapie ist es daher notwendig, daß eine *Relativierung* dieser verschiedenen Perspektiven vorgenommen wird. Absolutheitsdenken und Ubiquitätsanspruch einzelner Theorien sollten zugunsten einer integrativen Sichtweise – über die einzelnen Schulengrenzen hinweg – aufgegeben werden: Verschiedene Aktivitäten des Patienten sollten unter verschiedenen theoretischen Perspektiven betrachtet werden können. Jede psychotherapeutische Theorie kann nur für einzelne, eingeschränkte Bereiche menschlicher Aktivitäten Gültigkeit beanspruchen, d.h. menschliche Aktivitäten können zum Teil als bewußte Handlungen (Handlungs-Einheit), zum Teil als unbewußte Strebungen (Tuns-Einheit) und zum Teil auch als mehr oder weniger automatisch ablaufende Verhaltensweisen (Verhaltens-Einheit) modelliert werden. Das hinter diesem Vorgehen stehende *integrative Menschenbild* will genau jene Zusammenschau abbilden: Menschliche Aktivitäten sind teilweise am sinnvollsten durch Handlungstheorien, teilweise jedoch auch besser und effektiver durch Tuns- oder Verhaltens-Theorien zu beschreiben, zu erklären und folglich auch zu therapieren. Eine Allgemeine Psychotherapie, die ohne ideologische oder schulenmäßige Scheuklappen die Erforschung und Behandlung von Patienten mit unterschiedlichen Störungen betreibt, benötigt ein integratives Menschenbild, in dem alle Facetten menschlicher Aktivitäten berücksichtigt werden können und in dem Patienten unter verschiedenen psychologischen Blickwinkeln gleichzeitig betrachtet und behandelt werden können.

Vor dem Hintergrund der dargestellten Begrenzungen der einzelnen wissenschaftstheoretischen Einheiten, ergibt sich ein Stufenmodell, in welchem mit zunehmender Stufe – vom Verhalten über das Tun zum Handeln – die reflexiven Aspekte des Menschen stärker berücksichtigt und damit auch Therapeut und Klient in einer immer gleichgewichtigeren, partnerschaftlicheren Position modelliert werden. Durch die verschiedenen Einheiten werden unterschiedliche Bereiche menschlicher Aktivität abgedeckt. Keine Einheit kann daher als richtig oder falsch, als immer oder nie vorliegend deklariert werden. Durch die Explikation mehrerer Einheiten für die Verortung psychologischer Theorien kann einer Überziehung des Geltungsanspruchs einzelner Theorien vorgebeugt werden. Ein solches integratives Menschenbild hat nun direkte Konsequenzen auf der Ebene der Methodenauswahl und der Beziehungsgestaltung. Beides wird im folgenden näher erläutert.

2.6 Ethisch-sequentielles Vorgehen in einer Allgemeinen Psychotherapie: Eine Reihenfolge für die Auswahl psychotherapeutischer Theorien und Verfahren

Unter der Perspektive des integrativen Menschenbildes einer Allgemeinen Psychotherapie stellt sich nun die Frage, welche Theorieperspektive (und damit auch schon ungefähr welche Art der Behandlung) im konkreten Fall am sinnvollsten ausgewählt und angewandt werden sollte. Eine wichtige Grundlage der Allgemeinen Psychotherapie ist das Postulat, daß die überprüfte Effektivität von Verfahren ein zentrales Kriterium für deren Auswahl darstellt: Jene Verfahren sollen vorrangig zur Behandlung von Problemen herangezogen werden, die sich empirisch bewährt haben. Diese empirisch belegte Effektivität wird einerseits in zusammenfassenden Überblicksarbeiten, wie z.b. den metaanalytischen Arbeiten von Grawe, Donati und Bernauer (1994) oder dem Handbook of Psychotherapy and Behavior Change (Bergin & Garfield, 1994) dargestellt. Andererseits zeigt sich in der Psychotherapieforschung auch ein deutlicher Trend hin zu störungsspezifischen Behandlungen, der darauf basiert, daß die Effizienz von Behandlungsverfahren durch eine differenzierte Betrachtung auf Störungsebene erhöht werden kann (vgl. dazu Reinecker & Fiedler, 1997; Wagner 1997a). Solche Verfahren, die sich bei bestimmen Störungen als effektiv erwiesen haben, finden sich z.B. in den von Schulte, Grawe, Hahlweg und Vaitl herausgegebenen *Manualen für die Praxis* (1998).

Vor dem Hintergrund des metatheoretischen Rahmenmodells ergibt sich aber noch eine zweite wichtige Dimension, die bei der Auswahl von Theorien und Verfahren beachtet werden sollte: der Grad der Reduktion des Patienten durch die entsprechende Theorie und die daraus abgeleitete Methode. Danach sollte der Therapeut bei der Auswahl von Theorien und Verfahren so vorgehen, daß der Patient möglichst unreduziert modelliert und wahrgenommen wird. Dazu wollen wir die drei Einheiten, die wir oben schon ausführlich beschrieben haben, noch einmal unter der Perspektive der Reduktion des Patienten betrachten:

In Theorien, die der Einheit des Verhaltens zuzuordnen sind, wird der Patient als Objekt modelliert, welches auf (Außen-)Reize reagiert. Kognitive Vorgänge werden im Behaviorismus, welcher die disziplinäre Matrix sensu Kuhn (1967) für diese Einheit darstellt, als vernachlässigbar bzw. nicht sinnvoll untersuchbar angesehen. Der Patient erhält die Rolle des Passiven, des Objekts, welches von Außenreizen abhängig ist. Gedanken und Gefühle, subjektive Welt- und Selbstkonstruktionen werden unter dieser Perspektive nicht erfaßt und nicht berücksichtigt.

Die Einheit des Tuns ist idealtypisch durch ein Auseinanderfallen von subjektiver Intention und objektiver Motivation gekennzeichnet. Der Hauptteil an Motiven und Strebungen ist dem Menschen nicht bewußt bzw. seinem Bewußtsein nicht zugänglich. Das Auseinanderfallen von subjektiver Intention und objektiver Motivation wird als Normalfall unterstellt, was zu einer Reduktion des Patienten führt: Bewußte Prozesse der Reflexion, der Sinnsuche etc. werden zwar grundsätzlich als möglich angesehen, ihr Anteil wird jedoch als relativ gering eingeschätzt (vgl. Freuds Eisberg-Metapher; s.o.).

Aufgrund dieser Reduktion des Patienten ist für Verfahren der Verhaltens- und der Tuns-Einheit eine Asymmetrie zwischen Therapeut und Patient kennzeichnend. Dimensionen wie Autonomie, Intentionalität, individuelle Reflexion (qua Welt- und Selbstsicht) werden für den Patienten entweder ausgeschlossen, oder ihr Anteil wird als vernachlässigbar veranschlagt.

In Theorien und Verfahren, die der Handlungs-Einheit zuzuordnen sind, werden gerade jene reflexiven, kommunikativen Fähigkeiten des Menschen hervorgehoben und betont. Bezüglich dieser Dimensionen wird der Patient somit möglichst unreduziert wahrgenommen. Aufgrund der in der Handlungs-Einheit postulierten strukturellen Parallelität zwischen Therapeut und Patient ist hier die Asymmetrie auf der Beziehungsebene, wie sie für Theorien der Tuns- und der Verhaltens-Einheit typisch ist, aufgehoben. Würde man den Patienten jedoch allein unter dem Handlungs-Paradigma betrachten, so würde man ihn um jene Aspekte reduzieren, die in Theorien der Tuns- und Verhaltens-Einheit besonders gründlich untersucht werden: unbewußte Prozesse und automatisierte, konditionierte Verhaltensweisen!

Zusammenfassend sehen wir, daß alle drei Einheiten verschiedene Prozesse menschlicher Aktivität untersuchen. Sinnvoll erscheint es, keine dieser drei Sichtweisen als grenzenlos gültig anzusehen, sondern jeweils die spezifischen Begrenzungen jedes Ansatzes zu erkennen. Aus anthropologischer Perspektive ist jedoch bei gleicher empirischer Effektivität eine Rekonstruktion menschlicher Probleme mit Theorien, die der Handlungs-Einheit zugeordnet werden, einer Rekonstruktion mittels Theorien, die sich unter die Tuns- oder Verhaltens-Einheit subsumieren lassen, vorzuziehen. Die Rechtfertigung für diese Rangreihe basiert auf dem ethischen *Prinzip der Verallgemeinerung*. Dieses Prinzip besagt nach Singer (1975, S. 25), „daß, was für eine Person richtig (oder nicht richtig) ist, für jede andere Person mit ähnlichen individuellen Voraussetzungen und unter ähnlichen Umständen richtig (oder nicht richtig) sein muß." Nach dem Prinzip der Verallgemeinerung ist es also nicht legitim, für sich selbst etwas als adäquat oder richtig zu beanspruchen, was man einem (gleichermaßen oder ähnlich gearteten) anderen nicht zugesteht. In diesem Zusammenhang wird das Prinzip der Selbstanwendung bei der Theoriekonstruktion von Groeben (1981) wichtig. Dieses *Moralprinzip zur Generierung von Menschenbildannahmen* stellt die ethische Forderung auf, daß in der psychologischen Forschung zuerst eine Theorieexplikation vorgenommen werden soll, die eine Anwendung der Menschenbildannahmen vom Untersuchungs-Objekt auf den Forscher selbst erlaubt. Übertragen auf den Bereich der Psychotherapie wird durch dieses Selbstanwendungspostulat die ethische Forderung formuliert, daß zunächst Theorien und Verfahren angewandt werden sollen, deren Menschenbildannahmen den Patienten und den Therapeuten in struktureller Parallelität modellieren. Wenn wir davon ausgehen, daß z.B. Reflektions- und Kommunikationsfähigkeit des Therapeuten eine wichtige Größe darstellen, dann sollten wir nicht grundsätzlich davon ausgehen, daß diese Dimensionen beim Patienten nur eine untergeordnete Rolle spielen (obgleich dies im Einzelfall, bei bestimmten, eingegrenzten Problemen durchaus der Fall sein kann! Uns geht es an dieser Stelle darum, nicht grundsätzlich Reduktionen vorzunehmen, die aufgrund der Problematik des Patienten nicht nötig wären). Das Prinzip der Verallgemeinerung bezieht sich auf den Ausschluß negativer bzw. unerwünschter Aspekte. Dieser Ausschluß wiederum ist zu rechtfertigen unter Rückgriff auf das Prinzip der Folgen, aus dem die ethische Konsequenz resultiert, unnötiges Leiden zu vermeiden. Das *Prinzip des Leidens* lautet (Singer, 1975, S. 133): „Es ist niemals richtig,

unnötiges Leiden zu verursachen". Beide Prinzipien zusammen stellen eine präzisie-
rende Explikation der alltagssprachlichen „Goldenen Regel" dar: Was du nicht willst,
das man dir tut, das füg auch keinem andern zu.

Warum – so könnte man hier fragen – kann durch die Auswahl oder auch Nicht-Aus-
wahl von Theorien und Verfahren, die bestimmte Menschenbildannahmen implizieren,
unnötiges Leid erzeugt oder vermieden werden? Diese Frage soll aus zwei Richtungen
untersucht werden. Zunächst soll erläutert werden, welche negativen Folgen die Reduktion des Patienten um seine bewußten, reflexiven Fähigkeiten haben kann. Danach soll
gleichfalls dargestellt werden, welche negativen Folgen durch eine Vernächlässigung
unbewußter bzw. automatisch ablaufender Prozesse eintreten können.

Warum kann das Ausgehen von Gegenstandskonzeptionen der Tuns- oder Verhaltens-
Einheit, ohne die Möglichkeit einer handlungstheoretischen Modellierung geprüft zu
haben, unter die Kategorie unnötigen Leidens subsumiert werden? Die Antwort liegt
wiederum in den anthropologischen Kernannahmen, die in allen psychologischen und
psychotherapeutischen Theorien vorhanden sind. Sie wirken sich über den Prozeß der
Gegenstands-Methodik-Interaktion (vgl. Groeben & Westmeyer, 1975, 24ff.) auf den
Klienten und auf Technologien aus, die aus den psychologischen Theorien abgeleitet
werden. Vorannahmen über den Menschen sind schon vor dem diagnostischen Prozeß
durch den Therapeuten vorhanden und beeinflussen die Auswahl von Verfahren, die zur
Therapie adäquat erscheinen. Diese Methodenauswahl wiederum hat im Laufe der
Therapie immer deutlicheren Einfluß auf die Wahrnehmung des Patienten und auf dessen eigene Selbst- und Weltkonstruktion! Im Rahmen einer psychotherapeutischen
Behandlung lernt der Patient in der Regel, seine Probleme auf dem Hintergrund der Therapietheorie der jeweiligen Schulrichtung zu rekonstruieren und übernimmt dadurch
das dahinter stehende Menschenbild für sich und seine Selbst- und Weltsicht. Psychotherapeutische Theorien unterliegen jedoch zudem einer Realisierungsdynamik: Sie
führen dazu, daß Technologien entwickelt werden, die sich aus diesen Theorien ableiten
lassen. Diese technologischen Ableitungen implementieren dann u.U. die reduktiven
Modellattribute der Umweltkontrolliertheit und Triebkontrolle in menschlichen
Lebensbereichen, in denen eigentlich selbstbestimmte, autonome Prozesse sinnvoller
wären. Als Beispiel für diese Gefahr, die Groeben (1986) als *technologische Pervertierbarkeit* bezeichnet, sei auf die historischen Erfahrungen bei der Anwendung behavioristischer Gesetzmäßigkeiten zur Modifikation sogenannter „unerwünschter" Verhaltensweisen hingewiesen, die oben ausführlicher dargestellt wurden. Unabhängig
von der nicht-strikten Ableitbarkeit, auf die Westmeyer (1977) zu Recht hingewiesen
hat, führt diese Realisierungsdynamik langfristig dazu, daß genau jene Modellattribute
auf gesamtgesellschaftlicher Ebene unterstützt und realisiert werden, die den Menschenbildannahmen der Theorien, aus denen die technologischen Anwendungen abgeleitet wurden, zugrunde liegen. Erst in neuerer Zeit werden diese (unintendierten) Folgen wissenschaftlichen Fortschritts stärker untersucht. Dies führte auch zur Etablierung
der neuen wissenschaftlichen Disziplin der *Technikfolgenabschätzung*, die erwünschte
und unerwünschte Folgen neuer Anwendungen auf gesamtgesellschaftlicher Ebene
erforscht und „die Rationalität rechtsetzender und exekutiver Verfahren" zu erhöhen
versucht (Mohr, 1998).

Unter der übergeordneten Frage, warum das Ausgehen von bestimmten Menschenbildannahmen zu unnötigem Leid führen kann, soll nun jedoch auch die umgekehrte Richtung beleuchtet werden: Welche negativen Folgen kann eine Vernachlässigung
unbewußter oder automatisch ablaufender Prozesse haben? Unter ethischer Perspektive
wird hier das *Prinzip der Fürsorge* (eines der vier Grundprinzipien im Modell von
Beauchamp und Childress (1989), welches innerhalb der Medizin- und Bioethik großen
Konsens findet) verletzt. Das Prinzip fordert vom Behandler, Schäden des Patienten zu
verhindern bzw. zu beheben. Dazu wollen wir ein Beispiel aus der Praxis betrachten.
Bei einer Patientin, die unter einer Agoraphobie leidet, würde eine alleinige Behandlung
mit Verfahren der Handlungs-Einheit (z.B. rationale Diskurse) oder mit Verfahren der
Tuns-Einheit (z.B. Suche nach unbewußten Konflikten) den Stand der Psychotherapieforschung nicht beachten. Denn hier ergibt sich die deutliche Aussage, daß für die
Behandlung von Agoraphobie die Methode der Reizkonfrontation, und somit ein Verfahren der Verhaltens-Einheit, die weitaus besten Befunde aufweist (vgl. Grawe, 1998;
Schneider & Margraf, 1998). Die grundsätzliche Nicht-Anwendung von Konfrontationsverfahren bei der Behandlung von Patientinnen mit Agoraphobie würde daher unnötiges Leiden erzeugen, weil den Betroffenen eine überprüfte und höchst effektive
Behandlungsmethode vorenthalten wird. Dies schließt jedoch nicht aus, daß im Einzelfall und mit Begründung eine Behandlung auch ausnahmsweise ohne Konfrontationsverfahren durchgeführt werden kann. So führt also sowohl das grundsätzliche
Ausgehen von einer bestimmten Theorie-Einheit als auch die grundsätzliche Nichtanwendung von alternativen Theorie-Einheiten zu einer suboptimalen Behandlung und zu
unnötigem Leid auf seiten der Patienten.

Zusammenfassend lassen sich somit zwei Dimensionen herausarbeiten, die bei der
Auswahl psychotherapeutischer Verfahren und Theorien berücksichtigt werden sollten:
Zunächst ist es wichtig jene Verfahren zu wählen, die sich bei einer vorliegenden Störung empirisch am besten bewährt haben (zur Diskussion um störungsspezifische
Behandlungen s. Reinecker & Fiedler, 1997). Sollte sich jedoch dadurch keine eindeutige Auswahl ergeben oder sollten mehrere Verfahren aus verschiedenen Einheiten eine
ungefähr gleiche empirische Effektivität aufweisen, dann sollte als zweite wichtige
Dimension die Reduktion des Patienten um seine bewußten, reflexiven Anteile einbezogen werden. Bei gleicher empirischer Güte verschiedener Verfahren ergibt sich für
die Auswahl psychotherapeutischer Theorien so eine an ethischen Prinzipien orientierte
Rangreihe, die diese Theorien und Verfahren nach dem Grad der Reduktion des Menschen ordnet. Dieses ethisch-sequentielle Vorgehen (Wagner, 1997b) postuliert, daß –
aufgrund der oben genannten moralischen Prinzipien – zuerst Theorien ausgewählt werden sollen, die der Handlungs-Einheit zuzuordnen sind. Erst wenn sich eine solche
handlungstheoretische Modellierung als unzureichend und somit als nicht sinnvoll
erweist (oder wenn dies aufgrund empirischer Untersuchungen schon bekannt ist), ist
ein Rückgriff auf tuns- oder verhaltenstheoretische Konzeptualisierungen und Verfahren nicht nur erlaubt, sondern – unter ethischer Perspektive – auch geboten!

Das ethisch-sequentielle Vorgehen orientiert sich also an den anthropologischen
Kernannahmen, die den einzelnen Verfahren bzw. den dahinter stehenden Theorien
zugrunde liegen. Auf der Ebene der psychotherapeutischen Praxis hat das ethisch-
sequentielle Vorgehen das Ziel, dem Patienten ein nicht-reduktives Bild seiner Selbst

zu ermöglichen. Auf gesamtgesellschaftlicher Ebene sollen dadurch technologische Ableitungen in solchen Bereichen verhindert werden, in denen eine solche Reduktion nicht nötig und somit auch nicht sinnvoll wäre. Langfristig soll dadurch auch die Umsetzung und Verwirklichung eines reduktiven Menschenbildes in Realitätsbereichen, die sich durch weniger reduktive Konzepte besser beschreiben und erklären lassen, vermieden werden.

Ethisch-sequentielles Vorgehen bedeutet aber auch, daß dann, wenn handlungstheoretische Konzeptionen nicht erfolgreich für die Behandlung der Probleme des Patienten herangezogen werden können, ein Übergang auf tuns- oder verhaltenstheoretische Konzeptualisierungen unter ethischen Gesichtspunkten nicht nur zulässig oder vertretbar, sondern geradezu geboten ist. Hierbei ist jedoch das Prinzip der Rechtfertigung zu beachten. Nach Singer (1975, S. 133) besagt das *Prinzip der Rechtfertigung*, daß jede Verletzung einer moralischen Regel gerechtfertigt werden muß, d.h. es müssen Gründe angeben werden, die eine Verletzung des Prinzips der Verallgemeinerung bzw. des Selbstanwendungspostulats rechtfertigen. Der wichtigste Grund dürfte im Rahmen einer Allgemeinen Psychotherapie in der empirisch nachgewiesenen Überlegenheit bestimmter Verfahren liegen. So ist bspw. die Anwendung von Konfrontationsverfahren, die sich aus behavioristischen Theorien des klassischen und operanten Konditionierens ableiten lassen, bei einigen Störungen nicht nur erlaubt, sondern aufgrund der empirischen Befundlage auch aus ethischen Gründen geboten! Die hohe Effektivität beispielsweise von Konfrontationsverfahren bei der Behandlung verschiedener Phobien ist empirisch so deutlich belegt (und die Überlegenheit dieser Vorgehensweise gebenüber anderen Verfahren ebenso), daß hier unter dem Postulat des ethisch-sequentiellen Vorgehens ein Absteigen von der Ebene des Handelns auf die Ebene des Verhaltens sinnvoll und wichtig ist. Die Anwendung reduktiver Verfahren kann jedoch zu Problemen für den Therapeuten, den Patienten und für die Beziehung führen, die durch eine spezielle Art der Beziehungsgestaltung gelöst werden können. Darauf wird im nächsten Kapitel eingegangen.

Bei der konkreten Anwendung in der psychotherapeutischen Behandlung werden, wegen des in der Praxis häufig auftauchenden Problems der Komorbidität, in aller Regel mehrere Problembereiche parallel bearbeitet. Das geschilderte ethisch-sequentielle Vorgehen kann dann für jeden einzelnen Problembereich getrennt durchgeführt werden und somit eine bestimmte Auswahl von Theorien und Interventionen nahelegen, die den Patienten möglichst unreduziert wahrnehmen. Durch das ethisch-sequentielle Vorgehen gelingt es, aus der Vielzahl von Verfahren jene auszuwählen, die für den Patienten die wahrscheinlich besten Erfolge bringen (indem die – bis zu diesem Zeitpunkt nachgewiesene – Effektivität berücksichtigt wird), ohne daß der Patient unnötigerweise in seiner Autonomie eingeschränkt wird (indem die ethischen Implikationen – qua Menschenbildannahmen der Theorien und Verfahren – bei der Entscheidung mit berücksichtigt werden).

2.7 Konsequenzen auf der Beziehungsebene: Eine kooperative, durch strukturelle Parallelität gekennzeichnete Form der Beziehungsgestaltung

Aus den oben genannten ethischen Prinzipien – vor allem dem Prinzip der Verallgemeinerung und dem Prinzip der Selbstanwendung bei der Theoriekonstruktion – folgt direkt, daß (genau wie bei der Intervention auch) die Interaktion zwischen Therapeut und Patient auf einer Theorieebene abbildbar sein sollte, in der beide in möglichst ausgeprägter struktureller Parallelität modelliert werden. Sprach- und Reflexionsfähigkeit des Patienten beispielsweise sollten in der Beziehungsgestaltung eine zentrale Berücksichtigung finden. Dies geschieht zum einen durch die Umsetzung zentraler therapeutischer Basisvariablen (wie einfühlendes Verstehen, emotionale Zuwendung und Echtheit), wie sie in der Gesprächspsychotherapie entwickelt und untersucht wurden (vgl. Bommert, 1977, Rogers, 1957, Tausch, 1973). Zum anderen zählt zur Umsetzung einer strukturellen Parallelität auch das inhaltliche Ernstnehmen der vom Patienten gemachten Äußerungen in bezug auf die zu erreichenden Ziele. Selbstverständlich folgt daraus aber auch die Berücksichtigung der Wünsche des Patienten, was die Art der Behandlung und die konkrete Umsetzung betrifft. Hier wird es weniger Umsetzungsprobleme geben, wenn die therapeutischen Interventionen von Theorien abgeleitet werden, die der Handlungseinheit zugeordnet werden. So wird die Anwendung des Sokratischen Dialogs in der Depressionsbehandlung oder der Disputation bei der Therapie von sozialer Phobie mit den Wünschen und Vorstellungen des Patienten durchaus in Einklang stehen. Zudem spiegelt sich in den Verfahren selbst eine Wertschätzung gegenüber den Selbst- und Weltkonstruktionen des Patienten wider, und eine strukturelle Parallelität zwischen Therapeut und Patient ist gegeben bzw. wird dadurch verwirklicht. Problematischer für die Beziehungsgestaltung ist dagegen die Anwendung von Verfahren und Methoden, die nicht selbst auch (wie die Interaktion in der Therapeut-Patient-Beziehung) auf der Handlungs-Einheit angesiedelt werden können, sondern der Tuns- oder Verhaltens-Einheit zuzuordnen sind. Da diese Verfahren ein Menschenbild implizieren, welches die reflexiven Fähigkeiten des Patienten teilweise deutlich einschränkt, kann es zu Ablehnungen auf seiten des Patienten und zu scheinbaren Widersprüchen im therapeutischen Verhalten kommen.

Ausgehend von der Annahme, daß unnötiges Leid aber auch dadurch entsteht, daß wir Verfahren, die sich bei bestimmten Störungen als höchst effektiv und anderen überlegen erwiesen haben, nicht anwenden, wird hier eine bestimmte Art der Beziehungsgestaltung vorgeschlagen, wenn reduktive Verfahren in der Behandlung zur Anwendung kommen sollen. Diese Art der Beziehungsgestaltung kann verschiedene Probleme lösen, die mit der Anwendung reduktiver Verfahren zusammenhängen. Diese Probleme werden im folgenden dargestellt.

Viele Therapeuten äußern Vorbehalte bei der Anwendung von Verfahren, die der Tuns- oder (besonders auch) der Verhaltens-Einheit zugeordnet werden, da diese ein reduktives Menschenbild implizieren. Dies ist – auch nach langjähriger eigener Erfahrungen als Lehrtherapeut und Supervisor – ein zentraler Grund dafür, warum solche Methoden (z.B. Konfrontationsverfahren oder operante Techniken) trotz überzeugender empirischer Effektivität nur selten angewandt werden. Daß diese Nichtanwendung von effektiven Verfahren weniger an der Kenntnis und Umsetzungsfähigkeit dieser Anwendungen als an grundsätzlichen Vorbehalten diesen Verfahren gegenüber liegt, zeigt z.B. die Arbeit von Wittchen (1996), in welcher er berichtet, daß auch die von ihm ausgebildeten Verhaltenstherapeuten, viel zu selten – teilweise nach der Ausbildung auch gar nicht mehr (!) – Verfahren anwenden, die dem behavioristischen Paradigma – also der Verhaltens-Einheit – entstammen. Viele Therapeuten, die das reduktive Menschenbild für den Patienten ablehnen, sehen nämlich keine andere Möglichkeit, als Verfahren, die ein solches Menschenbild implizieren, in der Behandlung nicht anzuwenden.

Für den Patienten kann die Anwendung reduktiver Verfahren ein großes Problem darstellen, da sie ihm – wie oben erläutert und am Beispiel des Patienten mit Neurodermitis dargestellt – ein Bild des Menschen im allgemeinen und von sich selbst im besonderen vermitteln, das u. U. mit seinem eigenen Selbst- und Weltbild nicht vereinbar ist. Zudem kann diese Vorstellung vom Menschen, wie oben schon dargestellt, langfristig auch zu negativen Folgen für den Patienten und für die Gesellschaft als Ganzes führen, da bewußte, reflexive Prozesse kaum bzw. zu wenig Berücksichtigung finden. Werden jedoch in Problembereichen, die eigentlich besser durch bewußte, kognitive Aktivitäten gesteuert werden können, unbewußte Prozesse oder Außensteuerungen als zentrale Determinanten angenommen, so ist die Gefahr groß, daß (unintendiert) unnötiges Leid entsteht (vgl. oben).

Schließlich wird die Beziehung zwischen Patient und Therapeut durch die Anwendung von Verfahren belastet, wenn diese Vorgehensweisen unterschiedlichen Paradigmen im Sinne der oben genannten Einheiten entstammen. Eine Integration verschiedener Anteile der Problematik des Patienten wird erschwert, wenn Verfahren zur Anwendung kommen, die unterschiedliche Menschenbildannahmen implizieren und dadurch eine integrative Sichtweise verhindern. Da die Therapeut-Patient-Beziehung eine sehr wichtige Größe für den Therapieerfolg darstellt (vgl. Orlinsky, Grawe & Parks, 1994), sollte die Art und Weise der Beziehungsgestaltung jedoch ein besonderes Gewicht gerade im Rahmen einer Allgemeinen Psychotherapie erhalten.

Zur Lösung der genannten Probleme schlagen wir hier als weitere Strategie – neben dem ethisch-sequentiellen Vorgehen (für die Auswahl von Verfahren für die Problembehandlung) – eine bestimmte Form der Beziehungsgestaltung vor, die wir als *kooperative Beziehungsgestaltung* bezeichnen. Gemeint ist damit die Realisierung einer Beziehung zwischen Therapeut und Patient, die durch gegenseitige strukturelle Parallelität gekennzeichnet ist: Das Bild des Patienten sollte so modelliert sein, daß es keine grundsätzlichen Unterschiede zum Bild gibt, das der Therapeut von sich selbst hat. Da der Therapeut sich selbst normalerweise reflexive Fähigkeiten zuschreibt und davon ausgeht, daß er grundsätzlich in der Lage ist, bewußt über seine inneren Vorgänge nachzudenken, sollte er dies im allgemeinen parallel dazu auch beim Patienten annehmen. Ausnahmen von dieser Regel sind jedoch durchaus möglich (z.B. bei der Therapie mit Kindern, die aufgrund ihrer Entwicklung bestimmte psychische Fähigkeiten noch nicht entwickelt haben, oder auch bei der Therapie mit Patienten, deren reflexive Fähigkeiten durch Phasen psychotischen Erlebens eingeschränkt sind), sie sollten jedoch jeweils begründet werden (Prinzip der Rechtfertigung sensu Singer (1975), wonach jede Verletzung einer moralischen Regel gerechtfertigt werden muß). Das gesamte Therapiegeschehen im allgemeinen und die Phase der Anwendung reduktiver Vorgehen im besonderen sollten in eine solche kooperative Beziehung eingebettet sein. Immer dann, wenn aufgrund empirischer Überlegenheit Verfahren der Tuns- oder Verhaltens-Einheit in der Therapie zum Einsatz kommen, sollten diese reduktiven Verfahren in ein breiteres Therapiegeschehen auf der Beziehungsebene zwischen Therapeut und Patient eingebettet werden, welches genau jene Aspekte in der Beziehung zum Patienten realisiert, die durch das gewählte Vorgehen unterdrückt werden: Reflexions-, Rationalitäts-, Kommunikationsfähigkeit des Patienten sowie seine Fähigkeit zur Autonomie. Diese können am deutlichsten in einer verwirklichten strukturellen Parallelität von Therapeut und Patient realisiert werden, in der beide als gleichberechtigte Partner gesehen werden. Auf dem Hintergrund dieser Einbettung des reduktiven Vorgehens in eine kooperative Therapeut-Patient-Beziehung kann der Patient im metakommunikativen Diskurs mit dem Therapeuten entscheiden, ob er bereit ist, kurzfristig reduktive Methoden und somit zielkonträre Verfahren zu akzeptieren, um letztendlich seine Autonomie zu stärken und dadurch ein Weniger an Leid und ein Mehr an persönlicher Freiheit zu erreichen! So wird eine Patientin, die seit Jahren unter Agoraphobie leidet, zunächst von der Vorstellung einer Konfrontationstherapie nicht gerade begeistert sein. Konfrontationsverfahren leiten sich aus behavioristischen Theorien ab, werden also im dargestellten Modell der Verhaltens-Einheit zugeordnet. Die Anwendung dieses reduktiven Vorgehens widerspricht zunächst den Zielen der Patientin, die sich von der Therapie mehr persönliche Freiheit und Autonomie in verschiedenen Lebensbereichen verspricht. Im metakommunikativen Diskurs mit dem Therapeuten sollte nun die Patientin entscheiden, ob sie bereit ist, kurzfristig dieses reduktive Vorgehen durchzuführen, um langfristig ihre Ziele nach größerer Selbständigkeit und Autonomie zu erreichen. Ein solches Vorgehen ist dann sinnvoll anzuwenden, wenn handlungstheoretische Konzeptionen nicht erfolgreich angewandt werden können, wenn somit ein Übergang auf tuns- und verhaltenstheoretische Konzeptualisierungen geboten ist. Die Suspendierung der Selbstanwendung ist dann jedoch nur mit Begründung und nur zeitweilig zulässig, mit dem Ziel, die Voraussetzungen für die Explikation und Anwendung handlungstheoretischer Modellierungen wiederherzustellen. Über diese kurzfristige Reduktion auf dem Hintergrund der genannten höheren Ziele ist mit der Patientin mittels Metakommunikation ein Konsens herzustellen. Die Methode der Metakommunikation stellt selbst wiederum ein Verfahren dar, welches der Handlungs-Einheit zuzuordnen ist. Die Einheit des Handelns enthält somit zum einen allgemeine therapeutische Techniken, wie sie auch in der Einheit des Tuns und des Verhaltens verortet werden, aber gleichzeitig beinhaltet sie auch jene Verfahren, die zur Realisierung einer kooperativen Beziehungsgestaltung benötigt werden.

Bei der Behandlung einer Agoraphobie sollte beispielsweise durchaus die Methode der Reizkonfrontation angewandt werden, wenn sich die Angst als Ergebnis einer klassischen Konditionierung modellieren läßt, die durch Flucht- und Vermeidungsverhalten aufrechterhalten wird. Aufgrund empirischer Untersuchungen ist zudem diese Methode als effektives Verfahren auch aus ethischen Gründen anzuwenden, wenn die genannten Randbedingungen beim Patienten vorliegen. Kooperative Beziehungsgestaltung bedeutet nun, daß der Therapeut (nach Abschluß der diagnostischen Phase) dem Patienten das Vorgehen der Konfrontationsbehandlung genau und ausführlich erläutert (auch unter Hinweis auf die empirische Effektivität) und auf seine Sorgen und Ängste bei der Anwendung eingeht. Im metakommunikativen Diskurs sollte dann ein Konsens gefunden werden, der die Anwendung dieses Verfahrens entweder erlaubt (wenn sich der Patient für die (kurzfristige) Anwendung dieses Verfahrens zugunsten einer (langfristigen) Erweiterung seiner persönlichen Freiheit entscheidet) oder aber verbietet (wenn sich der Patient trotz der Argumente des Therapeuten gegen dieses Vorgehen entscheidet).

Das hier postulierte Vorgehen fordert eine Einbettung der Therapeut-Patient-Beziehung in eine kooperative Beziehungsgestaltung, in welcher der Patient durch metakommunikative Interaktionen die Möglichkeit erhält, genau jene Aspekte zu realisieren, um die er durch das reduktive Vorgehen (kurzfristig) beschnitten wird. Dieses Vorgehen läßt sich selbst wiederum der Handlungsebene zuordnen und hat auch konkrete Folgen für die Beziehungsgestaltung im allgemeinen: Der Therapeut hat unter dem Aspekt der Transparenz, welcher aus der strukturellen Parallelität von Therapeut und Patient folgt, die Aufgabe, die Regularien der Therapie zu explizieren (vgl. dazu auch Kottje-Birnbacher & Birnbacher, 1995) und sich mit dem Patienten über die Ziele und die Wege zur Zielerreichung zu einigen. Das weitere therapeutische Vorgehen wie auch im Laufe der Therapie immer wieder einzuführende Phasen der Metakommunikation über den bisherigen Therapieverlauf sind weitere Handlungen, die vom Therapeuten eingesetzt werden sollen, um ganz bewußt die Autonomie des Patienten zu betonen und dadurch längerfristig auch zu stärken. Diese Art der Beziehungsgestaltung erlaubt es, wirksame therapeutische Vorgehensweisen auch dann anzuwenden, wenn sie ein Menschenbild implizieren, welches vom Therapeuten nicht geteilt wird. Sie führt gleichzeitig zur Lösung von Problemen, die durch die Anwendung reduktiver Verfahren den Erfolg einer Allgemeinen Psychotherapie behindern könnten.

Beide Vorgehensweisen – das ethisch-sequentielle Vorgehen und die Einbettung des therapeutischen Geschehens in einen metakommunikativen Therapeut-Patient-Rahmen, der sich durch gegenseitige Strukturparallelität auszeichnet (kooperative Beziehungsgestaltung), führen so zu einer *anthropologisch nicht-reduktiven Psychotherapie*, die das gesamte Wissen verschiedener psychotherapeutischer Richtungen für die Behandlung nutzen kann. Und dies auch dann, wenn aufgrund empirischer Effektivitätsnachweise Verfahren zur Anwendung kommen, die wegen ihrer Zuordnung zur Verhaltens- oder Tuns-Ebene ein reduktives Menschenbild implizieren. In Abbildung 2.4 werden beide Strategien dargestellt:

Die drei wissenschaftstheoretischen Einheiten werden hier wieder symbolisch dargestellt: Die Verhaltens-Einheit durch die black-box, welche den Menschen als von Außenreizen abhängiges Objekt repräsentiert, die Tuns-Einheit durch den Eisberg, bei dem nur ein kleiner Teil dem Bewußtsein zugänglich ist, während der weitaus größere Teil im Meer der unbewußten Triebe und Strebungen der bewußten Bearbeitung verschlossen bleibt, und schließlich die Handlungs-Einheit durch eine leuchtende Glühbirne, welche die erhellende, reflexive, kognitiv-emotionale Verarbeitung des Menschen in den Mittelpunkt stellt. Das ethisch-sequentielle Vorgehen ist durch die Rangreihe der drei Einheiten dargestellt: Zunächst sollte versucht werden, die Problematik des Patienten mittels Theorien und Verfahren der Handlungs-Einheit zu erklären und zu behandeln. Erweist sich eine solche handlungstheoretische Konzeption als unzu-

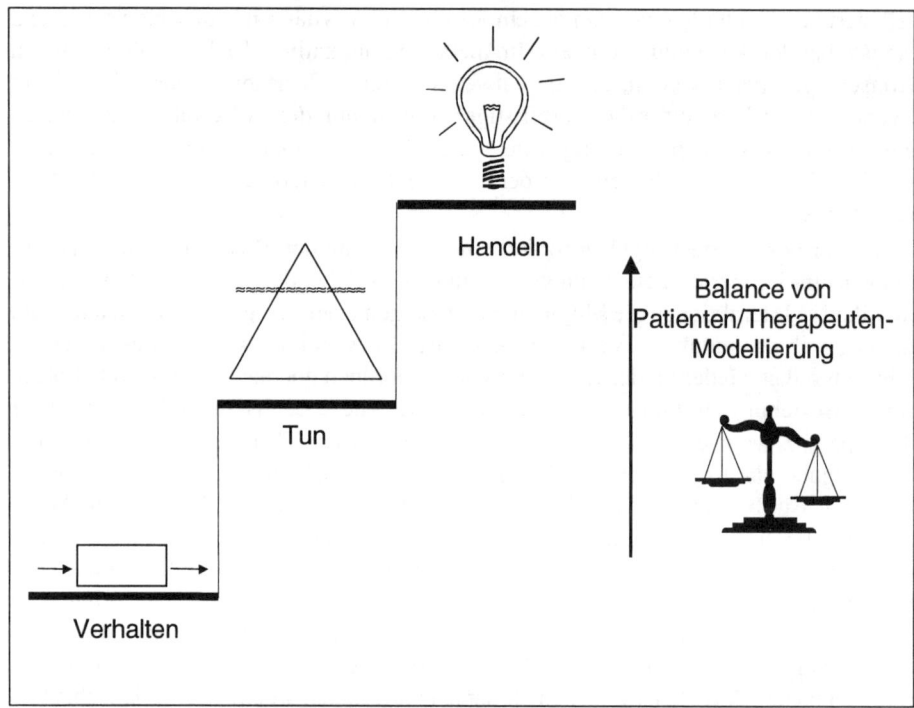

Abb. 2.4: Beziehungsgestaltung und Methodenauswahl im ethisch-sequentiellen Vorgehen.

reichend oder ist aufgrund bisheriger empirischer Befunde eine andere Gegenstands-
Einheit sinnvoller bei diesem Problem anzuwenden, dann erfolgt ein Wechsel auf die
Tuns- oder Verhaltens-Ebene. Wenn es zu einem solchen Wechsel kommt, dann sollten
durch eine kooperative Beziehungsgestaltung, in der eine strukturelle Parallelität zwischen Therapeut und Patient verwirklicht wird, genau jene Aspekte besonders hervorgehoben werden, um die der Patient durch das reduktive Vorgehen beschnitten wird. In
Abbildung 2.4 wird dies durch die Waage symbolisiert: Je mehr in der Therapie (auf der
einen Seite) einschränkende Verfahren angewandt werden, um so mehr sollte der Therapeut (auf der anderen Seite) die Autonomie des Patienten, seine persönliche Freiheit
durch die Umsetzung von struktureller Parallelität in einer kooperativen Beziehung
zum Patienten betonen. Dies geschieht zunächst durch die Anwendung von Metakommunikation und die Realisierung von Transparenz. Metakommunikation sollte darüber
hinaus über den gesamten Therapieprozeß hinweg immer wieder durchgeführt werden.
Ebenso zeigt sich die kooperative Beziehungsgestaltung auch darin, daß die Forderung
nach Transparenz für den gesamten Therapieprozeß gilt.

2.8   Zusammenfassung

Vor dem Hintergrund der unüberblickbaren Vielfalt psychotherapeutischer Methoden, Verfahren und Schulen wurden verschiedene Probleme, die sich aus dieser Situation ergeben, dargestellt. Diese Probleme betreffen Patienten und Therapeuten und haben negative Auswirkungen auf die Erfolge psychotherapeutischer Behandlungen insgesamt. Als Lösungsweg wird hier das Konzept einer Allgemeinen Psychotherapie dargestellt, welche versucht, verschiedene Herangehensweisen zu integrieren, und die empirisch überprüfte Effektivität einzelner Verfahren als zentrales Kriterium für die Orientierung und Auswahl psychotherapeutischer Interventionen anbietet. Ein solches zweck-rationales Vorgehen stößt jedoch in der psychotherapeutischen Praxis häufig auf Vorbehalte, insbesondere bei der Anwendung von Verfahren, deren Menschenbild von Therapeuten und von Patienten als reduktiv erlebt wird. Dies führt zu der (scheinbar) paradoxen Situation, daß heute effektive Verfahren vorhanden sind, aber von einigen Psychotherapeuten bewußt nicht angewandt werden. Als Lösung dieser Problematik wird hier eine ethische Bewertungsdimension eingeführt, die das einseitig *zweck-rationale Vorgehen* durch ein *wert-rationales Vorgehen* ergänzt, indem es die berechtigte Kritik an reduktiven Menschenbildannahmen (bzw. den daraus abgeleiteten Verfahren) aufnimmt und kreativ verarbeitet. Dazu wird das wissenschaftstheoretische Ordnungsschema von Groeben (1986) dargestellt und auf den Bereich der Psychotherapie übertragen. Hier bildet es die Grundlage für ein metatheoretisches Rahmenmodell psychotherapeutischer Theorien (vgl. Wagner, 1995a). Auf der Basis dieses Rahmenmodells wird ein Entwurf eines integrativen Menschenbildes vorgestellt, der es erlaubt, die Vielzahl psychologischer Erkenntnisse in einem anthropologischen Entwurf zu bündeln. Aus diesem integrativen Menschenbild folgen bei der Berücksichtigung zweck- und wertrationaler Bewertungsdimensionen zwei allgemeine Strategien, die die Möglichkeit eröffnen, einerseits Erkenntnisse aus dem gesamten Fundus der wissenschaftlichen Psychologie in der Psychotherapie zu berücksichtigen und andererseits Widersprüche zwischen den Menschenbildannahmen unterschiedlicher Verfahren aufzuheben: Das ethisch-sequentielle Vorgehen schlägt eine bestimmte Reihenfolge für die Auswahl von therapeutischen Methoden und Verfahren vor, die sich neben der empirischen Effektivität auch an den anthropologischen Kernannahmen der einzelnen Theorien orientiert. Dabei gilt, daß der Patient jeweils möglichst unreduziert wahrgenommen und behandelt werden soll. Durch die Realisierung einer kooperativen Therapeut-Patient-Beziehung können dann im Rahmen einer strukturellen Parallelität durch Konsensbildung im metakommunikativen Dialog jene Verfahren zur Anwendung kommen, die empirisch effektiv und anderen Verfahren überlegen sind, auch wenn deren reduktives Menschenbild für sich allein genommen abgelehnt wird. Auf dem Hintergrund des integrativen Menschenbildes führen beide Strategien in gegenseitiger Ergänzung zu einer *anthropologisch nicht-reduktiven Therapie*, die sich auf den gesamten Bereich psychotherapeutischer Erkenntnisse bei der Behandlung von Patienten stützen kann.

Literatur

Achenbach, G. B. (1984). Philosphische Praxis. *Schriftenreihe zur Philosophischen Praxis, 1*, 23-36.

Albert, H. (1968). *Traktat über kritische Vernunft* (5. Aufl. 1991). Tübingen: Mohr.

Beauchamp, T. L. & Childress, J. F. (1989). *Principles of biomedical ethics.* New York: Oxford University Press.

Becker, P. (1995). *Seelische Gesundheit und Verhaltenskontrolle.* Göttingen: Hogrefe.

Bergin, A. E. & Garfield, S. L. (Eds.). (1994). *Handbook of Psychotherapy and Behavior Change.* New York: Wiley.

Bommert, H. (1977). *Grundlagen der Gesprächspsychotherapie.* Stuttgart: Kohlhammer.

Bowlby, J. (1995). Bindung: Historische Wurzeln, theoretische Konzepte und klinische Relevanz. In G. S. Zimmermann & P. Zimmermann (Hrsg.), *Die Bindungstheorie: Grundlagen, Forschung und Anwendung* (S. 17-27). Stuttgart: Klett-Cotta.

Epstein, S. (1990). Cognitive-experiential self-theory. In L. A. Pervin (Ed.), *Handbook of personality: Theory and research* (pp. 165-192). New York: Guilford.

Feger, H. (1981). Vorstrukturierung von Erleben und Verhalten: Ethische Probleme erfolgreicher Psychologie. In: L. Kruse & M. Kumpf (Hrsg.), *Psychologische Grundlagenforschung: Ethik und Recht* (S. 107-116). Stuttgart: Huber.

Feldman, M. P. & McCulloch, M. J. (1971). *Homosexual behavior. Therapy and assessment.* Oxford: Pergamon Press.

Feyerabend, P. (1980). *Erkenntnis für freie Menschen.* Frankfurt/M.: Suhrkamp.

Grawe, K. (1994). Psychotherapie ohne Grenzen – Von den Therapieschulen zur Allgemeinen Psychotherapie. *Verhaltenstherapie und psychosoziale Praxis, 26*, 357-370.

Grawe, K. (1995). Grundriß einer Allgemeinen Psychotherapie. *Psychotherapeut, 40*, 130-145.

Grawe, K. (1997). „Moderne" Verhaltenstherapie oder allgemeine Psychotherapie? *Verhaltenstherapie & Verhaltensmedizin, 18,* 137-159.

Grawe, K. (1998). *Psychologische Therapie.* Göttingen: Hogrefe.

Grawe, K., Donati, R. & Bernauer, F. (1994). *Psychotherapie im Wandel. Von der Konfession zur Profession.* Göttingen: Hogrefe.

Groeben, N. (1979). Widersprüchlichkeit und Selbstanwendung: Psychologische Menschenbildannahmen zwischen Logik und Moral. *Zeitschrift für Sozialpsychologie, 10*, 267-273.

Groeben, N. (1981). Zielideen einer utopisch-moralischen Psychologie. *Zeitschrift für Sozialpsychologie, 12*, 104-133.

Groeben, N. (1986). *Handeln, Tun, Verhalten als Einheiten einer verstehend-erklärenden Psychologie.* Tübingen: Francke.

Groeben, N. (1988). Fragen, Einwände, Antworten. In: N. Groeben, D. Wahl, J. Schlee & B. Scheele (Hrsg.), *Das Forschungsprogramm Subjektive Theorien. Eine Einführung in die Psychologie des reflexiven Subjekts* (S. 206-253). Tübingen: Francke.

Groeben, N. & Erb, E. (1991). *Reduktiv-implikative versus elaborativ-prospektive Menschenbildannahmen in psychologischen Forschungsprogrammen – Problemskizze einer theoretisch-psychologischen Anthropologie.* Bericht aus dem Psychologischen Institut der Universität Heidelberg, Diskussionspapier Nr. 70.

Groeben, N. & Scheele, B. (1977). *Argumente für eine Psychologie des reflexiven Subjekts. Paradigmawechsel vom behavioralen zum epistemologischen Menschenbild.* Darmstadt: Steinkopff.

Groeben, N., Wahl, D., Schlee, J. & Scheele, B. (1988). *Das Forschungsprogramm Subjektive Theorien. Eine Einführung in die Psychologie des reflexiven Subjekts.* Tübingen: Francke.

Groeben, N. & Westmeyer, H. (1975). *Kriterien psychologischer Forschung.* München: Juventa.

Habermas, J. (1968). *Erkenntnis und Interesse.* Frankfurt/M: Suhrkamp.

Hautzinger, M. (1998). *Depression.* Göttingen: Hogrefe.

Heintel, P. & Macho, T. H. (1989). Agora. *Zeitschrift für Philosophische Praxis, 7,* 1-4.

Herzog, W. (1984). *Modell und Theorie in der Psychologie.* Göttingen: Vandenhoeck & Ruprecht.

Herzog, W. (1991). *Das moralische Subjekt. Pädagogische Intuition und psychologische Theorie.* Bern: Huber.

Kanfer, F. H., Reinecker, H. & Schmelzer, D. (1996). *Selbstmanagement-Therapie. Ein Lehrbuch für die klinische Praxis.* (2. vollst. überarb. u. erw. Aufl.). Heidelberg: Springer.

Karmann, G. (1987). *Humanistische Psychologie und Pädagogik.* Bad Heilbrunn/Obb.: Klinkhardt.

Kelly, G. A. (1955). *A Theory of Personality: The Psychology of Personal Constructs,* Vol. I, II. New York: Norton.

Kollbrunner, J. (1987). *Das Buch der Humanistischen Psychologie.* Eschborn: Fachbuchhandlung für Psychologie.

Kommer, D. (1982). Eklektizismus. In: R. Bastine, P. A. Fiedler, K. Grawe, S. Schmidtchen & G. Sommer (Hrsg.), *Grundbegriffe der Psychotherapie* (S. 49- 51). Weinheim: Edition psychologie.

Kottje-Birnbacher, L. & Birnbacher, D. (1995). Ethische Aspekte der Psychotherapie und Konsequenzen für die Therapeutenausbildung. *Psychotherapeut, 40,* 59-68.

Kubrick, S. (1964). A Clockwork Orange. Film.

Kuhn, T. (1967). *Die Struktur wissenschaftlicher Revolutionen.* (engl. 1962).Frankfurt/M.: Suhrkamp.

Lakatos, A. & Reinecker, H. (1998). *Kognitive Verhaltenstherapie bei Zwangsstörungen.* Göttingen: Hogrefe.

Lang, H. (Hrsg.). (1994). *Wirkfaktoren der Psychotherapie.* Königshausen & Neumann: Würzburg.

Lang, H. (1995). Hermeneutics and Psychoanalytically Oriented Psychotherapy. *American Journal of Psychotherapy, 49,* 215-224.

Lang, H. (1997). Hat die Hermeneutik noch eine Chance? In: C. Mund, M. Linden & W. Barnett (Hrsg.), *Psychotherapie in der Psychiatrie* (S. 33-47). Berlin: Springer.

Margraf, J. (1996a). Psychotherapie: Ideologie und Forschung. *Die Ersatzkasse, 76,* 162-168.

Margraf, J. (1996b). Grundprinzipien und historische Entwicklung. In: J. Margraf (Hrsg.), *Lehrbuch der Verhaltenstherapie,* Band 1 (S. 1-30). Berlin: Springer.

Maslow, A. H. (1973). *Psychologie des Seins. Ein Entwurf.* München: Kindler.

Mertens, W. (1990). *Einführung in die psychoanalytische Therapie.* Band 2. Stuttgart: Kohlhammer.

Mertens, W. (1996). *Psychoanalyse* (5. überarb. u. erw. Aufl.). Stuttgart: Kohlhammer.

Meyer, A.-E., Richter, R., Grawe, K., v.d. Schulenburg, J.-M. & Schulte, B. (1991). *Forschungsgutachten zu Fragen eines Psychotherapeutengesetzes.* Bonn: Gesundheitsministerium.

Mohr, H. (1998). *Technikfolgenabschätzung.* Vortrag, Akademie der Wissenschaften. Universität Heidelberg.

Münzel, K. (1995). Psychologische Interventionsansätze bei Hauterkrankungen. *Verhaltensmodifikation und Verhaltensmedizin, 16,* 373-388.

Orlinsky, D., Grawe, K. & Parks, B. (1994). Process and Outcome in Psychotherapy – noch einmal. In A. E. Bergin & S. L. Garfield (Eds.), *Handbook of Psychotherapy and Behavior Change* (pp. 270-376). New York: Wiley.

Perls, F. (1978). *Das Ich, der Hunger und die Aggression. Die Anfänge der Gestalttherapie.* Stuttgart: Klett-Cotta.

Raymond, M. J. (1956). Case of fetishism treatet by aversion therapy. *British Medical Journal, 2*, 854-856.

Raymond, M. J. (1969). Aversion therapy for sexual deviations. *British Journal of Psychiatry, 115*, 979-980.

Reinecker, H. (1978). *Selbstkontrolle. Verhaltenstheoretische und kognitive Grundlagen, Techniken und Therapiemethoden.* Salzburg: Otto Müller.

Reinecker, H. (1994a). *Grundlagen der Verhaltenstherapie* (2. überarb. u. erw. Aufl.). Weinheim: PVU.

Reinecker, H. (1994b). *Zwänge. Diagnose, Theorien, Behandlung* (2. überarb. u. erw. Aufl.). Bern: Huber.

Reinecker, H. & Fiedler, P. (Hrsg.). (1997). *Therapieplanung in der modernen Verhaltenstherapie – Eine Kontroverse.* Pabst: Lengerich.

Reinecker, H. & Krauß, R. (1994). Wege zur Psychotherapie. Eine Untersuchung an ehemaligen Patienten. *Psychomed, 6*, 36-41.

Rogers, C. R. (1957). The necessary and sufficient conditions of therapeutic personality change. *Journal consulting Psychology, 21*, 95-103.

Rogers, C. R. (1973). *Klientenbezogene Gesprächstherapie* (Client-Centered Therapy). München: Kindler.

Rogers, C. R. & Skinner, B. F. (1965). Some issues concering the control of human behavior: A symposium. *Science, 124*, 1057-1066.

Scheele, B. (1990). *Emotionen als bedürfnisrelevante Bewertungszustände – Grundriß einer epistemologischen Emotionstheorie.* Tübingen: Francke.

Scheele, B. & Groeben, N. (1988). *Dialog-Konsens-Methoden.* Tübingen: Francke.

Schmidt, S. & Strauß, B. (1996). Die Bindungstheorie und ihre Relevanz für die Psychotherapie. Teil 1: Grundlagen und Methoden der Bindungsforschung. *Psychotherapeut, 41*, 139-150.

Schneider, S. & Margraf, J. (1998). *Agoraphobie.* Göttingen: Hogrefe.

Schorr, A. (1984). *Die Verhaltenstherapie. Ihre Geschichte von den Anfängen bis zur Gegenwart.* Weinheim: Beltz.

Schulte, D. (Hrsg.). (1991). *Therapeutische Entscheidungen.* Göttingen: Hogrefe.

Schulte, D., Grawe, K., Hahlweg, K. & Vaitl, D. (Hrsg.). (1998). *Fortschritte der Psychotherapie. Manuale für die Praxis.* Göttingen: Hogrefe.

Singer, M. G. (1975). *Verallgemeinerung in der Ethik.* Frankfurt/M.: Suhrkamp.

Stangier, U., Gieler, U. & Ehlers, A. (1996). *Neurodermitis bewältigen – Verhaltenstherapie, Dermatologische Schulung, autogenes Training.* Heidelberg: Springer.

Strauß, B. & Schmidt, S. (1997). Die Bindungstheorie und ihre Relevanz für die Psychotherapie. Teil 2: Mögliche Implikationen der Bindungstheorie für die Psychotherapie und Psychosomatik. *Psychotherapeut, 42*, 1-16.

Tausch, R. (1973). *Gesprächspsychotherapie.* Göttingen: Hogrefe.

Titze, M. (1978). Alfred Adler und die Grundlagen der humanistischen Psychologie. *Integrative Therapie, 4*, 222-230.

Thomä, H. & Kächele, H. (1986). *Lehrbuch der psychoanalytischen Therapie.* Berlin: Springer.

Wagner, R. F. (1989). *Der Einfluß des Therapeuten auf die inhaltliche Struktur therapeutischer Gespräche.* Diplom-Arbeit, Universität Heidelberg.

Wagner, R. F. (1995a). Ein metatheoretisches Rahmenmodell psychotherapeutischer Theorien. *Zeitschrift für Klinische Psychologie, Psychopathologie und Psychotherapie, 43,* 185-199.

Wagner, R. F. (1995b). *Kontrollüberzeugungen bei chronischer Pankreatitis – Das Forschungsprogramm Subjektive Theorien und klassische Fragebogenforschung im Vergleich.* Münster: Aschendorff.

Wagner, R. F. (1997a). Verhaltenstherapie in der Integration von Individualität und Standardisierung. *Verhaltenstherapie und Verhaltensmedizin, 18,* 209-214.

Wagner, R. F. (1997b). Für ein ethisch-sequentielles Vorgehen in der Psychotherapie. In: G. Richardt, G. Krampen & H. Zayer (Hrsg.), *Beiträge zur Angewandten Psychologie* (S. 377-380). Bonn: Deutscher Psychologen Verlag.

Watson, J. B. (1913). Psychology as the behaviorist views it. *Psychological Review, 20,* 158-177.

Westmeyer, H. (1977). Verhaltenstherapie: Anwendung von Verhaltenstheorien oder kontrollierte Praxis? In H. Westmeyer & N. Hoffmann (Hrsg.), *Verhaltenstherapie: Grundlegende Texte* (S. 187-203). Hamburg: Hoffmann & Campe.

Wittchen, H.-U. (1996). Klinische Psychologie und Verhaltenstherapie – zwischen Aufstieg und Erosion. *Verhaltenstherapie, 6,* 170-177.

(illegible)

3 Psychotherapie und die Integration psychotherapeutisch relevanten Wissens im Rahmen eines allgemeinen Modells

Heinz Hummitzsch

3.1 Einleitung

Wenn man sich einmal vergegenwärtigt, worin die Probleme liegen, vor denen man steht, wenn man eine allgemeine Theorie der Psychotherapie entwickeln möchte, kommt man schnell zu den folgenden Grundtatbeständen:

1. Menschen sind Systeme, über deren innere Struktur und deren Funktionieren wir nur ein sehr unzureichendes Wissen besitzen.
2. Menschen interagieren mit anderen Menschen und mit ihrer materiellen Umwelt und bilden dadurch wieder unter- und übergeordnete Systeme, die sich wechselseitig beeinflussen und insgesamt unseren Planeten repräsentieren, so wie er eben ist. Über all diese in den zahlreichen Subsystemen ablaufenden Wechselwirkungen und Zusammenhänge haben wir ebenfalls nur ein unzureichendes Wissen.
3. Das Nichtwissen auf diesen Gebieten wird dadurch noch problematischer, daß jeder Mensch im Grunde immer das Gefühl hat, über alle diese Dinge hinreichend Bescheid zu wissen. Es ist offensichtlich für unser seelisches Wohlbefinden notwendig, daß wir unser inneres Bild von der Welt, selbst bei besserem Wissen, gefühlsmäßig immer für vollständig und lückenlos halten.
4. Psychotherapie sollte auf diesem Hintergrund die Wissenschaft sein, die sich mit dem Problem befaßt, das einzelne Menschen oder eine kleine Gruppe von Menschen haben, die innerhalb ihrer Bezugssysteme aus „psychischen Gründen", was immer das genau sein mag, (nicht) so funktionieren, so daß sich ein subjektiver Leidenszustand einstellt, den es zu beheben gilt.

Wenn wir diese vier Punkte bedenken, wird klar, daß es die perfekte Psychotherapie ebenso wenig geben kann wie den perfekten Psychotherapeuten. Denn wir stecken da in einem doppelten Dilemma. Zum einen sind die zahlreichen Wissensgebiete, die sich direkt oder indirekt mit dem Menschen befassen, unvollständig. Unser Wissen ist inselhaft und zum Teil widersprüchlich. Wir müßten aber an sich sehr viel Genaueres über das innere Funktionieren des Menschen und über alles, was sein soziales Leben ausmacht und beeinflußt, wissen, um wirklich gute Psychotherapie machen zu können. Zum anderen ist es aber so, daß schon jetzt kein Mensch in der Lage ist, sich auch nur einen größeren Teil des an sich verfügbaren Wissens anzueignen und zu integrieren.

Bei der Entwicklung einer allgemeinen therapeutischen Theorie kann es also nicht darum gehen, eine vollständige neue Therapieform zu entwickeln, die dann alles enthalten müßte, was man konkret braucht, um Psychotherapie zu machen. Es kann andererseits aber auch nicht befriedigen, eine Theorie zu haben, die zwar sagt, was Psychotherapie ist und worum es aus irgendeiner höheren Sicht der Dinge geht, die es aber nicht gestattet, in der konkreten Situation konkrete Handlungsanweisungen abzuleiten.

Was wir benötigen, ist ein Rahmen, der es gestattet, vorhandenes Wissen zu ordnen, es in einer allgemeinen Sprache zu reformulieren, um es auf der Grundlage dieser allgemeinen Sprache miteinander in Verbindung bringen zu können, es zu integrieren, damit es zum verfügbaren inneren Besitz des Therapeuten werden kann, aus dem heraus er seine Klienten versteht und behandelt. Eine Theorie ist immer auch eine Sprache (oder eine Erweiterung und Präzisierung der vorhandenen natürlichen Sprache), die es gestattet, über einen Gegenstandsbereich zu sprechen und ihn damit im Sinne des sprachgebundenen Denkens besser zu verstehen. Nun ist es aber so, daß über den Gegenstandsbereich Psychotherapie zahllose miteinander konkurrierende Sprachen formuliert wurden. Im „Kursbuch Psychotherapie" (Eichmann & Meyer, 1985) sind 593 „psychotherapeutische Verfahren, Formen, Schulen" aufgeführt, und nachdem die Autoren ihre Fleißarbeit beendet hatten, sind sicherlich etliche dazugekommen. Keine dieser psychotherapeutischen Sprachen ist in der Lage, den Gegenstandsbereich vollständig zu beschreiben.

So ist es zum Beispiel unmöglich, mit der Sprache, die die Psychoanalyse entwickelt hat, den Gegenstandsbereich abzudecken, den die Verhaltenstherapie zu beschreiben in der Lage ist. Umgekehrt fehlt es von Seiten der Verhaltenstherapie zwar nicht an Übersetzungsversuchen. Die kognitive Verhaltenstherapie versucht mit den Mitteln ihrer Sprache(n), die Ergebnisse der Psychoanalyse und anderer Therapieformen zu integrieren, aber diese Versuche sind bislang noch äußerst unbefriedigend. Am schlimmsten ist es aber, daß praktisch alle psychotherapeutischen Sprachen in sich völlig unklar und widersprüchlich sind und damit den Anforderungen nicht genügen, die man an eine Wissenschaftssprache stellen muß. Es herrscht also ein Zustand babylonischer Sprachverwirrung, der es nicht gestattet, miteinander zu sprechen. Schlimmer noch, wenn man davon ausgeht, daß das eigne Wissen in sich unklar und widersprüchlich ist, bedeutet dies, daß der einzelne Therapeut sich selbst und sein Handeln im wissenschaftlichen Sinne nicht verstehen kann.

Wenn man sich fragt, wie dies möglich geworden ist, kommt man an einen Punkt, der für die Entwicklung einer allgemeinen Theorie der Psychotherapie von wesentlicher Bedeutung ist. Menschen benötigen für ihr Wohlbefinden ein geschlossenes inneres Bild von der Welt. Dazu gehören auch „Theorien" über das Funktionieren der Welt und über das eigene Verhalten. Diese „Theorienbildung", oder einfacher gesagt das Schaffen von Erklärungen, ist eine Voraussetzung für die Möglichkeit der Kommunikation. Was ich nicht erklären kann, kann ich nur mit größter Mühe kommunizieren.

Das soll wegen seiner grundsätzlichen Bedeutung am Beispiel verdeutlicht werden: Wenn Sie einen Radfahrer fragen würden, was man tun muß, um mit dem Rad eine Kurve zu fahren, würde er voraussichtlich antworten, daß man am Lenker drehen muß. Diese Erklärung ist so ungenügend, daß man sie eigentlich besser als falsch bezeichnen würde. Die richtigere Erklärung ist, daß der Radfahrer in einer bestimmten Weise sein Gewicht verlagern muß, woraufhin das Vorderrad eine bestimmte Winkelstellung einnimmt, die der Gewichtsverlagerung und damit dem Kurvenradius entspricht. Immerhin hat die erste Erklärung einen kleinen Ausschnitt der Wirklichkeit beschrieben. Die

Drehbewegung am Lenker ist tatsächlich notwendig, auch wenn sie nur ein Teil des komplexeren Ganzen ist.

Genauso ist es mit den Erklärungen (Theorienbildungen) der Therapieschulengründer. Sie haben sich infolge ihrer Erfahrung ein bestimmtes Verhalten angeeignet, das gestattet, bestimmte menschliche Probleme zu lösen. Im Nachhinein haben sie dann dieses Verhalten zu erklären gesucht, dabei aber in der Regel nur Details ihres komplexen Verhaltens in komplexen sozialen Situationen beschrieben, so daß ihre Erklärungen oft nur die Qualität der ersten Erklärung des Kurvenfahrens mit dem Fahrrad haben. Es ist geradezu zwangsläufig, daß komplexes Verhalten in komplexen Situationen, welches nur zum geringen Teil aufgeklärt ist und wobei die Erklärenden mangels einer geeigneten allgemeinen Wissenschaftssprache auf eigene Wortschöpfungen und Definitionen zurückgreifen mußten, von anderen Therapeuten in ganz anderer Weise erklärt werden kann. Dabei werden diese anderen Therapeuten andere Details beachten und beschreiben und zu ihrer Erklärung wieder eigene Wortschöpfungen und Definitionen verwenden.

Das Ergebnis ist eben der Zustand der Psychotherapie, den wir vorfinden. Da beobachten zum Beispiel Hypnosetherapeuten (Stahl, T., mündliche Mitteilung) Aufzeichnungen von Carl Rogers und kommen zu der Feststellung, daß Rogers in geradezu genialer Weise suggestive Methoden einsetzt. Das ist zweifellos eine richtige Beobachtung. Aber Rogers würde diese Behauptung vermutlich zur Weißglut gebracht haben, da er suggestive Methoden strikt ablehnte und sie somit auch da nicht erkennen konnte, wo er sie selber anwandte. Infolge konnten seine Schüler bis heute nicht lernen, was der Meister wirklich getan hat. Da er für seine Behandlungsform eine rein sozialpsychologische Theorie entwickelte, war er blind für die Ergebnisse der psychologischen Lernforschung. Seinen Anhängern ist es daher bis heute nicht möglich, in systematischer Weise verhaltenstherapeutische Elemente - wie angeleitetes Üben und das Erlernen von benötigten Fähigkeiten - in ihre Therapieform einzubauen.

Das Problem ist eben, daß man, um etwas kommunizieren zu können, eine Sprache benötigt, die es gestattet, alle Elemente und die Zusammenhänge zwischen den Elementen dessen, was man kommunizieren möchte, zu beschreiben. Rogers, und das gilt in stärkerem Maße für alle älteren Therapieschulengründer, stand keine solche Sprache zur Verfügung, und so mußte er eben seine eigene Sprache entwickeln. In eine solche Sprache geht naturgemäß die persönliche Sicht der Welt mit ein. Die unter Therapieschulengründern häufigen Abneigungen und Abgrenzungen gegen andere Therapieschulen führen zu einer Einengung der eigenen Sprache, so daß in dieser Sprache die Leistungen, die Theorien und Interventionsstrategien der anderen Schulen nicht ausgedrückt werden können.

Bei Rogers ist die besonders heftige Abneigung gegen den Behaviorismus augenfällig. Sicher ist aber auch seine Abkehr von der Psychoanalyse sehr bedeutsam. Und an diesem Punkt wird ein generelles Problem von Therapieschulengründern deutlich: Rogers stand das Wissen der Psychoanalyse als Hintergrundwissen zur Verfügung. Er selber konnte also die typischerweise von der Psychoanalyse betrachteten Phänomene, wie sie unter der Bezeichnung „Übertragung" oder „Abwehrmechanismus" beschrieben werden, oder die symbolische Bedeutung von Handlungen oder Vorstellungen nicht übersehen, wenn sie von Bedeutung waren. Er wird sie also in seinem therapeu-

tischen Handeln irgendwie berücksichtigt haben. Dennoch gestattet es die von ihm entwickelte Sprache nicht, diese Phänomene zu beschreiben.

Da es mehr oder minder für alle Therapieschulengründer gilt, daß sie Hintergrundwissen in ihre Therapien einfließen ließen, welches sie jedoch nicht in ihren Theorien
beschrieben haben, verwundert es nicht, daß Therapieschulengründer in der Regel sehr
viel erfolgreicher sind als ihre Schüler und daß das Erlernen der jeweiligen Therapieart
viel aufwendiger und langwieriger ist, als es nötig wäre. Es ist eben sehr schwierig, das
zu erlernen, was nicht nur ungesagt bleibt, sondern was sich auch in der Sprache der
jeweiligen Therapieart nicht ausdrücken läßt, aber eben doch zum Gelingen von Psychotherapie dazugehört. Der Versuch, das Unsagbare dennoch irgendwie auszudrücken
führt dann zu Verwirrungen und Verunsicherungen, die im Extremfall dazu zur Folge
haben, daß die Länge der Ausbildung negativ mit dem Therapieerfolg korreliert (Grawe
et al., 1994, S. 699f).

Bei all den Problemen, die der Umgang mit dem Ist-Zustand der Psychotherapie auf-
wirft, wäre es ein naheliegender Gedanke, das Handtuch zu werfen und ganz von vorn
mit der Entwicklung einer allgemeinen Psychotherapie anzufangen. Ich halte das nicht
für realisierbar. Die neue Psychotherapie wäre zumindest zunächst auch einfach nur
eine neue Therapieschule. Aber selbst wenn man eine allgemeine Psychotherapie für
verbindlich erklären würde, (Wer sollte das tun?) müßte es doch bald zu Kontroversen
und in deren Gefolge zu Aufspaltungen kommen, denn solange nicht der Endstand einer
Wissenschaft erreicht ist, sind Kontroversen nicht nur selbstverständlich, sondern notwendig. Der wesentlichste Einwand gegen eine völlig neu zu entwickelnde Psychotherapie scheint mir allerdings der zu sein, daß sie, wie seinerzeit die Verhaltenstherapie,
den gegenwärtigen durchaus unbefriedigenden Zustand der (experimentellen) Psychologie in ihrer Sprache festschreiben und so zum Hindernis für ihre eigene Weiterentwicklung würde.

Nun erhebt sich an dieser Stelle die Frage, ob es denn ein für die Psychotherapie nutzbares Wissen gibt, das über die Ergebnisse der empirischen experimentellen Psychologie hinausgeht. Diese Frage kann man zum Glück eindeutig mit ja beantworten. Die
Therapieschulen in ihrer Gesamtheit haben in der Auseinandersetzung mit genau der
Population, um die es geht, in der Auseinandersetzung mit kranken Menschen eine
ungeheure Menge an Wissen gesammelt. Es ist ja nicht so, daß kein Wissen vorhanden
wäre. Es ist einfach nur, aus den oben genannten Gründen, nicht verfügbar. Jede Therapieschule hat sicher ein Segment der Wirklichkeit kranker Menschen in ihrer Sprache
mehr oder minder sinnvoll beschrieben. Und jedes Verfahren wird für bestimmte Therapeuten und bestimmte Klientenprobleme irgendeine spezielle Art von Nutzen haben.
(Was allerdings nicht heißen soll, daß jedes Verfahren einen generellen Nutzen hat, der
eine breitere Anwendung zuließe!) Das Problem besteht darin, daß wir eine universelle
Sprache benötigen, in der sich das Wissen der Therapieschulen angemessen ausdrücken
läßt, so daß man die Segmente zusammensetzen kann. Auf diese Weise müßte es möglich sein, ein Bild von der Wirklichkeit zu gewinnen, dessen Umfang man zur Zeit nur
erahnen kann.

Wenn ich allerdings die Metapher „Bild" benutze, tun sich schon wieder neue Schwierigkeiten auf. Ein gutes Bild muß in zweifacher Weise stimmig sein. Es muß sowohl
intellektuell, formal als auch emotional stimmig sein. Der Entwurf einer Psychothera-

pie, die nur intellektuell, formal richtig ist und emotional von den Therapeuten nicht als stimmig erlebt werden kann, wäre ein unbrauchbares Instrument. Denn der unvorhersagbaren und jederzeit wandelbaren therapeutischen Situation kann man nicht mit intellektuellem Grübeln, sondern nur mit emotionaler Spontaneität, die sich auf fundiertes Wissen stützt, sinnvoll begegnen. Intellektuelles Wissen ist in der aktuellen therapeutischen Situation nur als in die Persönlichkeit des Therapeuten integriertes Hintergrundwissen brauchbar, aus dem heraus sich das spontane Handeln entwickeln kann. Der Mangel an emotionaler Überzeugungskraft, aus dem heraus Wissen in Form von relevanten Handlungsstrukturmustern in die Persönlichkeit des Therapeuten integriert werden könnte, mag einer der Gründe dafür sein, daß die Ergebnisse der Theoretiker bei den Praktikern fast kein Echo auslösen.

So ist es denn auch die Suche nach emotionaler Stimmigkeit, die das Lernen der Psychotherapeuten zur Zeit zu leiten scheint. War es zum Beispiel früher so, daß zum Teil sogar prominente Vertreter der Verhaltenstherapie die Fronten wechselten und zur Psychoanalyse überliefen, so gehört der klare Frontwechsel inzwischen der Vergangenheit an. Therapeuten begreifen sich immer weniger als Vertreter einer Schule, deren Einseitigkeit sie erkannt haben, sie schauen sich in der Welt der Psychotherapie um und nehmen, was ihnen brauchbar scheint, in ihr Repertoire auf. Was sie aufnehmen, hängt natürlich von ihrem persönlichen Eindruck und ihrem persönlichen Verständnis ab. Im Grunde haben wir jetzt so viele psychotherapeutische Systeme, wie wir Psychotherapeuten haben.

Das praktische Vorgehen ist dabei etwa so: Man nimmt einfach aus beliebigen therapeutischen Denkgebäuden, so wie man es gerade benötigt und es emotional plausibel erscheint, beliebige Versatzstücke heraus und füttert damit seine Klienten. Dabei ist es relativ klar, nach welchem System vorgegangen wird: Es sind vor allem die für überflüssig gehaltenen theoretischen Begründungen und Begrenzungen, die weggelassen werden, und übrig bleiben die Interventionsstrategien, die Techniken und Verfahren. Diese werden dann nach dem Motto, der Trick A hat sich bei der Krankheit B angeblich ganz gut bewährt, also wende ich ihn mal eben an, ausprobiert. Wenn es nicht funktioniert, kann man ja einen anderen Trick aus einer anderen Therapieschule versuchen. Akzeptiert man den gegebenen Zustand, ist tatsächlich der einzige Orientierungspunkt, daß man sich an empirisch gesicherten Wirkfaktoren orientiert, wie das Grawe (1995) vorschlägt.

Allerdings wird das herrschende vollständige Chaos nach außen hin nicht deutlich. Da die Kostenträger nur wenige Richtlinienverfahren anerkennen, muß jeder Therapeut sein Tun in der Sprache einer der anerkannten Therapieformen ausdrücken. Das führt in der Regel dazu, daß im nachhinein Erklärungen abgegeben werden, die mit dem konkreten Handeln kaum etwas zu tun haben. Es ist, wie es früher im real existierenden Sozialismus war. Wenn man sein Tun nur hinreichend mit den Beschlüssen des letzten Parteitages begründete, so fadenscheinig oder gar unsinnig die Zusammenhangsbegründungen auch waren, konnte man machen, was man wollte. Die Rechtfertigungsversuche für den real existierenden Eklektizismus laufen in der Regel darauf hinaus, daß der Therapeut die Elemente der verschiedenen Schulen in seinem Innern zusammenwachsen läßt und so zu einem persönlichen Stil findet.

Das Verfahren ist nicht neu. Wo immer praktisches Handeln in Bereichen, deren wissenschaftlich theoretische Grundlagen nicht erforscht waren, notwendig war, hat man nach den Kriterien des praktischen Funktionierens und der emotionalen Stimmigkeit Lösungen erprobt. Als Beispiel mögen die mittelalterlichen Dombauer dienen. Ihnen standen die Möglichkeiten statischer Berechnung nicht zur Verfügung. Dennoch haben sie Leistungen vollbracht, die uns immer noch wunderbar erscheinen. Das System, nach dem das möglich war, bestand darin, daß man eine Lehre bei einem Meister machte, dessen intuitives Wissen und seine naive Theorienbildung erlernte und dann auf die Wanderschaft zog, um bei anderen Meistern andere Dingen zu lernen. Auf diese Weise haben es einige wenige zu einer überragenden Meisterschaft gebracht.

Genau dieses Verfahren ist zur Zeit in der Psychotherapie üblich. Man erlernt in einer der Therapieschulen eine (möglichst anerkannte) Therapieform und wechselt dann zu anderen Meistern. Der Unterschied ist nur der, daß die Dombauer in der Öffentlichkeit arbeiteten und jedermann den Fortschritt oder den Rückschritt der Arbeit beobachten konnte. Wenn ein Bauwerk ganz oder teilweise wieder zusammenfiel, war das offensichtlich, und man konnte den Meister davonjagen und einen anderen beauftragen. Der Psychotherapeut arbeitet aber im Verborgenen und seine Fehlleistungen sind nicht offensichtlich. Er kann sein Versagen auf die Klienten abschieben, die in der Regel in der hoffnungslos schwächeren Position sind. Dennoch glaube ich, daß der herrschende Eklektizismus einige wirkliche Meister unseres Faches zuwege bringt. Ich fürchte allerdings, und meine Berufserfahrung in einem sozialpsychiatrischen Dienst, in dem sich eben auch viele „Therapieversager" einfinden, bestätigt, daß der Eklektizismus in viel größerem Maße Stümper und Möchtegern-Gurus produziert.

Intuition und handwerkliche Meisterschaft werden in der Psychotherapie immer eine wichtige Rolle spielen. Aber wenn wir nicht wollen, daß diese Meisterschaft auf einige wenige Spitzentherapeuten beschränkt bleibt, benötigen wir ein theoretisches Gerüst, das es gestattet, das Wissen und das Können, das sich in den Therapieschulen angehäuft hat, zu sichten und zu ordnen und zu einem Ganzen zusammenzufügen. Dabei ergibt sich das Problem, daß man Psychotherapie immer aus zwei Perspektiven betrachten kann: Aus einer sozialpsychologischen Perspektive, die sich mit den zwischenmenschlichen Strukturen und Interaktionen befaßt, und aus einer psychologischen Perspektive, die die inneren Abläufe und Wirkungszusammenhänge modelliert. Ich will hier zunächst eine sozialpsychologische Perspektive entwickeln, danach ein kognitives Modell beschreiben, um dann die Zusammenhänge beider am Beispiel der Therapie von Rogers zu beschreiben.

3.2   Eine Modellkonstruktion aus sozialpsychologischer Sicht: Der therapeutische Raum

Psychotherapie sollte, wie oben festgehalten, die Wissenschaft sein, die sich mit dem Problem befaßt, das einzelne Menschen oder eine kleine Gruppe von Menschen haben, die innerhalb ihrer Bezugssysteme aus „psychischen Gründen" (nicht) so funktionieren, so daß sich ein subjektiver Leidenszustand einstellt, den es zu beheben gilt. Wenn man ein Modell der Psychotherapie entwickeln möchte, ist es sinnvoll, zunächst eine Grundgesamtheit festzulegen, innerhalb der alles andere als Element zu definieren ist. Diese Grundmenge soll als die Gesellschaft-in-der-wir-leben bezeichnet werden. Innerhalb dieser Gesellschaft haben sowohl der Therapeut als auch der Klient ihren Lebensraum. In der therapeutischen Begegnung überschneiden sich die beiden Lebensräume. Diese Schnittmenge definiert den therapeutischen Raum. Im therapeutischen Raum soll das Problem des Klienten, das er in seinem sonstigen Lebensraum hat, abgebildet und behandelt werden. Abbildung 3.1 zeigt das in graphischer Darstellung. Eine erfolgreiche Behandlung bedeutet aber zugleich, daß auch Lösungen des Problems in den therapeutischen Raum abgebildet werden.

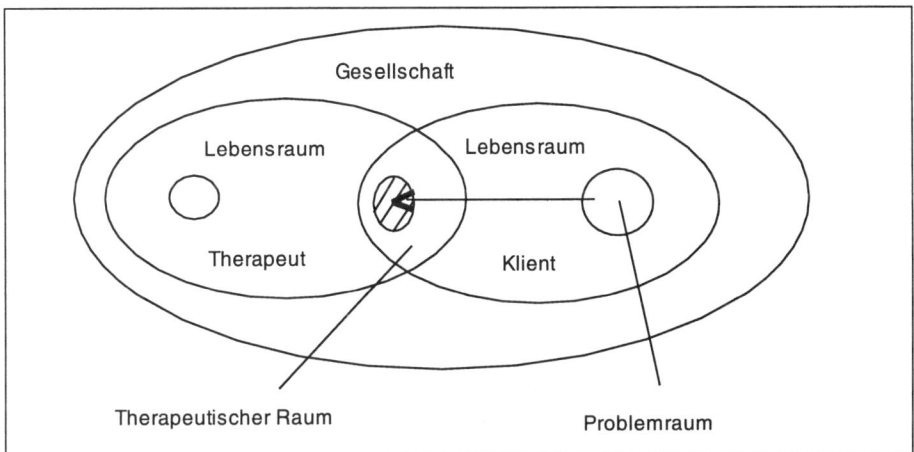

Abb. 3.1: Die Definition des therapeutischen Raumes. Die Abbildung wurde entnommen aus Hummitzsch (1995, S. 16).

Eine konstituierende Eigenschaft des therapeutischen Raumes ist die relative Leere, denn um etwas abbilden zu können, muß es einen Platz, einen leeren Raum geben, in den hinein etwas abgebildet werden kann. Die in den einzelnen Therapiearten übliche Gestaltung des therapeutischen Raumes bestimmt weitgehend darüber, welche Probleme abgebildet und damit behandelt werden können und bei welchen Problemen das nicht oder nur unzureichend funktioniert. Jede sinnvolle Gestaltung bedeutet sowohl, daß der therapeutische Raum einen bestimmten Aufforderungscharakter für die Abbildung bestimmter Probleme bekommt, als auch eine Einengung, was die Abbildung anderer Probleme betrifft.

Wenn in der klassischen Psychoanalyse der therapeutische Raum so gestaltet wird, daß der Klient ohne Sichtkontakt zum Therapeuten auf einer Couch liegt, so ist damit eine relative Leere definiert, die den Aufforderungscharakter hat, eine regressive infantile Haltung einzunehmen und den Analytiker, der in dieser Struktur wenig erkennbare persönliche Merkmale hat, als Projektionsfläche für die Gefühle und Gedanken zu nehmen, die dieser regressiven Haltung entsprechen. Dieser Effekt ist in der Psychoanalyse erwünscht. Eine solche Gestaltung bedeutet aber gleichzeitig, daß in diesem therapeutischen Raum kaum Platz für aktuelle Probleme ist. Schlimmere Auswirkungen wird es jedoch haben, daß in diesem Raum auch kaum Platz für die Abbildung der Lösung des Problems ist. Denn die gewünschte regressiv infantile Haltung des Klienten behindert die Entfaltung seiner Ressourcen, die ihm als erwachsener Person zur Verfügung stehen.

Der therapeutische Raum der Verhaltenstherapie wirkt dagegen wie ein Labor für experimentelle Psychologie. Man bemüht sich um Wissenschaftlichkeit und Objektivität und glaubt an die Planbarkeit des therapeutischen Prozesses. Die Abbildung des Problems in den therapeutischen Raum ist schwergewichtig eine Leistung des Therapeuten, der nach einem immer komplizierter werdenden Raster den gesamten Lebensraum des Klienten zu analysieren versucht. Diese extrem komplexe Abbildung wird ihrerseits in die Menge der bekannten Abbildungen von Problemen abgebildet, das heißt eine Diagnose wird erstellt. Genau wie in der Medizin wird dann eine Behandlung verordnet und durchgeführt. Diese Zuordnung von einer Behandlung zu einer Diagnose erfolgt nach kollektiven Erfahrungswerten in dem Sinne, daß sich bei der Diagnose A die Behandlung X überzufällig häufig bewährt hat. Die Abbildung der Lösung des Problems in den therapeutischen Raum ist eine der Stärken der Verhaltenstherapie, da der Lebensraum des Klienten in der Regel sehr realitätsgerecht im therapeutischen Raum abgebildet wird.

Zum Glaubenssystem eines „richtigen" Verhaltenstherapeuten gehört die Überzeugung, daß man nur in dieser Weise richtige Therapie machen könne. Die Vorstellung, den therapeutischen Raum etwa in der Weise zu entleeren, wie Rogers das vorgeführt hat, und sowohl die Abbildung des Problems als auch die Abbildung der Lösung des Problems weitestgehend dem Klienten zu überlassen, würde ihn vermutlich ängstigen. Die Verhaltenstherapie bleibt (vorerst) noch an das alte Weltbild gebunden, in dem die Kausalität noch unumstößliche Gültigkeit hat. Zwar schmückt sie sich gerne mit dem neuen chaostheoretisch begründeten Weltbild, aber sie bleibt de facto bei linearen Vorstellungen und Lösungen. Der Grund liegt meines Erachtens weniger in einer generellen Unfähigkeit, andere Lösungsmuster zu finden, als vielmehr in der Angst der Verhaltenstherapeuten, sich auch emotional auf Klienten einzulassen.

Dieser Widerspruch im Weltbild der Verhaltenstherapeuten führt uns zu dem generellen Problem, daß es in den Lebensräumen der Therapeuten, die sich in deren inneren Bildern von der Welt abbilden, eben auch Problembereiche gibt. Die Probleme des Therapeuten sollten sich nicht im therapeutischen Raum abbilden. Da das aber doch geschieht, ist eine häufige Supervision des Therapeuten notwendig. Weil der Supervisor und der Supervisand in der Regel aber der gleichen Therapierichtung angehören, hilft das nur bei den Problemen, die sich in der Sprache der gemeinsamen Therapierichtung ausdrücken lassen. Die Probleme, die direkt aus den Einschränkungen, den irrationalen Überzeugungen und Irrtümern der Therapierichtung stammen, bleiben ebenso unbemerkt wie die modischen oder überdauernden Vorurteile, die von beiden geteilt werden. Zu den im Moment gerade modernen Vorurteilen gehört ein überzogener Glaube an die Notwendigkeit konfrontativer Methoden. Das Konzept „Widerstand in der Psychotherapie" (aus der Sicht verschiedener Therapieschulen siehe dazu Petzold, 1981) feiert, ohne benannt zu werden, in der Praxis, soweit ich sie überschauen kann, fröhliche Urstände. Vieles von dem ist im Grunde nur durch die Angst des Therapeuten vor dem Klienten motiviert, die den Therapeuten in die Rolle des Dompteurs drängt, der die Bestie Mensch zu ihrem eigenen Besten bezwingen muß. Alles dies engt die benötigte relative Leere des therapeutischen Raumes ein und behindert die Abbildungen des Problems und dessen Lösung.

Der therapeutische Raum ist eine ideelle Konstruktion insoweit, als er, wie im Grunde alles menschliche Sein, den Dualismus von Innen- und Außenwelt einschließt. Wir leben in der Welt, aber wir erleben die Welt als konstruktive Abbildung in unserem Innern. So versteht es sich von selbst, daß der therapeutische Raum neben seinen materiellen Komponenten, wie etwa dem Ort, an dem die Therapie stattfindet, vor allem die immaterielle, die geistig-seelische Realität von Therapeut und Klient umfaßt. Insoweit ist der therapeutische Raum auch nicht inhaltlich, sondern nur, wie das hier versucht wurde, formal zu definieren. Eine solche Vorgehensweise hat den Vorteil, daß man per Definition zu umfassenden Aussagen, oder wie ich lieber sagen würde, Modellkonstruktionen kommen kann. In diesem Sinne ist der Erfolg oder Mißerfolg der Therapie durch die Qualität der Abbildung des Problems und der daraus entwickelten Abbildung der Lösung des Problems definiert. Das Gelingen dieser Abbildungen ist aber, was Untersuchungen zum Therapieerfolg bestätigen, von der Qualität der menschlichen Beziehung zwischen Therapeut und Klient abhängig.

Nun sind aber die Begriffe *Genauigkeit* der Abbildung und *Qualität* der menschlichen Beziehung für praktische Belange zu unscharf. Sie sollen deshalb in der folgenden Weise definiert werden: Die Genauigkeit der Abbildung soll in der bipolaren Variablen *Nähe versus Distanz zum Problem* und die Qualität der zwischenmenschlichen Beziehung in der *Variablen Nähe versus Distanz in der Beziehung* ausgedrückt werden. Wenn wir die beiden Variablen in der in Abbildung 3.2 dargestellten Weise verbinden, erhalten wir eine zweidimensionale Struktur, die sich sowohl dazu eignet, verschiedene Therapiearten als auch einzelne therapeutische Sequenzen einzuordnen und miteinander zu vergleichen.

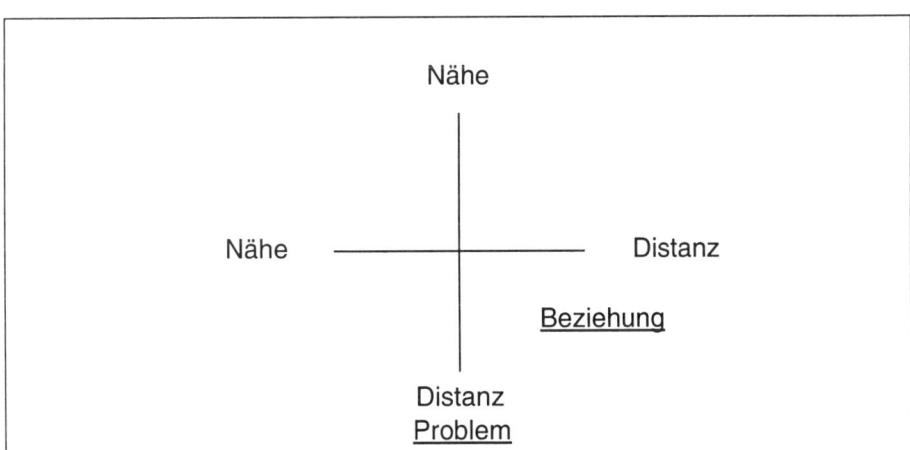

Abb. 3.2: Variablen im therapeutischen Raum.

Für beide Variablen gilt, daß im Normalfall eine mittlere Ausprägung anzustreben ist. Denn wenn die kognitiv-emotionale Nähe des Klienten zu seinem Problem zu stark wird, so als ob er das Problem in der Therapiestunde wiedererleben würde, ist in diesem

Moment keine Veränderung möglich. Der Klient ist in diesem Zustand lernunfähig. Jeder Therapeut kennt diesen Zustand, in dem der Klient völlig blockiert ist, nichts mehr zusammenhängend darstellen und nichts mehr aufnehmen kann. Ist die Abbildung des Problems andererseits so distanziert, daß es vom Klienten so gut wie gar nicht erlebt wird, weil es zum Beispiel rein intellektuell beschrieben wird, ist ebenfalls keine Behandlung möglich. Das gilt auch für die zweite Variable: Sind sich Therapeut und Klient extrem nah, werden beide kein Bedürfnis haben, miteinander zu arbeiten. Ist ihre Begegnung extrem distanziert, dann wird es dem Klienten kaum möglich sein, sich zu öffnen.

Eine gute Therapie ist so etwas wie ein Tanz im Feld dieser Variablen. Wenn zum Beispiel der Klient sein Problem zu stark erlebt, kann eine sehr große Nähe in der Beziehung dies kompensieren und ihn wieder arbeitsfähig machen. Sucht der Klient einfach nur die Nähe des Therapeuten, wird es sinnvoll sein, ihn wieder stärker auf sein Problem zu orientieren. Verschiedene Therapieschulen haben ganz unterschiedliche Instrumentarien entwickelt, mit denen sie die Ausprägung der Variablen in ihrem Sinne gestalten und nutzen. So habe ich Therapeuten aus der Ericksonschen Therapieschule beobachtet, die ihre Klienten an der Hand hielten und damit eine extreme Nähe in der Beziehung herstellten, um diese dazu zu nutzen, mittels suggestiver Methoden gleichzeitig eine extreme kognitiv emotionale Nähe zum Problem herzustellen.

Aus dem Modell heraus wird deutlich, daß in vivo angesiedelte Verfahren, bei denen der Therapeut den Klienten in seinen Problembereich hinein begleitet, wo also der therapeutische Raum direkt in den Problemraum des Klienten verlagert wird, sehr erfolgreich sein können. Naturgemäß können hier sowohl die Abbildungen des Problems als auch die Abbildung der Lösung die größte Nähe zur Realität annehmen. Daß der Erfolg solcher Verfahren keineswegs zwangsläufig eintritt, liegt daran, daß die subjektive Realität, in der der Klient lebt, nicht identisch mit der objektiven Realität sein muß. Denn auch hier gelten die Gesetzmäßigkeiten des therapeutischen Raumes: Der Therapeut muß die Nähe zum Problem in erträglichen Grenzen halten, und er kann das am einfachsten dadurch, daß er den Klienten immer, wenn es notwendig ist, auf die menschliche Nähe zwischen Therapeut und Klient orientiert. Wenn man statistisch nachweisen kann, daß in vivo Verfahren erfolgreich sind, heißt das ja keineswegs, daß sie immer erfolgreich sind. Das Modell gestattet also auch eine Annahme über den Grund des Scheiterns solcher Therapien, der nach der Analyse der mir bekannt gewordenen gescheiterten Therapien dieser Art immer darin lag, daß die Klienten nicht vor einer zu großen Stärke der Abbildung des Problems geschützt wurden. Das heißt, die Klienten haben in der Situation eine so starke Angst erlitten, daß ein Neulernen nicht möglich war.

Diese Annahmen sind mit der Tatsache, daß Phobien mittels Reizkonfrontation behandelbar sind, nicht ohne weiteres vereinbar. Nach meiner Meinung handelt es sich bei dieser Therapietechnik um ein Verfahren, das nicht allein mittels einer rein psychologischen Theorie erklärt werden kann, da zur Erklärung der Wirksamkeit von der Annahme einer neuronalen Ermüdung ausgegangen werden muß. Erst wenn diese eingetreten, also die Angst und damit die Stärke der Abbildung in den therapeutischen Raum reduziert ist, setzt nach meiner Ansicht die Lernfähigkeit wieder ein, die darin besteht, daß der Klient lernt, daß das phobische Objekt harmlos ist.

Diese Modellkonstruktion aus sozialpsychologischer Sicht hat sicher noch viele Implikationen, auf die einzugehen der Rahmen dieser Abhandlung verbietet. Ihre Stärken liegen in der globalen Sicht von außen, die es ermöglicht, grundsätzliche Strukturen zu erkennen. Aber genau darin liegen auch ihre Schwächen. Die Ausdrücke „Abbildung des Problems" und „Abbildung der Lösung" sind an sich schon relativ unbestimmt, die größte Problematik liegt jedoch darin, daß aus dieser Sicht keine sinnvolle Aussage darüber möglich ist, wie es denn von der Abbildung des Problems zu der Abbildung der Lösung des Problems kommt. Um auch hier zu klaren Aussagen zu kommen, bedarf es einer psychologischen Sicht, die es gestattet, Aussagen über interne Wirkungszusammenhänge zu machen.

3.3   Die Darstellung eines kognitiv-emotionalen Modells

Wenn ein allgemeines Modell den Anspruch hat, andere Therapieformen in fairer Weise abbilden zu können, um dadurch mit einer gewissen Sicherheit sagen zu können, den Gegenstandsbereich dieser Therapieformen erfaßt zu haben, müssen aus ihm heraus zumindest Aussagen über folgende Bereiche möglich sein, anhand derer die Funktionsfähigkeit meiner Modellvorstellungen demonstriert werden soll:

1. Die psychische Ganzheit der Person (Die meisten Therapietheorien kennen den Begriff des Selbst, über den sie ganzheitliche Aspekte zu erfassen versuchen.).
2. Die Elemente der Ganzheit (kognitive Elemente).
3. Verfügbarkeit und Nicht-Verfügbarkeit von Elementen (Viele Therapietheorien lösen das Problem über das Konstrukt des Unbewußten!).
4. Die Interpretation symbolisch verdichteter Informationen und das sogenannte Übertragungsproblem.
5. Lernen als die Veränderung der Elemente und der Ganzheit.
6. Motive.
7. Der Zusammenhang zwischen Körper und Seele, das Problem der Psychosomatik.
8. Rückkoppelungsmechanismen, die die „Chaosfähigkeit" des Systems Mensch zu verstehen gestatten und eine Erklärung dafür liefern können, wieso eine Aufarbeitung der Vergangenheit eine Veränderung in der Gegenwart zur Folge haben kann.
9. Die Definition pathologischer Zustände.

Das mag als recht umfangreiche Forderung erscheinen, aber mit weniger ist nicht geholfen, denn Psychotherapie verlangt die Auseinandersetzung mit der komplexen Wirklichkeit des Menschen, und das in den Therapieschulen angehäufte Wissen spiegelt diese Auseinandersetzung wider. Würde man sich mit Modellvorstellungen an dieses Wissen heranwagen, die diesen Forderungen nicht genügen, müßte vieles beiseite gelassen werden, was aber in der Praxis von Wert ist und worauf nicht verzichtet werden kann. Was für die Psychotherapie notwendig ist, kann nicht von außen, etwa vom gegenwärtigen Zustand der allgemeinen Psychologie her, bestimmt werden, sondern muß aus dem Problembereich der Psychotherapie selbst, aus den zu behandelnden Krankheitszuständen und den vorhandenen Behandlungsansätzen, hergeleitet werden.

Mir ist das dadurch deutlich geworden, daß ich, obwohl als Verhaltenstherapeut ausgebildet, nie willens und in der Lage war, auf die Erkenntnisse der analytischen Psychologie C. G. Jungs zu verzichten. Die scheinbare Unvereinbarkeit dieser Positionen
hat mich auch dazu geführt, mich auf die Suche nach Modellvorstellungen zu machen,
die das, was ich im Laufe meines Therapeutendaseins gelernt und erprobt hatte, unter
einen Hut zu bringen gestatteten.

Ich mußte dabei feststellen, daß Theorien oder Modellvorstellungen immer zu einem
bestimmten Zweck entwickelt werden. Dieser Zweck besteht in der Regel darin, die
empirische Forschung in Teilbereichen menschlichen Seins zu begleiten. Das umfas-
sendste und für mich plausibelste Modell, das ich fand, stammt von Klix (1976). Er hat
es zu dem Zweck entwickelt, die empirische Grundlagenforschung zur Analyse kognitiver Prozesse einzuordnen und zu koordinieren. Auf der Grundlage dieser Vorstellungen und in Interaktion mit der täglichen Arbeit habe ich mein kognitiv-emotionales
Modell entwickelt (Hummitzsch, 1995), das im folgenden in ergänzter Form dargestellt
und besprochen werden soll.

Es wird ein Organismus mit einem Wahrnehmungsapparat und einem Speicher definiert, der folgende Bedingungen erfüllt:

1. Der Speicher ordnet seine Elemente aktiv nach folgenden Prinzipien:

   (a) Nach erlebnismäßiger Zusammengehörigkeit, wodurch sich ein historischer
       Gliederungsaspekt ergibt.

   (b) Nach sachlicher Zusammengehörigkeit, wodurch sich ein hierarchischer Glie-
       derungsaspekt ergibt.

   (c) Nach (relativer) Widerspruchsfreiheit, wodurch sich ein dynamischer Aspekt
       der Umgestaltung und Umbewertung von Informationen ergibt.

Auf diese Weise entsteht ein geordnetes Abbild der erlebten Welt, welches als das
innere Bild von der Welt bezeichnet werden soll. Dieses stellt die psychische Gesamtheit der Person dar. Die Leistungsfähigkeit dieses Systems ist von dem Grad seiner
Widerspruchsfreiheit abhängig. Informationsmangel soll dabei als *latenter Widerspruch* gelten. Sich widersprechende Informationen und Bewertungen (siehe 3.) sollen
als *akuter Widerspruch* gelten.

2. Durch die bindende Wirkung von Motiven werden temporäre Strukturen gebildet,
   die als *Konzepte* bezeichnet werden sollen. Konzepte sind Wahrnehmungseinhei-
   ten, die aktualisierte Teilmengen des Speicherinhalts darstellen. Der Inhalt des
   Speichers, als das geordnete Abbild der Welt, ist grundsätzlich in beliebige Teilmengen zu gliedern. Jedes Element im Speicher kann mit jedem anderen Element
   im Speicher verbunden werden. (Einschränkungen ergeben sich aus 1c und 4.)
   Konzepte, deren Informationsgehalt die Bewußtseinskapazität überschreitet, werden zu Symbolen verdichtet. (Die eigene Person einschließlich ihrer Gefühle,
   Träume und Phantasien wird in diesem Modell als Teil der Welt angesehen.)
   Unter *Motiven* sollen alle Bedürfnisse verstanden werden, einschließlich des
   Bedürfnisses, die Welt wahrzunehmen.

3. Jedes Konzept enthält eine *Bewertung*, die die persönliche Erfahrung mit dem Teil
   der Welt darstellt, den das Konzept abbildet. Bewertungen werden als Emotionen
   erlebt und in physiologischen Parametern kodiert.

4. Die Bewertungen von Konzepten bestimmen deren Verfügbarkeit dergestalt, daß

negativer bewertete Konzepte seltener aktualisiert werden als positiver bewertete. Anders ausgedrückt: Die Aktualisierung eines negativer bewerteten Konzepts erfordert ein stärkeres Motiv als die Aktualisierung eines positiver bewerteten Konzepts. Durch eine veränderte Bewertung wird ein Konzept grundsätzlich verändert, sowohl in seiner Bedeutung als auch in seiner Zuordnung im Speicher.

5. Unter *Wahrnehmung* wird der Vorgang verstanden, der zur Aktualisierung von Konzepten im Speicher führt, welche im Bewußtsein als das Wahrgenommene erscheinen. Wahrnehmung ist ein Vorgang, der sowohl auf die Umwelt als auch auf die Innenwelt der Person gerichtet sein kann. Es handelt sich um einen ganzheitlichen Vorgang, in den neben dem Wahrzunehmenden, auf das sich der Fokus der Aufmerksamkeit richtet, sowohl situative, kontextuelle Elemente als auch Befindlichkeiten des Wahrnehmenden mit eingehen. Die Befindlichkeiten sind von zentraler Bedeutung, weil sie in die Bewertung der Konzepte eingehen. Befindlichkeiten können durch das Wahrgenommene ausgelöst werden, insoweit als das Wahrgenommene Konzepte im inneren Speicher aktualisiert, die als solche Bewertungen enthalten. Sie können aber auch durch kontextuelle Faktoren beeinflußt werden, insoweit sich das Wahrgenommene in einem Kontext befindet, der Konzepte aktualisiert, die als solche Bewertungen enthalten. Sie können jedoch auch durch eine Grundbefindlichkeit der Person beeinflußt werden, die unabhängig von dem Wahrgenommenen ist.

Alle Befindlichkeiten, die nicht schon bislang dem Konzept zugeordnet sind, das dadurch aktualisiert wurde, daß eine fokussierte Wahrnehmung stattfand, verändern die Bewertung dieses Konzepts.

6. Unter *Lernen* wird der Vorgang verstanden, der
   (a) die Bewertung eines Konzeptes verändert,
   (b) dazu führt, daß neue Konzepte im Speicher entstehen,
   (c) dazu führt, daß vorhandene Konzepte differenziert werden.
   Lernen wird in diesem Rahmen als Spezialfall der Wahrnehmung verstanden.

7. Unter *Denken* wird der Vorgang verstanden, der zur Bildung von Konzepten führt, die die Transformation von Ist-Zuständen in Soll-Zustände abbildet.

In diesem Modell wird zunächst eine flexibel vernetzte Ganzheit, das „geordnete Abbild der erlebten Welt", das im folgenden kurz als das *innere Bild von der Welt* bezeichnet werden soll, definiert. Die Elemente dieser Ganzheit werden als *Konzepte* bezeichnet. Diese Konzepte werden als temporäre Einheiten verstanden, in denen Inhalten Bewertungen fest zugeordnet sind. Das geht von der Überlegung aus, daß es Menschen nicht möglich ist, Dinge oder Handlungen an sich wahrzunehmen, ohne ihnen emotionale Komponenten zuzuordnen. Es gibt für uns keinen konkreten Stuhl an sich, sondern ein Stuhl hat auch eine Vielzahl emotionaler Komponenten, die sich sprachlich nur grob erfassen lassen. Ein Stuhl ist irgendwo zwischen schön und häßlich, zwischen bequem und unbequem und so weiter eingeordnet. Das gleiche gilt für Handlungen. Es gib für den einzelnen Menschen keine Handlung an sich, sondern jeder Handlung sind wieder emotionale Komponenten zugeordnet, beispielsweise solche, die sich in den sprachlichen Kategorien zwischen anstrengend und leicht, beängstigend und erfreulich und so weiter einordnen lassen. Diese emotionalen Bewertungen bilden die Erfahrungen des Individuums mit der Welt bezogen auf die Umsetzung seiner Motive ab. Motive sind in diesem Modell also Beweg- und Bewertungsgrund zugleich. Und es ist die Wechselwirkung zwischen der Motivstärke und den Bewertungen, die die Verfügbarkeit von Konzepten bestimmt. Um zum Beispiel ein sehr negativ bewertetes Konzept wie einen Menschen töten in verhaltenswirksamer Weise zu aktivieren, benötigt es ein sehr starkes Motiv, wie es in einer Notwehrsituation gegeben ist.

Das Konstrukt „Bewertung", das in diesem Modell eine zentrale Stellung einnimmt, entspricht in wesentlichen Aspekten dem, was in der empirischen Forschung mittels des semantischen Differentials als emotionale Bedeutung (von Wörtern) extrahiert wurde. Ein Überblick über diesen Forschungsbereich findet sich in Bergler (1975). Wie Faktorenanalysen ergeben haben, läßt sich diese emotionale Bedeutung mathematisch sinnvoll in den drei Faktoren evaluation, activity und potency ausdrücken. Das mag als Hinweis darauf dienen, daß das Konstrukt sehr komplexe Dinge, eben den Bereich der gesamten Emotionen, zu umfassen versucht. Zweifellos ist es eine Vereinfachung, wenn das Modell dem Konstrukt nur die eindimensionale Struktur einer positiven versus negativen Bewertung zuerkennt. Diese Unvollständigkeit ist ein durchgängiges Merkmal des Modells. Es ist als offener Rahmen zu verstehen, in den bei Bedarf differenziertere Erkenntnisse einzufügen sind. Das Konstrukt Bewertung ist so gesehen lediglich der Rahmen, in den im konkreten Fall ganz bestimmte Emotionen einzufügen sind.

Alle anderen Modellannahmen sind, einzeln betrachtet, im Grunde recht einfach. Die Zusammenstellung zeigt aber, daß es mit sehr einfachen Mitteln möglich ist, zur Darstellung außerordentlich komplexer Sachverhalte zu kommen. In diesem Sinne soll jetzt versucht werden aufzuzeigen, in welcher Weise die eingangs gestellten neun Forderungen an das Modell umgesetzt werden können.

3.3.1 Die psychische Ganzheit der Person

Die psychische Ganzheit der Person wird in dem Modell durch die Annahmen eines geordneten inneren Bildes von der Welt definiert. Zum Begriff der Ganzheit vergleiche Arnold et al. (1996, S. 662 ff). Diese Gesamtheit wird jedoch nicht als starres Bild, sondern als dynamisches Netzwerk aufgefaßt. Die Struktur des Netzwerks wird durch die Modellannahmen nach 1. und 3. (siehe oben) in der folgenden Weise definiert: Die Ordnung nach sachlicher Zusammengehörigkeit bedeutet, daß Konzepte mit mehr gleichen Elementen enger verbunden sind als Konzepte mit weniger gleichen Elementen. Konzepte mit mehr gleichen Elementen verbinden sich leichter zu übergeordneten Konzepten als Konzepte, die weniger oder keine gleichen Element enthalten. Die Konzepte *Hirsch, Wildschwein* und so weiter sind leicht zu dem übergeordneten Konzept *Tier* zu verbinden, da sie eine Menge gemeinsamer Elemente haben. Die Konzepte *Hirsch* und *Pfeil* haben keine gemeinsamen Elemente, im übergeordneten Konzept *Jagd* können sie dennoch enthalten sein. Auf diese Weise entstehen vielschichtige Hierarchien mit flexiblen Zugehörigkeiten von Elementen.

Die Ordnung nach erlebnismäßiger Zugehörigkeit ergibt nicht nur einen historischen Gliederungsaspekt, also eine zeitliche Ordnung, sie hat auch eine logische Komponente, den Aspekt der richtigen zeitlichen Abfolge von Ereignissen, aus dem sich ein intuitives Verständnis von Kausalität, eine Ordnung nach kausalen Zusammenhängen, herleiten mag. Das leitet über zu der Modellannahme der (relativen) *Widerspruchsfreiheit*, die letztlich, als grundlegendstes Prinzip überhaupt, die innere Logik und damit die Verfügbarkeit der Speicherinhalte gewährleistet. Ohne dieses Prinzip ist weder eine Wahrnehmung noch eine geistige Leistung weder auf tierischer noch auf menschlicher Entwicklungsstufe möglich. Vom formalen Verständnis her haben Kausalität und Widerspruchsfreiheit auch die Funktionen logischer Operatoren. Sie definieren eine Basislogik der inneren Informationsverarbeitung, die nicht nur die Grundlage der benötigten Ordnung, sondern auch die Grundlage für die Differenzierung und Ausformung von Konzepten und für die Abspaltung neuer Konzepte bildet, wie sie zum Beispiel von Piaget in Zusammenhang mit den Konstrukten „Assimilation" und „Akkomodation" dargestellt wurden.

Nach der 3. Modell-Annahme enthält jedes Konzept eine Bewertung, die die persönliche Erfahrung mit dem Teil der Welt darstellt, den das Konzept abbildet. Dies definiert die grundlegende Dynamik des Modells, weil nach Modell-Annahme 4. die Bewertung in Zusammenhang mit der Motivstärke die Verfügbarkeit der Konzepte ausmacht. Unter der hier eingenommenen Perspektive der Ordnung der Gesamtheit bedeutet das eine Ordnung nach der Bedeutung der Konzepte in Hinblick auf die Umsetzung der Motive. Da Motive aber nicht gleichrangig sind, ergeben sich auch unter dem Gesichtspunkt der Bedeutung hierarchische Strukturen, die wiederum mit den anderen Strukturen interagieren. Aus den wenigen Modellannahmen entsteht auf diese Weise ein sehr komplexes, dynamisches Netzwerk, das einerseits relativ überdauernde Strukturen aufweist und das nur aus seiner Gesamtheit heraus zu verstehen ist, andererseits aber zu verschiedenen Zeitpunkten niemals wieder von gleicher Struktur ist.

Ein Mensch ist, solange es nicht zu einer grundlegenden Veränderung des Gesamtsystems des inneren Bildes von der Welt kommt, einerseits sich selbst immer ähnlich, insoweit als er in ähnlichen Situationen immer in einer ähnlichen Weise handelt, denkt und fühlt, andererseits ist er zu einem gegebenen Zeitpunkt in einer bestimmten Situation nur das, was er auf dem Hintergrund der Interaktion zwischen seiner aktuellen Wahrnehmung und seinen nach Art und Stärke wirksamen Motiven an Konzepten aktualisiert hat. Und das ist niemals im Leben wieder das Gleiche. Diese Vorstellung stellt zunächst einmal einen Bruch mit den in der Psychotherapie üblichen Vorstellungen dar, in denen das Überdauernde und Regelhafte stark überbetont wird. In den meisten Therapierichtungen wird in der Regel von einem überdauernden Selbst gesprochen, das sozusagen der Mittelpunkt der Person ist, aus dem heraus sie handelt und empfindet. Der Bruch mit dieser klassischen Vorstellung war aber notwendig, weil aus ihr heraus kein widerspruchsfreies Modell zu konstruieren ist. Das Dilemma aller gängigen Vorstellungen von einem Selbst soll am Beispiel der Auffassung von Carl Rogers deutlich gemacht werden.

Wenn Rogers (1972, S. 429) schreibt: „Ein Teil des gesamten Wahrnehmungsfeldes entwickelt sich nach und nach zum Selbst", dann erhebt sich sogleich die Frage, um welchen Teil es sich handelt und was mit dem Rest geschieht. Rogers (1987, S. 26) scheint mit dieser Festlegung in seiner formalisierten Theorie selber nicht so ganz zurechtgekommen zu sein, wenn er andererseits über das Selbst schreibt: „Es handelt sich um eine fließende, eine wechselnde Gestalt, um einen Prozeß, der zu jedem beliebigen Zeitpunkt eine spezifische Wesenheit ist." Diese Auffassung kommt der oben geschilderten Auffassung schon recht nah, aber es erhebt sich die Frage, wie diese Auffassung im Rahmen des Modells zu beschreiben ist. Da die Ganzheit, das innere Bild von der Welt, per Definition keine anderen Elemente als Konzepte enthält, kann das Selbst nur als ein übergeordnetes Konzept verstanden werden, das als das Konzept ich selbst bezeichnet werden soll. Um nicht in die Probleme zu geraten, die entstehen, wenn man erklären will, was zum Selbst gehören soll und was nicht, kann dieses Konzept nur als allumfassend definiert werden, also als quasi identisch mit dem inneren Bild von der Welt, da alles, was zu diesem inneren Bild von der Welt gehört, in einer bewerteten, also zu mir und meinen Motiven in Beziehung gesetzten Weise vorhanden ist und mich als Person ausmacht. Eine solche Informationsmenge ist jedoch im Normalfall nicht bewußtseinsfähig, immerhin mag es möglich sein, sie in Ausnahmezuständen, beispielsweise als spirituelles Erlebnis, in symbolisch verdichteter Form zu erleben.

3.3.2 Die Elemente der Ganzheit

Im Normalfall werden jedoch nur Teilkonzepte dieses Konzeptes aktualisiert. Wenn ich mich mit meiner Tochter unterhalte, ist zunächst einmal das Teilkonzept *ich selbst als Vater meiner Tochter* aktualisiert. Will sie mit mir über fachliche Dinge reden, mag dazu das Teilkonzept *ich selbst als Dipl. Psychologe* kommen. Dabei werden in der aktuellen Situation eben immer die Teilkonzepte der Teilkonzepte aktualisiert, die der Situation und den momentanen Motiven entsprechen. Der Sinn dieser sicher recht willkürlichen Benennungen wie *ich selbst als Vater meiner Tochter* liegt darin, daß es unserem Erleben entspricht, uns immer als wir selbst zu empfinden, obschon wir uns in unserem Verhalten niemals exakt wiederholen.

Daß bei der Beschreibung der Elemente der Ganzheit, den Konzepten, mit der Grundgesamtheit, also dem inneren Bild von der Welt, begonnen wird, hat seinen tieferen Sinn. Denn wenn ein Modell menschliches Sein abbilden will, muß es so konstruiert sein, daß es aus jedem Einzelaspekt heraus einen Zugang zur Ganzheit enthält. Nach Modell-Annahme 2. kann grundsätzlich jedes Element mit jedem anderen verbunden werden, wobei sich die Einschränkungen nach Modell-Annahme 4. aus der durch die Bewertungen bestimmten Verfügbarkeit, vor allem aber durch das in Modell-Annahme 1. c formulierte Prinzip der Widerspruchsfreiheit ergeben. Ein Ding X kann entweder Nahrung für einen Organismus sein oder nicht. Wenn es einmal als Nahrung dienen kann und ein anderes mal nicht, ist das ein Widerspruch, der auflösungsbedürftig ist. Das Konzept, welches das Ding X abbildet, muß also differenziert werden in ein Konzept Xa und Xb, wobei a und b Randbedingungen oder besondere Eigenschaften sind, die gestatten zu entscheiden, wann das Ding X genießbar und wann es das nicht ist. Das Prinzip der Widerspruchsfreiheit ist also ein grundlegendes Prinzip auf allen Ebenen der Existenz. Daß in komplexen Situationen leider allzu oft nur eine relative Widerspruchsfreiheit zu erreichen ist, wurde oben schon angedeutet.

Dies ist aber nicht nur eine Quelle partieller Störungen, sondern auch die Ursache relativ überdauernder Strukturbildungen, die der Gegenstand der empirischen Persönlichkeitsforschung sind. Meines Erachtens dürfte der größte Teil der Varianz der Konstrukte der empirischen Persönlichkeitsforschung, der nicht durch genuine Leistungsunterschiede determiniert ist, aus der nur relativen Widerspruchsfreiheit der

Gesamtstruktur des inneren Bildes von der Welt zu erklären sein. Eine absolute Widerspruchsfreiheit, deren Voraussetzung eine absolut korrekte Abbildung der Welt im Innern wäre, würde zumindest die Varianz in allen klinisch bedeutsamen Persönlichkeitsmerkmalen einebnen. Man sieht das zum Beispiel daran, daß nach erfolgreicher Therapie, wenn die Widersprüche im inneren Bild von der Welt reduziert sind, die Testwerte, etwa im FPI oder in anderen Persönlichkeitstests, zum Mittelwert hin streben. In diesem Sinne bedeutsam sind auch die Ergebnisse von Becker in diesem Band, dem es gelungen ist, die Persönlichkeitsstörungen in ein faktorenanalytisches Personlichkeitsmodell zu integrieren und damit zu zeigen, daß Persönlichkeitsstörungen als sehr spezifische Abweichungen innerhalb allgemeiner Strukturen darzustellen sind.

3.3.3 Verfügbarkeit und Nichtverfügbarkeit von Konzepten

In 4. wird die Verfügbarkeit psychischer Inhalte, der Konzepte, von ihrer Bewertung in Abhängigkeit von der Motivstärke definiert. Dies soll hier aus der Perspektive der Integration therapieschulenspezifischer Vorstellungen betrachtet werden. Viele dieser Schulen haben die Vorstellung eines oder mehrerer Unbewußten als Teile der psychischen Ganzheit entwickelt, ohne jedoch in der Lage gewesen zu sein, das Konstrukt des Unbewußten in sich und bezogen auf die Ganzheit des Menschen widerspruchsfrei zu entwickeln. Vor allem konnte nie allgemein dargestellt werden, wann und unter welchen Bedingungen etwas bewußt oder unbewußt sein kann. Es wurde nicht hinreichend berücksichtigt, daß die Bewußtheit einer Sache oder eines Sachverhaltes ohnehin nur eine temporäre, äußerst flüchtige Angelegenheit ist, die von zahllosen und vor allem von äußeren Faktoren abhängig ist. Wenn man das Konstrukt des Unbewußten pauschal zusammenfassend aus der Sicht der Tiefenpsychologie heraus betrachtet, dann ergibt sich, daß das Unbewußte in voneinander getrennten Schichten gedacht wird, deren oberste Schicht das einfach nur Vergessene und dessen tiefste Schicht, das sogenannte kollektive Unbewußte, nach Jung Grund und Strukturmuster der menschlichen Seele umfaßt.

Das vorgestellte Modell umgeht die Problematik des Konstruktes, indem es ein flexibles Kontinuum von Verfügbarkeiten über Konzepte definiert. Diese Verfügbarkeit ist keine feste Größe, sondern sie ist abhängig von den momentan wirksamen Motiven, die sich auf eine momentane das Individuum umgebende Situation beziehen, und von den Bewertungen der Konzepte, die die emotionalen Erfahrungen des Individuums mit ähnlichen Situationen abbilden. Ich denke, daß aus dieser Modellvorstellung heraus die meisten der insgesamt sehr reichhaltigen und wertvollen Ergebnisse der psychoanalytischen Schulen zu reinterpretieren und damit in eine allgemeine Form zu bringen sind.

Zeitgenössische Autoren (Foa et al. 1989; Lang, 1979; Shapiro, 1995), die von kognitiven und netzwerkorientierten Überlegungen ausgehen, tun sich nach meinem Eindruck außerordentlich schwer, wenn es um das Problem der Verfügbarkeit oder Nichtverfügbarkeit kognitiver Einheiten geht. Dabei ist es das Problem vieler kognitiver Ansätze, daß es ihnen nicht gelingt, ihre Ablaufmodelle mit der Ganzheit der Person in Übereinstimmung zu bringen. Sie bleiben bei der Erklärung spezieller Abläufe stecken mit der Folge, daß sich ihre Modelle bei komplexen Störungen als unzureichend erweisen (Esslinger, 1998).

Exemplarisch hierzu sei auf die Störungstheorie zur Posttraumatischen Belastungsstö-
rung von Shapiro (1995) verwiesen, welche auf ein netzwerktheoretisches Modell
rekurriert. Shapiro geht von nebeneinander bestehenden, disparaten Gedächtnisnetzen,
die unterschiedliche Arten von Informationen repräsentieren, aus. Die Autorin postuliert ein Netzwerk, in welchem die traumatische Information im Originalzustand
gespeichert ist, das von Netzwerken mit funktionaler Information isoliert ist. Durch die
Methode der „Augen-Desensibilisierung" (EMDR = Eye Movement Desensiziation
and Reprocessing) soll die traumatische Information so „verarbeitet" werden, daß sie
in das Netzwerk mit der funktionalen Information integrierbar ist. Dabei nähert sich die
Autorin, wenngleich sie neurophysiologisch argumentiert, sachlich gesehen im Grunde
wieder dem psychoanalytischen Konstrukt der Komplexbildung mit allen Mängeln dieses Konstruktes. Diese liegen nach meinem Eindruck hauptsächlich darin, daß statt
eines dynamischen Kontinuums von Verfügbarkeiten starre, abgegrenzte Bezirke
postuliert werden. Das widerspricht aber nicht nur der Erfahrung, sondern auch der
Grundidee des Netzwerks.

Wie ist das nun mit dem dynamischen Kontinuum von Verfügbarkeiten über die Konzepte des inneren Bildes von der Welt zu verstehen? Dazu zunächst einmal ein einfaches
Beispiel: Ich hatte einmal im Auftrage eines Gerichts einen Pyromanen zu behandeln.
Die Angelegenheit erwies sich als außerordentlich zäh und unersprießlich. Obschon der
Mann sichtlich versuchte, nach Kräften mitzuarbeiten, war er kaum in der Lage, sich an
seine Straftaten, die er nie bestritt, angemessen zu erinnern. Es war weder im Gespräch
noch mittels projektiver Testverfahren oder imaginativer Methoden möglich, zu einer
kognitiv emotional hinreichenden Abbildung des Problems in den therapeutischen
Raum zu kommen. Nichts was mit Brennen oder Feuer zu tun hatte, löste bei ihm ein
erkennbares emotionales Echo aus. Nur in einer Stunde schien es auf einmal möglich,
sich den extrem negativ bewerteten Konzepten des Feuers und des Brennens zu nähern.
Während er sonst eher dumpf und müde wirkte, schien er in dieser Stunde wach und
motiviert. Danach passierte zweierlei. Erstens rief die Bewährungshelferin an und teilte
mit, daß es wieder gebrannt habe und unser Klient stark unter Verdacht stünde, man aber
keinen direkten Beweis gefunden habe, und zweitens war es in den folgenden Stunden
wieder wie vorher. Keines der Konzepte, die mit Feuer oder Brennen zu tun hatten, war
mehr erreichbar.

Vor allem bei Exhibitionisten habe ich später ähnliche Erfahrungen gesammelt. Die
Konzepte, die ihre exhibitionistischen Verhaltensweisen abbildeten, waren für sie
infolge der negativen Bewertungen, die nicht nur aus der gesellschaftlichen Ächtung
dieses Tuns, sondern auch aus strafrechtlicher Verfolgung herrührten, nicht hinreichend
erreichbar. Wenn jedoch das zugrundeliegende sexuelle Bedürfnis wieder stärker
wurde, war es zeitweise, als ob ein Vorhang beiseite geschoben würde, und die Erinnerungen einschließlich der emotionalen Komponenten kamen zum Vorschein.

Wenn es gelingt, eine solche Situation therapeutisch zu nutzen, ist es möglich, die
Bewertungen zu verändern, so daß die Konzepte auch bei geringerer Motivstärke verfügbar bleiben. Es ergibt sich dabei der scheinbare Widersinn, daß die Bewertungen der
Konzepte, die die symptomatischen Handlungen abbilden, positiver bewertet werden
müssen, um der bewußten Reflexion und Steuerung zugänglich zu bleiben. Praktisch
jedes symptomatische Verhalten ist dadurch gekennzeichnet, daß die Konzepte, die es

abbilden, infolge ihrer negativen Bewertung nicht hinreichend vollständig verfügbar sind. Das hat zur Folge, daß dieses Verhalten sich der bewußte Kontrolle entzieht, weil die Konzepte eben nur dann verfügbar sind, wenn die Motivstärke die sofortige Ausführung erzwingt. Die Probleme, die sich bei der Behandlung vieler solcher Zustände ergeben, liegen in der Regel weniger in den Zuständen an sich als in den Köpfen der Therapeuten. Es fällt eben außerordentlich schwer, symptomatisches Verhalten, das ja verschwinden soll, zu akzeptieren, zu loben, zu bewundern oder was immer zu tun nötig ist, um die Bewertungen der symptombeschreibenden Konzepte zu verbessern.

Wenn ich hier das Problem der Bewertungen der Deutlichkeit halber am Beispiel erheblicher Störungen beschrieben habe, sollte das doch nicht darüber hinwegtäuschen, daß es sich auch bei solchen Störungen nur um extreme Ausprägungen völlig normaler Informationsverarbeitungsvorgänge handelt, wie sie jede Minute unseres Alltagsverhaltens bestimmen. Unser Verhalten ist immer von unseren jeweiligen Motiven und den Bewertungen der Konzepte bestimmt, die durch die Motive aktualisiert werden. Wenn ich schnell einen Nagel in die Wand schlagen möchte und in den Keller laufe, kann es leicht passieren, daß ich den Hammer, mit dem ich mir in der vergangenen Woche auf den Finger geschlagen habe (was die Bewertung des Konzeptes Hammer deutlich verschlechtert hat), beim Kramen in der Werkzeugkiste übersehe und statt dessen die Kombizange nehme, weil man mit ihr auch einen Nagel einschlagen kann.

Indem ich diesen Abschnitt noch einmal lese, fällt mir auf, daß ich aus dem Motiv heraus, über Psychotherapie zu schreiben, den positiven Aspekt meiner Modellannahmen vergessen habe. So sind mir nur Beispiele eingefallen, die sich auf die relativ seltenen Störungen des normalen Ablaufs beziehen. Im Normalfall bewirkt ja gerade die Hierarchie von Bewertungen in Interaktion mit den Motiven, daß man zu der bestmöglichen Lösung kommt. In unserem letzten Beispiel würde das bedeuten, daß das Motiv, einen Nagel einschlagen zu wollen, dazu führt, daß das Konzept Hammer aktualisiert wird, weil es, bezogen auf das Motiv, das am besten bewertete Konzept unter allen Konzepten darstellt, die Werkzeuge abbilden.

3.3.4 Die Interpretation symbolisch verdichteter Informationen und das Problem der „Übertragung"

Wie verhält es sich aber nun mit Jungs archetypischen Grundstrukturen? In Modell-Annahme 2. wird postuliert, daß Konzepte, deren Informationsgehalt die Kapazität des Bewußtseins überschreitet, zu Symbolen verdichtet werden. Ich bin darüber hinaus der Meinung, daß diese symbolische Verdichtung der natürliche Zustand aller Speicherinhalte ist. Seit wir mit dem Umgang mit Computern vertraut geworden sind, wissen wir, daß ein einziges Bild unter Umständen mehr Speicherplatz benötigt als ein ganzer Stapel Bücher. In unserem Gehirn ist aber offensichtlich Platz für die Abbildung eines ganzen Menschenlebens. Daß dies aber nur auf der Basis einer ungeheuren Informationsverdichtung und einer hierarchischen Ordnung nach zentralen und peripheren Strukturen, wie in Modell-Annahme 3.1 beschrieben, im Rahmen der Ganzheit erfolgen kann, erscheint unmittelbar plausibel. Da alle Menschen in der gleichen physikalischen und biologischen Realität leben, wird es für alle Menschen gemeinsame Grunderfahrungen geben: Gegenstände fallen nach den Gesetzen der Schwerkraft, Menschen sind nach zwei Geschlechtern unterschieden. In der Regel hat ein Mensch einen Vater und eine Mutter, er wird geboren und ist sterblich. Es ist offensichtlich, daß es sehr viele Grunderfahrungen gibt, die allen Menschen gemeinsam sind. Denkt man sich diese in symbolisch verdichteter Form, kommt man zu Grundstrukturen, die durchaus auch die Erfahrungen Jungs (1987), die er bezüglich seiner archetypischen Strukturen beschrieben hat, hinreichend darstellen können. (Weitere Ausführungen dazu in Hummitzsch, 1995, S. 105-141.)

Ein Problem von grundsätzlicher therapeutischer Bedeutung ist jedenfalls die symbolisch verdichtete Darstellung von Konzepten im Bewußtsein. Das therapeutische Problem besteht darin, daß symbolische Darstellungen nicht eindeutig sind, sondern auf Ähnlichkeitsrelationen beruhen. Bei der Analyse von Träumen ist das offensichtlich. Träume ergeben auf der Ebene einfacher konkreter Betrachtung keinen Sinn. Erst auf dem Hintergrund der Auffassung von der symbolischen Bedeutung der Trauminhalte lassen sich Träume in einen sinnvollen Zusammenhang mit den Problemen der Träumer bringen. Weniger bekannt und beachtet ist allerdings, daß auch scheinbar völlig konkrete Äußerungen von Klienten nicht unbedingt physikalische Wirklichkeiten, sondern symbolisch verdichtetes, subjektives Erleben in bildhafter Form darstellen.

Ich will das an einem recht eindrucksvollen Beispiel aufzeigen: Eine Supervisandin berichtete mir, daß sie bei einer Klientin, die mehrfach mißbraucht worden ist, im Rahmen einer Traumatherapie versucht hatte, Erinnerungen in imaginativer Form wieder herzustellen. Das sei auch ganz regelgerecht abgelaufen. Die Klientin habe auf diese Weise einige traumatische Erlebnisse gut verarbeitet. Sie sei dann aber von sich aus gekommen, weil sie den Eindruck hatte, da sei noch etwas und das müsse auch noch bearbeitet werden. In dieser Stunde erlebte die Klientin, wie sie als vierjähriges Kind im dunklen Keller von einem Verwandten vergewaltigt wurde. Die Geschichte wurde sehr konkret erzählt. Trotzdem hatte meine Supervisandin ein ungutes Gefühl dabei, weshalb sie mir diesen Fall vortrug. Ich habe ihr nach ausführlicher Fallbesprechung vorgeschlagen, in der nächsten Stunde zu untersuchen, welche der zwei möglichen Auffassungen, nämlich die symbolische oder die konkrete Auffassung des berichteten Erlebens, von der Klientin akzeptiert wird. Es zeigte sich, daß es sich tatsächlich um eine symbolische verdichtete Zusammenfassung der gesamten Mißbrauchserlebnisse der Klientin handelte und mit hoher Wahrscheinlichkeit keine Erinnerung an eine konkrete Realität darstellte. Es war der bildhafte Ausdruck des Erlebens, der in der symbolischen Form den ganzen Schrecken aller erlebten Traumata deutlich machte: Sich so hilflos fühlen wie ein vierjahriges Kind im dunklen Keller und dabei furchtbar verletzt zu werden. Diese Interpretation hat der Klientin durch ein vertieftes Verstehen ihrer Erlebnisse sehr geholfen. Hätte meine Supervisandin dagegen das geschilderte Erlebnis als konkrete Realität stehen lassen, wäre der Erinnerung der Klientin nur ein neues Trauma hinzugefügt worden, das artifiziell aus der Therapietechnik heraus entstanden, dennoch subjektiven Realitätscharakter behalten hätte. An dieser Stelle scheint es deshalb angebracht, sehr nachdrücklich vor der eklektischen, „theoriefreien" Benutzung von Therapietechniken zu warnen.

Die Traumdeutung, eine der ältesten therapeutischen Techniken, ist zweifellos ein unverzichtbarer Bestandteil therapeutischen Handelns, wenn es darum geht, über die Möglichkeiten hinaus, die moderne Techniken der direkten Hilfe bei der Lösung von

Problemen bieten, das innere Bild von der Welt zu analysieren und zu klären. Dagegen sind die Möglichkeiten, die sich bieten, wenn man scheinbar nur konkrete Äußerungen auf ihren symbolischen Gehalt hin untersucht und als Therapeut auf der gleichen Ebene reagiert, im Gegensatz zur Arbeit mit Träumen, meines Wissens nie systematisiert worden. Dennoch nutzen die meisten guten Therapeuten intuitiv diese Möglichkeiten. Von den „Zaubereien" Milton Ericksons (Einführung in seine Therapie: Peter, 1985), über die in der Therapie erzählten Geschichten von Peseskian (1983) bis hin zu neueren Bemühungen um „Humor in der Psychotherapie" (Neumann & Peters, 1996) gibt es eine Menge Anregungen für Psychotherapeuten, deren Wirkung, wenn sie erfolgreich aufgegriffen werden, darauf zu beruhen scheint, daß scheinbar nur konkrete Äußerungen des Klienten vom Therapeuten symbolisch verstanden und auf einer metaphorisch-symbolischen Ebene beantwortet werden. Solch kreative Leistungen sind nicht nur deshalb wertvoll, weil sie für den Klienten hilfreich sind, sondern auch weil sie den Therapeuten im Berufsalltag lebendig halten und ihm zu einem tieferen intuitiven Verständnis der komplexen Wahrnehmungsstrukturen des Menschen verhelfen.

Die symbolische Verdichtung von Informationen beinhaltet das Problem der mangelnden Eindeutigkeit. Wenn man unter Wahrnehmung den Vorgang versteht, der zur Aktualisierung von Konzepten des inneren Bildes von der Welt führt, die dann als das Wahrgenommene im Bewußtsein erscheinen, handelt es sich um eine korrekte Wahrnehmung, wenn das Konzept den Ausschnitt der Welt korrekt abbildet, auf den sich der Fokus der Wahrnehmung gerichtet hatte. Es findet also ein Abgleichsprozeß zwischen den von außen kommenden Sinnesreizen und den inneren Bildern statt, der dann beendet ist, wenn der Zustand der Widerspruchsfreiheit, also der Zustand A entspricht A (das Konzept A bildet den Sachverhalt A korrekt ab) erreicht ist. Ist der Gegenstand oder Sachverhalt hinreichend überschaubar, ist seine Wahrnehmung kaum zu deformieren. Ist er aber komplex und in vielen Einzelaspekten nicht durchschaubar, kann er leicht fehlerhaft durch Konzepte abgebildet werden, die keine guten Abbildungen darstellen. Menschen sind nicht in allen Einzelheiten durchschaubar. Aufgrund von Ähnlichkeiten mit anderen Menschen können ihnen daher leicht Eigenschaften zuerkannt werden, die nicht ihnen, sondern den anderen Menschen zu eigen sind, die ihnen in wenigen anderen Eigenschaften ähneln. Dies wird in der Therapieliteratur als „Übertragung" beschrieben. Ein Phänomen, das nicht nur große Teile unserer Probleme im Alltag, sondern auch den größten Teil aller Probleme, die Therapeuten und Klienten miteinander haben, ausmacht. Eines der bleibenden Verdienste der Psychoanalyse ist es, Teilaspekte solcher Wahrnehmungsstörungen sehr schön bildhaft beschrieben und auf ihre Motiviertheit hingewiesen zu haben.

3.3.5 Lernen als die Veränderung der Elemente und der Ganzheit

Wenn beispielsweise ein Klient sagt, er habe sein Leben lang aus Angst überall gegen seinen Vater gekämpft, dann kann man das als eine sachliche Beschreibung eines Aspektes seines Lebens betrachten. Man kann es aber auch als eine symbolische Äußerung auffassen und sie damit beantworten, daß man die biblische Geschichte von Jakob erzählt, der gegen einen übermächtigen Engel gekämpft hat und ihn nicht losließ, bis er seinen Segen erhalten hatte. Wenn die Vorgehensweise funktioniert, wird sich im inneren Bild von der Welt zunächst einmal die Bewertung des Konzeptes *gegen den Vater kämpfen* zum Positiven verändern. Die Emotion Sinnlosigkeit wird sich in Richtung Sinnhaftigkeit, und die Emotion Hoffnungslosigkeit in Richtung Hoffnung verschieben. Da das Konzept *gegen den Vater kämpfen* ein Teilkonzept des Konzeptes *Vater* ist, wird das Konzept *Vater* gemäß Modell-Annahme 4. in seiner Gesamtheit ebenfalls verändert. Das hat zur Folge, daß nunmehr weitere Teilkonzepte des Konzeptes *Vater* aktualisiert werden können. Während vorher nur solche Teilkonzepte aktualisiert werden konnten, zu deren Aktualisierung sehr starke Motive vorhanden waren (Psychoanalytiker würden diesen Zustand als Vaterkomplex bezeichnen, worunter die „Abspaltung" eines Teiles des Bewußtseins verstanden wird), können nunmehr auch solche Teilkonzepte aktualisiert werden, zu deren Aktualisierung schwächere Motive ausreichen. Während vorher durch das sehr starke Motiv „Angst vor dem Vater" nur die bedrohlichen Teilkonzepte des Konzeptes *Vater* aktualisiert werden konnten, die seine Macht, Stärke und Boshaftigkeit abbildeten, können jetzt auch Konzepte aktualisiert werden, zu deren Aktualisierung geringere Motivstärken ausreichen, zum Beispiel solche, die seine Schwächen abbilden. Im Laufe dieses therapeutischen Prozesses, der einer fortschreitenden Verbesserung der Bewertung des Gesamtkonzeptes *Vater* führt, mag es dann auch möglich sein, Teilkonzepte zu aktualisieren, zu deren Aktualisierung sehr geringe Motivstärken ausreichen, und die dann auch positive Eigenschaften einbeziehen. Damit hat sich die gesamte Einstellung des Klienten zu seinem Vater verändert.

Diese veränderte Einstellung bedeutet aber nicht, daß der Klient darum auch gleich die Fähigkeiten besitzt, die nötig wären, um mit dem Vater oder vaterähnlichen Personen richtig umzugehen. Sein inneres Bild von der Welt enthält keine oder ungenügende Informationen über den Umgang mit Vaterpersonen. Dies ist der Zustand, der gemäß Modell-Annahme 1. als latenter Widerspruch im inneren Bild von der Welt bezeichnet wird. Es ist somit sehr wahrscheinlich, daß der Klient mit neuem Mut auf den Vater zugeht - und ihm gegenüber hilflos ist. Damit ist dann aus dem latenten ein akuter Widerspruch geworden. Dies dürfte dazu führen, daß wieder alte Verhaltensstrukturmuster aktiviert werden, und der Klient damit erneut Schiffbruch erleidet und die Bewertung des Konzeptes *Vater* wieder verschlechtert wird. Damit wäre der alte Zustand wiederhergestellt. Es gilt also für den Therapeuten, dem Klienten dabei zu helfen, Konzepte zu aktivieren, die geeignete Verhaltensstrukturmuster enthalten, und diese dem Konzept *Vater* zuzuordnen. (Vgl. Wirkfaktor Ressourcenaktivierung bei Grawe, 1994, S. 357-370). Möglicherweise mag es auch notwendig sein, gänzlich neue Verhaltensstrukturmuster zu erlernen. Dies sollte jetzt einfach sein, weil das Konzept *Vater* wieder verfügbarer geworden ist. Denn die nicht vollständige Verfügbarkeit des Konzeptes *Vater* war ja die Ursache dafür, daß der Klient in seiner Vergangenheit keine Verhaltensstrukturmuster erlernen konnte, die ihm einen angemessenen Umgang mit dem Vater möglich gemacht hätten.

Ich unterscheide deshalb in der Psychotherapie zwei verschiedene Ansätze: *Die Auflösung von Lernhindernissen* und *das Erlernen neuer Fähigkeiten*. Die Unterscheidung ist insoweit von praktischer Bedeutung, als, wie eben am Beispiel gezeigt, das normale Lernen solange nicht möglich ist, wie ein Konzept innerhalb des Lernbereiches wegen seiner negativen Bewertung nicht vollständig verfügbar ist. Grawe et al. (1994, S. 749-

787) kommen im übrigen zu einer ähnlichen Differenzierung. Auch hinsichtlich der dort postulierten Dimensionen therapeutischen Handelns, der Klärungsperspektive und der Problembewältigungsperspektive, ergeben sich Übereinstimmungen insoweit, als nach meinem Verständnis die Auflösung von Lernhindernissen der wesentliche Aspekt der Klärungsperspektive und das Erlernen neuer Fähigkeiten der wesentliche Aspekt der Problembewältigungsperspektive ist. Während die Wirkfaktoren bei Grawe nach meinem Eindruck nur relativ grob empirisch deskriptiv erfaßt werden, lassen sie sich aus dem hier vorgelegten Modell heraus aus ihrem Bezug zum inneren Funktionieren erklären und verstehen.

Aus den angestellten Überlegungen heraus läßt sich eine Rangordnung ablesen: Die Auflösung von Lernhindernissen sollte stets vorrangig betrieben werden. Ein häufiger Fehler der Verhaltenstherapie ist, daß sie dies nicht berücksichtigt beziehungsweise, daß sie in ihrem Repertoire nur wenige Möglichkeiten hierzu zur Verfügung stellt. Dagegen ist es ein häufiger Fehler der klientenzentrierten Therapie nach Rogers, daß sie zwar in der Auflösung von Lernhindernissen großartige Leistungen erbringt, aber anschließend keine direkten Hilfen bei dem Erwerb neuer Verhaltensstrukturmuster leistet. Daß diese Rangordnung auch mit der Beachtung ethisch-moralischer Grundsätze interagiert, wird von Wagner in diesem Band ausführlicher dargestellt.

Die direkte Hilfe bei der Bewältigung von Problemen ist sicherlich eine der Stärken der Verhaltenstherapie, die sich in ihren Erklärungsmustern ganz zentral auf die gut erforschten Paradigmen des instrumentellen Lernens, der klassischen Konditionierung und des Lernens am Modell stützt. Gemeinsam ist diesen Paradigmen, daß Lernen als eine veränderte Auftretenswahrscheinlichkeit eines bestimmten Verhaltens definiert wird. Dies ist im Rahmen des vorgelegten Modells recht einfach über das vermittelnde Konstrukt des Konzepts zu reformulieren. Da nach Modell-Annahme 4. die Gebrauchshäufigkeit der Konzepte von der Bewertung und der Motivstärke abhängig ist, muß eine Verbesserung der Bewertung zu einer erhöhten Auftretenswahrscheinlichkeit der Aktualisierung des Konzeptes und damit auch zur Erhöhung der Auftretenswahrscheinlichkeit eines bestimmten Verhaltens oder einer bestimmten Vorstellung führen. Im Falle der Verschlechterung einer Bewertung eines Konzeptes ist der umgekehrte Effekt zu erwarten.

Ein Verstärker, der die Auftretenswahrscheinlichkeit eines Verhaltens erhöht, ist also im Rahmen des Modells etwas, das die Bewertung eines Konzeptes verbessert. Ein konditionierter Stimulus ist im Rahmen des Modells ein Reiz, der das gleiche Konzept aktiviert wie der unkonditionierte Stimulus. Nach Modell-Annahme 5. gehen in die Wahrnehmung sowohl kontextuelle als auch situative Komponenten mit ein. Während dem Paradigma der klassischen Konditionierung mangels Aussagen über innere Vorgänge der Nimbus des geheimnisvoll Bedeutsamen anhängt, läßt es sich im Rahmen des Modells, soweit es sich um Kognitionen handelt, zu der recht simpel erscheinenden Aussage vereinfachen, daß Klaus Berta auch an ihrem Hut erkennen kann, wenn er sie einmal mit diesem Hut gesehen hat. Denn wenn er Berta mit diesem Hut gesehen hat, hat er das Konzept *Hut* in das Konzept *Berta* integriert.

Genauso plausibel läßt sich das Lernen am Modell darstellen: Wenn ich die Handlung eines Menschen beobachte, muß ich, um sie zu verstehen, ähnliche Konzepte im Innern aktivieren wie der Handelnde. Ist dessen Handlung erfolgreich, im Sinne einer möglichen Realisierung seiner Motive, werden die aktivierten Konzepte positiver bewertet und im Sinne eines vorläufigen Verhaltensstrukturmusters gespeichert, auf welches bei entsprechender Motivationslage zurückgegriffen werden kann. Die Lernleistung ist dabei abhängig von der Verständlichkeit der Modellhandlung in dem Sinne, daß hin-reichende Konzepte im inneren Bild von der Welt des Beobachters vorhanden sind, um die Handlung im Innern nachbilden zu können, und von der Nützlichkeit im Sinne der Realisierung eigener Motive. Ein Zauberer, der Kaninchen im Zylinder verschwinden läßt, ist als Modell nicht brauchbar, da seine Kunst eben gerade darin besteht, so zu han-deln, daß ein Beobachter nicht in der Lage ist, geeignete Konzepte in seinem Innern zu aktivieren, die es gestatten würden, die Handlung zu verstehen.

Lernen wird in dem Modell durchgängig als Wahrnehmungsleistung betrachtet. Ein grundlegendes Prinzip jeder Wahrnehmungsleistung ist aber die möglichst vollständige Widerspruchsfreiheit der Wahrnehmung zu den bisherigen Erfahrungen, die in den Konzepten des inneren Bildes von der Welt abgebildet sind. Die Notwendigkeit der Widerspruchsfreiheit der Wahrnehmung ist der Motor der Umgestaltung und Differen-zierung von Konzepten sowie der Beziehung derselben untereinander. Wenn etwas unseren bisherigen Erfahrungen widerspricht, muß das innere Bild von der Welt umge-staltet weden, bis dieses Etwas einzuordnen ist, notfalls indem wir es solchen Konzep-ten wie *Hexerei* oder dem *unverständlichen Wirken Gottes* zuordnen. Das Prinzip der Widerspruchsfreiheit wird im Modell per definitionem als Funktionsprinzip des Spei-chers angesehen, also quasi der menschlichen Grundsubstanz zugeordnet.

3.3.6 Motive

Motive sind in dem Modell der Beweggrund insoweit, als unter ihrer bindenden Wir-kung Konzepte aktualisiert werden. Sie sind aber auch der Bewertungsmaßstab inso-fern, als in die Konzepte Bewertungen eingehen, die die Erfahrungen des Individuums bei der Umsetzung seiner Motive abbilden. Nach Klix (1976, S. 23) fungiert das Motiv „als Beweg- und Bewertungsgrund zugleich und verbindet damit die situationsgemäße Verhaltensentscheidung mit der Merkmalsidentifizierung". Da Motive aber durchaus bewußtseinsfähig und damit auch als Teile des inneren Bildes von der Welt zu verstehen sind, muß innerhalb des Modells zwischen Motiven als Beweggrund und Konzepten, die Motive abbilden, unterschieden werden. Primäre Bedürfnisse wie das Bedürfnis nach Nahrung oder Sexualität haben zweifellos ihre physiologische Grundlage, aus der heraus sie wirken, sie haben andererseits aber auch ihre kognitive Repräsentanz bei-spielsweise in den Konzepten *Hunger* und *Sexualität*, in denen die Erfahrungen, Gedan-ken und Gefühle des Individuums in Zusammenhang mit diesen primären Bedürfnissen abgebildet sind. Es ist sicherlich eine – wenn auch nach meinem Eindruck unvermeid-liche – Schwäche des Modells, daß es hinsichtlich der Motive zu keinen klareren Aus-sagen fähig ist. Der Grund dafür ist, daß wir auf dem jetzigen Stand der Wissenschaft noch nicht in der Lage sind, die an sich artifizielle Trennung zwischen Körper und Geist oder Seele aufzuheben. (Hierzu und zu dem Menschenbild, das hinter dem Modell steht, siehe Hummitzsch, 1995, S. 47-57.) Es könnte sich allerdings erweisen, daß es prinzi-piell gar nicht möglich ist, hier zu klareren Aussagen zu kommen, da Motive und Kogni-tionen in ihrer Wechselwirkung so miteinander verflochten sind, daß jede Trennung artifiziell und nur von pragmatisch-heuristischer Bedeutung ist. In der praktischen Ausübung der Psychotherapie wird man diese pragmatisch-heuristische Trennung aber wohl immer aufrechterhalten. Das scheint mir eine hinreichende Rechtfertigung dafür zu sein, sie auch in der hier vorgelegten Modellvorstellung aufrecht zu erhalten.

Die in der Nachfolge von Piaget stehenden Schematheoretiker integrieren Motive, soweit ich das verstanden habe, in ihre Schemata, beziehungsweise sie versuchen, die gesamte Dynamik des Systems aus motivationalen Komponenten der Schemata zu erklären (Grawe et al., 1994), oder definieren gesonderte „motivationale Schemata" (Grawe, 1998). Ich halte das aus der Überlegung heraus, daß jede Aufteilung der inneren Verarbeitungsprozesse nur artifiziell ist, für nicht falsch. Aber ich denke, daß die sich ergebenden Modellkonstruktionen für den Gegenstandsbereich Psychotherapie unpraktisch sind, da sich die hier für notwendig gehaltenen Heuristiken, zum Beispiel die Reformulierung klassischer Lernparadigmen, die in der Psychotherapie entscheidend wichtige Begründung der Verfügbarkeit oder Nichtverfügbarkeit von Gedächtnisinhalten und vieles andere mehr (bislang?) nur schwer oder gar nicht aus den Schematheorien herleiten lassen.

3.3.7 Der Zusammenhang zwischen Körper und Seele und eine kurze Skizze zur Problematik psychosomatischer Krankheiten

Der Zusammenhang zwischen Körper und Seele wird durch die 3. Modell-Annahme: „Bewertungen werden als Emotionen erlebt und in physiologischen Parametern kodiert" zumindest teilweise hergestellt. Dem liegt zugrunde, daß emotionale Bewertungen empirisch eben nicht nur kognitiv, etwa mittels des Semantischen Differentials, sondern auch physiologisch über die Ableitung von Körperparametern (Hautwiderstand, Muskelspannungen, Blutdruck, Atemfrequenz, Drüsentätigkeit und so weiter) dargestellt werden können. Wenn es so ist, daß unserem psychischen Erleben die Veränderung von Körperparametern entspricht, dann müssen dauerhafte psychische Befindlichkeiten auch dauerhafte Veränderungen der zugehörigen Körperparameter zur Folge haben. Wenn also ein Mensch ein Problem hat, das ihn dauernd oder doch häufig beschäftigt, bedeutet das, daß er bestimmte Konzepte dauerhaft oder doch häufig aktiviert. Das hat wiederum die dauerhafte oder häufige Veränderung spezifischer Parameter zur Folge, was zu einem auf Dauer deregulierten Zustand des Körpers und zur Herausbildung von körperlichen Symptomen führen kann. Um ein einfaches Beispiel zu nennen: Ein Mensch hat dauerhaft Angst vor seinem Vorgesetzten. Immer wenn er das Konzept *Vorgesetzter* aktiviert, zieht er die linke Schulter hoch. Dabei mag es sich um einen angeborenen oder erworbenen Schutzreflex handeln. Diese dauerhafte Anspannung bestimmter Muskeln kann dann zu einem Hals-Wirbel-Syndrom mit ständigen Schmerzen führen. Solche Symptome können in den Lebenszusammenhang integriert werden und dann über die in der Literatur als „Krankheitsgewinn" beschriebenen Mechanismen weiter fixiert werden. So mag unser fiktiver Patient durch sein offensichtliches Leiden das Mitleid und die Hilfe seiner Kollegen erwerben. Formal läßt sich das folgendermaßen darstellen:

1. Ein Konzept enthält eine Bewertung, die in bestimmten physiologischen Parametern kodiert ist bzw. mit bestimmten physiologischen Parametern korreliert.

2. Dieses Konzept bleibt dauernd oder doch zumindest häufig aktiviert, und entsprechend bleiben auch die physiologischen Parameter dauernd oder häufig aktiviert.

3. Durch die Fixierung dieser physiologischen Parameter kommt es zu funktionalen Störungen, die die Symptome ausmachen.

4. Die Symptome werden in den Lebenszusammenhang integriert. Es entwickeln sich Verhaltensstrukturmuster, mit denen sich auf der Grundlage der Symptome bestimmte Probleme lösen lassen ("Krankheitsgewinn").

Die Einbeziehung psychosomatischer Modellvorstellungen in eine allgemeine Psychotherapie ist nicht nur deshalb unverzichtbar, weil es psychosomatische Krankheiten als Krankheitsgruppe an sich gibt, sondern auch weil es sich in der Praxis zeigt, daß bei sehr vielen anderen Störungen auch psychosomatische Nebenerscheinungen auftreten.

3.3.8 Rückkoppelungsmechanismen und die „Chaosfähigkeit" des Systems Mensch

Grawe et al (1996, S. 194) bringen es auf den Punkt, wenn sie schreiben: „Zu den theoretischen Ansätzen, die sich ausdrücklich mit den Phänomenen befassen, die bei massiv paralleler Informationsverarbeitung auftreten, gehören der Konnektionismus, die Synergetik und die Chaostheorie." In diesem Satz drückt sich das neue Weltbild aus, das das alte Weltbild, in dem Determinismus und Kausalität unumschränkt herrschten, abzulösen beginnt. (Zur Einführung in die Problematik siehe Cramer, 1989; Haken, 1988; Haken & Haken-Krell, 1989.) Wir stehen am Anfang eines neuen Wissenschaftszeitalters, aber wir stehen erst am Anfang und sind eigentlich durchgängig noch nicht in der Lage zu überschauen, wohin uns die neue Sicht der Welt eigentlich führen wird. Im Gegensatz zur Physik sind wir in der Psychologie nicht in der Lage, Grenzwerte zu definieren, innerhalb derer ein System stabil bleibt, und anzugeben, ab wann das System sich in unvorhersehbarer Weise verändern wird. Man muß sich schon aus diesem Grunde in der Psychologie sehr davor hüten, die Chaostheorie als den großen Topf zu gebrauchen, in den alles gesteckt wird, was man nicht vernünftig erklären kann. Es gilt vielmehr, die Mechanismen, Wege und Zusammenhänge aufzuklären, die zu unvorhersehbaren Zustandsänderungen führen können.

Der eingangs zitierte Satz geht davon aus, daß (bei Menschen) eine *„massiv parallele Informationsverarbeitung"* vorliegt. Im Modell wird das durch die Modell-Annahmen 5. ausgedrückt, die besagt, daß die Wahrnehmung sowohl nach innen als auch nach außen gerichtet sein kann, daß innere und äußere Reize zu dem Wahrgenommenen zusammenfließen, daß neben den Dingen, auf die sich der Fokus der Wahrnehmung richtet, auch situative und kontextuelle Dinge und momentane Befindlichkeiten auf die Wahrnehmung einwirken. Dabei wird unter Wahrnehmung der Vorgang verstanden, der zur Aktualisierung von Konzepten im Speicher führt, die dann als das Wahrgenommene im Bewußtsein erscheinen. Die eigentliche Basis der Wahrnehmung ist dabei (neben Außenreizen) das geordnete innere Bild von der Welt als die Summe aller zur Verfügung stehenden und daraus bildbaren Konzepte. Als Ordnungsstrukturen des inneren Bildes von der Welt wurden, sicherlich sehr restriktiv, die relative Widerspruchsfreiheit, die Ordnung nach sachlicher und nach erlebnismäßiger (zeitlicher) Zusammengehörigkeit definiert. Das Zusammenwirken der definierten Ordnungsprinzipien und Wahrnehmungszusammenhänge enthält gravierende Vereinfachungen und Globalisierungen. Ein psychotherapeutisch nutzbares Modell muß relativ stark vereinfachen, um in der täglichen Arbeit einen Gebrauchswert zu haben, es ist aber auch so schon außerordentlich komplex, so daß sich psychotherapeutisch relevante Probleme damit hinreichend abbilden lassen. Hier soll exemplarisch ein wesentlicher Vorgang aufgezeigt werden.

Das *Selbstwertgefühl* als die Bewertung des Konzeptes *ich selbst* (zur grundsätzlichen Problematik dieses Konzeptes siehe 3.2) kann man sich sinnvoll als die Weiterentwicklung von kindlichen Grunderfahrungen vorstellen. Diese Grunderfahrungen werden auf einer weitgehend körperlichen Ebene erlebt: Der Säugling wird gestillt, gebadet, getragen, es wird mit ihm geschmust, er wird angelächelt, und reagiert darauf reflexartig mit eigenem Lächeln, und er erwirbt so auf einer rein emotional körperlichen Basis die Wertschätzung, die in das Konzept ich selbst integriert wird. Spätere Formen von distanzierterer Zuwendung werden dieser Grundsubstanz zugeordnet, so daß wir lebenslänglich Zuwendung als etwas Körperbezogenes erleben. Wenn aus diesem Säugling eine erwachsene Frau mit einem stabilen Selbstwertgefühl geworden ist, die sich von der Welt akzeptiert und von hinreichend vielen Bezugspersonen geliebt fühlt, und wenn dieser Frau dann eine traumatische Vergewaltigung widerfährt, kann es, wie es in der Realität häufig geschieht, zu einer vollständigen Veränderung der Persönlichkeit kommen. Die Frau fühlt sich nirgendwo mehr akzeptiert und von keinem Menschen mehr geliebt, sie ist unfähig, Zuwendung zu ertragen, und ihre Leistungsfähigkeit ist in vielen Bereichen reduziert. Es ist zu einer Zustandsänderung des gesamten Systems des inneren Bildes von der Welt gekommen.

Aus dem Modell heraus läßt sich der Vorgang folgendermaßen erklären: Während des traumatischen Erlebens hat die Frau sich so hilflos wie ein Kleinkind gefühlt. Es wurde über sie verfügt, ohne daß sie in der Lage gewesen wäre, das Geschehen selbst zu beeinflussen. Das gesamte Geschehen war körperbezogen. Die gesamte Situation war in vielen (inhaltlichen) Details den Situationen hinreichend ähnlich, in denen in der Kindheit das Identitäts- und Selbstwertgefühl entstanden war. Es war ähnlich, aber mit (emotional) umgekehrten Vorzeichen. Was in der Kindheit Wertschätzung ausdrückte, geschah jetzt als Ausdruck absoluter Mißachtung. Es kam daraufhin zu einer Umbewertung zentraler Bereiche des Konzeptes ich selbst, die daraufhin in Widerspruch zu vielen anderen Konzepten des Netzwerks standen, so daß diese, im Sinne der Herstellung relativer Widerspruchsfreiheit, ebenfalls umbewertet wurden. Natürlich sind bei solchen Vorgängen die Erinnerungen an das Leben vor dem Trauma nicht verschwunden, sie sind nur umbewertet und damit schwer verfügbar geworden. Und die durch die Umbewertung erzielte relative Widerspruchsfreiheit ist eben nur relativ, und darin liegt die therapeutische Chance, das System des inneren Bildes von der Welt wieder in eine bessere Ordnung zu bringen.

Der tiefere Grund aller umfassenden therapeutischen Wirkungen liegt in erster Linie in der Tendenz zur Widerspruchsfreiheit, die dem gesamten System des inneren Bildes von der Welt zu eigen ist, und erst in zweiter Linie in den von außen herangetragenen partiellen Lernerfahrungen, so sehr das auch jeder naiven therapeutischen Vorstellung widersprechen mag. Aber in der Praxis zeigt sich immer wieder, daß nur die therapeutischen Interventionen erfolgreiche Veränderungen zur Folge haben, die bezogen auf die Gesamtheit des Systems Mensch richtig sind, das heißt, die die Widerspruchsfreiheit des inneren Bildes von der Welt verbessern. Der einzige Therapieschulengründer, der diese Tendenz zur Widerspruchsfreiheit erkannt hat, ist Carl Rogers (1972, S. 422 ff). Er beschreibt sie unter der sehr schön bildhaften Bezeichnung „Selbstaktualisierungstendenz". Allerdings war er noch nicht in der Lage, sie als grundlegende Notwendigkeit jeder Kognition zu erkennen, und ordnet ihr motivationalen Charakter zu. Aus diesem Grunde benötigt er in seiner Persönlichkeitstheorie recht komplexe Zusatzannahmen, die sich um das Konstrukt „Inkongruenz" ranken, das weitgehend mit dem hier verwendeten Begriff des akuten Widerspruchs übereinstimmt.

An dieser Stelle ging es darum, beispielhaft Rückkopplungsmechanismen aufzuzeigen: Ein Folgezustand, das traumatische Erleben, verändert einen Anfangszustand, in diesem Falle die positive Bewertung des Konzeptes *ich selbst*. Das System verändert sich daraufhin grundlegend und stabilisiert sich in einem pathologischen Zustand. Der Informationsaustausch des Systems mit der Umwelt wird unter anderem dadurch, daß die Frau auf jede Art von Zuwendung mit Angst reagiert, behindert, und dies stabilisiert den pathologischen Zustand des Systems weiter. Im umgekehrten Fall, wenn der Ist-Zustand und der Anfangszustand des Systems im Sinne einer negativen Bewertung des Konzeptes *ich selbst* pathologisch ist, kann es notwendig sein, mit der Vergangenheit des Klienten zu arbeiten, um eine Umbewertung der Konzepte zu bewirken, die die frühen Erfahrungen des Klienten mit seiner Umwelt beinhalten, um so zu einer Veränderung des Gesamtsystems zu kommen. Auch dies kann man als in diesem Fall positive Rückkopplung interpretieren, insoweit als ein Folgezustand, die therapeutische Intervention, auf einen Anfangszustand einwirkt, der zu einer Veränderung des gesamten Systems führen kann.

Den Zustand, den ich hier als pathologischen Zustand bezeichnet habe, kann man als Zustand reduzierter Komplexität auffassen, wenn man davon ausgeht, daß symptomatisches Verhalten leichter vorhersagbar ist als „normales" Verhalten und für bedeutsam hält, daß das Verhalten im pathologischen Zustand insgesamt eingeschränkt ist. Ich habe aber meine Zweifel an dieser Interpretation. In Analogie zu chaostheoretischen Überlegungen kann man die oben angeführten Strukturen des Speichers, die Tendenz zur relativen Widerspruchsfreiheit, die verschiedenen Hierarchien, die sich aus der Interaktion von Motiven und Bewertungen und aus den Zuordnungen nach sachlicher und erlebnismäßiger Zusammengehörigkeit ergeben, als Attraktordimensionen bezeichnen, die den Zustand und Output des Systems bestimmen. (Verhalten wäre aus dieser Sicht die Funktion eines N-dimensionalen fraktalen Attraktors.) Verändert sich eine Attraktordimension, kann das zu einer Zustandsänderung des Gesamtsystems führen. Ein einziges traumatisches Erlebnis kann eine solch grundlegende Veränderung bewirken, ebenso kann die Winzigkeit, der berühmte Flügelschlag des Schmetterlings, einer einzigen Therapiestunde eine genauso grundlegende Veränderung (hoffentlich zum Positiven) bewirken, auch wenn das sicher nur sehr selten vorkommt.

Wenn nun eine der Attraktordimensionen in diesem großen Zusammenspiel die anderen dominiert, dann kann das, bei relativ grober Außenbeobachtung des Systems, den Eindruck erwecken, daß das System eine einfachere Struktur angenommen hat. Aber die anderen Dimensionen werden deshalb nicht außer Kraft gesetzt sein, sie wirken weiter, obschon das im äußeren Verhalten nicht mehr immer wirksam wird. Dies würde bedeuten, daß der pathologische Zustand eben nicht mit reduzierter Komplexität einhergeht, sondern nur mit einer Reduktion des bei grober Beobachtung sichtbaren Verhaltens. Das heißt, es werden möglicherweise genauso viele Verhaltensstrukturmuster angesprochen wie im gesunden Zustand, aber die Aktivierung reicht nicht aus, um sie verhaltenswirksam zu machen. Diese Überlegung scheint mir die Situation des psychisch Kranken besser zu beschreiben als die Annahme reduzierter Komplexität. Das Leiden des Kranken ist meines Erachtens zum großen Teil darin begründet, daß er sehr wohl die Möglichkeiten wahrnimmt, die er hat, daß er sie aber nicht in der Realität wirksam werden lassen kann.

Was können wir als Praktiker nun tatsächlich aus den Theorien verwenden, die das neue Weltbild begründet haben? Ich denke, daß wir nicht mehr und nicht weniger damit anfangen können, als daß wir unsere Einstellung zur Welt und zu unserem Tun verändern. Wir müssen den Gedanken aufgeben, daß es im Bereich der Psychotherapie etwas gibt, dessen Wirkung sicher vorhersagbar ist. Wir müssen uns andererseits aber auch darüber im Klaren sein, daß es innerhalb einer Therapie immer zu völligen Veränderungen des Systems kommen kann und daß diese Veränderungen keineswegs immer in die gewünschte Richtung gehen. Suizide in der Psychotherapie sind da sicher nur die Spitze des Eisberges. Einfach zu erlernende, aber hochpotente Interventionsstrategien, wie zum Beispiel das EMDR nach Shapiro (1995) (siehe auch Eschenröder, 1995), sind in dieser Hinsicht eben auch besonders gefährlich, weil sie dem Therapeuten Möglichkeiten in die Hand geben, deren Folgen nicht vorherzusehen und nur von sehr erfahrenen Therapeuten zu korrigieren sind, wenn sie nicht den gewünschten Effekt hatten. (Als Mitarbeiter in einem Sozialpsychiatrischen Dienst, in dem sich viele „hoffnungslose Fälle", die in der Regel Opfer von Psychotherapie sind, gehäuft einfinden, kann ich inzwischen ein Lied davon singen.)

Wir müssen, wenn wir bestehen wollen, solche Therapieverfahren integrieren, die sich der chaotischen menschlichen Individualität anpassen und die deshalb geeignet sind, auch plötzliche Zustandsänderungen zu berücksichtigen. Die Chaosforschung lehrt uns, daß es prinzipielle und nicht überschreitbare Grenzen der Vorhersagbarkeit und damit auch des Machbaren gibt. Das einzige Mittel, das wir dem entgegenhalten können, um das Mögliche zu verwirklichen, scheint mir, daß wir im Rahmen eines allgemeinen Modells alle Mittel, die sich in der Behandlung einzelner Menschen bewährt haben, zu einem breitbandigen Ganzen zusammensetzen. Dabei können wir uns nicht auf die Ergebnisse „theoriefreier" statistischer Analysen beschränken, die uns lediglich sagen, welche Verfahren bei den meisten Klienten positive Wirkungen erzielt haben.

In einer Schlosserwerkstatt wird man sehr viele Werkzeuge finden, die nur sehr selten, für spezielle Arbeiten gebraucht werden. Wer diese Arbeiten nicht von Grund auf versteht, wird auch den Sinn dieser Werkzeuge nicht verstehen. Aber der Schlosser würde ohne diese Werkzeuge bestimmte Arbeiten nicht ausführen können. So ist es eben auch in der Psychotherapie. Jeder Therapeut benötigt neben den Standardverfahren, die sich in einer quantitativen Analyse bewährt haben, eine Vielzahl von Interventionsstrategien, die nur für ganz spezielle Fälle taugen, die, im flüchtigen therapeutischen Moment eingesetzt, die Veränderung bewirken, auf die es ankommt.

3.3.9 Die Definition pathologischer Zustände im Rahmen des Modells

Im Rahmen des Modells lassen sich pathologische Zustände grundsätzlich als Fehler im inneren Bild von der Welt beschreiben. Dabei beruht die einfachste Fehlerart auf einem Mangel an Information. Man könnte über einen davon betroffenen Menschen sagen, sein inneres Bild von der Welt sei nicht hinreichend vollständig. Er hat Probleme dadurch bekommen, daß er in Situationen geraten ist, für die er keine geeigneten Verhaltensstrukturmuster besitzt. Das heißt, der latente Widerspruch nach Modell-Annahme 1. hat sich für ihn in einen akuten Widerspruch verwandelt. Er hatte in seiner Lerngeschichte keine ausreichende Möglichkeit, sich auf solche Situationen vorzubereiten. In diesem Fall ist ein einfaches Nachlernen, zum Beispiel mittels besonderer Trainingsprogramme, notwendig und erfolgversprechend. Dem steht eine andere Sorte Fehler gegenüber, bei denen die korrekte Wahrnehmung der Welt und damit auch ein einfaches Lernen behindert ist, weil vorhandene Konzepte so negativ bewertet sind, daß sie nicht in hinreichendem Maße zur Verfügung stehen. Solche fehlerhaften Bewertungen von Konzepten führen in der Regel zu Störungen eines größeren Teiles oder der Gesamtheit des inneren Bildes von der Welt. Eine Fehlwahrnehmung, die zu einem Widerspruch in Teilen des inneren Bildes von der Welt führt und die nicht zu korrigieren ist, wird Deformationen des inneren Bildes von der Welt zur Folge haben.

Dafür ein Beispiel: Ein Kind wird von seiner Mutter in sinnloser Weise bestraft. Die korrekte Wahrnehmungsverarbeitung wäre nun, daß das Konzept *Mutter* ein wenig negativer bewertet wird. Genau das wird auch geschehen, wenn das Konzept insgesamt so positiv bewertet ist, daß diese Negativbewertung keine ernsthafte Veränderung des gesamten Systems zur Folge hat. Ist die Bewertung des Konzeptes aber ohnehin in einer kritischen Zone, so daß eine weitere negative Bewertung die Verfügbarkeit des Konzeptes ernstlich behindern würde, ist, vom Gesamtsystem her, die korrekte Einordnung des Erlebnisses nicht mehr möglich. Denn eine insgesamt negative Bewertung des Konzeptes *Mutter* würde bedeuten, daß dieses Konzept dem Kinde nicht mehr hinreichend zur Verfügung steht. Das hätte zur Folge, daß das Kind seine Mutter emotional verliert. Da das Bedürfnis, eine gute Mutter zu haben, übermächtig ist, weil das Kind auf seine Mutter angewiesen ist, wird die Wahrnehmung der sinnlosen Bestrafung insoweit deformiert, als sie zur sinnhaften Bestrafung umgedeutet wird, deren Sinn aber nur in der eigenen Schlechtigkeit liegen kann. Anstatt also das Konzept *Mutter* abzuwerten, was einer korrekten Wahrnehmung entsprechen würde, wird das Konzept *ich selbst* abgewertet, was eine Fehlwahrnehmung darstellt.

Das Beispiel weist auf eine andere heuristische Unterscheidung, die aus dem Modell heraus möglich ist: die Unterscheidung in periphere und zentrale Störungen. Die oben aufgezeigte Veränderung des Konzeptes *ich selbst* deutet auf die Entwicklung einer zentralen Störung, weil das Konzept *ich selbst* in Beziehung zu allen anderen Konzepten steht, also in gewissem Sinne umfassend ist. Eine periphere Störung wäre dagegen eine isolierte Phobie, etwa die Unfähigkeit, Brücken überqueren zu können, bei der im wesentlichen nur ein Konzept, hier das Konzept *Brücken*, extrem negativ bewertet ist.

An diesem Beispiel läßt sich ein scheinbarer Widerspruch in der grundlegenden Modellvorstellung deutlich machen, die besagt, daß die Verfügbarkeit von Konzepten von der Bewertung abhängig ist. Ich bin sicher, daß der Mensch mit der Brückenphobie ganz außerordentlich häufig und teilweise „grundlos" an Brücken denkt und damit genau dieses negativ bewertete Konzept aktualisiert. Die Verfügbarkeit ist aber nicht nur von der Bewertung, sondern nach Modell-Annahme 4. auch von der Stärke des Motivs abhängig. Wenn jemand Angst vor Brücken hat (Neben dem Gefühl von Hunger und Durst dürfte Angst wohl die stärkste motivationale Komponente enthalten), hat er aber zugleich ein außerordentlich starkes Motiv, sich vor der Notwendigkeit der Überquerung von Brücken zu schützen. Genau das ist die Situation des psychisch Kranken: Er ist in bestimmter Weise immer hoch motiviert und tut dabei sein Schlimmstes. Er aktualisiert genau die Konzepte, die sein Problem abbilden, und erleidet sein Problem damit auch an Orten, wo von der Außenwelt her keinerlei Grund dafür vorhanden wäre. Das ist die pathologische Variante eines normalen überlebenswichtigen Vorgangs. Wenn ein Mensch ein starkes Motiv hat, wird er in dem Maße, wie die Stärke des Motivs zunimmt, immer negativer bewertete Konzepte aktualisieren, wenn die Dinge, die von positiver bewerteten Konzepten abgebildet werden, nicht erreichbar sind. So mag es sein, daß jemand, wenn er sehr großen Hunger hat, auch das Konzept *Nahrung stehlen* oder *Gras essen* aktualisiert.

Wie jedes System, so versucht auch das System Mensch, sein inneres Gleichgewicht aufrecht zu erhalten. Motive sind innerhalb dieses Systems Fakten, die zu anderen Fakten in Widerspruch stehen können. Wenn diese Widersprüche nicht aufgelöst werden können, kann es zu *Deformationen der Wahrnehmung* kommen. Damit werden zwar neue Widersprüche geschaffen, denn eine deformierte Wahrnehmung wird irgendwo und irgendwann zu anderen Wahrnehmungen in Widerspruch geraten. Innerhalb des Gesamtsystems kann aber der Widerspruch, der durch die Deformation der Wahrnehmung ausgelöst wurde, zunächst eine geringere Bedeutung, im Sinne der Destabilisierung des Systems, haben als die Akzeptanz der ursprünglichen Wahrnehmung. Auf das Beispiel zurückkommend, kann man sagen, die korrekte Wahrnehmung, die mit einer Abwertung des Konzeptes Mutter verbunden gewesen wäre, hätte zu einer erheblichen Destabilisierung des kindlichen inneren Bildes von der Welt geführt, weil sich dieses wesentlich auf die Existenz einer versorgenden Mutter gründet. Widersprüche dieser Art innerhalb des inneren Bildes von der Welt führen aber immer zu weiteren Wahrnehmungsdeformationen und damit zu neuen Widersprüchen, so daß es zu einer grundsätzlichen Veränderung des System kommen kann, bis entweder die Widersprüche eliminiert werden können oder sich das System in einer pathologischen Weise stabilisiert. Hätte unser fiktives Kind zum Beispiel das Konzept Mutter in erheblichem Maße abgewertet, hätte dies vermutlich eine Störung in der Beziehungsfähigkeit des Kindes zur Folge gehabt. Dieser Zustand hätte sich dann zum klinischen Bild einer schizoiden Persönlichkeitsstörung entwickeln können. Solche Zustände sind aber, wie man aus klinischer Erfahrung weiß, außerordentlich stabil und veränderungsresistent.

3.4 Artifizielle Konzepte

Wenn man die Erfahrungen der Therapieschulen nützen will, wird man die Konstrukte der Therapieschulengründer reformulieren müssen. Zur Einführung in dieses Thema wollen wir zunächst einmal ein kleines Gedankenexperiment machen: Stellen Sie sich bitte einfach einmal einen Ziegelstein vor. Und jetzt denken Sie an eine Luftballon, der langsam durch den Raum schwebt. Nun halten Sie das Konzept *Schweben* fest und verbinden es mit dem Konzept *Ziegelstein*. Stellen Sie sich bitte vor, wie der Ziegelstein langsam durch den Raum schwebt. Wenn Ihnen diese sicher recht erheiternde Vorstellung gelungen ist, gibt es jetzt in Ihrem inneren Bild von der Welt einen schwebenden Ziegelstein! Dieses Konzept zu entwickeln, dürfte deshalb relativ leicht gefallen sein, weil das Konzept *Ziegelstein* für die meisten Menschen recht neutral und das Konzept *Schweben* in der Regel positiv bewertet ist. Wenn Sie das Experiment mit negativ bewerteten Konzepte wiederholen möchten, werden Sie feststellen, daß sie sich stärker anstrengen müssen, das heißt ein stärkeres Motiv benötigen, um eine vergleichbare Vorstellung zu entwickeln.

Nun zur Nutzanwendung unseres Gedankenexperiments: Wenn Sie eine Therapieausbildung oder eine Eigentherapie gemacht haben, haben Sie einige solcher künstlichen Konzepte erworben, die für Sie, so naiv das einem modernen Theoretiker erscheinen mag, praktisch Realitätscharakter haben. Haben Sie eine analytische Therapie gemacht, werden Sie in der Gewißheit leben, ein „Ich" ein „Es" und ein „Über-Ich" zu besitzen, haben Sie mit der Transaktionsanalyse zu tun gehabt, werden Sie „Eltern-Ich", ein „Erwachsenen-Ich" und „Kindheits-Ich" in sich entdeckt haben und so fort. Sie haben gelernt, Ihr Innenleben in diesen Kategorien zu ordnen.

Wenn Sie zu Hause ein Kind haben, das zu Trotzanfällen neigt, können Sie es ganz leicht davon überzeugen, daß es im Innern einen kleinen Zwerg namens Rumpelstilzchen hat, der immer diese Trotzanfälle macht. Sie haben dann ein Instrument, mittels dessen Sie leichter Einfluß auf die Trotzanfälle nehmen können. Das macht den Sinn dieser artifiziellen Konzepte verständlich. Sie binden den Informationsgehalt vieler natürlicher Konzepte in symbolischer Form und machen ihn damit im Rahmen der Therapie handhabbar. Man braucht ja zum Beispiel nur eine Weile über das Konstrukt des Über-Ichs zu reden und schon fühlt man, daß man so etwas hat, und man kann dann unter Umständen leichter mit dem umgehen, was durch diesen Begriff im Innern aufgerufen wird. Das verweist wieder auf die typisch menschliche Fähigkeit, sehr schnell zu Symbolbildungen zu kommen, den Bedeutungsraum eines konkreten Begriffs auszuweiten und ins metaphorisch Abstrakte zu übertragen und mit diesen neu gebildeten Einheiten sinnvoll arbeiten zu können, ohne daß der Informationsgehalt von vornherein festgelegt sein muß.

Wenn man in diesem Sinne die Konstrukte der Therapieschulengründer daraufhin untersucht, welchen Informationsgehalt, welche natürlichen Konzepte sie zu binden in der Lage sind, erschließt sich die klassische Therapieliteratur auf eine völlig neue Weise. Die Schätze an Erfahrungswissen der unterschiedlichen Schulen lassen sich in ein allgemeines Modell einordnen und werden damit kompatibel. Natürlich werden aber auch Widersprüche und Ungereimtheiten innerhalb der einzelnen Denksysteme deutlich. Für mich hat es sich dabei sehr bewährt, mengentheoretisch vorzugehen und die Frage zu stellen, welches Teil der Gesamtheit die Konstrukte abbilden, und zu untersuchen, ob Restmengen bleiben, die nicht berücksichtigt sind, oder ob sich ausschließende Konstrukte gemeinsame Elemente haben. Trotz aller Probleme, die auf diese Weise deutlich werden, ist man jedoch immer wieder verwundert, wieviel Sinn plötzlich hinter scheinbar krausen Behauptungen deutlich wird. Denn die Therapieschulengründer waren in der Regel Empiriker, die ihre Erfahrungen im nachhinein und fast immer mit unzulänglichen Mitteln theoretisch zu begründen und in therapeutische Begriffe zu bringen versucht haben. Das ändert aber nichts daran, daß es sich zum großen Teil um Erfahrungen, also um Fakten handelt, die ihren unvergänglichen Wert haben, wenn es gelingt, die Begriffe und Schlußfolgerungen in einer allgemeinen Sprache auszudrücken.

Genau dies ist aber absolut notwendig. Denn wenn man die Konstrukte der Therapieschulengründer nicht in dem beschriebenen Sinne als artifizielle Konstrukte, die etwas bildhaft beschreiben, um es damit handhabbar zu machen, versteht, dann werden diese Konstrukte zu Dingen an sich, zu scheinbaren „Bestandteilen der menschlichen Seele", die empirisch nicht zu fassen sind, zu Gedankenmonstern, die ein Eigenleben führen und sich gnadenlos vermehren.

Dennoch kann man, vor allem wenn man sich in einer der Therapieschulen heimisch fühlt, die klassischen Konstrukte sinnvoll benutzen, solange man sie nicht als real existierende „Bestandteile der menschlichen Seele" auffaßt und dies auch den Klienten hinreichend klar macht. Therapeutisch günstiger scheint es mir allerdings, statt der klassischen Konstrukte, wo es sinnvoll ist, im Individuum vorhandene Konzepte über artifizielle Konstrukte zu binden, ganz persönliche Konstrukte aus dem Erleben des Klienten heraus zu entwickeln, wie man das vor allem bei Erickson-Schülern oder den Vertretern des Neurolinguistischen Programmierens (NLP) beobachten kann. So mag es zum Beispiel für einen Firmeninhaber sinnvoll sein, sich sein Innenleben als große Firma mit vielen spezialisierten Mitarbeitern vorzustellen. Einem Computerspezialisten wird das Bild eines Großrechners mit vielen Unterprogrammen eher einleuchten. Andere Menschen können sich ihr Innenleben leicht als mit Phantasiegestalten bevölkert vorstellen. Aus diesen Basisvorstellungen heraus lassen sich dann spezifische problembezogene Konstrukte entwickeln: Der Controllingchef, der nichts durchgehen läßt, ersetzt recht gut den Begriff des Überichs; das Unterprogramm, das aufgrund einer bestimmten Information eine schmerzhafte Magenkontraktion veranlaßt, und das Monster, das immer die schreckliche Angst macht, werden ganz leicht und schnell zu artifiziellen Konzepten im inneren Bild von der Welt, mittels derer etwas handhabbar werden kann, was man sonst nur schwer im therapeutischen Raum abbilden könnte. Und, obschon diese artifiziellen Konzepte für die Klienten zeitweise einen recht intensiven Realitätscharakter annehmen können, besteht doch nie die Gefahr, daß der Klient die Bewußtheit darüber verliert, daß diese Gebilde nur Kunstprodukte sind.

Das Bestreben, ihre Konstrukte zu etwas Dinglichem, zu etwas wirklich Seiendem zu machen, ist unter Therapietheoretikern anscheinend unvermeidlich. Wer die neuere Therapieliteratur durchsieht, dem wird auffallen, daß der derzeitige Modetrend darin besteht, statt von kognitiven Strukturen von *neuronalen* Strukturen oder Netzwerken zu sprechen, ohne daß dabei ein definierter Zusammenhang mit den Ergebnissen biologischer Grundlagenforschung besteht.

3.5   Zum Beispiel: Die klientenzentrierte Therapie von Carl Rogers

Die praktische Anwendung der beschriebenen Modellvorstellungen soll hier am Bei-spiel der klientenzentrierten Therapie von Carl Rogers aufgezeigt werden. Dabei soll auch der Zusammenhang zwischen der Theorie über den therapeutischen Raum und dem emotional-kognitiven Modell deutlich werden.

Carl Rogers (1972, 1987) hat für seine Therapierichtung im wesentlichen nur Bedin-gungen definiert, unter denen der Klient „aus sich heraus" in der Lage ist, wieder gesund zu werden. Er hat also seine Therapietheorie, im Gegensatz zu seiner problematischen Persönlichkeitstheorie (siehe Hummitzsch, 1994), sozialpsychologisch formuliert. Der Therapeut, der sich so echt und natürlich wie möglich zu verhalten hat (Variable Kon-gruenz), versucht die Gefühle des Klienten nachzuempfinden (Variable Empathie) und auszudrücken. Daraufhin entwickelt sich ein Gespräch, das zu einer immer genaueren Abbildung des Problems in den therapeutischen Raum und zu dessen Auflösung führt. Tatsächlich funktioniert das sehr gut, aber die Frage ist, was dabei geschieht.

Wie immer in der Therapie haben wir es mit dem Problem der Verfügbarkeit zu tun. Der Klient kann in dem Bereich, in dem sein Problem liegt, nicht über seine sonstigen Fähigkeiten verfügen, und er kann sein Problem nicht wirklich präzise beschreiben. Nach Modell-Annahme 4. des kognitiv-emotionalen Modells liegt das daran, daß bestimmte Konzepte infolge der Erfahrung des Klienten mit den Dingen, die diese Kon-zepte im Innern abbilden, sehr negativ, zum Beispiel mit der Emotion der Peinlichkeit, bewertet sind. Wenn nun ein Therapeut im Sinne von Carl Rogers seine Klienten bittet, das Problem zu schildern, so wird der Klient zunächst eine oberflächliche Schilderung abgeben, die in der Regel den Kern des Problems noch gar nicht berührt. Das heißt, er aktualisiert die Konzepte, die mit den eigentlich problematischen Konzepten vernetzt sind, die zwar auch negativ bewertet, aber immerhin noch verfügbar sind. Er redet also um das Problem herum. Dadurch entsteht eine Abbildung des Problems in den thera-peutischen Raum, die unvollständig, verzerrt und ohne den notwendigen kognitiv-emo-tionalen Zusammenhang ist.

Aber dadurch, daß Rogers die Gefühle des Klienten verbalisiert, hilft er ihm, sich dem Kern des Problems zu nähern, das heißt zu einer genaueren Abbildung des Problems in den therapeutischen Raum zu kommen. Denn Konzepte enthalten gemäß Modell-Annahme 3. neben den Inhalten auch die Bewertungen, und sie sind deshalb auch über diese Bewertungen anzusprechen. Wenn es gelingt, das Gefühl anzusprechen, das ein Mensch in einer bestimmten Situation hatte, wird diese Situation wieder lebendig. Wenn es dem Klienten auf diese Weise gelingt, negativ bewertete Konzepte zu aktua-lisieren und somit partiell sein Problem zu erleben, und wenn er die menschliche Nähe seines Therapeuten dabei wahrnimmt (Variable Wertschätzung oder positive Zuwen-dung), muß das die Bewertungen der Konzepte zum Positiven verändern, weil nach Modell-Annahme 5. die situativen Komponenten in die Bewertungen der Konzepte mit eingehen. Ist das vorher wegen seiner negativen Bewertung nicht verfügbare Konzept genügend umbewertet worden, steht es wieder in angemessener Weise zur Verfügung.

Dabei handelt es sich zunächst um solche Konzepte, die mit dem zentral problemati-schen Konzept vernetzt sind. Indem aber diese Konzepte umbewertet werden, wird auch das zentral problematische Konzept infolge der gemeinsamen Elemente mit umbewertet, bis es die Schwelle der Verfügbarkeit in der therapeutischen Situation überschritten hat und nun auch im therapeutischen Raum abgebildet werden kann. Ist auch dieses Konzept in der geschilderten Weise umbewertet, kann der Klient in dem Bereich, in dem sein Problem angesiedelt war, wieder richtiger wahrnehmen und handeln. War zum Beispiel das Konzept, das der Klient von seinem Vater hatte, vorher in negativer Weise mit dem Gefühl der Angst bewertet, so daß es nur partiell zu aktualisieren war, kann er seinen Vater danach so sehen, wie er wirklich ist, das heißt, wie es einer annähernd objektiven Bewertung aller mit dem Vater gemachten Erfahrungen entspricht. Auf dieser Grundlage kann er nunmehr neue und angemessenere Verhaltensstrukturmuster in Bezug auf seinen Vater entwickeln, und er kann sich dann ihm gegenüber angemessener verhalten.

Es ist also Gleichzeitigkeit der Abbildung des Problems in den therapeutischen Raum und der Wahrnehmung der positiven Wertschätzung, also der Nähe in der Beziehung zum Therapeuten, die zu einer Veränderung der Abbildung des Problems in Richtung auf die Abbildung der Lösung des Problems führt. Dieser Lernvorgang ist natürlich auch in der Sprache der Verhaltenstherapie nach dem Paradigma der operanten Konditionierung darstellbar. Man könnte sagen: Der Klient zeigt, indem er ihm unangenehme Konzepte aktualisiert, ein Sprachverhalten, welches durch die freundliche Zuwendung des Therapeuten verstärkt wird. Daraufhin tritt dieses Sprachverhalten häufiger beziehungsweise in elaborierterer Form auf. Diese Darstellung ist insoweit trivial, als man jeden Lernvorgang im nachhinein in dieser Weise darstellen kann. Es läßt sich aber sicher kaum übersehen, daß diese Sprache den Vorgang irgendwie unzulänglich beschreibt. Dies war wohl auch der Grund dafür, daß Rogers sich vehement und über jedes vernünftige Maß hinaus gegen solche Interpretationen gewehrt hat.

Rogers selbst führt die Veränderung, die im Klienten stattgefunden hat, nicht unmittelbar auf das Verhalten des Therapeuten, sondern auf die sogenannte „Selbstaktualisierungstendenz" des Klienten zurück. (Der Therapeut gestaltet nach Rogers lediglich den therapeutischen Raum, indem er die oben angeführten Therapeutenvariablen realisiert, und schafft damit die Voraussetzungen dafür, daß diese Tendenz wirksam wird.) Diese Selbstaktualisierungstendenz erscheint vielen Theoretikern als völlig unakzeptabel. Tatsächlich haben wir hier ein typisches Beispiel für theoretisch unzulänglich formuliertes, aber dennoch sehr bedeutsames Erfahrungswissen. Wie oben schon gezeigt, kann man die „Selbstaktualisierungstendenz", wie Rogers sie beschreibt, als Spezialfall der allgemeineren Tendenz der Wahrnehmung und des Speichers zur Widerspruchsfreiheit auffassen, ohne die nicht nur keine Psychotherapie, sondern überhaupt kein intelligentes Leben möglich wäre. Denn den inneren Speicher so gut es geht vor Widersprüchen zu bewahren, ist ein grundlegend notwendiges Lebensprinzip. Ich denke, daß Rogers mir hier hätte zustimmen können, wenn sein ständig mißverstandenes Konstrukt zum grundlegenden Baumuster des menschlichen Gehirns erklärt wird.

Die Lerntheorien widersprechen eben keinesfalls der Ansicht Rogers', wenn er meint, daß Menschen von selber lernen, wenn man sie nur den „richtigen Bedingungen" aussetzt. Sie bestätigen lediglich Rogers, denn was sind Verstärker, Modellverhalten oder unkonditionierte Reize, wenn sie einen Lerneffekt auslösen, anderes als restriktiv formulierte „richtige Bedingungen"? Die tatsächliche Bedeutung des von Rogers entwikkelten Therapieverfahrens besteht darin, daß er eine Methode entwickelt hat, die es gestattet, ohne Vorannahmen darüber, was das Problem des Klienten ist, und fast ohne Vorannahmen darüber, wie der Mensch im Innern zu funktionieren habe, zum Kern des Problems zu kommen Das ist eine Methode, die jeden Wechsel im Zustand des Klienten berücksichtigt, weil sie immer vom jeweiligen Hier und Jetzt ausgeht und immer auf das jeweils aktuelle Zentrum der Störung hinarbeitet.

Dies macht Rogers Therapie vor dem Hintergrund des neuen Weltbildes, in dem Konnektionismus, Synergetik und die Chaostheorie von Bedeutung sind, so aktuell und bedeutsam. Denn wenn in einem System massiv paralleler Informationsverarbeitung Endzustände nicht mehr sicher durch Ausgangszustände determiniert sind und die Kausalität nur noch einen begrenzten Geltungsbereich hat, muß man sehr starke Zweifel gegenüber einer Psychotherapie anmelden, die von dem Grundsatz ausgeht, daß man zunächst in einer *Problemanalyse* den Ist-Zustand festzustellen hat, um daraus eine Behandlung abzuleiten, die den gewünschten Soll-Zustand herstellen soll. Wo diese Sicht unreflektiert herrscht oder wo man praktisch gesehen ausschließlich so handelt, weil man keine Alternativen dazu kennt, bleibt man erheblich hinter den Möglichkeiten und Notwendigkeiten der Psychotherapie zurück.

Das spricht sicher nicht grundsätzlich gegen den Wert einer gründlichen und vor allem im Laufe der Therapie fortgesetzten Problemanalyse. Es ist ja nicht so, daß im Innern irgendeines Menschen nichts regelhaft ablaufen würde. Es ist allerdings sehr häufig so, daß die Problemanalyse zu Beginn der Therapie schon deshalb keine befriedigenden Ergebnisse erzielen kann, weil dem Klienten eben gerade die Konzepte nicht hinreichend zur Verfügung stehen, die das Problem abbilden. Dennoch, es gibt auch bei menschlichen Problemen Sachverhalte, die dem Außenstehenden klar verständlich sind, wenn sie nur hinreichend abfragt werden, und es gibt auch, wenn auch viel seltener als „Qualitätsmanager" das gerne hätten, relativ eindeutige Möglichkeiten der Zuordnung von bestimmten Sachverhalten und geeigneten Behandlungsmethoden. Eine einfache Phobie ist eben mit den Mitteln der Systematischen Desensibilisierung oder der Reizüberflutung in den meisten Fällen, wenn auch nicht in allen (!) schnell und sicher zu behandeln, während die Behandlung nach Rogers statistisch betrachtet weniger erfolgversprechend wäre. Es bleibt aber festzuhalten, daß Rogers' positive Wertschätzung, beziehungsweise die Nähe in der Beziehung zum Klienten, nicht nur eine intervenierende Variable darstellt, die zum Gelingen aller Interventionsstrategien beiträgt, sondern daß es sich, wenn auch die anderen beiden Variablen Kongruenz und Empathie realisiert werden, um eine sehr universelle und potente Therapietechnik an sich handelt. Ihr größter Vorteil liegt darin, das sie für den Therapeuten ein Mittel darstellt, ohne Vorannahmen aus peripheren Bereichen heraus zum Zentrum der Störung zu gelangen. In der Praxis gib es immer Probleme, die dem Therapeuten vertraut und durchschaubar sind. Es gibt aber immer auch Probleme, die man erst dann versteht, wenn man sie erfolgreich behandelt hat. Für diese Gruppe von Problemen ist die Methode von Rogers unverzichtbar.

Dabei sollen die Schwächen nicht übersehen werden. Die für mich wesentlichste *Schwäche von Rogers' Theorie* liegt darin begründet, daß er zwar die akuten Widersprüche im inneren Bild von der Welt, die er als Inkongruenzen beschreibt, berücksichtigt, nicht aber die latenten Widersprüche, die in einem Informationsmangel bestehen (vergleiche hierzu Modell-Annahme 1.). Dies hat zur Folge, daß in seiner Therapieform jede Art von Informationsvermittlung, der Vermittlung von Fertigkeiten und das Einüben von Verhaltensstrukturmustern als suspekt gilt und unterbleibt. Ich versuche gelegentlich bei Anhängern der klientenzentrierten Therapie nach Rogers mit folgendem Argument auf diesen Mangel hinzuweisen: Es gibt Fälle der Art, daß jemand das Autofahren nicht gelernt hat, weil er Angst vor Autos hatte. Die Tatsache, daß diese Angst in einer erfolgreichen Therapie beseitigt wurde, befähigt ihn aber keineswegs zum Autofahren. Dies muß er erst noch in der Fahrschule lernen. Aber ich habe, trotz der Bildhaftigkeit der Aussage, selten Gehör gefunden.

3.6   Psychotherapie verlangt eine ganzheitliche Betrachtungsweise

Der Begriff der Ganzheit ist aus der modernen Wissenschaftssprache der Psychologie fast verschwunden. Es gibt zur Zeit wenige Wissenschaftler wie Klix (1976, 1992), die sich einem ganzheitlichen Denken verpflichtet fühlen. Empirische Forschung ist überwiegend durch eine molekulare Betrachtungsweise bestimmt. Es gibt unzählige Einzeluntersuchungen zu unzähligen Detailproblemen. Psychotherapie dagegen befaßt sich mit kompletten Individuen, mit lebenden Menschen, die ihrerseits wieder ganzheitlich mit ihrer personalen und sachlichen Umwelt verbunden sind. Die empirische Forschung unserer Zeit soll damit nicht völlig abgewertet werden, aber mir scheint doch, daß der praktische Nutzen für die Psychotherapie recht gering ist. Das liegt nicht nur daran, daß der Bedeutungsgehalt der jeweiligen einzelnen Forschungsergebnisse auf molekularer Ebene für das gesamte Bild des Menschen extrem gering ist, sondern es liegt vielmehr an dem grundsätzlichen Problem, daß es weder praktisch noch wissenschaftstheoretisch möglich ist, aus unzähligen molekularen Fakten ein ganzheitliches Bild des Menschen zusammenzusetzen. Das ganzheitliche Funktionieren eines Systems einschließlich seiner möglichen Fehlfunktionen läßt sich nicht aus der Summe seiner Teilfunktionen erschließen.

Die Ergebnisse moderner empirischer Forschung beschreiben bislang aber immer nur Teilfunktionen des Systems Mensch. Auch wenn diese Ergebnisse häufig so formuliert sind, daß sie den Anschein erwecken, umfassende Aussagen machen zu können, ist ihr Geltungsbereich in der Regel sehr gering. Dagegen haben sich die Therapieschulengründer immer um eine ganzheitliche Betrachtung des Menschen bemüht, wenngleich sie sicher letztlich alle in diesem Bemühen ganz oder teilweise gescheitert sind. Dies mag auch erklären, warum Therapeuten an ihren Therapieschulen festhalten. Auf dem heutigen Stand der empirischen Forschung ist dieses Festhalten wohlbegründet, so inakzeptabel es auf Dauer auch sein mag.

Um bei dem gegenwärtigen Zustand der Psychotherapie zumindest für mich eine Verbesserung zu erreichen, habe ich in nunmehr über fünfzehnjähriger Interaktion von praktischer therapeutischer Arbeit und theoretischer Überlegungen das hier dargestellte und erstmals von Hummitzsch (1995) veröffentlichte Modell entwickelt. Das wäre ohne die Auseinandersetzung mit Klix (1976) nicht möglich gewesen. Diese Auseinandersetzung hat zu einem Wechsel der Perspektive geführt. Statt von den Einzelergebnissen der empirischen Forschung oder dem untereinander unvereinbaren Erfahrungswissen der Therapieschulen auszugehen und daraus ein Ganzes zusammenzusetzen, war es notwendig, von einer ganzheitlichen Betrachtung auszugehen und von der Ganzheit zu den Elementen und deren Beziehung zueinander zu kommen. Statt der Ameisenperspektive war die Vogelperspektive notwendig. Das hat Vor- und Nachteile. Aus der Vogelperspektive verschwinden die Einzelheiten, aber die großen Zusammenhänge treten um so deutlicher hervor. Ein Modell in diesem Sinne von oben nach unten zu konstruieren, zwingt dazu, den Zusammenhang aller Elemente eindeutig zu beschreiben und zu einer einheitlichen Wahrnehmungs-, Handlungs- und Störungstheorie zu kommen. Dabei bin ich mir darüber im Klaren, daß das vorgestellte Modell von vielen Theoretikern als viel zu einfach, ja geradezu simpel abgetan werden wird. Obschon ich diesen Kritikern teilweise recht geben würde, sehe ich die Einfachheit doch überwiegend als Vorteil: Das Modell ist infolge seiner formalisierten Form empirisch leicht zu überprüfen, und es ist leicht zu ergänzen und zu differenzieren.

Ein Wort zur *Schematheorie* scheint hier nötig. Denn trotz scheinbarer Ähnlichkeiten zu dem hier vorgestellten Modell, geht sie doch von völlig anderen Voraussetzungen aus. Grawe (1998, S. 244) definiert seine Schemata als „Bereitschaften" unterschiedlicher Art. „Wir haben aber soeben gesehen, dass man verschiedene Arten von Bereitschaften, nämlich zumindest Wahrnehmungsbereitschaften, Handlungsbereitschaften, Emotionsbereitschaften und motivationale Bereitschaften unterscheiden muß." Er kommt daher zu hochspezialisierten Schematypen der verschiedensten Art zum Beispiel zu Vermeidungsschemata und Konfliktschemata (s. 355 ff), deren Bezug zum Konkreten, zu Objekten und Verhaltensstrukturmustern, die im Innern abgebildet sind, mir nicht mehr nachvollziehbar ist. Dagegen sind die hier definierten Konzepte als Bedeutungsfelder definiert, in deren Zentrum konkret zu benennende Objekte oder Handlungsstrukturmuster stehen. Die „Bereitschaften" im Sinne von Grawe ergeben sich dabei aus der Wechselwirkung von Motiven und Bewertungen im Rahmen der psychischen Gesamtheit und der Notwendigkeit der Widerspruchsfreiheit des inneren Bildes von der Welt.

Der Vorteil liegt auf der Hand: Nehmen wir ein beliebiges Konzept, zum Beispiel das Konzept *Hammer*. Dieses Konzept beinhaltet alle Erfahrungen, die das Individuum mit Hämmern und der Benutzung von Hämmern gemacht hat. Aus der Schematheorie heraus wäre nun die Frage von Bedeutung, in welcher Weise welche Arten von „Bereitschaften" diesem Konzept zugeordnet werden können. Vorausgesetzt, das Individuum hat ein Leben lang Erfahrung mit Hämmern gemacht, dann werden das positive und negative Erfahrungen sein, es wird sich mit dem Hammer verletzt haben, und es wird mit dem Hammer erfolgreich gearbeitet haben. Je nachdem, wie die Bilanz ausgegangen ist, ist das Konzept entweder positiver oder negativer bewertet. Ist das Konzept relativ negativ bewertet, wird das Individuum nach Möglichkeit das Arbeiten mit Hämmern vermeiden, aber wenn es ein genügend starkes Motiv hat, wird es eben doch einen Hammer benutzen. Tatsächlich wird vermutlich jedes Konzept Komponenten der Hinwendung und Komponenten der Abwendung enthalten, und genau das drückt das Konstrukt Bewertung aus.

Das bringt den theoretischen Gewinn, daß statt eines Entweder-Oder, Vermeidungs-schema vs. Hinwendungsschema, ein dynamisches Kontinuum entsteht, aus dem bei unterschiedlicher Motivstärke auch unterschiedliches Verhalten resultieren wird. Das wäre aber innerhalb eines zum Zwecke der Psychotherapieausübung entwickelten Modells noch kein Gewinn, wenn es nicht auch praktische Konsequenzen hätte. Diese sollen hier an einem simplen Beispiel verdeutlicht werden.

Gesetzt den Fall, wir hätten zwei Personen, die beide gleich schlecht mit Hämmern umgehen können. Bei der ersten Person, einem Lehrling, soll das daran liegen, daß sie keine hinreichende Erfahrung mit Hämmern hat, sie hatte also keine Gelegenheit, das Konzept *Hammer* hinreichend zu entwickeln. Dem Konzept fehlt alles, was den prak-tischen Umgang mit Hämmern abbildet. Bei der zweiten Person soll es sich um einen Handwerker handeln, der sein Leben lang mit Hämmern gearbeitet hat, dessen Konzept *Hammer* also alles beinhaltet, was den praktischen Umgang mit Hämmern abbildet. Nur hat er sich mit einem Hammer so schwer verletzt, daß das Konzept Hammer sehr negativ bewertet wurde und er Angst vor Hämmern hat. Da er aber ein starkes Motiv hat, wei-terhin Hämmer zu benutzen, weil er sonst aus seinem Beruf aussscheiden müßte, seine Angst aber bestehen bleibt, arbeitet er genau so schlecht mit Hämmern wie die erste Per-son. Wenn man jetzt fragt, was bei beiden zu tun sei, damit sie ihr Handwerkszeug bes-ser benutzen können, ist die Antwort aus dem hier vorgelegten Modell heraus sehr einfach. Es geht in beiden Fällen darum, die Bewertung des Konzeptes Hammer zu ver-bessern. Bei dem Lehrling ist ein ganz normaler Lernprozeß des Erwerbs von Fähig-keiten erforderlich, bei dem erfahrenen Handwerker geht es darum, daß die Fähigkeiten, über die er verfügt hatte, wieder verfügbar werden.

Aus der Modell-Annahme, daß es nur eine Art von Konzepten gibt, deren Verfügbar-keit von ihren inhärenten Bewertungen und der jeweiligen im Moment aktuellen Motiv-stärke abhängt, ergibt sich auch ein einheitlicher Ansatz der therapeutischen Interven-tion: Es geht schlichtweg immer nur darum, Bewertungen von Konzepten zu verändern, so wie das in diesem Text vielfach vorgeführt wurde.

Das vorgelegte Modell ist keine „Konzeptheorie" sondern eine „Theorie des inneren Bildes von der Welt", die davon ausgeht, daß wenn dieses innere Bild von der Welt in sich widerspruchsfrei ist, das Individuum im Rahmen seiner Fähigkeiten ohne Pro-bleme mit der Welt interagieren kann. Das bedeutet auch, daß dieses Individuum im Rahmen seiner Begabungen optimal lernfähig ist. Im Umkehrschluß ergibt sich, daß wenn irgendwo im inneren Bild von der Welt ein *Widerspruch* existiert, das Individuum an irgendeiner Stelle in seinem Verhalten, in seiner Wahrnehmungsfähigkeit oder in seiner Lernfähigkeit behindert sein wird.

Dieser Umstand ergibt sich daraus, daß es in der Welt keine logischen Widersprüche geben kann. Ein Gegenstand kann nicht vorhanden und gleichzeitig nicht vorhanden sein, genau so wenig kann eine Mutter gut und schlecht zugleich sein und so weiter. Dennoch erleben wir die Welt ständig als widersprüchlich. Aber diese subjektiv erleb-ten Widersprüche resultieren immer nur aus der Fehlerhaftigkeit oder Unvollständig-keit unseres inneren Bildes von der Welt. Aus der ganzheitlichen Sicht des Modells heraus kann nun das Konstrukt Widerspruch sehr allgemein formuliert werden. Ein *Widerspruch im inneren Bild von der Welt* besteht akut oder latent immer dann, wenn ein oder mehrere Konzepte einen Sachverhalt oder ein Objekt nicht, oder nicht richtig abbilden. Das heißt, um wieder ein simples Alltagsbeispiel zu benutzen, wenn jemand einen Bullen für eine Kuh hält, enthält sein inneres Bild von der Welt einen latenten Widerspruch, der dann akut werden kann, wenn er über eine Weide geht, und der Bulle sich keineswegs wie eine friedliche Kuh verhält. Dies ist ein Beispiel für einen Fehler im inneren Bild von der Welt, der sich rein auf den Inhalt des Konzeptes, auf das Objekt, bezieht. Ein solcher Fehler, solange er latent bleibt, hat keine Auswirkungen auf das Gesamtgefüge des inneren Bildes von der Welt und hat vermutlich auch kaum jemals eine therapeutische Bedeutung.

Die andere Art Fehler ist besteht darin, daß innerhalb eines Konzeptes Objekten oder Sachverhalten *falsche Bewertungen* zugeordnet sind. Wenn, um ein schon eingeführtes Beispiel zu benutzen, ein Kind darauf angewiesen ist, eine versorgende und liebevolle Mutter zu haben, wird es das Konzept *Mutter* positiv bewerten, auch wenn seine Erfahrungen mit der Mutter sehr oft negativ waren. Es besteht dann ein Widerspruch zwischen dem objektiven Zustand der Mutter-Kind-Beziehung und der Bewertung desselben im inneren Bild von der Welt. Wenn das Kind in späterem Alter weniger auf die Mutter angewiesen ist, wird es möglicherweise die negativen Verhaltensweisen der Mutter um so deutlicher wahrnehmen und das Konzept *Mutter* so stark abwerten, daß es kaum noch verfügbar ist. Damit ist das Kind und der Erwachsene, der aus diesem Kinde wird, aber auch von den positiven Erfahrungen und von vielen Basiserfahrungen abgeschnitten, die es auch mit der Mutter gemacht hat. (In der Sprache der Psychoanalyse würde man diesen Zustand als *Komplex* bezeichnen.) Das heißt, es kann sich eine erhebliche Behinderung entwickeln. In der Therapie dieser Behinderung würde es dann wieder darum gehen, zunächst die Bewertungen des Konzeptes Mutter zu verbessern, so daß die Inhalte des Konzeptes, das heißt alles, was mit der Mutter an Positivem und Negativem erlebt wurde, wieder zugänglich werden, um dann zu einer dem tatsächlichen Erleben entsprechenden Bewertung des Konzeptes Mutter zu kommen und wieder über alle Erfahrungen verfügen zu können, die tatsächlich gemacht wurden.

Durch die Modell-Annahme 1., in der zwischen latentem und akutem Widerspruch im inneren Bild von der Welt unterschieden wird, ergibt sich also eine *einheitliche Störungstheorie*, die sowohl die Probleme, die sich aus Lerndefiziten ergeben als auch Probleme, die in der Literatur üblicherweise als neurotische Störung, Verdrängung, Komplexbildung, als Inkongruenzen und so weiter bezeichnet werden, zu verstehen gestattet. Das ist nicht nur ein theoretischer Gewinn, sondern eine Brücke, die psychotherapeutische Weltanschauungen verbindet.

Dennoch gestattet das Modell allein nicht, psychotherapeutisch tätig zu sein. Dazu braucht es eine Menge von Techniken und Verfahrensweisen, von Wissen über die Welt und die Menschen, von Einstellungen und Haltungen gegenüber der Welt und den Menschen. Einen Teil davon zu ordnen, in eine verfügbare Struktur zu bringen, ist der Zweck des Modells. Es bringt keinen Gewinn, das Rad immer neu erfinden zu wollen. Wir haben ein gewaltiges Wissen über Psychotherapie. Wahrscheinlich gibt es keine spezielle psychische Störung, die nicht irgendein Therapeut auf der Welt mit seinem speziellen Wissen leicht behandeln könnte. Dieses Wissen in einer allgemeinen Sprache zu reformulieren und es damit allgemein zugänglich zu machen, ist die Aufgabe der Zukunft.

Jeder erfahrene und erfolgreiche Psychotherapeut weiß, daß Spontaneität und Kreativität entscheidend wichtig für das Gelingen von Psychotherapie sind. Obschon das Thema der *flexiblen Anpassung des Therapeuten* an den jeweiligen Zustand des Klienten von Zeit zu Zeit wieder aufgegriffen wird (siehe Grawe, 1988), wurde es von seiten der wissenschaftlichen Reflexion von Psychotherapie in der Vergangenheit eher unterdrückt als gefördert, da man, dem alten Weltbild verhaftet, auf Planung und Planbarkeit und auf feste Zuordnungen von Diagnose und Behandlung setzte.

Die Akzeptanz des neuen Weltbildes, in dem „Konnektionismus, die Synergetik und die Chaostheorie" bedeutsam sind, verlangt dagegen nach einem Psychotherapeuten, der sich jederzeit auf überraschende und neue Situationen einstellen kann, der jederzeit bereit ist, seine Hypothesen aufzugeben, um sich der veränderten Situation zu stellen. „Öfter als wir uns möglicherweise in Anbetracht vorliegender Programme eingestehen, sind Veränderungen nur zu erreichen über das Aufspüren höchst individueller Muster, aus denen ein allgemeineres Geschehen sich zusammensetzt." (Zwack, 1996, S. 552). Sozialtechniker, die lediglich ein festgefügtes Wissen darüber haben, bei welcher Störung welches Verfahren anzuwenden ist, sollten ebenso der Vergangenheit angehören wie engstirnige Vertreter von Psychotherapieschulen.

Kreativität und Wissenschaftlichkeit sind keine sich ausschließenden Alternativen. Im Bereich der Psychotherapie stehen sie in einem notwendigen Ergänzungsverhältnis zueinander. Als Psychotherapeut benötigt man ein in sich widerspruchsfreies Wissen, das jederzeit veränderungs- und ergänzungsfähig und aus sich heraus resistent gegen einengende Glaubenssätze und Dogmen ist, die den therapeutischen Raum in unentschuldbarer Weise einengen. Nur so kann der Therapeut frei werden für das eigentlich konstituierende Element der Psychotherapie, für die offene, vorurteilsfreie *Begegnung* mit seinem Klienten, für das, was eingangs (sicher sehr restriktiv) als „Tanz im Feld der beiden Nähe-Distanz Variablen" beschrieben wurde. Und diese Begegnung sollte sowohl unter dem Gesichtspunkt der Ökonomie des therapeutischen Geschehens als auch unter dem Gesichtspunkt der Gesundheit und Überlebensfähigkeit des Psychotherapeuten eine *Begegnung in Liebe* sein. Denn wenn irgend etwas sicher von der Psychotherapieforschung bestätigt wurde – zum Schluß sei mir die möglicherweise befremdliche „Operationalisierung" gestattet – dann ist es die Wahrheit des Pauluswortes: „Wenn ich mit Menschen- und mit Engelszungen redete und hätte die Liebe nicht, so wäre ich ein tönendes Erz oder eine klingende Schelle."

Literatur

Arnold, W., Eysenck, H. J. & Meili, R. (1996). *Lexikon der Psychologie*. Augsburg: Bechtermünz.

Bergler, R. (Hersg.). (1975). *Das Eindruckdifferential*. Bern: Huber.

Cramer, F. (1989). Chaos und Ordnung. *Die komplexe Struktur des Lebendigen*. Stuttgart: Deutsche Verlagsanstalt.

Eichmann, K. & Mayer, I. (1985). *Kursbuch Psychotherapie*. München: Hermann Weixler.

Eschenröder, Ch. (1995). Augenbewegungs-Desensibilisierung und Verarbeitung traumatischer Erinnerungen - eine neue Behandlungsmethode. *Verhaltenstherapie & psychosoziale Praxis, 27*, 341-373.

Esslinger, Katja. (1998). Traumazentrierte Therapie: Kognitive Verhaltenstherapie & EMDR im Vergleich. Unveröffentlichtes Manuskript. Landeskrankenhaus Göttingen.

Foa, E. B., Skeketee G. & Rothbaum, B. O. (1989). Behavioral/cognitive conceptualisation of post-traumatic stress disorder. *Behavior Therapy, 20*, 155-176.

Grawe, K. (1988). Der Weg entsteht beim Gehen, Ein heuristisches Verständnis von Psychotherapie. *Verhaltenstherapie & psychosoziale Praxis, 20*, 39-49.

Grawe, K. (1994). Psychotherapie ohne Grenzen. Von den Psychotherapieschulen zur Allgemeinen Psychotherapie. *Verhaltenstherapie & psychosoziale Praxis, 26*, 357-370

Grawe, K. (1995). Grundriß einer Allgemeinen Psychotherapie. *Psychotherapeut, 40*, 130-145.

Grawe, K. (1998). *Psychologische Therapie.* Göttingen: Hogefe

Grawe, K., Donati, R. & Bernauer, F. (1994). *Psychotherapie im Wandel - Von der Konfession zur Profession.* Göttingen: Hogrefe.

Grawe, K., Grawe-Gerber, M., Heiniger, B., Ambühl, H. & Caspar, F. (1996). Schematheoretische Fallkonzeption und Therapieplanung. In F. Caspar (Hrsg.), *Psychotherapeutische Problemanalyse.* (S. 189-224). Tübingen: DGVT.

Haken, H. (1988). *Information und Selbstorganisation.* Berlin: Springer.

Haken, H. & Haken-Krell, M. (1989). *Entstehung von biologischer Information und Ordnung.* Darmstadt: Wissenschaftliche Buchgesellschaft.

Hummitzsch, H. (1994). Die Persönlichkeitstheorie von Rogers aus der Sicht eines kognitiven Modells. In M. Behr, U. Esser, F. Petermann, R. Sachse & R. Tausch (Hrsg.), *Personenzentrierte Psychologie & Psychotherapie. Jahrbuch 1994.* (S. 109-124). Köln: Gesellschaft für wissenschaftliche Gesprächstherapie.

Hummitzsch, H. (1995). *Psychotherapie - Ein schulenübergreifender Ansatz.* Heidelberg: Asanger.

Jung, C. G. (1987). Die Archetypen des kollektiven Unbewußten. In C. G. Jung, Grundwerk Band 2 (S. 77-113). Olten: Walter.

Klix, F. (1976). Über Grundstrukturen und Funktionsprinzipien kognitiver Prozesse. In F. Klix (Hrsg.), *Psychologische Beiträge zur Analyse kognitiver Prozesse.* Berlin: Kindler.

Klix, F (1992). *Die Natur des Verstandes.* Göttingen: Hogrefe.

Lang, P. (1979). A bio-informational theory of emotional imagery. *Psychophysiology, 6*, 495-571.

Neumann, W. & Peters, B. (1996). *Als der Zahnarzt Zähne zeigte - Humor, Kreativität und therapeutisches Theater.* Dortmund: Neues Leben.

Peter, B. (Hrsg.). (1985). *Hypnose und Hypnotherapie nach Milton H. Erickson. Grundlagen und Anwendungsfelder.* München: Pfeiffer.

Perseskian, N. (1983). *Auf der Suche nach Sinn. Psychotherapie der kleinen Schritte.* Frankfurt am Main: Fischer.

Petzold, H. (Hrsg.). (1981). *Widerstand - ein strittiges Konzept in der Psychotherapie.* Paderborn: Junfermann.

Rogers, C. R. (1972). *Die klientenzentrierte Gesprächstherapie.* München: Kindler.

Rogers, C. R. (1987). *Eine Theorie der Psychotherapie, der Persönlichkeit und der zwischenmenschlichen Beziehungen, entwickelt im Rahmen des klientenzentrierten Ansatzes.* Köln: Gesellschaft für wissenschaftliche Gesprächstherapie.

Shapiro, F. (1995). *Eye Movement Desensiziation and Reprocessing: Basic Principles, Protocols and Procedures.* New York: Guilford.

Zwack, M. (1996). Die therapeutische Beziehung, Nachgedanken zu einer Psychotherapie ohne Grenzen. *Verhaltenstherapie & psychosoziale Praxis, 28*, 571-575.

4 Allgemeine Psychotherapie: Leitbild für eine empiriegeleitete psychologische Therapie

Klaus Grawe

4.1 Wie kann Psychotherapie wissenschaftlich fundiert werden?

4.1.1 Psychotherapietheorien brauchen eine empirische Grundlage

Den verschiedenen psychotherapeutischen Richtungen liegen theoretische Kerne zugrunde, von denen aus das Gebäude der jeweiligen Therapieschule entwickelt wurde. Diese Kerne haben eigentlich den Charakter von Annahmen. Sie sind jedoch von den Begründern der verschiedenen Therapieschulen nicht wie noch zu prüfende Hypothesen, sondern wie Erkenntnisse mit Wahrheitsanspruch vertreten worden. Dies gilt für Freud, Jung, Adler, Rogers, Perls und andere in weitgehend gleicher Weise, auch wenn sie sich in ihrem ideologischen Wahrheitsanspruch und ihrer Offenheit für die Empirie graduell unterscheiden. Die frühen Verhaltenstherapeuten stützten sich zwar auf empirisch geprüfte Theorien über Gesetzmäßigkeiten des Lernens. Sie generalisierten aber weit über den empirisch untersuchten Bereich hinaus, so daß sie sich in der mangelhaften empirischen Deckung ihres Wahrheitsanspruches schließlich kaum noch von den anderen Therapieschulen unterschieden (Westmeyer, 1977).

Die psychotherapeutischen Theorien der „ersten Generation" (Grawe, 1995) hatten mehr die Funktion, Realität zu schaffen als Realität zu erklären. Erst die aus diesen Theorien abgeleiteten therapeutischen Anwendungen konstituierten den Phänomenbereich Psychotherapie, den wir heute als gegeben annehmen können. Heute existieren die therapeutischen Vorgehensweisen und ihre Wirkungen als empirische Sachverhalte unabhängig von den ihnen ursprünglich zugrundegelegten Theorien. Für sie müssen nun zutreffende Erklärungen gefunden werden. Es käme einem Wunder gleich, würden sich die Theorien der ersten Generation neben ihrer realitätskonstituierenden Funktion auch schon gleich als geeignet erweisen, die Gesamtheit der inzwischen vorliegenden Fakten über die Wirkungen therapeutischer Vorgehensweisen zutreffend zu erklären. Allein schon aus der Vielzahl und Unterschiedlichkeit der vorliegenden psychotherapeutischen Theorien ergibt sich, daß sie nicht alle gleichzeitig als wahre wissenschaftliche Erklärungstheorien aufgefaßt werden können. Wenn aber nicht alle gleichzeitig wahr sein können, wie soll dann entschieden werden, welche eine bessere Erklärungskraft hat als die anderen? Ein rationaler Zugang zur Beantwortung der Frage nach der Erklärungskraft von Theorien ist nur möglich über einen ausdrücklichen Bezug auf empirische Fakten nach den Regeln empirischer Forschungsmethodik.

Erst mit dem Loslassen von dem notwendigerweise ideologischen Gehalt der Theorien erster Generation konstituiert sich die Psychotherapie als Erfahrungswissenschaft. Dieser notwendige Schritt macht vielen Therapeuten Mühe. Aber ohne ihn kann die Psychotherapie nicht über den gegenwärtig erreichten Stand hinaus gelangen und zu einer fortgeschrittenen Erfahrungswissenschaft mit einem allseits anerkannten gesicherten Wissensbestand werden. Was von nun an Not tut, sind nicht weitere seherische Akte, sondern vor uns liegt der normale Weg jeder Erfahrungswissenschaft, in dem im Wechsel zwischen Hypothesenbildung und -prüfung daran gearbeitet werden muß, Empirie und theoretische Konzepte in immer bessere Übereinstimmung miteinander zu bringen.

Ein Erkenntnisprozeß im Sinne einer kontinuierlichen Wechselwirkung zwischen Theorie und kontrollierter Empirie ist in der Psychotherapie erst in Teilbereichen etabliert. Immer noch gruppieren sich die Aktivitäten vor allem um die Therapieschulen. Damit bleibt ihr theoretischer Kern Grundlage der gemeinsamen Aktivität. Dies behindert den notwendigen Schritt, diesen Kern als eine bloße Annahme zu behandeln und ihn explizit in Frage zu stellen. Die empirische Prüfung ist das unverzichtbare Korrektiv für falsche oder unzureichende Annahmen. Dort wo der Bezug auf empirische Wissensbestände am engsten ist, wurden in der Psychotherapie bisher am meisten Fortschritte gemacht. Umgekehrt kommt aber dort, wo eine übermächtige Theorie die empirische Neugier behindert, die Entwicklung besonders langsam voran. Wo die wissenschaftliche Diskussion zur Bibelstunde gerät und die Tendenz besteht, die Realität an die Theorie anzupassen statt die Theorien an die Realität, kann der Grundgedanke einer Allgemeinen Psychotherapie nur Besorgnis erwecken. Er sieht nämlich einen *Primat der Empirie gegenüber der Theorie* vor. Objektivierte und genügend replizierte empirische Fakten sind das eigentliche Fundament einer Allgemeinen Psychotherapie. Theorien haben ihren Wert vor allem darin, daß sie diese Fakten erklären und in einen verständlichen Gesamtkontext stellen können. Sie können außerdem auf mögliche neue Fakten aufmerksam machen.

Theorien sind für die therapeutische Praxis, für die Ausbildung und für die Forschung unverzichtbar, aber sie müssen jederzeit durch andere, bessere Theorien ersetzbar sein und es immer bleiben. Eine Allgemeine Psychotherapie hat durchaus Platz für miteinander konkurrierende Theorien. Maßstab für ihre Brauchbarkeit ist ihr Nutzen in der therapeutischen Anwendung und Maßstab für ihren Wahrheitsgehalt die Überprüfung daraus abgeleiteter Annahmen durch empirische Forschung. Wo immer sich eine Theorie verselbstständigt und aus dem kontinuierlichen Prozeß der Hypothesenbildung und -prüfung aussteigt, entfernt sie sich vom Leitbild einer Allgemeinen Psychotherapie als einer theoretisch *und* empirisch fundierten Psychotherapie. Wenn ich weiter unten einen theoretischen Rahmen für eine Allgemeine Psychotherapie vorschlage, dann ist dieser Vorschlag in diesem Sinne zu verstehen: Er steht zur Diskussion und ist empirisch zu prüfen. Wenn er sich nicht bewährt, ist damit die Leitidee einer Allgemeinen Psychotherapie nicht hinfällig.

4.1.2 Empirie braucht Theorie

Mit der quantitativen Ausweitung und der immer verbreiteteren Anwendung der Psychotherapie wurde das über Jahrzehnte hin vorherrschende „anything goes" allmählich unhaltbar. Verbunden mit der Forderung, Psychotherapie sei von den Krankenkassen zu bezahlen, war die unüberschaubare Vielzahl an Therapiemethoden und die eher noch unüberschaubarere Menge potentieller Therapeuten mit höchst unterschiedlicher und teilweise fragwürdiger Qualifikation zu einem Problem geworden, das dringend nach einer rationalen und ökonomisch vertretbaren Lösung rief. Es konnte bei dieser Lage nicht ausbleiben, daß die nachgewiesene Wirksamkeit eines Therapieverfahrens zu einem Kriterium für seine Anerkennung im Rahmen der Berufszulassung für Therapeuten und für die Finanzierung von Therapien durch Krankenkassen wurde. Es entstand von außen ein ordnungspolitischer und ökonomischer Druck auf die Psychotherapeuten, die Qualität ihrer Arbeit unter Beweis zu stellen. Gleichzeitig war durch die wissenschaftliche Entwicklung innerhalb der Psychotherapie im Laufe der letzten drei bis vier Jahrzehnte ein beträchtlicher Fundus an empirischen Ergebnissen herangewachsen, der für die Frage nach der wissenschaftlichen Qualität der einzelnen Therapieverfahren herangezogen werden konnte.

Jahrzehntelang war den meisten Psychotherapeuten empirische Forschung als überflüssig oder sogar gegenstandsinadäquat erschienen. Mit einem Mal wurde das Fehlen empirischer Forschung zu einem gravierenden, ja unter Umständen existenzgefährdenden Makel. In diesem Kontext war es nicht überraschend, daß eine von mir und Mitarbeiterinnen erarbeitete Übersicht über den empirischen Stand zur Wirksamkeit aller Therapiemethoden (Grawe, Donati und Bernauer, 1994) bei bestimmten Therapeutengruppierungen zunächst einmal heftige Abwehr auslöste. In dem skizzierten Kontext war es unvermeidlich, daß sich jene Therapieformen, die bisher überhaupt nicht empirisch untersucht worden waren, und jene, die dabei schlecht abgeschnitten hatten, als Verlierer empfanden. Unter dem Druck der Verhältnisse ist die Abwehr allerdings schnell bröckelig geworden. Was 1994 vielen Therapeuten noch als Zumutung oder Sakrileg erschien, ist inzwischen zu einem fast schon selbstverständlichen Standard geworden. Unter dem Druck von außen kann es sich keiner mehr leisten, offen gegen Wirksamkeitsnachweise und eine empirische Qualitätskontrolle zu opponieren. Es geht inzwischen nicht mehr um das Ob, sondern um das Wie von Wirksamkeitsbewertungen.

Diesbezüglich hat eine Task Force der APA nun schon eine zweite, revidierte Version eines Kriterienkataloges vorgelegt, nach dem eine Wirksamkeitsbewertung von Therapieverfahren erfolgen kann (Chambless und Hollon, 1998; Kendall, 1998). Neben kontrollierten Gruppenstudien sind dabei auch kontrollierte Einzelfallstudien und naturalistische Studien unter realen Versorgungsbedingungen als mögliche Formen von Wirksamkeitsnachweisen vorgesehen. Ziel des ganzen Unternehmens ist es, eine Liste empirisch gestützter Therapiemethoden („empirically supported psychological therapies") zu erstellen, deren Wirksamkeit für einen bestimmten Indikationsbereich mit unterschiedlicher Stärke der Belege als nachgewiesen angesehen werden kann.

Für die Anerkennung bestehender Therapiemethoden und für die Abrechnung mit Krankenkassen bietet eine solche Liste empirisch gestützter Therapieverfahren einleuchtende Vorteile. Aber es wäre ein Irrtum anzunehmen, daß über die gesundheitspolitische Ordnungsfunktion hinaus mit einer solchen theorielosen Empirie gleichzeitig auch der wissenschaftliche Erkenntnisprozeß im Bezug auf die Psychotherapie wesentlich gefördert würde. Wir erfahren daraus bestenfalls, daß die und die Therapiemethode bei der und der Störung wirksam ist, aber wir lernen dadurch nicht besser verstehen, *wie* sie ihre Wirkung erzielt. Genau dies wäre aber das Leitbild einer Allgemeinen Psychotherapie: Therapeutische Vorgehensweisen aus einem Verständnis ihrer Wirkungsweise differentiell so zum Einsatz zu bringen, daß für den Patienten der größtmögliche Nutzen resultiert.

Grundlage dafür sollte ein mit fortschreitender Erkenntnis anwachsender Satz empirisch bewährter Handlungsregeln sein, die einem Therapeuten rationale Kriterien dafür geben, wie er unter welchen Bedingungen vorgehen sollte.

Eine solche Bedingung könnte etwa das Vorliegen einer bestimmten Störung sein. Störungen stehen bei der bisherigen Definition von Indikationsbereichen im Vordergrund. Aber der Ergebnisstand der Psychotherapieforschung sagt uns schon heute, daß die Ressourcen eines Patienten, wie etwa seine motivationalen Bereitschaften, seine mitgebrachten Fähigkeiten, sein Verarbeitungsmodus, seine Beziehungsmöglichkeiten oder sein aktueller Zustand zum Zeitpunkt der Intervention u.U. wichtiger für die Wahl des spezifischen Vorgehens sein können als das Vorliegen einer bestimmten Störung (Grawe und Grawe-Gerber, im Druck).

Außerdem ist in Frage zu stellen, ob Therapiemethoden als ganze wirklich die optimale Analyseeinheit für die Prüfung von Wechselwirkungen mit bestimmten Patientenmerkmalen sind. Eine Therapiemethode ist ja in sich bereits ein komplexes Regelsystem. Möglicherweise lassen sich auf einer differenzierteren Auflösungsebene weitaus spezifischere Wechselwirkungen zwischen bestimmten Bedingungskonstellationen und spezifischen Vorgehensweisen finden. Wenn wir uns eine Hierarchie potentieller Handlungsregeln vorstellen, dann stünden die Therapiemethoden, die heute unterschieden werden, weit oben in dieser Hierarchie. Sie setzen sich aus einer Vielzahl spezifischerer Handlungsregeln zusammen, die jede für sich in funktionale Wechselwirkung mit spezifischen Eigenarten des Patienten treten können. Wenn diese spezifischeren Wechselwirkungen auf einer feineren Auflösungsebene nicht empirisch untersucht werden, beraubt man sich der naheliegenden Möglichkeit, daß solche spezifischen funktionalen Wechselwirkungen u.U. im Einzelfall zu einem *individualisierten* Vorgehen zusammengefügt werden können, das dem einzelnen Patienten viel besser gerecht wird als eine der global definierten Therapiemethoden und das eine noch bessere Wirkung erzielen könnte.

Ich bin der Meinung, daß wir die Wirksamkeit von Psychotherapie nur dann deutlich über den bisher erreichten Stand hinaus steigern können, wenn Therapeuten sich an solchen *spezifischen Handlungsregeln* zu orientieren beginnen anstatt an der Durchführung von Therapiemethoden, wie sie heute definiert sind. Solche situationsspezifischen Handlungsregeln können aus empirisch ermittelten funktionalen Wechselwirkungen zwischen bestimmten Bedingungskonstellationen und bestimmten Vorgehensweisen abgeleitet werden, die *auf Sitzungsebene* gefunden werden. Empirisch fundierte Handlungsregeln, die dem Therapeuten helfen, die einzelne Therapiesitzung effektiver zu gestalten, fehlen uns heute noch weitgehend. Weiter unten werde ich einige Beispiele für solche Handlungsregeln geben, die mit einer eigens darauf ausgerichteten Forschungsstrategie empirisch gefunden wurden.

Unser Ziel sollte also nicht eine Liste empirisch gestützter Therapiemethoden sein, sondern ein weitaus reichhaltigeres Repertoire viel spezifischerer empirisch gestützter

Handlungsregeln, die der Therapeut jeweils in einer fallspezifisch optimalen Kombination zum Einsatz bringt.

Wissenschaftlich können wir allerdings erst dann wirklich zufrieden sein, wenn es uns gelingt, diese Vielzahl von Handlungsregeln in einer theoretischen Konzeption so miteinander zu verbinden, daß klar wird, warum im einen Fall diese und im anderen Fall jene Vorgehensweise geeigneter oder nützlicher ist. Dies setzt ein Fallverständnis voraus, in dem die patientenseitigen Bedingungskonstellationen, die den Wenn-Teil der Handlungsregeln ausmachen, in einen ganzheitlichen Zusammenhang gestellt werden. Das wiederum ist nur möglich, wenn man über eine *ganzheitliche Vorstellung des psychischen Geschehens* verfügt, die im Einzelfall patientenspezifisch auszuarbeiten wäre. Ohne eine solche theoretische Integration würde ein Satz immer differenzierterer und empirisch fundierter, aber unverbundener Handlungsregeln entstehen. Das entspräche dem Programm des systematischen empirischen Eklektizismus nach Beutler (1986). Dieser erschiene mir zwar als ein Fortschritt gegenüber einer in Therapieschulen aufgeteilten Psychotherapie, aber nicht als das für eine wissenschaftliche Psychotherapie anstrebenswerte Optimum.

4.1.3 Eine Allgemeine Psychotherapie braucht aufeinander bezogene Theorie und Empirie

Aufgabe der Psychotherapieforschung ist es nach den vorangegangenen Überlegungen, empirisch fundierte Handlungsregeln zu erarbeiten, mit deren optimaler Kombination ein möglichst gutes Therapieergebnis erreicht werden kann. Die optimale Kombination hat dabei auf Einzelfallebene und situationsspezifisch zu erfolgen, je nach den in diesem Fall und der gegebenen Situation vorliegenden Wenn-Bedingungen. Die Abgrenzungen zwischen den bisherigen Therapieschulen wären für solche optimalen fallspezifischen Kombinationen von Handlungsregeln ausdrücklich irrelevant.

Man kann sich nur schwer vorstellen, daß es auf Dauer bei einer bloßen Ansammlung empirisch gestützter Handlungsregeln ohne theoretische Ordnungsversuche bliebe. Einen solchen Ordnungsversuch haben z.B. Orlinsky und Howard (1986) mit ihrem Generic Model of Psychotherapy unternommen (s. auch Orlinsky, Grawe und Parks, 1994). Ich selbst (Grawe, 1995) habe aus der Vielzahl empirischer Hinweise über die Wirkung und Wirkungsweise der verschiedenen therapeutischen Vorgehensweisen zunächst vier allgemeinere Wirkprinzipien (Ressourcenaktivierung, Problemaktualisierung, Problembewältigung, motivationale Klärung; Grawe, 1995) abgeleitet und sie schließlich zu einer empirisch fundierten Systematik der Psychotherapie erweitert (Grawe, 1997a, 1998). Diese aus der empirischen Forschung abgeleitete theoretische Systematik kann nunmehr wiederum zur Grundlage einer hypothesengeleiteten empirischen Forschung werden (s.u.).

Der Beitrag, den die Psychotherapieforschung zu einer Allgemeinen Psychotherapie leisten kann, ergibt sich also aus einem Wechselspiel zwischen Theorie und Empirie. Die Empirie treibt die Theorienbildung voran, die Theorie leitet die Untersuchung empirischer Forschungsfragestellungen.

Die Psychotherapieforschung befasst sich vor allem mit dem Therapiegeschehen, das sich *zwischen* Patient und Therapeut abspielt. Von diesem Geschehen wird angenommen, daß es einen Einfluß auf das innerseelische Geschehen des Patienten ausübt, der sich schließlich in verändertem Erleben und Verhalten niederschlägt. Umgekehrt wirkt sich natürlich auch das *innerseelische* Geschehen von Patient und Therapeut auf das Therapiegeschehen aus.

Wenn wir verstehen wollen, *wie* sich das psychische Geschehen beim Patienten ändert, werden wir kaum ohne eine Vorstellung über das psychische Funktionieren des Menschen auskommen. Dies ist Gegenstand der psychologischen und neurowissenschaftlichen Grundlagenforschung, die sich ebenfalls im Wechselspiel zwischen Theorie und Empirie weiterentwickelt.

Außerdem haben wir es in der Psychotherapie mit Menschen zu tun, bei denen es vom normalen zu einem gestörten psychischen Funktionieren gekommen ist. Mit der Entwicklung und Phänomenologie psychischer Störungen beschäftigen sich die klinisch-psychologische und die psychiatrische Grundlagenforschung.

Wenn wir verstehen wollen, wie es vom gesunden zu gestörtem psychischen Geschehen kommt und wie man gestörtes psychisches Geschehen wieder an gesundes annähern kann, sollten wir demnach die empirische Forschung und die darauf bezogene Theorienbildung in den drei Forschungsbereichen berücksichtigen, die in Abbildung 4.1 aufgeführt sind.

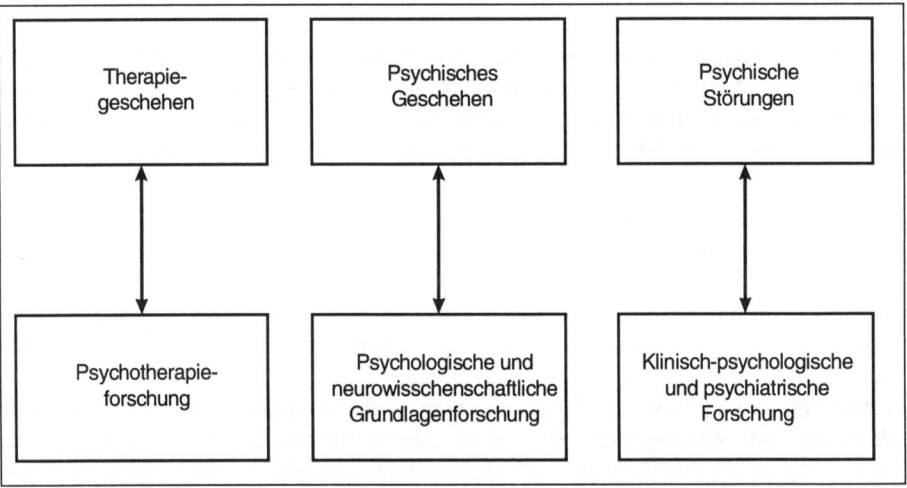

Abb. 4.1: Drei Phänomen- und Forschungsbereiche als Grundlage einer wissenschaftlich fundierten Psychotherapie.

Psychotherapieforschung allein kann nach diesen Überlegungen keine ausreichende wissenschaftliche Grundlage der Psychotherapie sein. Sie kann uns sagen, *was* wir tun müssen, um unter diesen spezifischen Bedingungen jene spezifischen Wirkungen zu erzielen. Wenn wir aber auch verstehen wollen, wie die Bedingungen entstanden sind und *warum* es zu diesen Wirkungen kommt – und das entspräche, wie ich oben begründet habe, meinem Leitbild einer Allgemeinen Psychotherapie – müssen wir darüber hinaus auch den Erkenntnisstand aus den beiden anderen in Abbildung 4.1 aufgeführten Forschungsgebieten mitberücksichtigen.

Angesichts der Menge zu berücksichtigender Forschungsergebnisse und Theorien muß das Leitbild einer umfassend theoretisch und empirisch fundierten Allgemeinen Psychotherapie im skizzierten Sinne immer ein *asymptotisches Leitbild* bleiben. Wir sind aber nach meiner Einschätzung gegenwärtig viel weiter von dem potentiell Erreichbaren entfernt, als es nötig wäre. Ich möchte, um meine vorangegangenen Überlegungen nicht unverbindlich stehen zu lassen, im folgenden anhand von zwei Beispielen ausführen, wie ich mir auf dem heutigen Stand der wissenschaftlichen Entwicklung die Verbindung von Theorie und Empirie mit dem Ziel einer Annäherung an das Leitbild einer Allgemeinen Psychotherapie konkret vorstelle. Der zur Verfügung stehende Platz verbietet es, die Herleitung der verwendeten theoretischen Konzepte aus empirischen Forschungsergebnissen so genau auszuführen, wie es möglich und an und für sich wünschenswert wäre. Ich halte dies aber für vertretbar, weil ich dies an anderer Stelle (Grawe, 1998) ausführlich getan habe. Den daran genauer interessierten Leser verweise ich also auf diese weitaus ausführlichere Schrift.

Das erste Beispiel betrifft die therapeutischen Konsequenzen einer aus der psychologischen und neurowissenschaftlichen Forschung abgeleiteten konsistenztheoretischen Sichtweise der Entstehung, Aufrechterhaltung und Behandlung psychischer Störungen. Ich stelle zunächst die theoretische Konzeption vor, leite dann empirisch prüfbare Hypothesen daraus ab, beschreibe, wie wir versuchen, die darin benutzten theoretischen Konstrukte durch eine konsistenztheoretisch fundierte Fallkonzeption und Therapieplanung zu operationalisieren, und stelle schließlich die Anlage einer derzeit laufenden Therapiestudie vor, in der die zentralen Annahmen der Konsistenztheorie empirisch geprüft werden sollen.

Das zweite Beispiel betrifft eine theoriegeleitete empirische Analyse therapeutischer Handlungsregeln. Es wird eine aus der empirischen Therapieforschung abgeleitete Systematik des Therapiegeschehens vorgestellt, dann eine daraus abgeleitete Forschungsmethode zur theoriegeleiteten Analyse des Therapieprozesses, die Wirkfaktorenanalyse, und schließlich damit gefundene empirische Ergebnisse.

4.2   Eine theoretische Grundlage für die Annäherung an eine Allgemeine Psychotherapie

4.2.1   Eine konsistenztheoretische Sichtweise der Entstehung, Aufrechterhaltung und Behandlung psychischer Störungen

Die nachfolgend skizzierte Sichtweise des psychischen Geschehens stützt sich auf Ergebnisse der psychologischen und neurowissenschaftlichen Grundlagenforschung. Es werden nur die wichtigsten Grundgedanken dargestellt ohne Bezug auf die Forschungsergebnisse, auf die sich die jeweiligen Aussagen stützen. Diese Begründungen finden sich bei Grawe (1998).

Grundlagen des Erlebens und Verhaltens

Allen psychischen Prozessen liegen *neuronale Erregungsmuster* zugrunde. Diese sind in verschiedenen Gedächtnissystemen in Form *neuronaler Erregungsbereitschaften* gespeichert. Die Speicherung geschieht über die Veränderung synaptischer Verbindungsgewichte. Durch zeitliche Synchronizität und hierarchische Organisation werden Zellen und Zellverbände niederer Ordnung zu komplexeren *cell assemblies* im Sinne von Hebb (1949) oder zu *Neuronalen Gruppen* im Sinne der Theorie der Selektion Neuronaler Gruppen von Edelman (1987, 1995) „zusammengebunden".

Durch jede *gemeinsame Erregung* werden die bereits angelegten Verbindungen besser *gebahnt*. Das Erregungsmuster wird immer leichter aktivierbar. Es kann von immer mehr Teilkomponenten aus immer leichter als ganzes aktiviert werden. Den zugrundeliegenden positiven Rückkopplungsprozeß kann man als einen *Attraktor* im Sinne der dynamischen Systemtheorie bezeichnen: Von ganz verschiedenen Ausgangszuständen aus kommt es durch eine immer besser gebahnte Erregungsausbreitung schließlich immer schneller zu einem bestimmten Endzustand, der z.B. einer Wahrnehmung, einem bestimmten Bewegungsmuster oder einer Emotion entsprechen kann.

Bei komplexeren neuronalen Erregungsmustern, wie sie unserem Erleben und Verhalten zugrunde liegen, ist eine Vielzahl unterschiedlich spezialisierter Nervenzellen aus verschiedenen Hirnarealen synchron beteiligt. Es findet eine massiv *parallelldistributive Erregungsausbreitung* statt. Das Erleben und Verhalten ist eine emergente Qualität

- der *Art der Nervenzellen*, die durch wechselseitige Rückkopplung zu einem Muster zusammengebunden werden,
- ihrer *Lokalisation im Gehirn* und
- ihrer *synaptischen Verbindungen* miteinander.

Spezifische Wahrnehmungen wie etwa „Stuhl", Bewegungsmuster wie „Gehen", aber auch komplexere psychische Prozesse wie Emotionen oder die Qualität des Bewußtseins sind emergente Qualitäten der jeweils synchron aktivierten neuronalen Erregungsmuster.

Das Zusammenbinden neuronaler Erregungsbereitschaften zu einer neuen neuronalen Gruppe oder einem neuen Attraktor erfolgt durch *differentielle Verstärkung* im Hinblick auf vorgegebene Werte. Unter den bei den gegebenen *Constraints* – das sind genetisch vorbereitete und epigenetisch erworbene Erregungsbereitschaften sowie situative Bedingungen – möglichen Erregungsmustern werden solche *selektioniert*, die sich als geeignet erweisen, eine aktuell bestehende Spannung (*Bedürfnisspannung, Inkonsistenzspannung* s.u.) zu reduzieren. Diejenigen Verbindungen, die zu einer Spannungsreduktion führen, werden gebahnt und zukünftig unter gleichen Bedingungen leichter aktiviert. Durch positive Rückkopplung zwischen den an dem neuen Erregungsmuster beteiligten Nervenzellen und Zellverbänden kommt es zur Ausbildung eines Attraktors.

Neuronale Attraktoren entsprechen ungefähr dem, was in der kognitiven Psychologie als *Schema* bezeichnet wird. Das Schematisieren durch Abstrahieren von Invarianten entspricht der Bahnung und dem Zusammenbinden neuronaler Verbindungen.

Mit zunehmender Bahnung lösen sich Attraktoren von ihren Entstehungsbedingungen. Sie werden *funktional autonom* und erhalten sich selbst durch positive Rückkopplung aufrecht. Sie benötigen keine Verstärkung mehr durch Spannungsreduktion. Sie werden von jedem Teil des zu einer cell assembly zusammengebundenen neuronalen Netzwerkes aus aktivierbar.

Das gilt auch für *motivationale Attraktoren* oder *motivationale Schemata*. Sie sind die Mittel, die ein Individuum für die Befriedigung seiner *Grundbedürfnisse* entwickelt. Gut entwickelte *intentionale Attraktoren* oder Schemata bedeuten gut ausgebaute Möglichkeiten der Bedürfnisbefriedigung. Gut gebahnte motivationale Attraktoren werden selbstaktiv und damit funktional teilweise unabhängig von aktuellen Bedürfnisspannungen. Solche behalten aber die Fähigkeit, diese Attraktoren zu aktivieren.

Determinanten des psychischen Geschehens

Für das Verständnis psychischer Störungen und der Wirkungsweise von Psychotherapie sind mindestens *vier Grundbedürfnisse* relevant, im Hinblick auf die annähernde und vermeidende Attraktoren entwickelt werden, nämlich

- das Bedürfnis nach *Orientierung und Kontrolle*
- das Bedürfnis nach *Lustgewinn und Unlustvermeidung*
- das *Bindungsbedürfnis* und
- das Bedürfnis nach *Selbstwerterhöhung und Selbstwertschutz* (Epstein, 1990).

Diese Bedürfnisse bzw. die zu ihrer Befriedigung oder zu ihrem Schutz entwickelten motivationalen Schemata bestimmen den größten Teil der zielgeleiteten psychischen Aktivität.

Das *oberste Prinzip des psychischen Funktionierens* ist das Streben nach *Konsistenz*. Es ist allen Einzelbedürfnissen übergeordnet. Konsistenz der gleichzeitig ablaufenden psychischen Prozesse ist mehr als ein Bedürfnis, es ist eine unverzichtbare Systemerfordernis. Ein zu hohes Maß an Inkonsistenz gefährdet die wirkungsvolle Auseinandersetzung mit der Umgebung. Konsistenz der psychischen Prozesse sichert am besten die Befriedigung der Grundbedürfnisse. Deshalb wurde die Ausrichtung der psychischen Prozesse auf die Einhaltung dieser Systemerfordernis in der Evolution selegiert. Abbildung 4.2 stellt das Verhältnis von motivationalen Schemata, Grundbedürfnissen und dem Streben nach Konsistenz schematisch dar.

Die Konsistenz der psychischen Prozesse kann gefährdet werden, indem die tatsächlichen Wahrnehmungen, die das Individuum in der Auseinandersetzung mit der Umgebung macht, nicht mit seinen Erwartungen und Bereitschaften (d.h. auch mit seinen Bedürfnissen) übereinstimmen (*externe Inkonsistenz* oder Inkongruenz) oder durch *interne Inkonsistenz* oder Diskordanz der gleichzeitig aktivierten zielgeleiteten Prozesse. Externe Inkonsistenz ist identisch mit Nichtbefriedigung der Bedürfnisse, interne Inkonsistenz behindert die Befriedigung der Bedürfnisse.

Inkonsistenz des psychischen Geschehens als Nährboden für die Entwicklung psychischer Störungen

Die wichtigste Quelle interner psychischer Inkonsistenz sind motivationale *Vermeidungsschemata*. Sie entwickeln sich als Schutz vor der Verletzung der Grundbedürfnisse. Je mehr ein Individuum in seinen Grundbedürfnissen verletzt wurde, umso mehr ist seine psychische Aktivität darauf ausgerichtet, erneute Verletzungen zu vermeiden. Als Folge von Verletzungen des Bindungsbedürfnisses entwickelt sich z.B. ein vermeidender Bindungsstil. Bedürfnisrelevante Situationen aktivieren danach gleichzeitig die

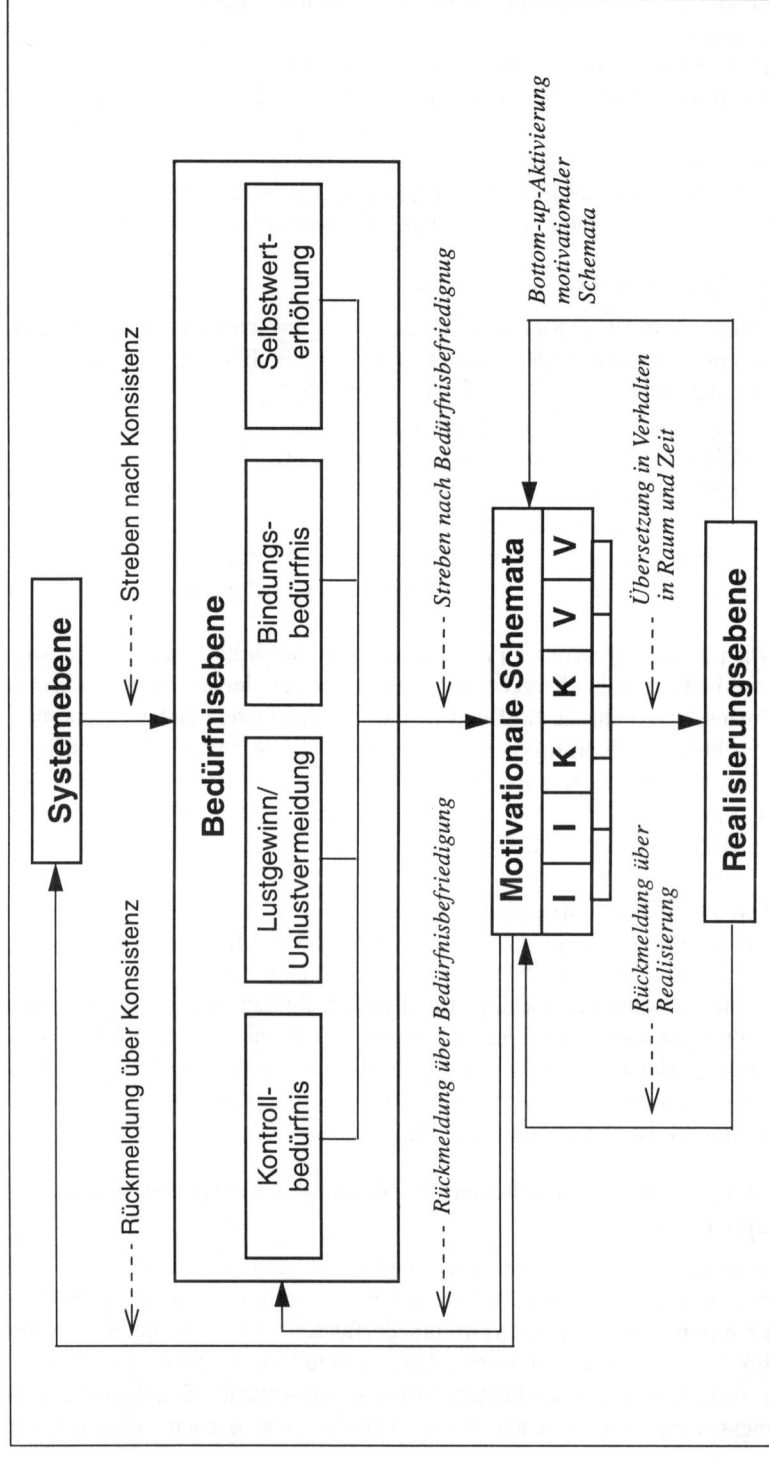

Abb. 4.2: Modell des psychischen Geschehens mit dem Streben nach Konsistenz als oberstem Funktionsprinzip, dem Streben nach Befriedigung und Schutz der wichtigsten Grundbedürfnisse als richtungsgebenden Determinanten motivationaler Schemata, die unmittelbar das Erleben und Verhalten bestimmen.

I = Intentionale Schemata, K= Konfliktschemata, V = Vermeidungsschemata nur schwach entwickelten Annäherungsziele und die stärker entwickelten Vermeidungsziele. Diese hemmen die intentionalen Schemata und es kommt nicht zu bedürfnisbefriedigenden Erfahrungen.

Damit bleiben die Bedürfnisse ungestillt. Als Folge davon sind sie praktisch permanent aktiviert. Die einander entgegenstehenden Annäherungs- und Vermeidungstendenzen werden zu einem sich selbst aufrechterhaltenden neuronalen Erregungsmuster verbunden, das man als *Konfliktschema* bezeichnen kann. In Abbildung 4.3 ist ein Konfliktschema schematisch dargestellt. Aktivierte Konfliktschemata bedeuten ein *hohes Inkonsistenzniveau* der psychischen Prozesse.

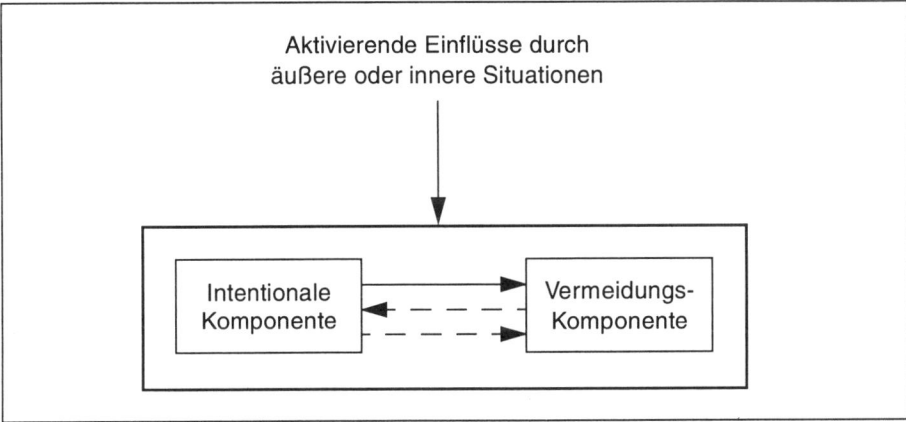

Abb. 4.3: Schematische Darstellung eines Konfliktschemas. Durchgezogene Pfeile bedeuten aktivierende, gestrichelte Pfeile hemmende Einflüsse.

Wenn sich ausgeprägte Vermeidungsschemata gebildet haben, bestimmen sie nicht nur das offene Verhalten, sondern auch die *Kognitionen*. Diejenigen Kognitionen, die vermieden werden, werden nicht Teil des *Bewußtseins*. Die kognitive Dissonanzforschung hat gezeigt, daß das Bewußtsein eine besonders *geringe Toleranz für Inkonsistenz* hat. Inhalte, die mit den bereits im Bewußtsein enthaltenen Inhalten inkonsistent sind, erhalten keinen Zugang zum Bewußtsein. Bei stark ausgeprägten Vermeidungsschemata sind die Vermeidungsziele deshalb oft nicht im Bewußtsein repräsentiert, denn mit dem Vermeiden würde auch das Vermiedene bewußt. So kommt es, daß wichtige Determinanten seines Erlebens und Verhaltens dem Individuum *nicht bewußt* sind. *Verdrängung* im Sinne von Nichtzulassen zum Bewußtsein ist einer der wichtigsten Mechanismen der Konsistenzsicherung.

Im Bewußtsein nicht repräsentierte Determinanten des Verhaltens wie Vermeidungsziele behalten im *impliziten Funktionsmodus* ihren Einfluß auf die psychische Aktivität. Sie sind aber der bewußten Kontrolle und willentlichen Steuerung entzogen.

Der implizite und der bewußte Funktionsmodus der psychischen Aktivität

Es gibt im Wachzustand *zwei verschiedene Funktionsmodi* der psychischen Aktivität, den *bewußten* und den *impliziten Funktionsmodus*. Die meisten psychischen Prozesse werden nicht bewußt. Sie nehmen im impliziten Funktionsmodus Einfluß auf das Erleben und Verhalten. Grundlage dieser Prozesse sind im *impliziten Gedächtnis* gespeicherte neuronale Erregungsbereitschaften. Solange diejenigen Hirnareale und Neuronenverbände, die für die Qualität des bewußten Erlebens Voraussetzung sind, nicht in ein neuronales Erregungsmuster einbezogen sind, gelangen diese Prozesse nicht in den bewußten Kurzspeicher und können deshalb nicht zu Inhalten des konzeptuellen oder deklarativen Langzeitgedächtnisses werden. Das Bewußtsein hat aber nur Zugriff auf die Inhalte des konzeptuellen Gedächtnisses, nicht auf die des impliziten Gedächtnisses.

Die neuronalen Erregungsbereitschaften für unwillkürliche Reaktionen wie etwa für *Gefühle*, für das *nonverbale Ausdrucksverhalten* und für viele *psychopathologische Symptome* sind überwiegend im *impliziten Gedächtnis* gespeichert. Sie sind nicht vom Bewußtsein aus (*top down*) adressierbar. Sie sind daher nicht erinnerbar und willentlich steuerbar. Sie müssen *bottom-up*, d.h. durch situative Bedingungen oder durch andere implizite Prozesse, prozessual aktiviert werden. Während sie prozessual aktiviert sind, können sie mit neuen, „korrektiven" Erfahrungen überschrieben werden. Um unbewußte Prozesse vom impliziten in den bewußten Funktionsmodus zu transferieren, müssen sie *bottom-up prozessual aktiviert* und dann in den Fokus der *bewußten Aufmerksamkeit* gebracht werden. Sie werden damit in ein neu gebahntes neuronales Erregungsmuster eingebunden, das nun mit der Qualität des Bewußtseins verbunden ist. Damit werden zuvor unbewußte Prozesse der bewußten Kontrolle zugänglich. Wurde die Bewußtheit dieser Prozesse zuvor aktiv vermieden, muß dafür ein *Verdrängungswiderstand* überwunden werden.

Die Entstehung psychischer Störungen durch Reduktion von Inkonsistenzspannungen

Die von Konfliktschemata ausgehende *Verdrängung* und *Vermeidung* führt zu *Inkonsistenz* im psychischen Geschehen. Im impliziten und im bewußten Funktionsmodus laufen gleichzeitig Prozesse ab, die im Bewußtsein nicht miteinander vereinbar wären. Es kommt zu einer *Dissoziation* der psychischen Prozesse. Das psychische Geschehen ist in diesem Moment nicht von eindeutigen, auf bedürfnisbefriedigende Erfahrungen ausgerichteten Ordnungsmustern bestimmt. Die gleichzeitig aktivierten, aber einander hemmenden Ordnungsmuster führen zu einer erhöhten *Inkonsistenzspannung*. Weil keines der aktivierten Ordnungsmuster eindeutig vorherrschend werden kann, kommt es zu einer *Fluktuation* zwischen verschiedenen Ordnungszuständen der psychischen Aktivität auf einem *hohen Spannungsniveau*. In dieser Situation können sich durch positive Rückkopplung *neue Ordnungsmuster* etablieren. Sie werden durch eine Reduktion der Inkonsistenzspannung differentiell verstärkt.

Diese qualitativ neuen Ordnungsmuster der psychischen Aktivität dienen im Unterschied zu den motivationalen Attraktoren nicht der Bedürfnisbefriedigung, sondern der *Reduktion von Inkonsistenzspannungen*. *Psychische Störungen* entstehen auf diese Weise als qualitativ neue Ordnungsmuster der psychischen Aktivität in Situationen einer aktuell erhöhten Inkonsistenzspannung. Sie können im Unterschied zu motivationalen Attraktoren als *Störungsattraktoren* bezeichnet werden.

Eine *inkonsistenzerzeugende motivationale Konstellation* stellt eine *aktuelle Auslösebedingung* für psychische Störungen dar. Sie bestimmt nicht die Art der psychischen

Störung. Diese wird vielmehr von *genetisch und epigenetisch erworbenen Bereitschaften* und situativen Constraints bestimmt. Menschen mit gleichen motivationalen Konflikten können daher sehr unterschiedliche Störungen entwickeln. Menschen mit genetischen und epigenetisch erworbenen Bereitschaften für bestimmte psychische Störungen entwickeln u.U. nie eine solche Störung, weil gut gebahnte bedürfnisbefriedigende intentionale Schemata sie davor schützen.

Die Eigendynamik psychischer Störungen und ihre therapeutischen Konsequenzen

Die erhöhte *Inkonsistenzspannung* ist bei der Entstehung eines *Störungsattraktors* der wichtigste *Kontrollparameter*, d.h. der qualitativ neue Ordnungszustand der psychischen Aktivität entwickelt sich unter dem Einfluß dieses Kontrollparameters. Je öfter aber das neue Erregungsmuster gebahnt und durch Reduktion der Inkonsistenzspannung verstärkt wurde, desto mehr erhält es die Eigenschaften eines Attraktors. Es kann von den verschiedensten *Komponenten des neuronalen Netzwerkes* aus aktiviert werden. Die einzelnen *Komponenten des Netzwerkes* werden selbst zu *Kontrollparametern des Störungsattraktors*. Über die Aktivierung einer dieser Komponenten kann der ganze Attraktor aktiviert werden. Die Erwartung, daß ein Panikzustand eintreten könnte, löst schließlich selbst einen Panikzustand aus. Der Störungsattraktor ist *funktional autonom* geworden. Er hat sich von seinen Entstehungsbedingungen gelöst. Das Vorhandensein einer aktuellen Inkonsistenzspannung ist keine notwendige Bedingung mehr für die Aktivierung des Störungsattraktors. Die psychische Störung hat eine *störungsspezifische Eigendynamik* entwickelt.

Bei einem gut gebahnten Störungsattraktor sind seine einzelnen *Komponenten*, also z.B. bei einer Agoraphobie das Vermeidungsverhalten, die Reaktionserwartungen (die Angst vor der Angst), die fehlenden Selbstwirksamkeitserwartungen und katastrophisierenden Kognitionen, die Sensibilisierung für physiologische Angstindikatoren selbst zu *funktional eigenständigen Kontrollparametern* geworden, über die durch positive Rückkopplung der ganze Störungsattraktor aktiviert werden kann. Diese Störungskomponenten behalten ihre Funktion als Kontrollparameter und erhalten die Störung aufrecht, auch wenn der ursprüngliche Kontrollparameter, die Inkonsistenzspannung, nicht mehr fortbesteht. Die Störung wird also nach genügender Bahnung unabhängig von ihren Entstehungsbedingungen durch positive Rückkopplung zwischen ihren Komponenten aktiv aufrechterhalten. Die Komponenten der Störung werden mit zu ihren aufrechterhaltenden Bedingungen. Diese *störungsspezifischen Kontrollparameter* sind Ansatzstellen für eine therapeutische Beeinflussung der Symptomatik.

Über Beeinflussung seiner störungsspezifischen Kontrollparameter kann ein *Störungsattraktor destabilisiert* werden. Wenn die ursprüngliche Inkonsistenzspannung nicht mehr besteht, sind die einzelnen Komponenten des Störungsattraktors sogar zu seinen hauptsächlichen Kontrollparametern geworden. Die Destabilisierung wird umso besser gelingen, je mehr Komponenten des Störungsmusters und sonstige *aufrechterhaltende* Bedingungen gleichzeitig beeinflußt werden.

Wenn die ursprüngliche Inkonsistenzspannung nicht mehr besteht und der Attraktor nur noch von seiner störungsspezifischen Eigendynamik aufrechterhalten wird, sollte sich eine Behandlung hauptsächlich auf die Beeinflussung der störungsspezifischen

Kontrollparameter ausrichten. Dies ist das Rationale und die spezifische Indikation für *störungsspezifische Behandlungsmethoden.*

Die Rolle inkonsistenzerzeugender motivationaler Konstellationen für die Aufrechterhaltung psychischer Störungen und ihre therapeutischen Konsequenzen

Die ursprüngliche Inkonsistenzspannung kann aber auch weiter zu den aufrechterhaltenden Bedingungen des Störungsattraktors zählen, nämlich dann, wenn die inkonsistenzerzeugende motivationale Konstellation fortbesteht. Sie stellt dann neben den störungsspezifischen Kontrollparametern einen individuellen motivationalen Kontrollparameter des Störungsattraktors dar. In diesem Fall sollte die Behandlung sowohl den störungsspezifischen als auch den *motivationalen Kontrollparametern* der Störung Rechnung tragen.

Die Behandlung müßte in diesem Fall darauf abzielen, die inkonsistenzerzeugende motivationale Konstellation durch *Förderung der intentionalen* und *Hemmung der vermeidenden Komponenten* der beteiligten Konfliktschemata so zu verändern, daß die Inkonsistenz im psychischen Geschehen geringer wird.

Wenn die an einem Konflikt beteiligten Vermeidungsschemata dem Patienten nicht bewußt sind, sollte die Therapie wenigstens teilweise einen *klärungsorientierten* Schwerpunkt haben mit dem Ziel, diese Vermeidungstendenzen unter bewußte Kontrolle zu bringen. Wenn der Patient ein Bewußtsein für die Vermeidungsschemata hat, die eine bessere Befriedigung seiner Bedürfnisse behindern, sollte die motivationale Konstellation durch *bewältigungsorientierte* Vorgehensweisen zu verändern versucht werden. Auch hier ist das Ziel eine bessere Bahnung der intentionalen und eine Hemmung der vermeidenden Konfliktkomponenten.

Die bewältigungsorientierte oder klärungsorientierte Bearbeitung konflikthafter motivationaler Konstellationen sollte immer von einer gezielten Beeinflussung der störungsspezifischen Kontrollparameter flankiert werden, denn deren Funktion als Kontrollparameter der Symptomatik ist von der motivationalen Konstellation unabhängig.

Das Inkonsistenzniveau als differentielles Indikationskriterium für ein störungsspezifisches oder konfliktbearbeitendes Vorgehen

Das *Inkonsistenzniveau* im psychischen Geschehen ist das wichtigste *differentielle Indikationskriterium* für eine Therapie mit *störungsspezifischem* oder *konfliktbearbeitendem* Schwerpunkt. Liegt eine psychische Störung vor und gibt es keine Anzeichen für eine fortbestehende erhöhte Inkonsistenz im psychischen Geschehen, verspricht eine symptomorientierte störungsspezifische Behandlung einen guten Therapieerfolg.

Gibt es Anzeichen für eine inkonsistenzerzeugende motivationale Konstellation, sollte die Behandlung über die Beeinflussung der störungsspezifischen Kontrollparameter hinaus auch die *individuellen motivationalen Kontrollparameter* durch bewältigungs- und/oder klärungsorientierte *Konfliktbearbeitung* zu verändern versuchen. Dies sollte nicht nur zur Destabilisierung des Störungsattraktors beitragen, sondern sich über bessere Bedürfnisbefriedigung direkt auf das Wohlbefinden auswirken.

Eine hohe *Komorbidität* ist ein Hinweis auf das Vorliegen einer inkonsistenzerzeugenden motivationalen Konstellation. Es entstehen immer wieder aktuell erhöhte Inkonsistenzspannungen, die zum *Nährboden für die Ausbildung neuer Störungsattrak-*

toren werden. Die bereits vorhandenen Störungen wirken als Constraints und erhöhen die Bereitschaft zur Entwicklung bestimmter weiterer Störungen. So bereitet z.b. eine Angststörung gehäuft den Boden für die Ausbildung einer Depresssion. Die Ausbildung jeder neuen Störung erfordert aber eine differentielle Verstärkung durch die Reduktion einer aktuell erhöhten Inkonsistenzspannung. Bei hoher Komorbidität sollte deshalb besonders sorgfältig nach Indikatoren für eine inkonsistenzerzeugende motivationale Konstellation Ausschau gehalten werden. Liegt eine solche vor, sollte ihre Bearbeitung Vorrang haben vor der störungsspezifischen Behandlung der einzelnen Störungsattraktoren. Auf jeden Fall sollte sich die Behandlung nicht auf einen störungsspezifischen Schwerpunkt beschränken.

Ein Dreikomponentenmodell wirksamer Psychotherapie

Psychotherapie wirkt nach diesem Modell grundsätzlich darüber, daß sie die *Konsistenz im psychischen Geschehen* erhöht. Sie hilft dem Individuum, mehr im *Einklang mit seinen Bedürfnissen* zu leben. Es gibt dafür drei Ansatzstellen:
1. Inkonsistenzreduktion durch *Aktivierung und Stärkung* bereits vorhandener *Ressourcen*, d.h. Aktivierung und bessere Bahnung intentionaler Schemata.
2. Inkonsistenzreduktion durch *Destabilisierung von Störungsattraktoren*, die eine von den Bedürfnissen abgekoppelte Eigendynamik entwickelt haben. Dadurch wird der Weg dafür frei, daß die psychische Aktivität wieder in stärkerem Maße durch bedürfnisbezogene intentionale Schemata bestimmt wird.
3. Inkonsistenzreduktion durch *Hemmung* der *Vermeidungskomponenten von Konfliktschemata* bei gleichzeitiger Förderung (besserer Bahnung) der intentionalen Komponenten. Dadurch kommt es zu einer besseren Bedürfnisbefriedigung.

Nach dem entwickelten Modell gibt es demnach *drei Arten von therapeutischen Einflüssen*, die ein Therapeut gezielt nutzen kann. In Abbildung 4.4 sind diese drei Wirkkomponenten der Psychotherapie mit ihren Auswirkungen und mit ihren funktionalen Wechselwirkungen schematisch dargestellt.

Die Wirkung von Psychotherapie ergibt sich danach aus dem Zusammenwirken dreier Wirkkomponenten:
1. **Ressourcenaktivierung**: Die vorhandenen *intentionalen Schemata* (man könnte auch sagen: die Ressourcen) des Patienten sollten so oft und so intensiv wie möglich *aktiviert* werden, damit sie besser gebahnt werden und mehr Einfluß auf die psychische Aktivität gewinnen. Je besser das gelingt, umso geringeren Einfluß haben problematische Ordnungsmuster auf das psychische Geschehen. Die *Aktivierung von Ressourcen* bringt einen positiven Rückkopplungsprozeß in Gang, der zu bedürfnisbefriedigenden Erfahrungen und damit zu einer Besserung des Wohlbefindens beim Patienten führt (oberer Teil von Abbildung 4.4).
2. **Störungsspezifische Interventionen**: Die *problematischen Ordnungsmuster* des Patienten sollten abgeschwächt werden. Dafür gibt es zwei Ansatzstellen: die *Störungsattraktoren* sowie *Konflikt- und Vermeidungsschemata*. Der Einfluß von *Störungsattraktoren* auf das psychische Geschehen kann verringert werden durch *Veränderung der störungsspezifischen Kontrollparameter* durch *störungsspezifische Interventionen* (mittlerer Teil von Abbildung 4.4).
3. **Konfliktbearbeitung**: Die anderen problematischen Ordnungsmuster sind dys-

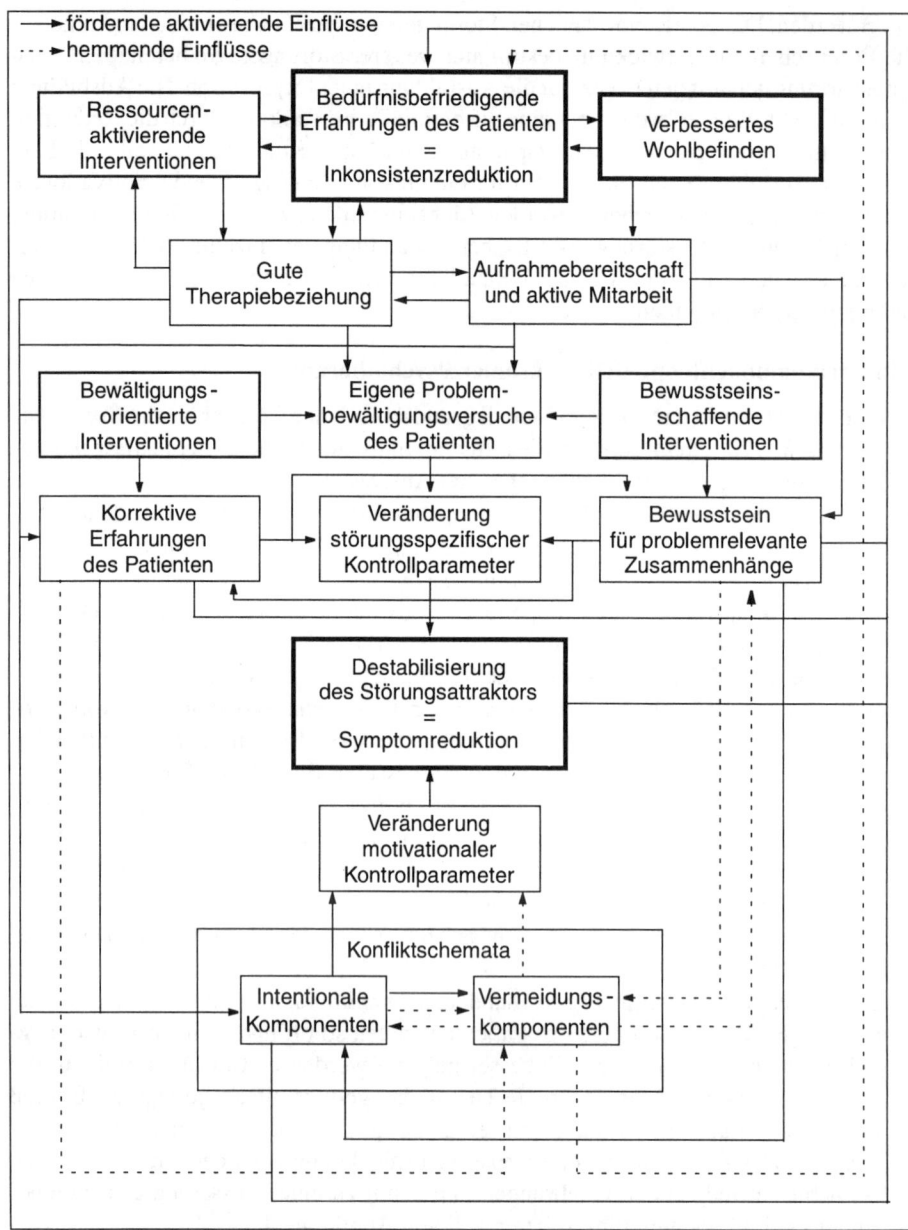

Abb. 4.4: Dreikomponentenmodell der Wirkungsweise von Psychotherapie mit den funktionalen Wechselwirkungen zwischen Teilprozessen des gesamten Veränderungspro-
zesses. Im oberen Drittel die erste Wirkkomponente „Inkonsistenzreduktion durch
Ressourcenaktivierung", im mittleren Drittel die zweite Wirkkomponente „Inkonsistenzreduktion durch Destabilisierung eines Störungsattraktors mit störungsspezifischen Interventionen", im unteren Drittel die dritte Wirkkomponente „Inkonsistenzreduktion durch Konfliktbearbeitung". Weitere Erläuterungen im Text.

funktionale *Konfliktschemata*, die eine Funktion als *individuelle motivationale Kontrollparameter* für die Symptomatik haben. Ihr Einfluß kann durch *bewälti- gungs-* und/oder *klärungsorientierte Interventionen* abgeschwächt werden (unterer Teil von Abbildung 4.4).

Die besten Therapieerfolge können nach diesem Dreikomponentenmodell der Wir- kungsweise von Psychotherapie dann erzielt werden, wenn alle drei Wirkkomponenten gleichzeitig aktiviert werden. Insbesondere die *Kombination von ressourcenaktivieren- den und problembearbeitenden Interventionen* wirkt synergetisch: Je stärker intentio- nale Schemata aktiviert werden, desto mehr wird der Einfluß der problematischen Ordnungsmuster eingeschränkt. Je mehr die Störungs- und Vermeidungsattraktoren in ihrem Einfluß zurückgedrängt werden, umso mehr Entfaltungsraum erhalten die inten- tionalen, auf Bedürfnisbefriedigung ausgerichteten Schemata.

Aufgrund der im Vorangegangenen entwickelten grundlagenwissenschaftlichen Sichtweise der Entstehung, Aufrechterhaltung und Veränderung psychischer Störun- gen gelangt man also zu der Schlußfolgerung, daß bewältigungsorientierte und klä- rungsorientierte bzw. störungsspezifische und konfliktbearbeitende Vorgehensweisen in Psychotherapien *synergetisch* genutzt werden sollten. Die in der Psychotherapie noch verbreitete Trennung dieser Vorgehensweisen ist eine Auswirkung wissenschaftlich überholter theoretischer Konzepte. Sie liegt nicht in der Natur der Sache begründet. Eine in der aktuellen empirischen Grundlagenforschung fundierte Sicht des psychi- schen Geschehens und psychischer Störungen legt ganz im Gegenteil die Synergie die- ser Vorgehensweisen nahe. Eine Allgemeine Psychotherapie wird sowohl durch den Stand der empirischen Psychotherapieforschung (Grawe, 1995) als auch durch den Stand der psychologischen und neurowissenschaftlichen Grundlagenforschung nahe- gelegt.

4.2.2 Ableitung empirisch prüfbarer Hypothesen aus der konsistenztheoretischen Sichtweise psychischer Störungen

Aus der skizzierten konsistenztheoretischen Sichtweise psychischer Störungen und dem darauf bezogenen Dreikomponentenmodell der Wirkungsweise von Psychothera- pie lassen sich konkrete Schlußfolgerungen ableiten, die empirisch prüfbar sind.

Bei Patienten mit psychischen Störungen im Sinne von Achse I des DSM IV hat sich in der Denkweise des konsistenztheoretischen Modells ein Störungsattraktor entwik- kelt. Nachdem die Störung bereits eine Zeit lang angehalten hat, sollte der Störungsat- traktor eine Eigendynamik entwickelt haben. Er stellt nun ein neuronales Netzwerk dar, das von den verschiedensten Stellen aus aktiviert werden kann. Diese können als stö- rungsspezifische Kontrollparameter aufgefaßt werden. Auf diese Kontrollparameter kann mit störungsspezifischen Vorgehensweisen eingewirkt werden, wie sie in ein- schlägigen störungsspezifischen Manualen beschrieben sind (für eine Zusammenstel- lung s. Fiedler, 1997).

Ausgangspunkt für die Entwicklung eines Störungsattraktors war nach dem Modell eine Situation erhöhter psychischer Inkonsistenz im Sinne externer und/oder interner Inkonsistenz. Diese Inkonsistenz kann immer noch andauern, sie kann sich inzwischen aber auch im Zuge der weiteren Entwicklung des Patienten aufgelöst haben. Im ersten

Fall, bei fortdauernder Inkonsistenz, sollte die inkonsistenzerzeugende Konstellation motivationaler Attraktoren zu den auch gegenwärtig noch wichtigen Kontrollparametern der Störung gehören. Wir können von motivationalen Kontrollparametern sprechen. Die Behandlung sollte in diesem Fall sowohl den störungsspezifischen als auch den motivationalen Kontrollparametern Rechnung tragen.

Im zweiten Fall, wenn keine erhöhte Inkonsistenz mehr besteht, wird die Symptomatik durch störungsspezifische Kontrollparameter aufrechterhalten. In diesem Fall sollten störungsspezifische Maßnahmen allein ausreichen, um den Störungsattraktor zu destabilisieren. Bei Patienten, bei denen gleichzeitig eine erhöhte Inkonsistenz besteht, sollten störungsspezifische Maßnahmen allein dagegen nicht ausreichen, um die Störung dauerhaft zu beheben. Bei ihnen sollte zusätzlich zu störungsspezifischen Maßnahmen versucht werden, Einfluß auf die motivationalen Kontrollparameter zu nehmen, mit dem Ziel, die Konsistenz im psychischen Geschehen zu erhöhen, was gleichbedeutend mit besseren Möglichkeiten der Bedürfnisbefriedigung ist. Bei Patienten mit psychischen Störungen, bei denen gleichzeitig eine erhöhte Inkonsistenz besteht, sollte also eine Behandlung, die systematisch sowohl die zweite als auch die dritte Wirkkomponente des skizzierten Dreikomponentenmodells verwirklicht, eine bessere Auswirkung auf die Störung und auf das Wohlbefinden haben als eine rein störungsspezifische Behandlung.

Das Modell sagt also eine *Wechselwirkung* zwischen der Art der Behandlung und dem beim Patienten vorhandenen Inkonsistenzniveau voraus: Eine rein störungsspezifische Behandlung sollte bei Patienten mit niedrigem Inkonsistenzniveau gut, bei Patienten mit hohem Inkonsistenzniveau aber unbefriedigend wirken. Eine sowohl störungsspezifisch als auch motivationsverändernd-klärungsorientiert ausgerichtete Behandlung sollte dagegen vor allem bei Patienten mit hohem Inkonsistenzniveau besser wirken. Bei Patienten mit niedrigem Inkonsistenzniveau sollte sie etwa gleich gut wirken wie die rein störungsspezifische Behandlung.

Es bleibt die Frage offen, welche Auswirkungen in diesen beiden Fällen eine rein motivationsverändernd-klärungsorientiert ausgerichtete Behandlung hätte. Sie sollte bei Patienten mit niedrigem Inkonsistenzniveau weniger gut wirken als eine rein störungsspezifische Behandlung und ebenfalls weniger gut als die kombinierte Behandlung. Im Fall eines hohen Inkonsistenzniveaus sollte sie mindestens gleich gut wirken wie eine rein störungsspezifische Behandlung (beide Behandlungen tragen jeweils nur einer Art von Kontrollparametern Rechnung), aber schlechter als die kombinierte Behandlung, weil diese sowohl den störungsspezifischen als auch den motivationalen Kontrollparametern Rechnung trägt.

Um die theoretisch abgeleiteten Voraussagen zu prüfen, müßten in einem kontrollierten Versuchsplan drei verschiedene Behandlungsbedingungen verwirklicht werden, – eine rein störungsspezifische Behandlung, eine rein motivationsverändernd-klärungsorientierte Behandlung und eine dritte Behandlung, die beide Schwerpunkte miteinander verbindet – um zu prüfen, ob sich empirisch die vorausgesagten Wechselwirkungen mit dem psychischen Inkonsistenzniveau feststellen lassen. Es würde ein 3 x 2-Versuchsplan resultieren, der in Abbildung 4.5 schematisch abgebildet ist.

Voraussetzung für die Prüfbarkeit der Voraussagen ist die Operationalisierung der drei Behandlungsbedingungen und vor allem die des Inkonsistenzniveaus.

Inkonsistenz-niveau Therapie-bedingung	Hohe Inkonsistenz	Niedrige Inkonsistenz
1 Wirkkomponenten 1 + 2 Ressourcenaktivierung + störungsspezifische Intervention		
2 Wirkkomponenten 1 + 3 Ressourcenaktivierung + Konfliktbearbeitung		
3 Wirkkomponenten 1+2+3 Ressourcenaktivierung + störungsspezifische Intervention + Konflikt-bearbeitung		

Abb. 4.5: Schematische Darstellung eines zweifaktoriellen Versuchsplanes zur Prüfung zentraler konsistenztheoretischer Annahmen über die Wirkungsweise von Psychotherapie. Die Definitionen der Therapiebedingungen beziehen sich auf das in Abb. 4 dargestellte Dreikomponentenmodell der Wirkungsweise von Psychotherapie. Weitere Erläuterungen im Text.

Für diesen Zweck haben mein Mitarbeiter Martin Grosse Holtforth und ich eine konsistenztheoretisch fundierte Fallkonzeption und Therapieplanung entwickelt, im Zuge derer auch eine quantitative Operationalisierung des Inkonsistenzniveaus erfolgt.

4.2.3 Konsistenztheoretische Fallkonzeption und Therapieplanung

In einer konsistenztheoretischen Fallkonzeption werden zunächst die wichtigsten Determinanten des psychischen Geschehens beim jeweiligen Patienten bestimmt. Dies sind nach den vorangegangenen Ausführungen seine motivationalen Attraktoren, seine Störungsattraktoren und seine interpersonalen Attraktoren. In einem zweiten Schritt werden die funktionalen Beziehungen zwischen den Attraktoren analysiert. Aus ihnen ergeben sich die möglichen therapeutischen Ansatzpunkte. In der sich daran anschließenden Therapieplanung werden konkrete therapeutische Schlußfolgerungen aus der funktionalen Analyse gezogen. Es wird ein für diesen Patienten maßgeschneidertes therapeutisches Vorgehen konzipiert.

Abbildung 4.6 gibt einen schematischen Überblick über die Bestandteile einer konsistenztheoretischen Fallkonzeption und Therapieplanung. Diese Bestandteile werden im folgenden erläutert.

Das ganze Vorgehen ist in Form eines Computerprogramms implementiert, das Informationen und Beurteilungen vom Patienten und Therapeuten einholt, den Therapeuten zu bestimmten Entscheidungen auffordert, aufgrund der getroffenen Einschätzungen

Konsistenztheoretische Fallkonzeption und Therapieplanung		
Fallkonzeption		**Therapieplanung**
Attraktoranalyse	Funktionale Analyse	Ressourcenaktivierung
Schemaanalyse (Motivationale Attraktoren)	Inkonsistenzanalyse	Beziehungsgestaltung
Problemanalyse (Störungsattraktoren/ Probleme)	Motivationale Problemanalyse	Veränderung interpersonaler Attraktoren
	Analyse der Probleminteraktionen	Bearbeitung der Störungen und Probleme
Interpersonale Analyse (Interpersonale Attraktoren)		Veränderung motivationaler Schemata und Konflikte
	Interpersonale funktionale Analyse	Konkretes Vorgehen

Abb. 4.6: Schematischer Überblick über die Bestandteile einer konsistenztheoretischen Fallkonzeption und Therapieplanung. Erläuterungen im Text.

Berechnungen anstellt und deren Ergebnisse dem Therapeuten für weitere Entscheidungen zurückmeldet. Ergebnis der Interaktion des Patienten und des Therapeuten mit dem Computer ist schließlich ein für den Patienten maßgeschneiderter Therapieplan. Dieser Therapieplan beschreibt das Vorgehen, das in dem oben beschriebenen Versuchsplan in der kombinierten Therapiebedingung verwirklicht werden soll. In den beiden anderen Therapiebedingungen sollen nur jeweils Teile der Fallkonzeption für die Therapieplanung herangezogen werden, nämlich jene, die für die Planung der störungsspezifischen Intervention hilfreich sind, bzw. jene, die für das motivationsverändernde Vorgehen relevant sind.

Im Sinne der oben aus der Konsistenztheorie abgeleiteten Hypothesen ist es unser vorrangiges Ziel, das Ausmaß der Inkonsistenz im psychischen Geschehen zu quantifizieren und die Quellen vorhandener Inkonsistenzen zu bestimmen. Zentrales Konstrukt für die Bestimmung der psychischen Inkonsistenz sind die motivationalen Schemata. *Externe Inkonsistenz* besteht in dem Ausmaß, in dem es dem Patienten nicht gelingt, Wahrnehmungen im Sinne seiner wichtigsten intentionalen Schemata herbeizuführen. *Interne Inkonsistenz* besteht in dem Ausmaß, in dem wichtige motivationale Schemata dauerhaft miteinander im Konflikt stehen.

Erst einmal muß also bestimmt werden, welche motivationalen Schemata die psychische Aktivität des Patienten am meisten bestimmen. Fast zwei Jahrzehnte lang haben wir die motivationalen Schemata induktiv aus dem beobachtbaren Verhalten des Patienten mit Hilfe einer Plananalyse erschlossen (Grawe und Caspar, 1984; Caspar, 1989, 1994). Die Plananalyse ist ein relativ aufwendiges und zeitraubendes Verfahren der klinischen Hypothesenbildung und -prüfung. Nachdem im Laufe der Jahre für hunderte von Patienten von ihrem beobachtbaren Verhalten ausgehende induktive Plananalysen durchgeführt worden waren, lagen ausgedehnte Erfahrungen darüber vor, welche motivationalen Schemata im Rahmen therapeutischer Fallkonzeptionen wie oft erschlossen wurden und welche Verhaltensweisen und Unterpläne damit verbunden waren. Aus diesem induktiv erschlossenen Pool von Zielkomponenten motivationaler Schemata konstruierte Grosse Holtforth in mehreren Schritten einen „Fragebogen zur Analyse Motivationaler Schemata" (FAMOS). Der Fragebogen erfaßt mit seinen Items einerseits Transaktionen, die der Patient anstrebt, andererseits solche, die er vermeidet. In Faktorenanalysen resultierten schließlich 14 übergeordnete Annäherungsfaktoren und 9 Vermeidungsfaktoren mit jeweils 3-5 Zielen. Abbildung 4.7 gibt eine Aufstellung dieser aus klinischen Fallanalysen empirisch ermittelten Annäherungs- und Vermeidungsziele.

Im Rahmen einer computerunterstützten Schemaanalyse wird der Fragebogen einerseits dem Patienten für eine Selbsteinschätzung vorgelegt; andererseits schätzt der Therapeut im Laufe der ersten drei Therapiesitzungen unabhängig davon ein, welche Ziele das Verhalten des Patienten bestimmen. Es resultieren danach je ein Selbsteinschätzungs- und ein Fremdeinschätzungsprofil für die Annäherungsziele und für die Vermeidungsziele des Patienten. Die Profile zeigen an, welche Ziele das Verhalten dieses Patienten wie stark bestimmen. Zusätzlich gibt es eine Profildarstellung, die das individuelle Profil des Patienten vor dem Hintergrund einer relevanten Referenzgruppe vergleichbarer Patienten darstellt. Der Therapeut vergleicht seine Einschätzungen mit denen des Patienten. Diejenigen Ziele, in denen beide übereinstimmen, können fraglos als wichtige Ziele des Patienten angesehen werden. Diskrepanzen zwischen der Patientenselbsteinschätzung und der Einschätzung durch den Therapeuten können den Therapeuten einerseits auf eine Fehleinschätzung seinerseits hinweisen. Sie können aber auch Ausdruck davon sein, daß bestimmte, von anderen wahrnehmbare Determinanten seines Verhaltens dem Patienten selbst nicht bewußt sind.

Der Therapeut wählt aufgrund seiner Interpretation der Profile diejenigen Zielbereiche aus, die ihm für das Verständnis dieses Patienten am wichtigsten erscheinen. Diese werden im weiteren als Zielkomponenten der wichtigsten motivationalen Schemata des Patienten betrachtet. In der Regel werden je 2-4 Annäherungs- und Vermeidungsziele für den Einschluß in die weitere Analyse ausgewählt.

Weitere Komponenten für die darauf folgende funktionale Analyse sind die nach Achse I des DSM IV diagnostizierten Störungen des Patienten sowie seine wichtigsten im Rahmen einer Zielerreichungsskalierung herausgearbeiteten Probleme, soweit sie nicht mit den diagnostizierten Störungen identisch sind.

Schließlich werden wiederkehrende problematische Interaktionsmuster mit wichtigen Bezugspersonen in die Analyse einbezogen. Diese werden als interpersonale Attraktoren betrachtet, die ebenso wie die Störungsattraktoren eine Eigendynamik gewonnen haben, die aber auch in einer aktuellen funktionalen Beziehung zu den motivationalen Schemata und/oder den Störungen/Problemen des Patienten stehen können.

Diese Komponenten – Annäherungsziele, Vermeidungsziele, Störungen/Probleme und Interaktionsmuster – werden nun als Elemente in einen neuen Analyseschritt eingegeben, in dem es um die funktionalen Beziehungen zwischen den Elementen geht.

FAMOS: Skalen und Items

Annäherungsziele	Vermeidungsziele
Streben nach...	Vermeiden von ...
Intimität/Bindung eine verlässliche Paarbeziehung zu haben mit jemandem zärtlich zu sein eine intime Beziehung zu haben Liebe zu erfahren meine Sexualität leben	**Alleinsein/Trennung** einsam zu sein nicht genug Liebe und Zuwendung zu erhalten andere zu verlieren von anderen getrennt zu sein verlassen zu werden
Affiliation/Geselligkeit einen großen Bekanntenkreis zu haben viele Freunde zu haben viele Kontakte zu haben viel mit anderen zusammen unternehmen	**Geringschätzung** nicht respektiert zu werden nicht anerkannt zu werden nicht wertgeschätzt zu werden nicht akzeptiert zu werden nicht bestätigt zu werden
Altruismus anderen zu helfen andere zu unterstützen mich für Schwächere einzusetzen andere zu beschützen	**Erniedrigung/Blamage** ertappt zu werden mich in peinliche Situationen zu bringen bestraft zu werden mich zu blamieren
Hilfe Hilfe zu bekommen umsorgt zu werden beschützt zu werden entlastet zu werden	**Vorwürfe/Kritik** angegriffen zu werden Vorwürfen ausgesetzt zu sein kritisiert zu werden
Anerkennung/Bestätigung geachtet und respektiert zu werden wertgeschätzt zu werden anerkannt zu werden akzeptiert zu werden	**Abhängigkeit/Autonomieverlust** abhängig zu sein nicht selbst bestimmen zu können fremdbestimmt zu werden meine Eigenständigkeit zu verlieren eingeengt zu werden
Status anderen überlegen zu sein andere zu beeindrucken besser als andere abzuschneiden bewundert zu werden	**Verletzungen/Spannungen** andere aggressiv zu behandeln andere zu verärgern andere zu verletzen mich mit anderen zu streiten
Autonomie unabhängig zu sein eigenständig zu sein selber über mich zu bestimmen meinen Freiraum zu haben	**Schwäche/Kontrollverlust** von Gefühlen überwältigt zu werden meine eigenen Bedürfnisse zu zeigen eigene Schwächen zu zeigen

Fortsetzung der Abbildung: s. nächste Seite

Fortsetzung von Seite 138

Annäherungsziele	**Vermeidungsziele**
Streben nach...	Vermeiden von ...
Leistung	**Hilflosigkeit**
Leistung zu bringen	einer Situation ausgeliefert zu sein
effizient zu sein	machtlos zu sein
mich anzustrengen und durchzuhalten	hilflos zu sein
ein tüchtiger Mensch zu sein	etwas Wichtiges nicht zu verstehen
Kontrolle	**Versagen**
die Situation im Griff zu haben	nicht zu genügen
mich selbst unter Kontrolle zu haben	zu versagen
die Übersicht zu behalten	Anforderungen nicht gerecht zu werden
mich selbst zu beherrschen	
Bildung/Verstehen	
mich weiterzubilden	
über ein grosses Wissen zu verfügen	
breite Interessen zu haben	
wichtige Zusammenhänge zu verstehen	
Glauben/Sinn	
mich als Teil einer höheren Ordnung zu erleben	
meinen Glauben zu leben	
einen Sinn im Leben zu finden	
meinen Platz in der Welt zu finden	
Abwechslung	
ein abwechslungsreiches Leben zu führen	
ein spannendes Leben zu führen	
etwas zu erleben	
intensiv zu leben	
das Leben aus vollen Zügen zu genießen	
Selbstvertrauen	
auf mich selbst zu vertrauen	
an mich zu glauben	
ein gutes Selbstwertgefühl zu haben	
mir meines eigenen Wertes bewußt zu sein	
Selbstbelohnung	
mich zu entspannen	
mir selber etwas zu gönnen	
etwas für mich zu machen	

Abb. 4.7: Klinisch relevante Annäherungs- und Vermeidungsziele, die mit dem „Fragebogen zur Analyse Motivationaler Schemata (FAMOS)" von Grosse Holtforth und Grawe (zur Veröffentlichung eingereicht) erfaßt werden.

Inkonsistenzanalyse

Weiter oben wurden zwei Arten von Inkonsistenz unterschieden: die Nichtübereinstimmung der realen Wahrnehmungen mit den motivationalen Schemata (Inkongruenz) und die Unvereinbarkeit der motivationalen Schemata miteinander (Diskordanz). Zur Bestimmung der Inkongruenz beurteilt der Patient zunächst für jedes der zuvor ausgewählten Ziele, in welchem Ausmaß es ihm gegenwärtig gelingt, dieses Ziel zu realisieren.

Im nächsten Schritt werden die motivationalen Schemata in getrennten Beurteilungsgängen vom Patienten und Therapeuten im Hinblick auf ihre Vereinbarkeit bzw. Unvereinbarkeit miteinander beurteilt. Dies geschieht mit Hilfe eines von Lauterbach und Mitarbeitern (Lauterbach, 1996) entwickelten Computerprogramms zur Konfliktanalyse, das für unseren spezifischen Anwendungszweck adaptiert wurde. Im Selbstbeurteilungsteil setzt sich der Patient als „Ich" in triadischen Vergleichen jeweils in Beziehung zu zwei anderen Elementen mit der Frage, ob das eine das andere fördert oder behindert bzw. ob das eine mit dem anderen vereinbar oder unvereinbar ist. Im Fremdbeurteilungsteil nimmt der Therapeut dieselben Beurteilungen für den Patienten vor. Aus der Gesamtheit aller triadischen Vergleiche berechnet das Programm eine Matrix. Sie liefert zum einen ein Gesamtmaß für die bestehende interne Inkonsistenz zwischen den motivationalen Schemata. Zum anderen gibt sie an, welche motivationalen Schemata in welchem Ausmaß zur gesamthaften Inkonsistenz beitragen. Es werden also die Quellen der bestehenden Inkonsistenz lokalisiert, die für ein motivationsveränderndes Vorgehen therapeutische Ansatzstellen wären.

Die Selbst- und Fremdbeurteilungen werden getrennt verrechnet und liefern je eine Diskordanzmatrix aus Patienten- und aus Therapeutenperspektive. Der Therapeut kann die beiden Matrizen miteinander vergleichen und gewinnt aus dem Vergleich der beiden Perspektiven weitere Erkenntnisse für sein Fallverständnis.

Der aus den triadischen Vergleichen errechnete Diskordanzwert kann wie ein Testwert betrachtet und in üblicher Weise normiert werden. Man erhält also für jeden Patienten, für den diese Analyse durchgeführt wird, ein normiertes Maß für seine gesamthafte interne Inkonsistenz. Dasselbe trifft für die zuvor bereits eingeschätzte externe Inkonsistenz (Inkongruenz) zu. Anhand dieser beiden Maße können die Patienten nachträglich in solche mit hoher und mit niedriger Inkonsistenz aufgeteilt werden, wie es für die Prüfung der oben postulierten Wechselwirkungen erforderlich ist.

Funktionale Analyse der Störungen und Probleme

In dem in Teilen bereits beschriebenen Computerprogramm werden nicht nur die motivationalen Schemata als Elemente in die triadischen Vergleiche einbezogen, sondern auch die Störungen und Probleme des Patienten. Daraus ergeben sich einerseits quantifizierte Angaben darüber, inwieweit bestimmte motivationale Schemata die Störungen/Probleme des Patienten eher begünstigen oder ihnen entgegenwirken. Daraus erhält der Therapeut Anhaltspunkte darüber, ob und, wenn ja, welche Schemata er als motivationale Kontrollparameter bei der Therapieplanung berücksichtigen sollte. Andererseits resultiert auch ein Wert dafür, ob und in welchem Ausmaß der Patient einen „motivationalen Gewinn" aus seinen Problemen bezieht („sekundärer Krankheitsgewinn"). Darüber hinaus resultieren Werte für die funktionalen Beziehungen zwischen den einzelnen Störungen und Problemen. Aus diesen Teilen der Diskordanzmatrix erhält der Therapeut Hinweise darauf, welche Störungen eher für sich stehen und welche in einen weiteren funktionalen Kontext eingebettet sind.

Funktionale Analyse interpersonaler Attraktoren

Die interpersonalen Attraktoren konnten aus verschiedenen Gründen nicht in die triadischen Vergleiche einbezogen werden. Für jeden zuvor definierten interpersonalen Attraktor nimmt der Therapeut daher erst an dieser Stelle, nachdem ihm die übrigen funktionalen Zusammenhänge klarer sind, eine direkte Beurteilung der funktionalen Zusammenhänge zwischen den motivationalen Schemata, den Störungen/Problemen und den Interaktionsmustern vor, wieder mit der Frage, ob eher einander begünstigende oder einander entgegenwirkende funktionale Beziehungen bestehen.

Therapieplanung

Aufgrund der vorangegangenen Attraktoranalyse und der funktionalen Analyse wird in einem dritten Schritt aus den Analyseergebnissen ein für den Patienten maßgeschneiderter Therapieplan abgeleitet. Er sieht zum einen vor, welche Ressourcen des Patienten in welcher Weise für die therapeutischen Zwecke aktiviert werden können und wie die Therapiebeziehung im Hinblick auf die motivationalen Schemata des Patienten gestaltet werden soll. Zum anderen spezifiziert er, welche Störungen mit welchen störungsspezifischen Maßnahmen, welche anderen Probleme mit welchen problemspezifischen Maßnahmen angegangen, welche motivationalen Schemata mit welchen motivationsverändernden/klärungsorientierten Maßnahmen bearbeitet und welche problematischen interpersonalen Ablaufmuster mit welchen Interventionen verändert werden sollen. Die therapeutischen Ansatzstellen werden aus der vorangegangenen funktionalen Analyse abgeleitet, die zeigt, wie die verschiedenen Problemaspekte miteinander zusammenhängen.

In einem graphischen Ablaufplan, der die Therapie in vier Phasen aufteilt, wird vorgesehen, in welcher Phase der Therapie voraussichtlich welche Schwerpunkte gesetzt werden sollen, wobei in einer Phase durchaus gleichzeitig mehrere Ziele verfolgt werden können.

Zur Unterstützung dessen, daß der Therapeut sich im Therapieverlauf möglichst eng an diese Therapieplanung hält, erstellt das Computerprogramm nach abgeschlossener Therapieplanung eine Checkliste mit den vorgesehenen Schwerpunkten und Interventionen. Diese Checkliste nimmt sich der Therapeut nach jeder Therapiestunde vor und prüft, welche vorgesehenen Maßnahmen er in dieser Sitzung tatsächlich zu verwirklichen versucht hat. Stellt der Therapeut fest, daß sein tatsächliches therapeutisches Vorgehen immer wieder erheblich vom vorgesehenen Therapieplan abweicht, ist es für ihn an der Zeit, entweder seinen Therapieplan reflektiert zu revidieren oder aber in sich zu gehen und sich zu fragen, was ihn jeweils dazu verführt, anders vorzugehen, als er es nach gründlicher Überlegung selbst für richtig hielt.

Auf diese Weise kann auch bei individuell maßgeschneiderten Therapien eine hohe „treatment adherence" erzielt und ihre Einhaltung empirisch geprüft werden. Das Vorgehen kann bei maßgeschneiderten Therapien ebenso systematisiert sein wie bei manualisierten Therapien. Der Therapeut macht nicht einfach das, was ihm im Augenblick

gerade richtig erscheint, sondern er verfolgt systematisch eine wohlreflektierte Strategie. Er kann diese Strategie nach gründlicher Reflexion im Therapieverlauf auch einmal
ändern, aber nicht im Sinne eines permanenten Zielwechsels, sondern im Sinne einer
strategischen Neubestimmung.

Es versteht sich dabei von selbst, das sowohl bei einer standardisiert-manualisierten als
auch bei einer individuell maßgeschneiderten Therapie das therapeutische Vorgehen in
der einzelnen Sitzung jeweils an den aktuellen Zustand des Patienten, an Veränderungen
seiner Lebenssituation, an spezifische situative Bedingungen usw. angepaßt werden
muß. Hierin besteht nicht der Unterschied zwischen einer standardisierten und einer
individualisierten Therapie. Der Unterschied besteht vielmehr in einer grundsätzlich
unterschiedlichen Vorstellung darüber, wie Therapie für den einzelnen Patienten möglichst effektiv gemacht werden kann (Fiedler, 1997; Grawe, 1997b; Caspar, im Druck).

4.2.4 Prüfung der Hypothesen im Rahmen einer kontrollierten Therapiestudie

Therapien, die nach der zuvor beschrieben Art der maßgeschneiderten Fallkonzeption
und Therapieplanung geplant und durchgeführt werden, sind nach meiner Auffassung
gegenwärtig die beste Annäherung an das Ideal einer Allgemeinen Psychotherapie. In
unserer therapeutischen Arbeit an der Psychotherapeutischen Praxsstelle der Universität Bern versuchen wir, solche Therapien alltäglich zu realisieren und Therapeuten
darin auszubilden. Die Therapeuten handeln im Bewußtsein, ihren Patienten die best-
mögliche Therapie angedeihen zu lassen.

Im Sinne der eingangs angestellten Überlegungen darf allerdings nicht das Bewußtsein dafür verlorengehen, daß in diese Art der Fallkonzeption und Therapieplanung eine
ganze Anzahl von Annahmen eingegangen sind, die bisher nicht ausdrücklich geprüft
wurden, die also den Charakter von Annahmen und nicht von gesichertem Wissen
haben, auch wenn darin viel Wissen aus der grundlagenwissenschaftlichen Psychologie
und aus der Psychotherapieforschung eingeflossen ist.

Wenn wir bei jedem Patienten die nach unseren Annahmen bestmögliche Therapie
durchführen, stellen wir die Annahmen nie in Frage und werden daher nie erfahren, ob
wir uns vielleicht in Wirklichkeit mit diesen Annahmen doch im Irrtum befinden. Das
können wir nur erfahren, wenn wir uns in einer genügenden Anzahl von Therapien kontrolliert und systematisch anders verhalten, als es unseren Annahmen entspricht, und
prüfen, ob diese Abweichung von unserem eigentlich für optimal gehaltenen Vorgehen
tatsächlich die nachteiligen Folgen für das Therapieergebnis hat, die wir unterstellen.
Wir müssen also in einem kontrollierten Versuchsplan verschiedene Therapiebedingungen miteinander vergleichen, die sich in den Aspekten des Vorgehens voneinander
unterscheiden, denen wir aufgrund der Konsistenztheorie einen wesentlichen Einfluß
auf das Therapieergebnis zuschreiben.

Weiter oben in Abschnitt 2.2. hatte ich aus der Konsistenztheorie spezifische Wechselwirkungen zwischen dem therapeutischen Vorgehen und dem Inkonsistenzniveau
beim Patienten vorausgesagt. Den dort zur Prüfung der Voraussagen konzipierten Versuchsplan führen wir derzeit an der Psychotherapeutischen Praxsstelle in Bern im Rahmen einer kontrollierten Therapiestudie durch.

Patienten mit einer oder mehreren Diagnosen auf Achse I des DSM IV werden nach Zufall einer von drei Behandlungsbedingungen zugeteilt. Allen drei Bedingungen ist gemeinsam, daß eine sorgfältige Planung der Ressourcenaktivierung und Beziehungsgestaltung erfolgt. Die erste der drei Wirkkomponenten der Psychotherapie nach dem in Abb. 4 enthaltenen Dreikomponentenmodell soll also in allen drei Bedingungen in gleicher Weise verwirklicht werden.

Die drei Behandlungsbedingungen unterscheiden sich in der Verwirklichung der zweiten und dritten Wirkkomponente des Modells. In Bedingung 1 soll zusätzlich zur ersten Wirkkomponente die zweite Wirkkomponente, also eine störungsspezifische Intervention, verwirklicht werden. Die Patienten werden nach einem störungsspezifischen Manual behandelt, das sich für diese Störung nach der bisherigen Forschung besonders bewährt hat. Sie erhalten eine störungsspezifische Verhaltenstherapie, wie sie etwa von Fiedler (1997) als therapeutisches Optimum gesehen wird. Es wird allerdings ein systematischerer Schwerpunkt auf Ressourcenaktivierung und auf eine optimale Beziehungsgestaltung gelegt, als es in Verhaltenstherapien sonst üblich ist.

In der zweiten Behandlungsbedingung wird im Unterschied dazu nicht die zweite, sondern die dritte Komponente des Dreikomponentenmodells zusätzlich zur ersten Komponente verwirklicht. Die Patienten erhalten eine motivationsverändernd-klärungsorientierte Therapie, die weitgehend dem Konzept der zielorientierten Gesprächspsychotherapie nach Sachse (1992, 1996) folgt. Sie werden nicht störungsspezifisch behandelt, sondern der Therapeut konzentriert sich darauf, die in der Fallkonzeption herausgearbeiteten motivationalen Konflikte und Problembereiche zu bearbeiten. Sind solche nach der Fallkonzeption nur in geringem Umfang vorhanden, folgt der Therapeut trotzdem dem üblichen klärungsorientierten Vorgehen der zielorientierten Gesprächspsychotherapie. Nur so kann geprüft werden, ob Inkonsistenzen wirklich eine wichtige Rolle für die Indikation zu einem motivationsverändernd-klärungsorientierten Vorgehen spielen, wie wir es annehmen. Ethisch erscheint uns die Durchführung von Therapien, die eigentlich unseren Annahmen widersprechen, vertretbar, weil immer noch die Mehrzahl aller Patienten ohnehin so oder ähnlich, nämlich psychodynamisch oder humanistisch, ohne störungsspezifische Intervention, behandelt wird.

In der dritten Therapiebedingung soll dagegen versucht werden, alle drei Wirkkomponenten systematisch zu verwirklichen, soweit die konsistenztheoretische Fallkonzeption dies nahelegt. Die dritte Behandlungsbedingung entspricht also dem Therapiekonzept, das wir gegenwärtig favorisieren. Sie sollte sich nach unserem Dreikomponentenmodell insgesamt als wirksamste Therapiebedingung erweisen. Bei Patienten mit hohem Inkonsistenzniveau sollte sie mindestens so gut wirken wie die klärungsorientierte Therapie. Bei Patienten mit niedrigem Inkonsistenzniveau sollte sie der klärungsorientierten Therapie überlegen sein. Andererseits sollte sie bei Patienten mit niedrigem Inkonsistenzniveau genauso gut abschneiden wie die störungsspezifische Behandlung, dieser aber bei den Patienten mit hohem Inkonsistenzniveau überlegen sein.

Die experimentelle Phase erstreckt sich über zwanzig Behandlungssitzungen. Nach der zwanzigsten Sitzung erfolgt eine Messung der bis dahin eingetretenen Effekte mit der vollen Meßbatterie. Danach kann der Therapeut vorgehen, wie immer er es für richtig hält. Er kann also das Vorgehen wechseln, wenn er dies für richtig befindet, oder er kann mit dem bisherigen Vorgehen fortfahren, wenn er sich davon weitere positive

Effekte verspricht. Die Therapiedauer wird vom Patienten und Therapeuten gemeinsam bestimmt. Sie ist nicht experimentell vorgegeben. Damit soll in den Bedingungen 1 und 2 gewährleistet werden, daß die Patienten – auf die gesamte Dauer ihrer Behandlung gesehen – auf jeden Fall diejenige Hilfe erhalten können, die ihr Therapeut für die best-mögliche hält, ohne irgendeine Auflage durch einen Versuchsplan. Selbstverständlich wird genau festgehalten, in welcher Bedingung für wie viele Therapien bei welcher Art von Patienten die Therapeuten nach zwanzig Sitzungen das Bedürfnis haben, das Vor-gehen zu ändern.

Mit der weiter unten beschriebenen prozeßanalytischen Methode der Wirkfaktoren-analyse wird nachträglich geprüft, inwieweit sich der Therapeut tatsächlich an die expe-rimentelle Bedingung gehalten hat. Nur diejenigen Therapien, die tatsächlich eine Verwirklichung der experimentellen Bedingung waren, werden in die eigentliche Prü-fung der Fragestellungen einbezogen, denn wir erwarten eine Wechselwirkung zwi-schen dem Inkonsistenzniveau und dem tatsächlich realisierten Vorgehen und nicht eine Wechselwirkung mit dem Etikett einer Behandlungsbedingung.

Es ist hier nicht der Ort, auf die in dieser Studie erhobenen Prozeß- und Ergebnismes-sungen ausführlich einzugehen. Sie sind zum einen theoriegeleitet, weil sie unsere theo-retischen Konstrukte operationalisieren sollen. Zum anderen – das gilt besonders für die Ergebnismessungen – halten sie sich theorieunabhängig an die üblichen Standards der Therapieforschung, denn die Kriterien für den Erfolg einer Behandlung sollten nicht durch die Theorie vorgegeben werden, die geprüft werden soll.

Als Therapeuten fungieren in jeder der drei Bedingungen Psychologinnen und Psy-chologen, die speziell für die Durchführung solcher Therapien ausgebildet wurden, Erfahrung mit ihrer Durchführung haben, sich mit dem Vorgehen dieser Bedingung identifizieren können und die darüber hinaus von Peers und/oder ihren Ausbildern für fähig befunden wurden, Therapien nach den Spezifikationen der jeweiligen Behand-lungsbedingung durchzuführen.

Die beschriebene Therapiestudie befindet sich gegenwärtig im Stadium der Durch-führung. Es wird vier bis fünf Jahre dauern, bis so viele Therapien abgeschlossen sind, daß eine genügende Teststärke zur Prüfung der Hypothesen erreicht ist. Es werden dann sechs- bis zehntausend Therapiestunden durchgeführt worden sein, von denen jede sorgfältig durch Videoaufnahmen, standardisierte Protokolle, Stundeneinschätzungen und Prozeßanalysen dokumentiert ist.

Von der konkreten Planung der Studie bis zum Vorliegen der wichtigsten Ergebnisse – Katamnesen nicht eingeschlossen – werden schließlich mindestens sieben Jahre ver-gangen sein, in denen 70-80 hochqualifizierte Personen mit spezieller Ausbildung für mindestens zwei Jahre mit einem großen Teil ihrer Arbeitszeit an der Durchführung und Auswertung der Studie beteiligt gewesen sein werden. Ich führe das hier an, weil die meisten Leser wahrscheinlich keine realistische Vorstellung davon haben werden, was für einen Aufwand die Durchführung einer klinisch relevanten Therapiestudie erfor-dert. Jede einzelne solche Studie ist ein wissenschaftliches Großunternehmen, und es wird viele, viele Studien brauchen, bis wir dem Ziel einer Allgemeinen Psychotherapie nicht nur in der Theorie, sondern auch in einer in empirischem Wissen verankerten The-rapiepraxis ein deutliches Stück näher gekommen sein werden.

4.3   Theoriegeleitete Analyse therapeutischer Handlungsregeln

Die konsistenztheoretische Konzeption psychischer Störungen war hauptsächlich von einer grundlagenwissenschaftlichen Sicht des seelischen Geschehens ausgegangen. Wir konnten daraus Schlußfolgerungen für die therapeutische Praxis ableiten und sogar ein Modell der Wirkungsweise von Psychotherapie erstellen. Dies bewegt sich allerdings auf einer sehr abstrakten Ebene. Es gibt einem Therapeuten wenig Anhaltspunkte dafür, wie er dieses Modell in die Praxis umsetzen soll. Dafür braucht er Handlungsregeln, die sich viel konkreter auf spezifische therapeutische Situationen beziehen. Ich hatte oben begründet, daß solche Handlungsregeln empirisch fundiert sein sollten. Sie sollten also aus empirischen Forschungsergebnissen abgeleitet werden oder durch sie bestätigt sein, die sich direkt auf therapeutisches Geschehen beziehen.

In die vielen Untersuchungen, die Aspekte des Therapieprozesses entweder experimentell oder korrelativ zum Therapieergebnis in Beziehung gesetzt haben, sind jeweils bestimmte theoretische Vorannahmen eingegangen, die zur Untersuchung gerade dieser Variablen geführt haben. Wenn wir jeden statistisch bedeutsamen Zusammenhang zwischen einer Prozeßvariablen und dem Therapieergebnis als Bestätigung für die jeweilige theoretische Vorannahme betrachteten, erhielten wir eine bunte Mixtur von theoretischen Aussagen, die wir unmöglich zu einer in sich geschlossenen theoretischen Konzeption zusammenfügen könnten. Wir müssen daher die festgestellten empirischen Zusammenhänge als Fakten von den Annahmen trennen, die darin eingegangen sind, und versuchen, eine theoretische Konzeption zu entwickeln, die eine möglichst große Erklärungskraft für die Gesamtheit der gesicherten Fakten aufweist.

Ein solcher Versuch hat mich in einem ersten Schritt zur Annahme von vier therapeutischen Wirkprinzipien geführt (Grawe, 1995). Diese Wirkprinzipien können direkt einer großen Anzahl empirisch gesicherter Fakten zugeordnet werden, da sie induktiv aus diesen Fakten erschlossen wurden. Es handelt sich also um empirienahe theoretische Konstrukte.

In einem nächsten Schritt habe ich, von diesen Wirkprinzipien ausgehend, eine dreidimensionale Systematik – bildlich mit einem Würfelmodell veranschaulicht – entwickelt, mit der eine große Vielfalt psychotherapeutischer Phänomene in ein einheitliches Ordnungssystem integriert werden kann (Grawe, 1995, 1996).

In dieser Systematik fehlten aber Dimensionen und Unterscheidungen, die für die therapeutische Praxis von offensichtlicher Relevanz sind. Aufgrund theoretischer Überlegungen, die zu einem guten Teil durch die zuvor ausgeführte Betrachtungsweise des psychischen Geschehens inspiriert sind, erweiterte ich die ursprünglich nah an der empirischen Ergebnislage formulierte Systematik schließlich zu einer fünfdimensionalen Systematik (Grawe, 1997a, 1998). Diese Systematik besteht aus fünf Dimensionen mit je zwei Perspektiven. Die Dimensionen und Perspektiven sind in Abbildung 4.8 dargestellt. Diese erweiterte Systematik erwies sich als geeignet, den größten Teil der nach empirischen Forschungsergebnissen wirkungsrelevanten Aspekte des Therapiegeschehens zu erfassen, zu ordnen und zueinander in Beziehung zu setzen. Ich hatte mir gewissermaßen eine Brille gebastelt, durch die sich mir die Wirklichkeit der Psychotherapie in einer neuen Ordnung und in teilweise neuen Zusammenhängen darstellte. Wenn ich

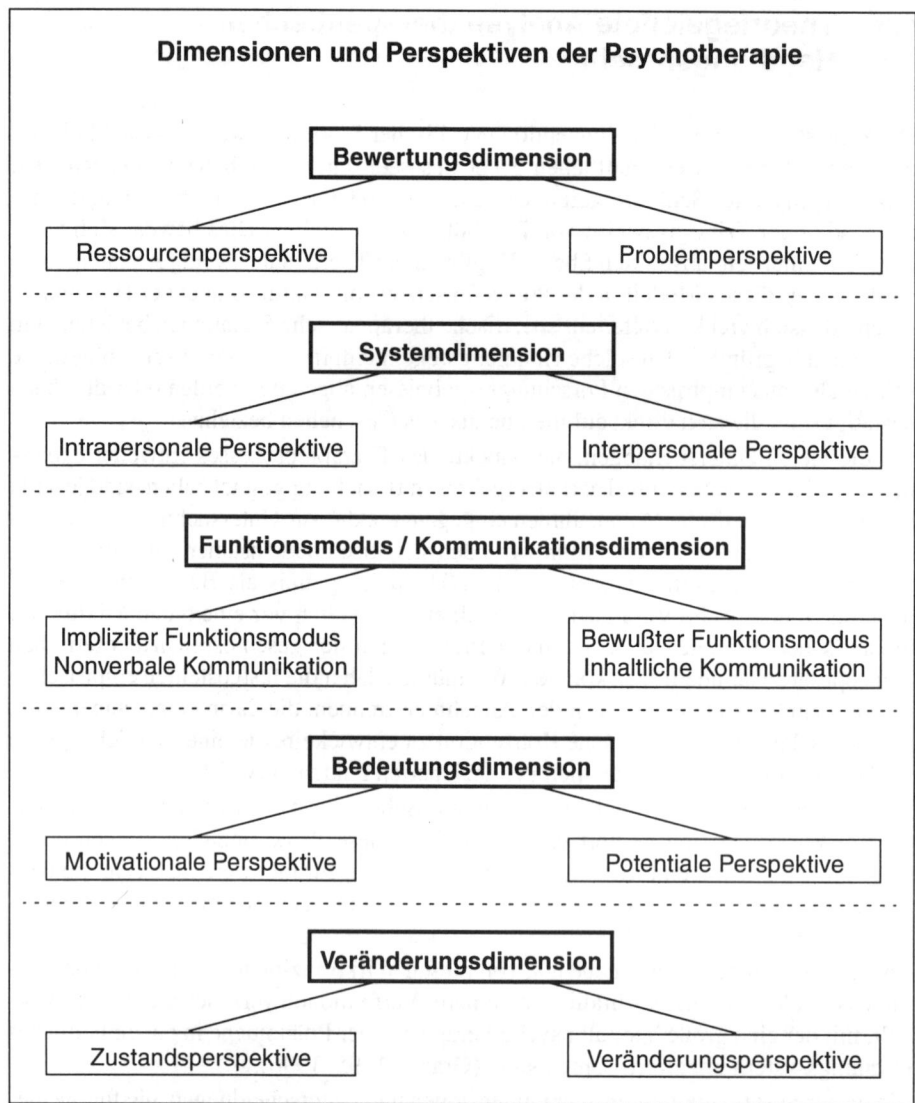

Abb. 4.8: Wirkungsrelevante Dimensionen und Perspektiven der Psychotherapie nach Grawe
        (1998).

– etwa im Rahmen von Supervisionen oder Fallbesprechungen – therapeutische
Abläufe durch die Brille dieser Systematik betrachtete, wurden mir Zusammenhänge
klar, die ich zuvor nicht gesehen hatte und die auch anderen Therapeuten einleuchteten.
   Aus der Denkweise dieser Systematik ergeben sich neue Annahmen über wirkungsrelevante Zusammenhänge im therapeutischen Geschehen, die bisher noch nicht explizit empirisch untersucht worden sind. Entsprechend dem eingangs ausgeführten
wissenschaftlichen Rationale erschien es daher wünschenswert, diese Annahmen in
eine empirisch prüfbare Form zu bringen. Es mußten also die einzelnen Konstrukte der

Systematik operationalisiert werden, um sie dann auf die Analyse von Therapien anwenden zu können mit der Frage, ob sich die angenommenen Zusammenhänge empirisch bestätigen würden.

Im folgenden werde ich zuerst die in Abbildung 4.8 dargestellte Systematik inhaltlich erläutern. Dann werde ich ein Instrument der Prozeßanalyse, für das wir die Bezeichnung „Wirkfaktorenanalyse" gewählt haben, vorstellen. Dieses Instrument ist eine gezielte Operationalisierung der einzelnen Konstrukte der theoretischen Systematik. Das Instrument besteht aus einer größeren Anzahl von Ratingskalen zur Analyse des Therapieprozesses. Schließlich werde ich stark zusammenfassend über ein umfangreiches Forschungsprojekt berichten, in dem wir dieses Meßinstrument auf eine große Anzahl für die Prüfung bestimmter Fragestellungen ausgewählter Therapien und Therapiesitzungen angewandt haben.

In diesem Forschungsprojekt haben wir uns einer neuen Forschungsstrategie bedient, die ich kurz skizzieren werde, da ich ihr eine besondere Bedeutung für die Weiterentwicklung einer Allgemeinen Psychotherapie zumesse. Zu guter Letzt werde ich exemplarisch über einige ausgewählte Ergebnisse berichten, die wir mit dieser Forschungsstrategie und diesem Meßinstrument gefunden haben. Ich möchte damit veranschaulichen, wie man auf der Grundlage der vorgestellten theoretischen Systematik zu empirisch fundierten Handlungsregeln gelangen kann, die unmittelbar geeignet für eine Anwendung in der therapeutischen Praxis sind.

4.3.1 Eine Systematik wirkungsrelevanter Aspekte des Therapiegeschehens

Ich werde nachfolgend die in Abbildung 4.8 aufgeführten Dimensionen und Perspektiven zunächst jede für sich erläutern und dann auf die Systematik als ganze eingehen.

Auf der *Bewertungsdimension* können zwei verschiedene Perspektiven eingenommen werden, die *Problemperspektive* und die *Ressourcenperspektive*. Man kann jeden Ausschnitt des Therapiegeschehens und des psychischen Geschehens unter dem Problem- und unter dem Ressourcenaspekt betrachten. Es entsteht je nach eingenommener Perspektive ein sehr unterschiedliches Bild mit teilweise drastisch unterschiedlichen therapeutischen Konsequenzen. Diese Bilder widersprechen einander jedoch nicht, sondern sie ergänzen sich. Sie zeigen verschiedene therapeutische Optionen auf, die entweder gleichzeitig oder alternativ verwirklicht werden können.

Auf der *Systemdimension* werden eine *intrapersonale* oder intrapsychische und eine *interpersonale* Perspektive unterschieden. Die intrapersonale Perspektive bezieht sich auf das psychische Geschehen auf seiten des Patienten. Wenn man als Therapeut diese Perspektive einnimmt, überlegt man sich, was für Prozesse im Patienten ablaufen, welche Prozesse man bei ihm aktivieren oder hemmen will, wie man sein psychisches Geschehen verstehen und verändern kann. Wenn man diese Perspektive einnimmt und die zuvor ausgeführte Sichtweise des psychischen Geschehens zugrunde legt, denkt man in Erregungsbereitschaften und Erregungsmustern. Welche Erregungsmuster sind aktiviert, wie könnte man bestehende Erregungsbereitschaften mit neuen Erfahrungen überschreiben? Wenn man z.B. an einen Störungsattraktor, an ein motivationales Schema, an externe oder interne Inkonsistenzen denkt, nimmt man die intrapsychische

Perspektive ein. Gleichzeitig nimmt man dabei die Problemperspektive ein. Man denkt also in einer *Perspektivenkombination.*

Die andere Perspektive auf der Systemdimension ist die *interpersonale Perspektive.* Das therapeutische Geschehen ist grundsätzlich interpersonaler Natur. Alle therapeutischen Settings, Einzel-, Gruppen-, Paar- und Familientherapie, sind interpersonale Settings. Wenn man über das therapeutische Geschehen nachdenkt, ist die interpersonale Perspektive unverzichtbar.

Die interpersonale Perspektive ist aber nicht auf den Therapieraum beschränkt, ebensowenig wie die intrapsychische Perspektive. Das intrapsychische Geschehen außerhalb der Therapiesitzungen und die interpersonalen Beziehungen des Patienten außerhalb der Therapie sind mindestens von gleicher therapeutischer Relevanz wie diejenigen innerhalb.

Wenn man die interpersonale Perspektive für das Geschehen innerhalb der Therapie einnimmt, faßt man damit vor allem die Therapiebeziehung ins Auge. Richtet man seine Aufmerksamkeit innerhalb der interpersonalen Perspektive auf das Geschehen außerhalb der Therapie, fokussiert man auf die realen Beziehungen des Patienten mit wichtigen Bezugspersonen. Im Falle der Familien- und Paartherapie überschneiden sich diese beiden Foci.

Für die intrapsychische und die interpersonale Perspektive ist es besonders evident, daß sie einander ergänzen und keine Alternativen darstellen. Alles, was sich in seinen interpersonalen Beziehungen abspielt, hat im intrapsychischen Geschehen des Patienten eine Bedeutung. Für sein Bindungsbedürfnis und sein Bedürfnis nach Selbstwerterhöhung ist dies unmittelbar einsichtig. Die interpersonalen Beziehungen des Patienten sind wichtige Kontrollparameter für seine motivationalen Schemata und oft auch für Störungsattraktoren. Auf der anderen Seite wirkt sich das intrapsychische Geschehen direkt in den Beziehungen des Patienten aus. Seine motivationalen Schemata sind wichtige Kontrollparameter für interpersonale Attraktoren, also für wiederkehrende Beziehungsmuster mit bestimmten Bezugspersonen.

Wenn man mit den Konzepten von Beziehungstests oder Übertragung denkt, nimmt man die intrapsychische und die interpersonale Perspektive gleichzeitig ein. Bestimmte Erregungsbereitschaften führen zu bestimmtem Beziehungsverhalten. Bestimmte Beziehungsmuster aktivieren bestimmte Erregungsbereitschaften. Neue Beziehungsmuster können bestehende Erregungsbereitschaften überschreiben, neu gebahnte Erregungsbereitschaften führen zu neuen Beziehungsmustern.

Die dritte Dimension betrifft den Funktions- oder Kommunikationsmodus. *Funktionsmodus* bezieht sich auf das intrapsychische Funktionieren. Psychische Prozesse können sich im *impliziten* und im *bewußten* Funktionsmodus abspielen. Beides geschieht nicht alternativ, sondern gleichzeitig. Die Bezüge und Transformationen zwischen den beiden Funktionsmoden der psychischen Aktivität sind therapeutisch hochrelevant. Ein Therapeut sollte regelmäßig beide Perspektiven auf das psychische Geschehen einnehmen.

Kommunikationsmodus bezieht sich nicht auf das intrapsychische Geschehen, sondern auf das Therapiegeschehen. Wenn man von Kommunikationsmodus spricht, nimmt man die interpersonale Perspektive ein, beim Funktionsmodus die intrapsychische. Beim Kommunikationsmodus können wir eine analoge Unterscheidung wie beim

intrapsychischen Funktionsmodus treffen. Der analoge oder nonverbale Kommunikationsmodus hier entspricht dem impliziten Funktionsmodus dort, der inhaltliche oder
digitale Kommunikationsaspekt hier dem bewußten Funktionsmodus dort. Die Perspektiven des Kommunikationsmodus könnten auch als *prozessuale* und als *inhaltliche*
Perspektive bezeichnet werden. Man kann jedes Therapiegeschehen daraufhin betrachten, was sich gerade auf prozessualer Ebene abspielt. Daraus ergibt sich eine Bedeutung
auf der prozessualen Ebene. Gleichzeitig tauschen die Akteure aber Inhalte aus und
spannen damit neben der prozessualen Bedeutungsebene, die oft unbewußt bleibt, eine
inhaltliche Bedeutungsebene auf, die dem Bewußtsein der Beteiligten näher ist.

Die *Bedeutungsdimension* ermöglicht zwei sich ergänzende Perspektiven, die *motivationale* und die *potentiale*. Alle Abläufe im psychischen Geschehen können unter
dem Aspekt betrachtet werden, welche Funktion sie für die Ziele oder die Bedürfnisse
des Individuums einnehmen. Gleichzeitig können dieselben Abläufe aber auch unter
dem Gesichtspunkt des Könnens oder Nichtkönnens, also unter dem Fähigkeitsaspekt,
betrachtet werden.

Diese Unterscheidung ist auch für interpersonale Abläufe sinnvoll. Man kann sich
überlegen, ob ein Problemverhalten eine bestimmte Funktion für das jeweilige System
oder für einzelne Beteiligte erfüllt. Das wäre der motivationale Aspekt. Man kann dieselben Abläufe aber auch als eine Unfähigkeit auffassen, sich anders zu verhalten.

Wenn man mit einem Paar zu tun hat, das sich andauernd streitet, kann man sich fragen, was jeden der Partner dazu bringt, sich dem anderen gegenüber so zu verhalten.
Man kann ihren Streit aber auch als ein Kommunikations- und Problemlösedefizit ansehen. Man kann das Verhalten in der einen oder anderen Weise interpretieren, indem man
die motivationale oder die potentiale Perspektive einnimmt. Daraus ergibt sich die
Bedeutung, die man dem Verhalten zuschreibt, und diese bestimmt dann das therapeutische Vorgehen. Unter der motivationalen Perspektive würde man eher zu einem klärungsorientierten Vorgehen neigen, unter der potentialen Perspektive zu einem
bewältigungsorientierten.

Bei dem zweiten Wirkprozeß unseres Dreikomponentenmodells wird schwerpunktmäßig die potentiale Perspektive eingenommen, beim dritten Wirkprozeß die motivationale. Unter beiden Perspektiven ergeben sich unterschiedliche, einander ergänzende
Ansatzstellen für therapeutische Interventionen. Unter intrapsychischer Perspektive
ginge es um die Destabilisierung von Störungsattraktoren und motivationalen Attraktoren, unter der interpersonalen Perspektive um die Destabilisierung von interpersonalen Attraktoren. Auch wenn es um die Destabilisierung intrapsychischer Attraktoren
geht, kann das Einnehmen der interpersonalen Perspektive wichtig sein, weil interpersonale Beziehungen wichtige Kontrollparameter für intrapsychische Attraktoren sein
können. Dasselbe gilt auch umgekehrt.

Auf der *Veränderungsdimension* werden eine *Zustands-* und eine *Veränderungsperspektive* unterschieden. Unter der Perspektivenkombination von inhaltlichem und Problemaspekt entspricht der Zustandsperspektive die Definition eines Problem*zustandes*,
der Veränderungsperspektive die Problem*lösung*. Wir haben es dann mit den beiden
Abschnitten des Problemlösungsparadigmas zu tun. Unter dem Gesichtspunkt der
Tätigkeiten eines Therapeuten entsprächen den beiden Perspektiven die Diagnose und
die Intervention.

Unter prozessualem Aspekt meint die Zustandsperspektive die Aktivierung eines Zustandes, also etwa die Aktivierung einer bestehenden Erregungsbereitschaft. Vom Therapeuten aus gesehen kann die prozessuale Aktivierung eines inhaltlich bereits definierten Zustandes bereits eine Intervention darstellen. Prozessuale Veränderung unter intrapsychischer Perspektive bedeutet das Überschreiben bestehender Erregungsbereitschaften mit neuen Erfahrungen. Der Zustand wird transformiert.

Die Feststellung eines problematischen Beziehungsmusters wäre z.B. eine Kombination von interpersonaler Perspektive, Problemperspektive und Zustandsperspektive, die Destabilisierung eines interpersonalen Attraktors eine Kombination von interpersonaler Perspektive, Problemperspektive und Veränderungsperspektive. Unter der inhaltlichen Perspektive und vom Therapeuten aus gesehen wäre das Erkennen eines Problems der Zustandsperspektive zuzuordnen, bezogen auf das psychische Geschehen beim Patienten würde die Herausbildung eines neuen Bewußtseins unter prozessualem Aspekt aber bereits eine Veränderung bestehender Erregungsbereitschaften bedeuten.

Unter prozessualer Perspektive wird ein Zustand also aktiviert, unter inhaltlicher wird er festgestellt. Unter inhaltlicher Perspektive bedeutet das Aktivieren eines Zustandes von seiten des Therapeuten aber eine Intervention. Er aktiviert z.B. eine Ressource oder er aktualisiert ein Problem.

Auf der Veränderungsdimension ergeben sich aus den beiden Perspektiven also verschiedene Bedeutungen, je nachdem, ob man sich auf die Tätigkeit des Therapeuten oder auf das psychische Geschehen beim Patienten bezieht. Für die Tätigkeit des Therapeuten können die beiden Perspektiven der Veränderungsdimension als Feststellen/Definieren/Diagnostizieren und als Intervenieren definiert werden, wobei zum Intervenieren auch das Aktivieren von Zuständen des Patienten gehört. Bezogen auf das Objekt seiner Tätigkeit meint die Zustandsperspektive die Aktivierung eines Zustandes und die Veränderungsperspektive die Transformation dieses Zustandes in einen anderen.

Das Denken in Perspektivenkombinationen

Wenn man therapeutisches Geschehen betrachtet, hebt man meist einen Aspekt besonders hervor. Das kann etwa eine der zuvor beschriebenen zehn Perspektiven sein. Gleichzeitig nimmt man aber implizit weitere Perspektiven ein, ohne daß es einem klar bewußt sein muß. Wenn man z.B. einen bestimmten Vorgang als Übertragungsgeschehen identifiziert, dann nimmt man damit die *Problemperspektive* ein, man betrachtet den *prozessualen* Ablauf unter *motivationalem* Aspekt, man nimmt in erster Linie die *interpersonale* Perspektive ein, man betrachtet das Verhalten aber gleichzeitig hinsichtlich seiner *intrapsychischen* Funktion. Auf der Veränderungsdimension bewegt man sich zunächst noch in der *Zustandsperspektive*, d.h. man ist noch bei der Identifikation eines Problems und noch nicht bei der Veränderung.

Indem man die implizit eingenommenen Perspektiven explizit macht, wird man sich bewußter, daß die implizit eingenommenen Perspektiven keine selbstverständlichen Festlegungen sind, sondern daß man denselben Ablauf auch unter anderen Perspektiven betrachten könnte, etwa unter dem Ressourcen- und dem *Fähigkeitsaspekt*. Er erhielte dann eine ganz andere Bedeutung. Die Bedeutung ergibt sich aus der spezifischen *Perspektivenkombination*.

Ziel der Systematik ist es, ein einheitliches Bezugssystem für die Vielfalt psychotherapeutischer Phänomene zu schaffen, damit man nicht von einem Therapieschulsystem in das nächste springen muß, um der Vielfalt wirkungsrelevanter Aspekte des Therapiegeschehens Rechnung zu tragen. Es ist die Grundidee der beschriebenen Systematik, daß mit den Perspektivenkombinationen, die sich aus der Systematik bilden lassen, die wirkungsrelevanten Aspekte des Therapiegeschehens einigermaßen vollständig beschrieben werden können.

Sie werden damit aber nicht nur beschrieben, sondern gleichzeitig in eine Zusammenhang stiftende Ordnung gebracht, von der aus sich ein Bezug auf das zuvor beschriebene Modell des psychischen Funktionierens herstellen läßt. Betrachtet man therapeutische Phänomene durch die Brille dieser Systematik, erhalten sie einen bestimmten Platz in einem fünfdimensionalen Raum. Auf jeder seiner Dimensionen sind zwei verschiedene Positionen möglich. Es ergeben sich 2 hoch 5 Perspektivenkombinationen, die man in Form einer 32-Felder-Matrix darstellen kann, wie es Abbildung 4.9 zeigt.

		Intrapersonale Perspektive				Interpersonale Perspektive			
		Motivational		Potential		Motivational		Potential	
		Zustand	Veränderung	Zustand	Veränderung	Zustand	Veränderung	Zustand	Veränderung
Problemperspektive	prozessual aktiviert	1	2	5	6	9	10	13	14
	inhaltlich thematisiert	3	4	7	8	11	12	15	16
Ressourcenperspektive	prozessual aktiviert	17	18	21	22	25	26	29	30
	inhaltlich thematisiert	19	20	23	24	27	28	31	32

Abb. 4.9: Matrix der 32 therapeutischen Möglichkeiten, die sich aus der Kombination der in Abb. 8 dargestellten je zwei Perspektiven pro Dimension ergeben. Die beiden Perspektiven der Kommunikationsdimension sind hier, von Abb. 8 leicht abweichend, mit „prozessual aktiviert" versus „inhaltlich thematisiert" unterschieden worden, weil diese Unterscheidung der Analyse des Therapieprozesses aus Fremdbeurteilerperspektive am besten gerecht wird.

Psychotherapeutische Phänomene oder Konstrukte wie etwa Übertragung (s.o.), Systematische Desensibilisierung usw. können nun bestimmten Feldern der Matrix zugeordnet werden. Die *Systematische Desensibilisierung* ließe sich z.B. der folgenden Perspektivenkombination zuordnen: Es wird die Problemperspektive eingenommen, und zwar unter intrapersonalem Aspekt. Es geht um ein Nichtkönnen des Patienten. Das Problem wird also unter potentialem und nicht unter motivationalem Aspekt gesehen. Die Abläufe sind dem Patienten bewußt, prozessualer und inhaltlicher Aspekt stimmen überein. Es geht um die Veränderung eines Problems. Damit wäre das Vorgehen bei der Systematischen Desensibilisierung, zusammen mit vielen anderen bewältigungsorientierten Vorgehensweisen, Feld 8 der Matrix zuzuordnen.

Dieselbe therapeutische Situation kann aber gleichzeitig auch unter interpersonalem Aspekt betrachtet werden. Auf prozessualer Ebene stellt der Therapeut vielleicht fest, daß der Patient bei dem Vorgehen nicht engagiert mitmacht. Er identifiziert unter der Beziehungsperspektive ein motivationales Problem des Patienten, das von manchen Therapeuten etwa als Widerstand betrachtet werden könnte. Er hat damit die Perspektivenkombination von Feld 9 eingenommen.

Dieselbe Situation könnte aber auch aus der Ressourcenperspektive wahrgenommen werden. Dabei würde ein Supervisor vielleicht feststellen, daß der Therapeut es auf prozessualer Ebene versäumt hat, an die mitgebrachten motivationalen Bereitschaften des Patienten anzuknüpfen, indem er den Patienten in eine abhängige Rolle drängt statt seinem ausgeprägten Kontrollbedürfnis Rechnung zu tragen. Mit dieser Betrachtungsweise der Situation nimmt der Supervisor die Perspektivenkombination von Feld 17 ein.

Dieselbe Situation kann sich also recht unterschiedlich darstellen, je nachdem, welche Perspektivenkombination man einnimmt. Die verschiedenen Perspektivenkombinationen können sehr unterschiedliche therapeutische Schritte nahelegen. Darin liegt der Reiz und der Nutzen der klinischen Anwendung der Systematik. Indem man sich darin einübt, verschiedene Perspektivenkombinationen einzunehmen, kann die Systematik dazu anleiten, Perspektiven auf das Therapiegeschehen einzunehmen, die man sonst außer acht gelassen hätte. Die Systematik eignet sich besonders zur Anwendung in der Supervision. Der Supervisor kann den Therapeuten dazu anleiten, bestimmte Perspektivenkombinationen bewußt einzunehmen, die er sonst zu vernachlässigen neigt. Der Bezug auf die Systematik macht die Vorschläge des Supervisors für den Therapeuten durchsichtig und nachvollziehbar.

Eine therapeutische Situation ist also meistens nicht durch eine einzige Perspektivenkombination vollständig beschreibbar, sondern erst durch ein Muster von Perspektivenkombinationen. Welche der Perspektivenkombinationen nun für den positiven Fortgang einer Therapie und schließlich für das Therapieergebnis relevanter ist und welche weniger, kann letztlich nur aufgrund empirischer Forschung beantwortet werden. Dafür müßten Muster von Perspektivenkombinationen mit Kriterien für ein gutes Therapieergebnis in Beziehung gesetzt werden.

Dafür wäre es wiederum erforderlich, das Zutreffen der einzelnen Perspektivenkombinationen für einen bestimmten Therapieausschnitt empirisch zu operationalisieren, um dann Muster empirisch „gemessener" Perspektivenkombinationen mit Kriterien für ein gutes Therapieergebnis in Zusammenhang zu bringen. Dies ist der Grundgedanke der Wirkfaktorenanalyse, einer Methode zur Analyse des Therapieprozesses, die ich aus der beschriebenen Systematik abgeleitet und zusammen mit meinen MitarbeiterInnen schrittweise zu einer reliablen Meßmethode entwickelt habe. Ziel der Methode ist es, bei einer Prozeßanalyse möglichst alle Perspektiven einzunehmen, die für das Zustandekommen der Therapieeffekte relevant sein könnten. Wenn man bei einer Prozeßanalyse alle 32 Perspektivenkombinationen ausdrücklich einnimmt, sollte man herausfinden können, welche Kombinationen therapeutischer Ingredienzien für ein gutes Therapieergebnis besonders zu- oder abträglich sind.

4.3.2 Die Wirkfaktorenanalyse: Ein Spektroskop für die Psychotherapie

Die Wirkfaktorenanalyse ist ein auf der Grundlage der beschriebenen Systematik entwickeltes Meßinstrument. Es besteht im wesentlichen aus einem Satz von etwa 60 Ratingskalen, mit denen die einzelnen Felder der in Abbildung 4.9 dargestellten 32-Felder-Matrix operationalisiert werden. Das Ratingsystem liegt in Form eines Computerprogramms vor, das den Beurteiler interaktiv durch den Ratingprozeß hindurchführt. Für die Methode liegt ein ausführliches Ratermanual vor (Grawe et al., 1998). Hier kann die Methode nur grob skizziert werden. Eine ausführlichere Darstellung findet sich bei Grawe et al. (im Druck).

Es werden in der Regel zehnminütige Therapieausschnitte beurteilt. Der Rater schaut sich zunächst die ganze Therapiesitzung auf Video an, teilt sie dann in etwa zehnminütige Abschnitte auf und beurteilt diese Abschnitte getrennt einen nach dem anderen. Er beurteilt zunächst, welche Teile der Matrix für den vorliegenden Ausschnitt sicher irrelevant sind. Damit entfällt das Rating für diese Teile, so daß in der Regel bei weitem nicht alle hundert Ratingskalen für einen bestimmten Ausschnitt beurteilt werden müssen.

Danach nimmt der Rater zuerst die Ressourcenperspektive ein und beurteilt die Felder im unteren Teil der Matrix. Dabei werden Patient und Therapeut getrennt berücksichtigt. In Feld 25 wird z.B. das Engagement des Therapeuten für den Patienten beurteilt, in Feld 29 seine Kompetenz in der Beziehungsgestaltung mit diesem Patienten. Alle Ratingskalen sind mit Hilfetexten operationalisiert, so daß verschiedene Rater nach einem Ratertraining von etwa 100 Stunden gute Übereinstimmungen erzielen.

Für die Beurteilung unter der Problemperspektive werden zunächst die in diesem Aussschnitt behandelten Probleme spezifiziert. Dabei werden Störungen nach DSM, Lebensprobleme und mögliche Konfliktbereiche ausdrücklich mit je eigenen Kategoriensystemen berücksichtigt.

Nach der Spezifizierung der Probleme werden die für relevant erachteten Felder unter der Problemperspektive aufgerufen und für jedes Feld die vorgesehenen Ratings vorgenommen. Dabei wird das Zutreffen des jeweiligen Aspektes für diesen Therapieausschnitt mit Hilfe von visuellen Analogskalen beurteilt. Für die Beurteilung eines zehnminütigen Therapieausschnittes braucht ein geübter Rater etwa eine Stunde.

Nach dem Rating kann der betreffende Therapieausschnitt durch ein Muster von Perspektivenkombinationen charakterisiert werden, wie es in Abbildung 4.10 exemplarisch dargestellt ist.

Die Höhe der Säulen in den einzelnen Feldern gibt an, wie sehr die jeweilige Perspektivenkombination für den analysierten Ausschnitt zutrifft. Das in Abbildung 4.10 dar-

		Intrapersonale Perspektive				Interpersonale Perspektive			
		Motivational		Potential		Motivational		Potential	
		Zustand	Veränderung	Zustand	Veränderung	Zustand	Veränderung	Zustand	Veränderung
Problemperspektive	prozessual aktiviert			■	■				
	inhaltlich thematisiert			■	■				
Ressourcenperspektive	prozessual aktiviert	■		■		■		■	
	inhaltlich thematisiert	■		■					

Abb. 4.10: Darstellung einer Expositionstherapie mit einer agoraphobischen Patientin in Form eines Wirkfaktorenmusters über das gesamte Spektrum therapeutischer Möglichkeiten. Erläuterungen im Text.

gestellte Wirkfaktorenmuster zeigt beispielsweise, wie sich eine Expositionstherapie mit einer agoraphobischen Patientin durch die Brille der in Abbildung 4.9 dargestellten 32-Felder-Matrix ausnimmt. Unter der Problemperspektive wird bei diesem Vorgehen das Problem der Patientin, ihre Angst und das Vermeiden bestimmter Situationen, als ein Nichtkönnen betrachtet (potentiale Perspektive). Es wird nicht nach Motiven gesucht, die hinter der Problematik stehen könnten (motivationale Perspektive), oder nach einer Funktion in zwischenmenschlichen Beziehungen (interpersonale Perspektive). Durch Aufsuchen der bisher vermiedenen Situation wird das Problem prozessual aktiviert (Zustandsperspektive), um Bewältigungserfahrungen herbeizuführen (Veränderungsperspektive). Das Problem ist nicht nur prozessual aktiviert, sondern steht gleichzeitig auch im Mittelpunkt dessen, worüber sich Therapeut und Patient inhaltlich austauschen. Unter der Ressourcenperspektive ist eine hohe Bereitschaft der Patientin zum Mitmachen vorhanden (prozessual aktiviert), aber nicht eine gleich hohe Kompetenzerwartung dafür. Um so mehr wird vom Therapeuten thematisiert, daß die Patientin der Situation gewachsen ist, und sie wird von ihm ausdrücklich verstärkt für ihren Mut und ihre Anstrengungsbereitschaft (inhaltliche Thematisierung potentialer und motivationaler Ressourcen). Was die Therapiebeziehung als Ressource angeht (interpersonale Perspektive), ist der Therapeut sehr für die Patientin engagiert (motivationale

Perspektive) und flößt ihr mit seiner Sicherheit und Kompetenz Vertrauen ein (potentiale Perspektive), ohne daß beide ein Wort über die Beziehung verlieren (inhaltliche Thematisierung der Therapiebeziehung als interpersonale Ressource).

Wenn man einen Therapieausschnitt durch die Brille dieser Systematik betrachtet, trägt man jeweils das ganze Spektrum therapeutischer Möglichkeiten an ihn heran mit der Frage, welche davon in welchem Ausmaß verwirklicht werden. Man kann daher die Wirkfaktorenanalyse gewissermaßen als ein „psychotherapeutisches Spektroskop" auffassen. Wie in der Physik oder Chemie Substanzen einer Spektralanalyse unterzogen werden, um Auskunft über ihre Zusammensetzung und Struktur zu erhalten, kann man Therapieausschnitte jeder Art einer Analyse mit dem psychotherapiespezifischen Spektroskop der Wirkfaktorenanalyse unterziehen, um Auskunft darüber zu erhalten, welche therapeutischen Ingredienzien darin in welcher Konstellation enthalten sind. Es wird immer das ganze Spektrum therapeutischer Möglichkeiten abgerastert. Als Resultat erhält man ein Wirkfaktorenmuster wie in Abbildung 4.10. Man kann sich leicht vorstellen, wie anders das Wirkfaktorenmuster einer psychoanalytischen Therapiesitzung mit derselben Patientin aussähe.

Für die Auswertung können auch Summenwerte über mehrere Felder (z.B. ein Gesamtmaß der Ressourcenaktivierung) oder bestimmte Quotienten gebildet werden. Diese Möglichkeit zur Bildung zusammenfassender Indizes erleichtert die Prüfung inhaltlicher Hypothesen, weil auf diese Weise Indizes gebildet werden können, die eine bestimmte Fragestellung besonders scharf operationalisieren. Das therapeutische Spektrum kann also auch in etwas anderer Weise dargestellt werden als in Form einer 32-Felder-Matrix. Das ist z.B. in Abbildung 4.11 (siehe unten) der Fall, bei der es um die Untersuchung einer bestimmten Hypothese geht. Der Grundgedanke ist unabhängig von der spezifischen Darstellungsform: Es geht immer darum, ein Wirkfaktorenmuster über das ganze Spektrum therapeutischer Möglichkeiten darzustellen.

Für das Programm einer Allgemeinen Psychotherapie ist diese Analysemethode deswegen besonders geeignet, weil mit ihr Therapien jeder Art im Hinblick auf ihre wirksamen Ingredienzien analysiert werden können. Verhaltenstherapien können ebenso durch ein Muster von Perspektivenkombinationen (Wirkfaktorenmuster) dargestellt werden wie psychoanalytische. Nicht das Label wird zum Therapieergebnis in Beziehung gesetzt, sondern das, was wirklich in der Therapie realisiert wurde. Die unterschiedlichen Schwerpunkte verschiedener Therapieformen können auf diese Weise innerhalb eines einheitlichen Bezugssystems operationalisiert werden. Dabei kann sich u.U. zeigen, daß das, was auf der Ebene der therapeutischen Ideologie als sehr verschieden erscheint, auf der Ebene der realisierten Wirkfaktorenmuster in Wirklichkeit gar nicht so unterschiedlich ist.

Mit der Wirkfaktorenanalyse haben wir ein Instrument vorliegen, mit dem wir psychotherapeutische Prozesse jeder Art im Hinblick auf ihre wirksamen Ingredienzien analysieren können. Die Möglichkeit zur Operationalisierung der potentiell wirkungsrelevanten Ingredienzien des Therapieprozesses ist die Voraussetzung für eine hypothesengeleitete Prüfung von Prozeß-Outcome-Zusammenhängen, aus denen schließlich empirisch fundierte Handlungsregeln abgeleitet werden können. Nachfolgend stelle ich zunächst eine Forschungsstrategie dar, die mir zur Herausarbeitung solcher Handlungsregeln besonders geeignet erscheint. Im darauffolgenden Abschnitt werde ich dann exemplarisch über Ergebnisse berichten, die wir mit dieser Forschungsstrategie und der Methode der Wirkfaktorenanalyse gewonnen haben.

4.3.3 Selektion aus natürlicher Variation: Eine Alternative zur Hypothesenprüfung durch experimentelle Manipulation

Zusammenhänge zwischen Merkmalen des therapeutischen Vorgehens und ihren Effekten sind bisher hauptsächlich in zweierlei Weise untersucht worden:

Erstens durch experimentelle Variation der interessierenden Merkmale des Vorgehens als unabhängigen Variablen in einem kontrollierten Versuchsplan mit den vermuteten Effekten als abhängigen Variablen. Dieses Vorgehen hat den Vorteil, daß es direkte kausale Schlüsse zuläßt. Es hat aber den Nachteil, daß man viele Bedingungen in der Psychotherapie, die vermutlich einen wesentlichen Einfluß auf das Therapieergebnis haben, nicht experimentell manipulieren kann. Ethisch verbietet es sich, daß der Therapeut sich absichtlich ungünstig verhält, sich nicht engagiert, absichtlich nicht kompetent wirkt, absichtlich Widerstand beim Patienten hervorruft usw. Andere Bedingungen, wie unterschiedliche Aufnahmebereitschaft der Patienten für das therapeutische Vorgehen, Vertrauen oder Mißtrauen des Patienten in den Therapeuten, hohe innere Beteiligung des Patienten usw. lassen sich nicht als Bedingungen einmal kontrolliert herstellen und ein anderes mal nicht. Wenn diese Bedingungen eintreten, spielen sie mit aller Wahrscheinlichkeit eine wichtige funktionale Rolle für den weiteren Verlauf der Therapie, aber wir müssen ihr natürliches Eintreten abwarten, um ihren Einfluß untersuchen zu können.

Dies führt zur zweiten der beiden bisher verfolgten Hauptforschungsstrategien: der korrelativen Untersuchung von Prozeß-Outcome-Zusammenhängen (Orlinsky, Grawe und Parks, 1994). Diese Strategie hat den Vorteil, daß man auch solche Prozeßvariablen untersuchen kann, die man nicht experimentell kontrollieren kann. Man läßt solche Bedingungen wie die zuvor genannten natürlich variieren, mißt sie mit geeigneten Verfahren – entweder in Form von Patienteneinschätzungen, Therapeuteneinschätzungen oder durch Beurteilungen unabhängiger Dritter, meist post hoc aufgrund von Videoaufzeichnungen – und korreliert die Meßwerte dann mit Outcomekriterien. Nachteil dieser Strategie ist zum einen, daß sie keine direkten kausalen Schlüsse zuläßt; eine Korrelation zwischen zwei Variablen kann immer auf den moderierenden Einfluß weiterer Variablen zurückgehen. Der andere Nachteil ist eher noch schwerwiegender: Es ist sicher unberechtigt anzunehmen, daß eine Prozeßvariable wie etwa Empathie über ihre gesamte mögliche Variationsbreite hin linear mit dem Therapieergebnis in Beziehung steht. Ein Therapeut, der jede Empathie vermissen läßt, mag einen deutlich negativen Effekt auf das Therapieergebnis haben, während ein empathischer Therapeut einen guten Therapieerfolg fördert. Aber ist es wirklich vernünftig anzunehmen, daß eine noch weitere Steigerung der Empathie einen noch besseren Therapieerfolg bewirkt? Ist es nicht wahrscheinlicher, daß manche Bedingungen in der Regel erfüllt sein müssen, damit es zu einem guten Therapieergebnis kommt, daß aber ein Noch-mehr-davon das Therapieergebnis nicht noch weiter steigert? Die Fragwürdigkeit der Annahme eines linearen Zusammenhangs zwischen Prozeßvariablen und Therapieergebnis ist in der Therapieforschungsliteratur ausdrücklich thematisiert und es sind alternative Forschungsstrategien vorgeschlagen worden (Greenberg, 1986, 1991), wie etwa die intensive Untersuchung von Therapieepisoden auf Einzelfallebene.

Nachdem wir etliche dieser vorgeschlagenen Alternativen erprobt hatten und nur teilweise damit zufrieden waren (Regli et al., 1998), haben wir inzwischen einen neuen Weg eingeschlagen, um zu empirisch fundierten Handlungsregeln für die Psychotherapie zu gelangen. Wir betrachten diesen Weg als Alternative zur experimentellen Forschungsstrategie unter solchen Bedingungen und für solche Variablen, für die eine experimentelle Herstellung bestimmter Bedingungen nicht möglich erscheint.

Der Grundgedanke dieser Strategie ist einfach: Statt die uns interessierende Konstellation von Bedingungen experimentell herzustellen, suchen wir aus einer großen Anzahl solche Therapiesitzungen aus, in denen genau diese Bedingungen ohne experimentelle Absicht verwirklicht waren.

Die Vorteile der Strategie „Auffinden bestimmter Bedingungen durch Selektion aus natürlicher Variation" gegenüber der „Herstellung bestimmter Bedingungen durch experimentelle Kontrolle" liegen in der größeren klinischen Validität und in der Tatsache, daß so auch Variablen untersucht werden können, die sich prinzipiell der experimentellen Kontrolle entziehen. Die Strategie hat aber auch einen erheblichen Nachteil bzw. eine schwer zu erfüllende Voraussetzung: Man muß eine sehr große Anzahl an Therapien bzw. Therapiesitzungen vorliegen haben, um aus dieser großen Anzahl eine ausreichend große Untermenge auswählen zu können, die genau die interessierende Bedingungskonstellation erfüllt. Dieses Erfordernis ist deswegen so schwer zu erfüllen, weil die Therapien dafür genau in der Weise dokumentiert sein müssen, wie es für die zu untersuchende Frage erforderlich ist.

Die Strategie wird überhaupt nur dadurch ermöglicht, daß es heute technisch und ökonomisch machbar ist, Therapien routinemäßig auf Video aufzuzeichnen und für spätere Analysen aufzubewahren. Man hätte aber noch nicht viel gewonnen, wenn man einfach nur Tausende von Therapiesitzungen auf Video vorliegen hätte. Man braucht zusätzlich detaillierte und zuverlässig erhobene Angaben darüber, welche von den zunächst unüberschaubar vielen Therapiesitzungen für eine ganz bestimmte Fragestellung relevant sind. Diese Informationen müssen parallel zur Durchführung der Therapien kontinuierlich erhoben werden, d.h. man muß vor Durchführung der Therapien bereits seine Fragestellungen konzipiert haben und sie in Form kontinuierlich erhobener Messungen operationalisieren, damit später aus vielen Therapiesitzungen die für die Untersuchung der Fragestellung geeigneten ausgewählt werden können. Wenn mich etwa interessierte, wovon es abhängt, ob Übertragungsdeutungen einen eher positiven oder negativen Effekt haben (Crits-Christoph, 1998), müßte ich vor der Durchführung von Therapien Vorkehrungen dafür treffen, das ich später weiß, in welchen Sitzungen überhaupt Übertragungsdeutungen vorgekommen sind. Das könnte ich z.B. in der Form tun, daß die Therapeuten nach jeder Sitzung einen „Stundenbogen" ausfüllen, in dem sie ausdrücklich gefragt werden, ob sie in dieser Sitzung Übertragungsdeutungen versucht haben. Um zu wissen, ob die Deutungen eher einen positiven oder einen negativen Effekt hatten, sollte man darüber hinaus Angaben vom Patienten haben, wie er oder sie diese Therapiesitzung erlebt hat.

Man könnte dann z.B. Therapiesitzungen mit deutlichem Vorkommen von Übertragungsdeutungen auswählen, die einen klar positiven Effekt hatten, und solche mit eindeutig negativem Effekt. Diese aus einer großen Anzahl ausgewählten Therapiesitzungen könnte man einer Spektroskopie mit der Wirkfaktorenanalyse unterziehen, um zu schauen, unter welchen Bedingungskonstellationen Übertragungsdeutungen positiv und unter welchen negativ wirken.

Es werden bei dieser Forschungsstrategie also durch hypothesengeleitete Selektion bestimmte abhängige Variablen festgelegt (kontrolliert), um dann zu prüfen, ob bestimmte – ebenfalls im Vorhinein hypothesengeleitet festgelegte – unabhängige Variablen (mit der Wirkfaktorenanalyse erfaßte Bedingungskonstellationen) darauf einen signifikanten Einfluß hatten. Man müßte also im voraus Hypothesen darüber formulieren, welche mit der Wirkfaktorenanalyse erfaßten Bedingungskonstellationen einen positiven Einfluß auf die Wirkung von Übertragungsdeutungen haben sollten und welche einen negativen. Diese Hypothesen könnten dann durch einen gezielten Vergleich zwischen den Sitzungen mit positivem und denen mit negativem Ergebnis statistisch geprüft werden. Die Sitzungen sollten sich in den hypothetisch als wirkungsrelevant angenommenen Bedingungskonstellationen signifikant unterscheiden.

Diese hypothesengeleitete Prüfung im voraus formulierter Fragestellungen ermöglicht Ergebnisaussagen, die eher kausale Schlußfolgerungen zulassen, als wenn ohne Hypothesen ganz breit geprüft wird, in welcher Hinsicht sich positive und negative Sitzungen unterscheiden. Aber natürlich können sich beim Vergleich der positiven mit den negativen Sitzungen auch über die ausdrücklich geprüften Hypothesen hinaus unerwartete Unterschiede in den jeweils verwirklichten Wirkfaktorenmustern ergeben, die einen auf neue, bisher noch nicht vermutete Zusammenhänge hinweisen. Solche gefundenen und nicht erwarteten Zusammenhänge bedürften allerdings der späteren gezielten Überprüfung an einer anderen Stichprobe von Therapiesitzungen, bis man ihnen einen gleichen aussagelogischen Stellenwert zumessen könnte wie Ergebnissen, die aus einer gezielten Hypothesenprüfung resultieren.

Die soeben umrissene Forschungsstrategie soll nachfolgend am Beispiel einer von mehreren inzwischen abgeschlossenen Untersuchungen veranschaulicht werden. Ausführlichere Darstellungen der Forschungsstrategie, der Wirkfaktorenanalyse und damit gefundener Ergebnisse findet man bei Grawe (im Druck), Grawe et al. (im Druck), Smith, Grawe und Regli (im Druck) sowie Dick, Grawe, Regli und Heim (im Druck).

4.3.4 Fruchtbare und unfruchtbare Problemaktualisierungen – ein Beispiel für die Anwendung der Wirkfaktorenanalyse

In dem oben in Abbildung 4.6 dargestellten Modell der Wirkungsweise von Psychotherapie werden drei Wirkkomponenten unterschieden: Ressourcenaktivierung einerseits und zwei Formen der Problembearbeitung, Bewältigungs- und/oder Klärungsarbeit andererseits. Probleme können nach dem dahinter stehenden Funktionsmodell des psychischen Geschehens am besten verändert werden, während sie prozessual aktiviert sind. Solche Problemaktualisierungen sind in sich unangenehm oder sogar sehr schmerzhaft für den Patienten, mögen sie auch für die Herbeiführung der angestrebten Veränderungen unumgänglich sein. Es wäre an und für sich das Natürlichste von der Welt, wenn der Patient solche Problemaktualisierungen vermiede. Es muß ein Gegengewicht gegen diese Vermeidung des Unangenehmen geben und dieses Gegengewicht muß durch den Kontext geschaffen werden, in dem Problemaktualisierungen erfolgen.

Der Patient muß das Ertragen des Unangenehmen als notwendigen Schritt beim Verfolgen eines eigenen Zieles erleben können, um für diesen Schritt motiviert zu sein. Er muß sich als jemanden erleben können, der sich in diesem schwierigen Moment im Sinne seiner eigenen Ziele verhalten kann. Zusätzlich wird seine Selbstwirksamkeitserwartung für die Bewältigung des Problems um so höher sein, je mehr er sich in dieser Situation als fähig zu dem erleben kann, was die Situation von ihm erfordert. Der Patient sollte sich also gerade in solchen belastenden therapeutischen Situationen im Sinne mitgebrachter motivationaler Bereitschaften und Fähigkeiten verhalten können. Anders ausgedrückt: Es sollten gleichzeitig mit der Aktualisierung von Problemen ausdrücklich auch Ressourcen des Patienten aktiviert sein, damit die Problemaktualisierung in eine positive Klärungs- und/oder Bewältigungserfahrung einmündet. Therapeuten sollten nach dieser theoretischen Konzeption betont darauf achten, daß sie Problemaktualisierungen nur in einem Kontext herbeiführen oder erfolgen lassen, in dem gleichzeitig Ressourcen des Patienten aktiviert sind. Sie sollten also – in Wirkfaktoren gesprochen – nie Problemaktualisierung allein, sondern immer nur im Kontext einer betonten Ressourcenaktivierung verwirklichen.

Auch die Therapiebeziehung ist als wichtige Ressource für den Patienten zu betrachten (Grawe, 1998; Grawe und Grawe-Gerber, im Druck). Gerade in belastenden therapeutischen Situationen sollte diese Ressource für den Patienten spürbar aktiviert sein. Problemaktualisierungen sollten also nur im Kontext einer aktuell guten Therapiebeziehung stattfinden.

Diese Hypothese, daß Problemaktualisierungen nur dann zu positiven Erfahrungen beim Patienten führen, wenn gleichzeitig mit der Problemaktualisierung Ressourcen des Patienten aktiviert sind und die Therapiebeziehung gut ist, wollten wir empirisch prüfen. Wir gingen im Sinne der oben beschriebenen Strategie folgendermaßen vor:

Aus etwa 8.000 entsprechend dokumentierten Therapiesitzungen wählten wir solche aus, für die die Patienten in einem unmittelbar nach der Therapiesitzung ausgefüllten Stundenbogen angegeben hatten, daß sie in der Therapiesitzung gefühlsmäßig stark beteiligt gewesen seien und sehr schmerzhafte Gefühle erlebt hätten. Dies betrachteten wir als eine am Erleben des Patienten festgemachte Operationalisierung stattgefundener Problemaktualisierungen.

Von diesen Therapiesitzungen mit Problemaktualisierungen wählten wir im nächsten Schritt solche aus, in denen die Patienten nach ihren Angaben im Stundenbogen im starken Ausmaß bedeutsame Klärungs- oder Bewältigungserfahrungen gemacht hatten. Diesen Sitzungen mit „fruchtbaren Problemaktualisierungen" stellten wir eine gleiche Anzahl von Therapiesitzungen gegenüber, in denen die Patienten in besonders geringem Maße positive Bewältigungs- oder Klärungserfahrungen angegeben hatten. Diese betrachteten wir als „unfruchtbare Problemaktualisierungen".

Je 30 Sitzungen mit fruchtbaren und unfruchtbaren Problemaktualisierungen wurden im nächsten Schritt von trainierten Ratern mit der Wirkfaktorenanalyse analysiert. Die Rater wußten beim Raten nicht, ob es sich um eine Sitzung der einen oder anderen Art handelte. Die Sitzungen wurden in Zehnminutenabschnitte unterteilt. Pro Sitzung wurden die mittleren drei Sequenzen analysiert. Insgesamt lagen am Ende also Wirkfaktorenmuster für 180 analysierte Sequenzen vor.

Aufgrund der mit der Wirkfaktorenanalyse durchgeführten Ratings wurden Indizes für verschiedene Aspekte der Ressourcenaktivierung und der Qualität der Therapiebeziehung gebildet. Auf der Basis dieser Indizes sollte durch einen Vergleich der je 30 fruchtbaren und unfruchtbaren Problemaktualisierungen geprüft werden, ob sich die Sitzungen tatsächlich in der vorausgesagten Weise unterschieden, daß nämlich in den Sitzungen mit fruchtbaren Problemaktualisierungen in bedeutsamem Ausmaß mehr Ressourcenaktivierung verwirklicht worden war und eine bessere Therapiebeziehung bestand.

Zusätzlich wurden verschiedene Indizes für die Art und das Ausmaß der Problembearbeitung gebildet. Unsere allgemeinste Annahme ist ja die, daß die aus der empirischen Therapieforschung abgeleiteten Wirkfaktoren Ressourcenaktivierung, Problemaktualisierung, Problembewältigung und motivationale Klärung in erfolgreichen Therapien besser verwirklicht sind als in weniger erfolgreichen. Es wäre danach zu erwarten, daß in den Therapiesitzungen, in denen die Patienten im Stundenbogen angaben, daß sie mehr bedeutsame Klärungs- oder Bewältigungserfahrungen gemacht hätten, auch die Wirkfaktoren Problembewältigung und motivationale Klärung stärker verwirklicht worden wären. Da auch diese Wirkfaktoren beim Rating mit der Wirkfaktorenanalyse ausdrücklich erfaßt werden, konnten wir auch diese Annahme aufgrund der vorliegenden Ratings prüfen. An unserer spezifischen Hypothese bezüglich der wichtigen funktionalen Rolle der Ressourcenaktivierung und der Therapiebeziehung bei Problemaktualisierungen ändert sich dadurch nichts: Wenn nach den Ratings in der jeweiligen Sitzung Klärungs- oder Bewältigungsarbeit verwirklicht wurde, dann sollte sie nur dann erfolgreich sein, wenn gleichzeitig eine gute Therapiebeziehung bestand und Ressourcen des Patienten aktiviert waren. Unsere Voraussage ist also die, daß sich fruchtbare von unfruchtbaren Problemaktualisierungen *vor allem* in der Ressourcenaktivierung und der Güte der Therapiebeziehung unterscheiden.

Die aus dem Vergleich zwischen den Sitzungen mit fruchtbaren und unfruchtbaren Problemaktualisierungen resultierenden statistischen Kennwerte (t beim t-Test, Z beim U-Test) wurden nach Rosenthal (1991) in Effektstärken umgerechnet. Die Höhe der Effektstärke gibt das Ausmaß wieder, in dem sich die fruchtbaren und unfruchtbaren Problemaktualisierungen in dem jeweiligen Index unterschieden. Abbildung 4.11 zeigt die bei diesem Vergleich resultierenden Ergebnisse in Form eines Balkendiagramms. Die Länge der Balken entspricht der Höhe der Effektstärken. Leere Balken bedeuten, daß in diesem Merkmal die Sitzungen mit fruchtbaren Problemaktualisierungen die höhere Ausprägung hatten, dunkle Balken das Gegenteil. Diese Darstellungsform ist eine Alternative zu der Darstellungsweise von Wirkfaktorenmustern in Abbildung 4.10. Das Grundprinzip ist aber dasselbe: Es sollen Muster und nicht Einzelmerkmale abgebildet werden.

Es wurde keine Bonferroni-Korrektur für multiple Testungen vorgenommen, da uns vor allem die Musterinformation interessierte und nicht die Ausprägung der Einzelmerkmale. Das Niveau, ab dem die Unterschiede zwischen fruchtbaren und unfruchtbaren Problemaktualisierungen pro Einzelindex bei konventionellen Signifikanztests auf dem 5%-Niveau signifikant würden, ist in der Abbildung durch eine senkrechte

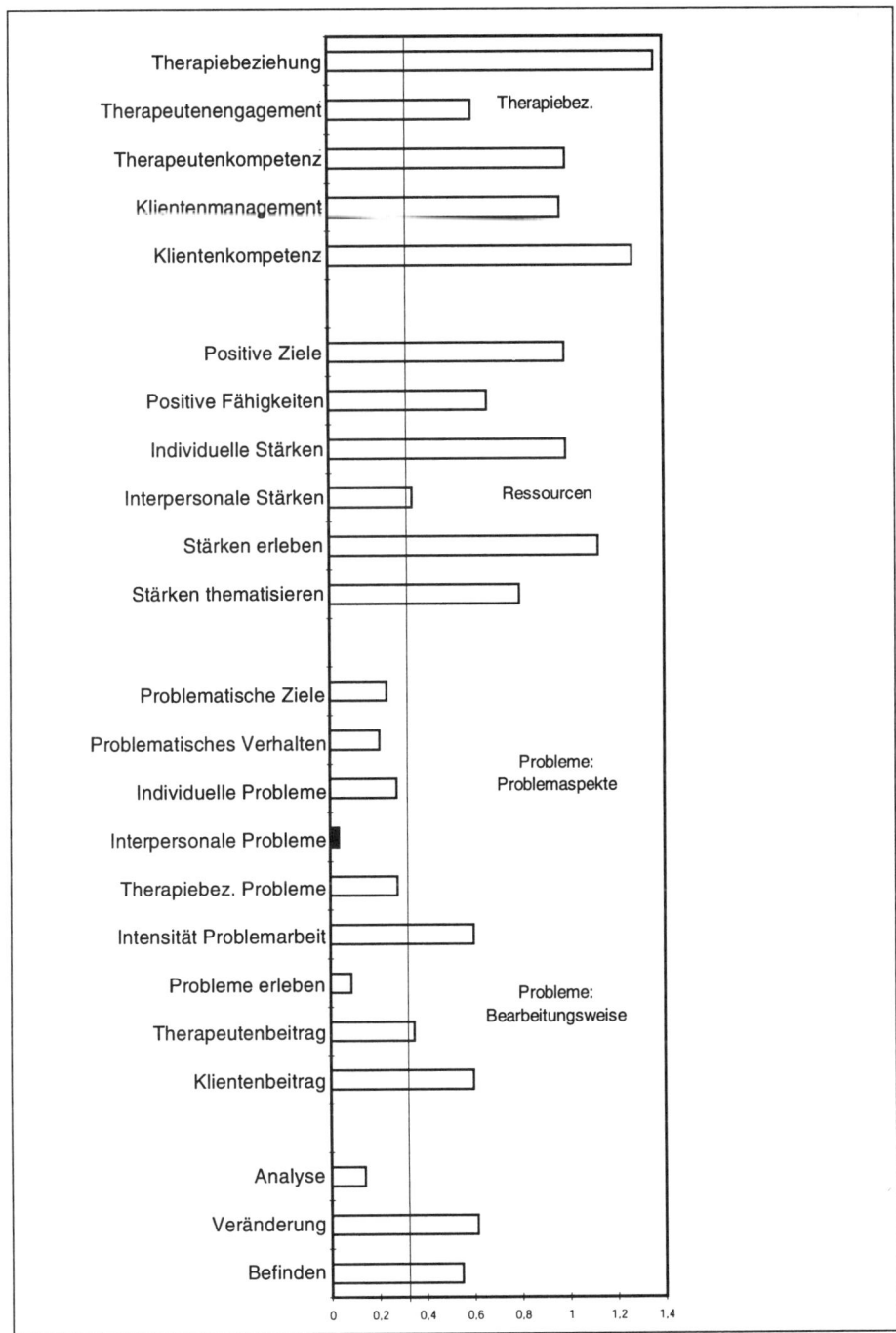

Abb. 4.11: Unterschiede zwischen je 30 Therapiesitzungen mit fruchtbaren und unfruchtbaren Problemaktualiserungen, dargestellt in Form eines Differenzprofils über das Spektrum therapeutischer Möglichkeiten. Erläuterungen im Text.

Linie dargestellt. Effektstärkensäulen, die diese Linie überschreiten, zeigen Unterschiede an, die signifikant wären, wenn nur dieser eine Aspekt geprüft worden wäre. Wir erwarten im Sinne unserer Hypothese besonders deutliche Unterschiede in den Indizes für Ressourcenaktivierung und für die Güte der Therapiebeziehung. Für die verschiedenen Indizes der Problembearbeitung erwarten wir zwar auch, daß sie in den Sitzungen mit fruchtbaren Problemaktualisierungen stärker ausgeprägt sind als in denen mit unfruchtbaren; die Unterschiede sollten aber weniger bedeutsam sein als diejenigen bezüglich der Ressourcenaktivierung und der Therapiebeziehung.

Die Ergebnisse entsprechen genau diesen Annahmen. In fruchtbaren Problemaktualisierungssitzungen sind alle mit der Wirkfaktorenanalyse erfaßten therapeutischen Ingredienzien stärker verwirklicht als in unfruchtbaren. Die deutlichsten Unterschiede zeigen sich aber – genau unserer Voraussage entsprechend – in den Indizes für die Güte der Therapiebeziehung (die obersten fünf Indizes) und für das Ausmaß der Ressourcenaktivierung (die sechs Indizes darunter). Es ist also wirklich so, daß der Erfolg einer Problemaktualisierung entscheidend davon abhängt, ob in diesem Moment – es wurden Zehnminutenausschnitte analysiert – die Merkmale einer guten Therapiebeziehung verwirklicht sind und ob in diesem Augenblick positive motivationale und potentiale Ressourcen des Patienten zum einen prozessual aktiviert sind und zum anderen vom Therapeuten thematisiert werden. Auch hohes Patientenengagement und hohe Patientenkompetenz (in der Abbildung der Therapiebeziehung zugeordnet) zeigen an, daß der Patient sich in dieser Situation im Sinne eigener Ziele und mitgebrachter Fähigkeiten verhalten konnte. Während der Patient sehr schmerzhafte Gefühle erlebte, konnte er sich also in den Sitzungen mit gutem Ergebnis gleichzeitig auch in positiven Eigenarten gespiegelt sehen (Erleben und Thematisieren von Stärken).

Von den signifikant werdenden Indizes der Problembearbeitung (Patientenbeitrag und Therapeutenbeitrag zur Problembearbeitung) kann zumindest der Patientenbeitrag ebenfalls als aktivierte Ressource des Patienten betrachtet werden.

Ansonsten hängt der Effekt einer Problemaktualisierung hauptsächlich davon ab, ob wirklich intensiv an den aktualisierten Problemen gearbeitet wird (Intensität der Problemarbeit) und daß dabei der Schwerpunkt mehr auf dem Bemühen liegt, eine Veränderung herbeizuführen, als darauf, das Problem zu analysieren. Beide Ergebnisse sind plausibel und gut vereinbar mit unserer theoretischen Konzeption, waren aber nicht Gegenstand der Hypothesen, die wir mit der Auswahl der Sitzungen gezielt prüfen wollten.

Aus dem Hauptergebnis unserer Untersuchung läßt sich eine *konkrete Handlungsregel* für Therapeuten ableiten:

„Wann immer es in einer Therapie beim Patienten zu einem schmerzhaften Erleben seiner Probleme kommt, sei es im Rahmen einer gezielten Problembearbeitung oder sei es spontan, aus der Situation heraus, laß Deine Aufmerksamkeit nicht dadurch binden, sondern richte sie ausdrücklich darauf, daß Du besonders intensiv Ressourcen des Patienten zu nutzen und aktivieren versuchst und daß der Patient die Beziehung zu Dir in diesem Moment als Stütze und Stärkung erfahren kann. Wenn Du Dir der Qualität der Beziehung in diesem Moment nicht sicher bist und wenn es Dir nicht gelingt, gleichzeitig zum Erleben der Probleme Ressourcen des Patienten zu aktivieren, trage nicht zu einer weiteren Aktualisierung der Probleme bei, sondern versuche, das Therapiegeschehen davon wegzulenken."

Diese Maxime hat den Charakter einer empirisch fundierten Faustregel für Therapeuten. Sie läßt sich auf viele verschiedene Therapiesituationen anwenden: auf Konfrontationen mit bisher vermiedenen Situationen im Rahmen verhaltenstherapeutischer Expositionstherapien, auf Situationen beim Psychodrama oder im Rahmen gestalttherapeutischer Übungen, auf Widerstands- und Übertragungssituationen im Rahmen psychodynamischer Therapien usw. Die therapeutische Aufmerksamkeit in solchen Situationen ist oft schon unter dem Problemaspekt aufs Höchste beansprucht. Die Lenkung der Problembearbeitung verlangt dem Therapeuten viel ab. Trotzdem darf er sich davon nicht absorbieren lassen, weil sich noch Entscheidenderes gleichzeitig auf der Beziehungsebene und unter dem Ressourcenaspekt abspielen kann, was mindestens im gleichen Maße seine Aufmerksamkeit verlangt.

Diese Regel kann in Therapieausbildungen vermittelt und ihre Beachtung in Supervisionen gezielt geübt und überwacht werden. Es handelt sich nicht um eine schulspezifische Regel. Sie kann damit als Beispiel dafür angesehen werden, wie die Durchführung von Therapien schrittweise nicht mehr von schulspezifischen Regeln, sondern von allgemein gültigen, empirisch fundierten Handlungsregeln angeleitet werden kann.

Selbstverständlich muß der Erkenntnisprozeß nicht bei einer so groben Faustregel stehen bleiben, sondern solche Regeln können im Rahmen weiterer Forschung zunehmend differenziert werden.

Wir haben z.B. bei der oben in Auszügen referierten Untersuchung zusätzlich zum Hauptergebnis eine Reihe klinisch interessanter Wechselwirkungen gefunden. Das optimale Wirkfaktorenmuster für fruchtbare Problemaktualisierungen hängt danach auch vom Befinden ab, mit dem der Patient in die Therapiesitzung hineingeht, und vom Bearbeitungsstadium, in dem sich das aktualisierte Problem befindet (Smith, 1997). Es handelt sich hier allerdings nicht um vorausgesagte, sondern um post hoc gefundene Zusammenhänge. Sie müssen erst in weiteren Untersuchungen gezielt überprüft werden, ehe ihnen ein gleicher Status zuerkannt werden kann wie dem oben referierten Ergebnis über die Bedeutung der Ressourcenaktivierung und der Therapiebeziehung für das Ergebnis von Problemaktualisierungen.

Wir haben in dieser und weiteren Untersuchungen mit der Wirkfaktorenanalyse für spezifischere Wechselwirkungen eher noch höhere Effektstärken als für die vorausgesagten Haupteffekte gefunden. Das könnte dafür sprechen, daß die wichtigsten funktionalen Zusammenhänge in Therapien auf einer noch feineren Auflösungsebene zu finden sind, in der situationsspezifische Bedingungskonstellationen mit spezifischen therapeutischen Vorgehensweisen in Wechselwirkung treten. Dies würde mit der Zeit noch differenziertere Handlungsregeln ermöglichen, die dem Therapeuten noch spezifischere Hinweise geben, was er unter welchen Bedingungen tun sollte. Wir bewegen uns hier auf der Ebene der Feinsteuerung des Geschehens innerhalb von Therapiesitzungen, also auf einer weit spezifischeren Ebene als der, auf der DSM-Diagnosen mit Therapiemethoden in Beziehung gesetzt werden, wie es das Programm der „empirically supported psychological therapies" (Kendall, 1998; Chambless & Hollon, 1998) vorsieht.

Man könnte sich als Ergebnis einer fortgeschrittenen empirischen Forschung ein hierarchisches System von Handlungsregeln vorstellen mit ziemlich groben Faustregeln an der Spitze, die dann auf unteren Ebenen bedingungsspezifisch differenziert werden bis hin zu einer Auflösungsebene, wo sie dem Therapeuten empfehlen, wie er von einer gegebenen Situation innerhalb einer Therapiesitzung aus weiter vorgehen sollte.

Auf unterster Auflösungsebene hätten wir dann schließlich sicherlich hunderte von Handlungsregeln, die jede für sich empirisch fundiert wären. Dies zeigt noch einmal, wie vorteilhaft es wäre, wenn diese Regeln in einem einheitlichen Denksystem miteinander verbunden wären. Der Therapeut könnte dann, sich innerhalb eines einheitlichen Denksystems bewegend, sein Vorgehen reflektieren und konzipieren, würde sich dabei aber gleichzeitig kontinuierlich an empirisch fundierten Handlungsregeln orientieren.

4.4 Ausblick

Ich habe zwei Wege beschrieben, auf denen wir gegenwärtig versuchen, uns dem eingangs umrissenen Leitbild einer Allgemeinen Psychotherapie konkret anzunähern. Beiden Wegen liegen theoretische Konzeptionen zugrunde, die aus der empirischen Forschung abgeleitet wurden: die konsistenztheoretische Konzeption aus der psychologischen und neurowissenschaftlichen Grundlagenforschung, die der Wirkfaktorenanalyse zugrunde liegende fünfdimensionale Systematik der Psychotherapie aus der Psychotherapieforschung. Die beiden theoretischen Konzeptionen sind zueinander komplementär und ergänzen einander.

Aus den theoretischen Konzeptionen haben wir praktische Vorgehensweisen (die konsistenztheoretische Fallkonzeption und Therapieplanung), inhaltliche Hypothesen und Forschungsmethoden abgeleitet, mit denen wir aus der Theorie abgeleitete Hypothesen empirisch prüfen können. Je nach den Ergebnissen dieser hypothesengeleiteten Forschung werden die zugrundegelegten theoretischen Konzepte entweder erhärtet werden, oder wir werden Hinweise darüber erhalten, in welcher Hinsicht sie revisions- oder ergänzungsbedürftig sind. Auf jeden Fall werden wir aus dieser Forschung neue Erkenntnisse gewinnen, die es uns ermöglichen werden, unsere theoretischen Konzepte und praktischen Vorgehensweisen in noch bessere Übereinstimmung mit den tatsächlichen Zusammenhängen zu bringen, wie sie durch die empirischen Forschungsergebnisse nahegelegt werden. Wir wären damit unserem Leitbild einer Allgemeinen Psychotherapie wieder ein Stück näher gekommen.

Gleichzeitig finden an vielen anderen Stellen Forschungen statt, die neue empirische Sachverhalte aufzeigen und theoretische Konzeptionen stärken oder schwächen, die für das Ziel einer insgesamt wirksameren Psychotherapie ebenso relevant sein können. Nur indem wir den selbsterzeugten Erkenntnisgewinn und den anderweitig gewonnenen immer wieder aufeinander beziehen und miteinander zu integrieren versuchen, können wir uns davor schützen, uns in den Schlingen eines sich selbst bestätigenden tautologischen Systems zu verfangen.

Das Leitbild einer Allgemeinen Psychotherapie kann nur im Rahmen eines freien, von Therapieschulgrenzen unbehinderten wissenschaftlichen Austausches miteinander erfolgen. Es mangelt einstweilen an institutionalisierten Foren für einen solchen Austausch, denn noch immer benutzen die Foren, in denen eine Kommunikation über die Grenzen von Therapieschulen hinweg stattfindet, wie die Society for Psychotherapy Research (SPR), die Society for the Exploration of Psychotherapy Integration (SEPI), das „Handbook of Psychotherapy and Behavior Change" von Bergin und Garfield (1994) sowie nicht richtungsgebundene wissenschaftliche Zeitschriften, die Abgrenzungen zwischen Therapieschulen als Definition ihrer Untersuchungsgegenstände oder Forschungsmethoden. Für eine Allgemeine Psychotherapie ist ein ausdrückliches Loslassen von diesen Relikten der Therapietheorien erster Generation erforderlich, wie ich eingangs begründet habe. Es ist daher begrüßenswert, daß die Herausgeber mit diesem Buch einen Schritt zur Förderung eines Austausches unternommen haben, der ausdrücklich unter dem Leitbild einer Allgemeinen Psychotherapie stattfindet.

Literatur

Bergin, A. E. & Garfield, S. L. (Eds.) (1994). *Handbook of Psychotherapy and Behavior Change* (4th. ed). New York: Wiley.

Beutler, L. (1986). Systematic eclectic psychotherapy. In J.C. Norcross (Ed.), *Handbook of eclectic psychotherapy* (pp. 94-131). New York: Brunner/Mazel.

Beutler, L. E. & Clarkin, J. F. (1990). *Systematic Treatment Selection – Toward Targeted Therapeutic Interventions.* New York: Brunner/Mazel.

Caspar, F. (1989). *Probleme und Beziehungen verstehen. Eine Einführung in die psychotherapeutische Plananalyse.* Bern: Hans Huber.

Caspar, F. (1994). *Plan Analysis. Toward optimizing psychotherapy.* Seattle: Hogrefe Huber.

Caspar, F. (im Druck). Therapeutisches Handeln als individueller Konstruktionsprozess. In J. Margraf (Hrsg.), *Lehrbuch der Verhaltenstherapie* (2. Aufl.). Berlin: Springer.

Chambless, D. L., & Hollon, S. D. (1998). Defining empirically supported therapies. *Journal of Consulting and Clinical Psychology, 66,* 7-18.

Crits-Christoph, P. (1998). The interpersonal interior of psychotherapy. *Psychotherapy Research, 8,* 1-18.

Dick, A., Grawe, K., Regli, D. & Heim, P. (im Druck). Was sollte ich tun, wenn ...? Empirische Hinweise für die adaptive Feinsteuerung des Therapiegeschehens innerhalb einzelner Sitzungen. *Verhaltenstherapie und psychosoziale Praxis.*

Edelman, G. M. (1987). *Neural Darwinism. The theory of neuronal group selection.* New York: Basic Books.

Edelman, G. M. (1995). *Göttliche Luft, vernichtendes Feuer.* München: Piper.

Epstein, S. (1990). Cognitive-experiential self-theory. In L.A. Pervin (Ed.), *Handbook of Personality: Theory and research* (165-192). New York: Guilford.

Fiedler, P. (1997). Therapieplanung in der modernen Verhaltenstherapie. *Verhaltenstherapie und Verhaltensmedizin, 18,* 7-39.

Grawe, K. (1995). Grundriss einer Allgemeinen Psychotherapie. *Psychotherapeut, 40,* 130-145.

Grawe, K. (1996). Klärung und Bewältigung. Über das Verhältnis der beiden wichtigsten Veränderungsprinzipien. In H. Reinecker & D. Schmelzer (Hrsg.), *Verhaltenstherapie, Selbstregulation, Selbstmanagement.* Göttingen: Hogrefe.

Grawe, K. (1997a). Research-informed psychotherapy. *Psychotherapy Research, 7,* 1-20.

Grawe, K. (1997b). „Moderne" Verhaltenstherapie oder allgemeine Psychotherapie? *Verhaltenstherapie und Verhaltensmedizin*, 18, 137-159.

Grawe, K. (1998). *Psychologische Therapie*. Göttingen: Hogrefe.

Grawe, K. (im Druck). Wie kann Psychotherapie noch wirksamer werden? *Verhaltenstherapie und psychosoziale Praxis*.

Grawe, K. & Caspar, F. (1984). Die Plananalyse als Konzept und Instrument für die Psychotherapieforschung. In U. Baumann (Hrsg.), *Psychotherapieforschung. Makro- und Mikroperspektiven*. Göttingen: Hogrefe.

Grawe, K., Donati, R. & Bernauer, F. (1994). *Psychotherapie im Wandel – Von der Konfession zur Profession*. Göttingen: Hogrefe.

Grawe, K., Grawe-Gerber, M., Heiniger, B., Ambühl, H. & Caspar, F. (1996). Schematheoretische Fallkonzeption und Therapieplanung – Eine Anleitung für Therapeuten. In F. Caspar (Hrsg.), *Psychotherapeutische Problemanalyse* (S. 189-224). Tübingen: dgvt.

Grawe, K., Smith, E., Regli, D. & Dick, A. (1998). *Wirkfaktorenanalyse – Ein Ratinginstrument zur Einschätzung des Psychotherapieprozesses*. Unveröffentlichtes Manual. Institut für Psychologie der Universität Bern.

Grawe, K., Regli, D., Dick, A. & Smith, E. (1998). *Zur funktionalen Rolle der Ressourcenaktivierung für die Herbeiführung therapeutischer Veränderung*. Vortrag auf der Fachgruppentagung Klinische Psychologie, Hamburg 1998.

Grawe, K., Regli, D., Smith, E. & Dick, A. (im Druck). Wirkfaktorenanalyse: Ein Spektroskop für die Psychotherapie. *Verhaltenstherapie und psychosoziale Praxis*.

Grawe, K. & Grawe-Gerber, M. (im Druck). Ressourcenaktivierung – ein primäres Wirkprinzip der Psychotherapie. *Psychotherapeut*.

Greenberg, L. S. (1986). Research Strategies. In L. S. Greenberg & W. M. Pinsof (Eds.), *The psychotherapeutic process: a research handbook* (pp. 707-734). New York: The Guilford Press.

Greenberg, L. S. (1991). Research on the Process of Change. *Psychotherapy Research*, 1, 3-16.

Grosse Holtforth, M. & Grawe, K. (1997). *Konsistenztheoretische Fallkonzeption und Therapieplanung*. Unveröffentlichtes Computerprogramm. Universität Bern.

Grosse Holtforth, M. & Grawe, K. (1998). *Fragebogen zur Analyse Motivationaler Schemata (FAMOS)*. Manuskript zur Veröffentlichung eingereicht. Universität Bern.

Hebb, D. (1949). *The organisation of behavior*. New York: Wiley.

Kendall (1998). Empirically supported psychological therapies. *Journal of Consulting and Clinical Psychology, 66*, 3-6.

Lauterbach, W. (1996). The measurement of personal conflict. *Psychotherapy Research*, 6, 213-225.

Orlinsky, D. E. & Howard, K. I. (1986). Process and outcome in psychotherapy. In A. E. Bergin & S. L. Garfield (Eds.), *Handbook of psychotherapy and behavior change*. New York: Wiley.

Orlinsky, D. E., Grawe, K. & Parks, B. (1994). Process and Outcome in Psychotherapy – noch einmal. In A.E. Bergin & S.L. Garfield (Eds.), *Handbook of Psychotherapy and Behavior Change* (4th. ed., pp. 270-376). New York: Wiley.

Regli, D., Grawe, K., Gassmann, D. & Dick, A. (1998). CIPA – eine Methode zur Verbindung qualitativer und quantitativer Einzelfallanalyse. *Psychotherapie, Psychosomatik und medizinische Psychologie*, 7, 243-256.

Rosenthal, R. (1991). *Meta-analytic procedures for social research*. London: Sage.

Sachse, R. (1992). *Zielorientierte Gesprächspsychotherapie*. Göttingen: Hogrefe.

Sachse, R. (1996). *Praxis der Zielorientierten Gesprächspsychotherapie*. Göttingen: Hogrefe.

Smith, E. (1997). *Emotionalität und Entwicklung. Eine Untersuchung der Zusammenhänge zwischen objektivem Geschehen und subjektivem Erleben in emotional belastenden Psychotherapiesitzungen.* Unveröffentlichte Diplomarbeit. Institut für Psychologie der Universität Bern.

Smith, E., Grawe, K. & Regli, D. (im Druck). Wenn Therapie wehtut – Wie können Therapeuten zu fruchtbaren Problemaktualisierungen beitragen? *Verhaltenstherapie und psychosoziale Praxis.*

Westmeyer, H. (1977). Verhaltenstherapie. Anwendung von Verhaltenstheorien oder kontrollierte Praxis? In H. Westmeyer & N. Hoffmann (Hrsg.), *Verhaltenstherapie, grundlegende Texte* (S. 187-203). Hamburg: Hoffmann & Campe.

5 Allgemeine und Differentielle Psychotherapie auf systemischer Grundlage

Peter Becker

5.1 Einleitung und Überblick

5.1.1 Funktion und Gegenstand einer Therapietheorie

Wer in wissenschaftlich fundierter Weise als Psychotherapeut zu arbeiten gedenkt, benötigt theoretische Annahmen, die das eigene Handeln leiten. Alle Therapieschulen stellen mehr oder weniger umfassende und differenzierte Theorien bereit, die sich im allgemeinen auf folgende Fragen beziehen:

- Was ist eine psychische Störung, welche Arten von psychischen Störungen gibt es, und woran erkennt man, ob eine psychische Störung vorliegt?
- Wie entstehen psychische Störungen?
- Welche Methoden eignen sich aus welchen Gründen zur Behandlung von Klienten mit welchen psychischen Störungen?
- Wie läßt sich der Erfolg einer Psychotherapie überprüfen?

Zur Beantwortung dieser Fragen werden im Rahmen der jeweiligen Therapieschule zentrale Begriffe und Leitideen eingeführt. Diese erleichtern die Verständigung unter den Schulenanhängern und die Schaffung einer ‚konsensuellen Realität‘. Sie können einerseits als eine Art Sehhilfe verstanden werden, denn sie schärfen den Blick in bestimmten Bereichen (z.B. im Hinblick auf Abwehrmechanismen oder gestörte Kommunikationsmuster zwischen Familienmitgliedern). Andererseits besteht die Gefahr, daß sie das Sehfeld einengen und die Sicht auf Phänomene, die sich außerhalb der von der Therapieschule abgedeckten Bereiche befinden, erschweren. Aus diesem Grund und wegen unterschiedlicher Verwendungen derselben Begriffe oder der Verwendung verschiedener Begriffe für dasselbe Phänomen kann es zwischen Anhängern verschiedener Therapieschulen – neben tatsächlichen Auffassungsunterschieden – zu Verständigungsschwierigkeiten und Mißverständnissen kommen. Um solchen Problemen vorzubeugen und die eigene Position zu klären, erscheint es uns wichtig, zunächst die Bedeutung zentraler Begriffe und Leitideen zu erläutern. Der Leser wird daher um die Bereitschaft gebeten, sich auf die Erörterung einiger Grundfragen und die Darstellung neuerer Forschungsergebnisse einzulassen, bevor sich die Aufmerksamkeit auf die Therapie psychischer Störungen richtet. Im Therapieteil wird immer wieder auf diese einführenden Passagen zurückgegriffen werden. Bleibt zu hoffen, daß der zu erwartende Erkenntnisgewinn die schrittweise Annäherung an das eigentliche Ziel, die Darstellung einer integrativen Therapietheorie, rechtfertigt.

5.1.2 Übergeordnete ätiologische Leitvorstellungen

Innerhalb einer Therapietheorie kommt den Vorstellungen darüber, was eine psychische Störung kennzeichnet und verursacht, besondere Bedeutung zu, sind diese Annahmen doch in der Regel mit ganz bestimmten Menschenbildern verbunden (siehe Wagner in diesem Band). Vereinfacht gesprochen lassen sich vier weit verbreitete ätiologische Leitvorstellungen mit jeweiliger Hervorhebung bestimmter Aspekte unterscheiden:

- Psychische Störungen als Störungen biologischer Prozesse, die mit naturwissenschaftlichen Methoden erforscht werden können (Stichwort: „Der Mensch als biologisches System"). Hier handelt es sich um eine Übertragung des klassischen organmedizinischen Krankheitsmodells auf psychische Störungen.
- Psychische Störungen als Störungen intrapsychischer Prozesse (Stichwort: „Der Mensch als psychisches System"). Typische Exponenten dieser Richtung sind Tiefenpsychologen (z.B. Freud oder Jung), humanistische Psychologen (z.B. Rogers oder Tausch) und kognitiv-orientierte Psychologen (z.B. Beck oder Ellis). Hier werden beispielsweise intrapsychische Konflikte oder eine verzerrte Informationsverarbeitung für psychische Störungen verantwortlich gemacht.
- Psychische Störungen als Störungen der Interaktion von Mensch und Umwelt (Stichwort: „Psychische Störungen als gelerntes Verhalten"). Pointiert wird diese Richtung von dem Behavioristen Skinner repräsentiert, der von einer starken Kontrolle des Menschen durch die Umwelt ausgeht. Über Prozesse des klassischen und operanten Konditionierens, die Beobachtung von Modellen sowie die Beachtung diskriminativer Reize und verbal vermittelter Regeln lernt der Mensch unter günstigen Umständen, effizient mit seiner Umwelt zu interagieren (Metzger, 1996). Lagen oder liegen weniger günstige Umweltbedingungen vor, kann es zu psychischen Störungen kommen.
- Psychische Störungen als Störungen in der Interaktion von Personen (Stichwort: „Der Mensch als Teil eines interpersonalen Systems"). Typische Vertreter dieser Richtung sind Paar- und Familientherapeuten sowie systemisch orientierte Therapeuten. Im Gegensatz zur radikal behavioristischen Sicht Skinners werden hier die wechselseitigen Beeinflussungen zwischen Personen fokussiert. Nicht eine Person ist psychisch gestört, sondern es liegt eine Störung in einem interpersonalen System vor.

Vergleicht man diese vier ätiologischen Leitvorstellungen miteinander, so verlagern die ersten beiden die ‚Ursachen' einer psychischen Störung im wesentlichen in die Person (ihren Körper oder ihre intrapsychischen Prozesse bzw. ihre Persönlichkeit), während die beiden anderen Ansätze die außerhalb des Individuums (in seiner Umwelt bzw. in sozialen Systemen) gelegenen Bedingungen hervorheben (Hummitzsch, 1995). Gemeinsam ist den vier Leitbildern die Berücksichtigung von Prozessen in Systemen. Aus diesem Grund erscheint uns die Systemtheorie geeignet, einen allgemeinen theoretischen Rahmen für die Psychotherapie zu liefern (siehe auch Empt & Schiepek, 1997; Schweitzer & Weber, 1997). Der vorliegende Beitrag kann als Plädoyer für eine derartige systemtheoretische Betrachtung psychischer Störungen und ihrer Behandlung verstanden werden. Systemisches Denken bezieht sich dabei nicht nur auf interpersonale Prozesse, sondern auch auf intrapsychische, biologische und gesellschaftliche Prozesse. Die Systemtheorie dient mithin als *übergeordnete* Leitidee.

Wir werden zunächst auf das Konzept und die Entstehung einer psychischen Störung eingehen. Dabei erweist es sich als notwendig, einerseits Grundbegriffe, neuere Theorien und Erkenntnisse der Persönlichkeitsforschung und andererseits der Systemtheorie darzustellen. Im Zentrum des Beitrages stehen Prinzipien einer Allgemeinen und einer Differentiellen Psychotherapie. Während die Allgemeine Psychotherapie, so wie sie in diesem Kapitel verstanden wird, therapeutische Prinzipien aufzudecken sucht, die von genereller Bedeutung sind, d.h. bei unterschiedlichen Klienten Beachtung verdienen, zielt die Differentielle Psychotherapie auf die Optimierung der Behandlung als Funktion der Persönlichkeit des Klienten (sowie gegebenenfalls als Funktion der Persönlichkeit des Therapeuten) ab. Wir lassen uns von der Vorstellung leiten, daß Psychotherapie in vielen Fällen nicht *ausschließlich* störungsspezifisch ausgerichtet sein sollte, sondern – neben relevanten Umweltbedingungen – die Persönlichkeit des Klienten und die Zusammenhänge zwischen psychischen Störungen und Persönlichkeitseigenschaften mitberücksichtigen sollte. Diese *persönlichkeitsspezifische* Perspektive kommt in den meisten – auch modernen – Therapietheorien und Therapieschulen zu kurz.

Im einzelnen wird der Versuch unternommen, in schulenübergreifender Weise neuere Theorien und Erkenntnisse der Psychologie – mit besonderer Betonung der Persönlichkeitsforschung sowie der Systemtheorie – zu verknüpfen und für die Psychotherapie zu nutzen. Zum Abschluß des Beitrages soll der integrative Charakter dieser Therapietheorie verdeutlicht werden.

Darstellungstechnisch hat sich dem Verfasser das Problem gestellt, einen umfangreichen Stoff in komprimierter Form zu vermitteln, was zu Lasten der leichten Lesbarkeit des Textes geht. Wer neugierig geworden ist und eine ausführlichere, weniger abstrahierende Darstellung der Inhalte wünscht, sei auf Becker (1995) verwiesen. Unter anderem findet sich dort eine für ein vertieftes Verständnis wichtige Einführung in Grundbegriffe der Kybernetik (wie Regelkreis, positive und negative Rückkoppelung usw.), eine Übertragung kybernetischer bzw. systemtheoretischer Konzepte auf menschliches Handeln (z.B. sequentielle und hierarchische Struktur von TOTE-Einheiten) sowie eine Darstellung der zugrundeliegenden Annahmen über die Natur des Menschen (z.B. die Art seiner angeborenen Bedürfnisse), auf die hier aus Platzgründen verzichtet werden mußte.

5.2   Konzept und Entstehung einer psychischen Störung

5.2.1   Terminologische und deskriptive Aspekte

Bevor wir auf psychische Störungen zu sprechen kommen, ist es erforderlich, einige mit psychischen Störungen in Verbindung gebrachte Begriffe in der von uns verwendeten Bedeutung einzuführen.

5.2.1.1 Persönlichkeitseigenschaft, Persönlichkeit, Persönlichkeitstyp, Persönlichkeitsstörung

In der Literatur über psychische Störungen und Psychotherapie wird die Frage kontrovers diskutiert, ob es erforderlich ist, den *Persönlichkeitseigenschaften* von Klienten Beachtung zu schenken (Becker, 1996; sowie unten). Die Antwort auf diese Frage hängt u.a. davon ab, was unter einer Persönlichkeitseigenschaft verstanden wird. Im Rahmen des vorliegenden Beitrags orientieren wir uns an folgendem Verständnis: Eine Persönlichkeitseigenschaft (im Sinne eines erschlossenen Konstrukts) ist eine *Disposition* zu einem Muster funktional äquivalenter Verhaltens- und Erlebensweisen, die sich unter bestimmten situativen Bedingungen (beachte die Kontextualisierung!) mit erhöhter Wahrscheinlichkeit manifestieren. Sie ist breiter konzipiert als eine Gewohnheit (habit) und besitzt eine größere zeitliche Stabilität als ein vorübergehender Zustand (state) eines Individuums. Die meisten Persönlichkeitseigenschaften können sich jedoch unter dem länger andauernden oder starken Einfluß neuer Umwelterfahrungen in begrenztem Umfang verändern (z.B. eine Erhöhung des Selbstwertgefühls oder eine Verringerung der Angstneigung als Resultat einer Psychotherapie). Wichtig erscheint an obiger Definition, daß die Zuschreibung einer bestimmten individuellen Ausprägung in einer Persönlichkeitseigenschaft *nicht* bedeutet, daß die Person quasi rein ‚innengesteuert' in starrer Weise ein Verhalten in unterschiedlichsten Situationen zeigt; vielmehr wird im Sinne des ‚*Interaktionismus*' sowohl einem Einfluß der jeweiligen Situation auf das individuelle Verhalten als auch einer Wechselwirkung zwischen Situation und Persönlichkeitseigenschaft Rechnung getragen. Der Ausprägungsgrad einer Persönlichkeitseigenschaft erlaubt mithin lediglich Aussagen darüber, wie eine Person – über mehrere Situationen hinweg aggregiert – sich wahrscheinlich verhalten wird und wie eng oder breit das Spektrum ihrer Verhaltensweisen ist.

Persönlichkeitseigenschaften lassen sich nach inhaltlichen und formalen Gesichtspunkten unterteilen. In formaler Hinsicht können Eigenschaften nach ihrer Breite unterschieden werden. Enge Eigenschaften (z.B. eine bereichsspezifische Angstneigung vor Auftrittssituationen) (Becker, 1997a) beziehen sich auf ein schmales Spektrum homogener Verhaltensweisen und Situationen, während weite Eigenschaften (z.B. allgemeine Intelligenz) ein heterogeneres Muster von Verhaltensweisen in einer Vielfalt von Situationen charakterisieren. Enge und weite Eigenschaften lassen sich in hierarchischen Strukturmodellen der Persönlichkeit verknüpfen, wobei weite Eigenschaften Gemeinsamkeiten (Korrelationen) enger Eigenschaften widerspiegeln. Sie bewegen sich mithin auf einer höheren Abstraktionsebene.

Unter der *Persönlichkeit* eines Menschen verstehen wir das einzigartige Muster seiner Persönlichkeitseigenschaften, d.h. die individuellen Ausprägungsgrade der Persönlichkeitseigenschaften.

Ein *Persönlichkeitstyp* entspricht einer Kategorie von Menschen, die sich in einem bestimmten Muster oder Profil von Persönlichkeitseigenschaften ähnlich sind.

Eine *Persönlichkeitsstörung* wird im DSM-IV wie folgt charakterisiert: ein überdauerndes Muster von innerem Erleben und Verhalten – mithin ein Muster von Persönlichkeitseigenschaften –, das merklich von den Erwartungen der soziokulturellen Umgebung abweicht. Dieses Muster manifestiert sich in mindestens zwei der folgenden vier Bereiche: Kognition, Affektivität, Gestaltung zwischenmenschlicher Beziehungen und Impulskontrolle. Es ist unflexibel und tiefgreifend in einem weiten Bereich persönlicher und sozialer Situationen, führt in klinisch bedeutsamer Weise zu Leiden oder Beeinträchtigungen in sozialen, beruflichen oder anderen wichtigen Funktionsbereichen und erweist sich als stabil; sein Beginn ist zumindest bis in die Adoleszenz oder ins frühe Erwachsenenalter zurückzuverfolgen. Im DSM-IV werden Persönlichkeitsstörungen kategorial klassifiziert, mithin als Persönlichkeits(proto)typen aufgefaßt. Demgegenüber halten zahlreiche Kliniker eine dimensionale Beschreibung von Persönlichkeitsstörungen mit Hilfe von Persönlichkeitseigenschaften für vorteilhafter. Dann stellt sich allerdings die zur Zeit nicht konsensfähig zu beantwortende Frage, welche Persönlichkeitseigenschaften klinisch (z.B. im Zusammenhang mit Persönlichkeitsstörungen) besonders relevant sind. Als Alternative zu den häufig berücksichtigten ‚Big Five‘ (Neurotizismus/Emotionale Labilität; Extraversion; Offenheit für Erfahrung; Gewissenhaftigkeit; Verträglichkeit; siehe Becker, 1995) schlagen wir im folgenden ein Multi-Facetten-Circumplexmodell vor.

5.2.1.2 Ein Multi-Facetten-Circumplexmodell zur Beschreibung normaler und gestörter Persönlichkeiten

Gestützt auf eine mehr als zehnjährige faktorenanalytische Erforschung der varianzstärksten und gut replizierbaren Persönlichkeitsfaktoren hat der Verfasser ein Circumplexmodell der Persönlichkeit entwickelt, das in Abbildung 5.1 in vereinfachter Form wiedergegeben ist (Becker, 1988, 1995).

Die Persönlichkeitseigenschaften sind in diesem Modell kreisförmig bzw. – aus Gründen der Vereinfachung – in acht (paarweise gegenüberliegende) Oktanten angeordnet, wobei die Lokalisation der Eigenschaften in etwa ihre Ladungen auf den beiden varianzstarken ‚Superfaktoren‘ (‚Big Two‘) Seelische Gesundheit und Verhaltenskontrolle widerspiegelt. Unter Seelischer Gesundheit verstehen wir die Fähigkeit zur Bewältigung externer und interner (psychischer) Anforderungen. Unter starker (respektive geringer) Verhaltenskontrolle verstehen wir ein in Abbildung 5.1 (auf der Nord-Süd-Achse) wiedergegebenes Muster von Persönlichkeitseigenschaften, das sich – verkürzt gesprochen – als Tendenz zur Bewahrung von Ressourcen (respektive zur Nutzung und zum ‚Verbrauch‘ von Ressourcen) charakterisieren läßt. Beide Superfaktoren werden unten genauer erläutert. Unter Bezugnahme auf Abbildung 5.1 könnte man in Analogie zu einer Kompaßrose von einem ‚Persönlichkeitskompaß‘ sprechen. Die West-Ost-Achse entspricht dabei dem Faktor (hohe vs. geringe) Seelische Gesundheit, die Nord-Süd-Achse dem Faktor (starke vs. geringe) Verhaltenskontrolle, während die in den beiden Diagonalen gelegenen NW-SO- und SW-NO-Achsen mit den Persönlichkeitsdimensionen Soziale Anpassung vs. Zügellosigkeit und Selbstaktualisierung vs. Gehemmtheit korrespondieren. Soziale Anpassung (respektive Zügellosigkeit) kann dabei als Kombination von hoher (respektive niedriger) Seelischer Gesundheit und starker (respektive geringer) Verhaltenskontrolle aufgefaßt werden. Analog ist Selbstaktualisierung (respektive Gehemmtheit) als Kombination von hoher (respektive geringer) Seelischer Gesundheit mit geringer (respektive starker) Verhaltenskontrolle aufzufassen. Ein wichtiger Vorteil eines derartigen Circumplexmodells besteht darin, daß die ‚Verwandtschaftsbeziehungen‘ – erfaßt als korrelative Beziehungen – zwischen zahlreichen Persönlichkeitseigenschaften approximativ abgeschätzt werden können.

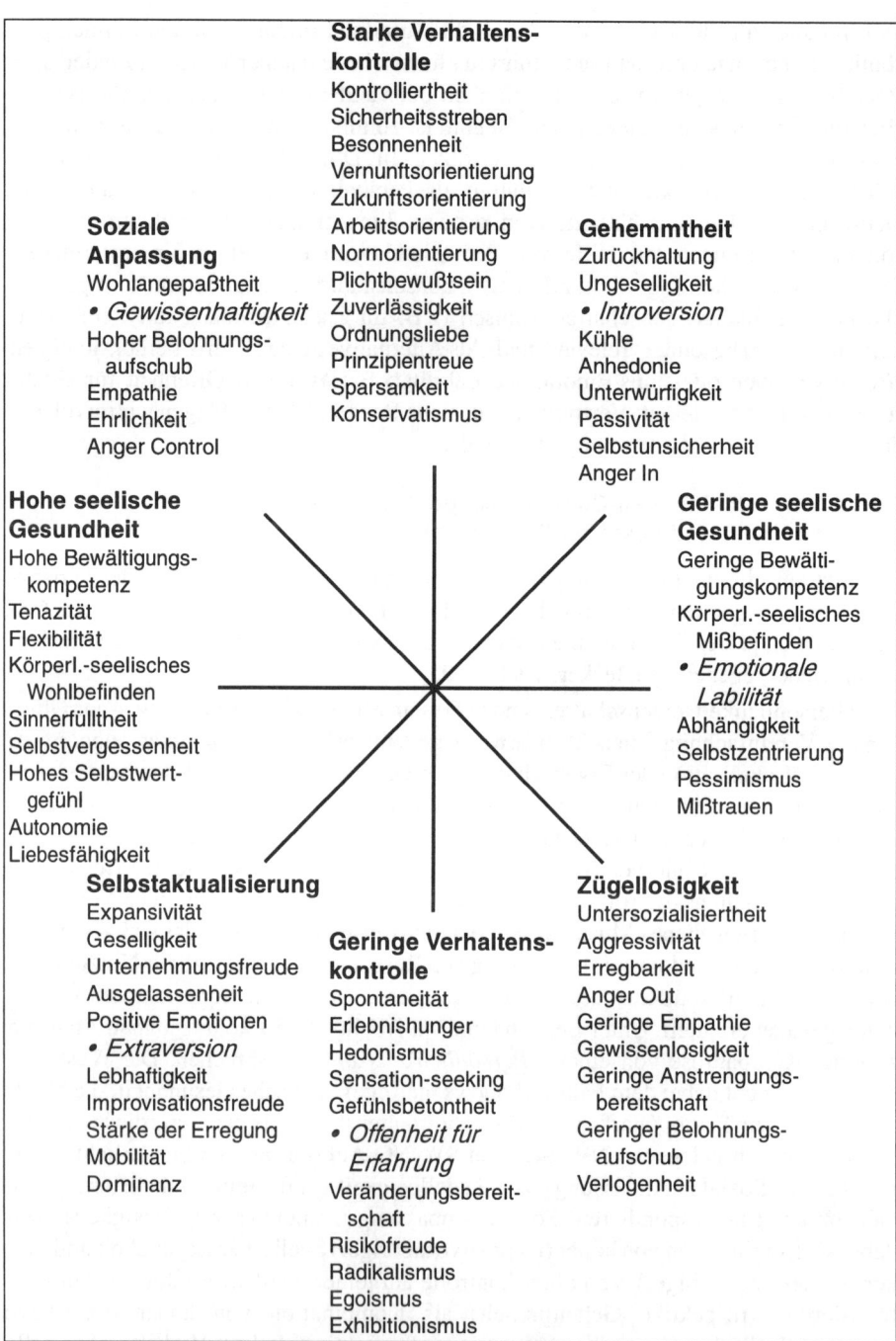

**Starke Verhaltens-
kontrolle**
Kontrolliertheit
Sicherheitsstreben
Besonnenheit
Vernunftsorientierung
Zukunftsorientierung

**Soziale
Anpassung**
Wohlangepaßtheit
• *Gewissenhaftigkeit*
Hoher Belohnungs-
aufschub
Empathie
Ehrlichkeit
Anger Control

Arbeitsorientierung
Normorientierung
Plichtbewußtsein
Zuverlässigkeit
Ordnungsliebe
Prinzipientreue
Sparsamkeit
Konservatismus

Gehemmtheit
Zurückhaltung
Ungeselligkeit
• *Introversion*
Kühle
Anhedonie
Unterwürfigkeit
Passivität
Selbstunsicherheit
Anger In

**Hohe seelische
Gesundheit**
Hohe Bewältigungs-
kompetenz
Tenazität
Flexibilität
Körperl.-seelisches
Wohlbefinden
Sinnerfülltheit
Selbstvergessenheit
Hohes Selbstwert-
gefühl
Autonomie
Liebesfähigkeit

**Geringe seelische
Gesundheit**
Geringe Bewälti-
gungskompetenz
Körperl.-seelisches
Mißbefinden
• *Emotionale
Labilität*
Abhängigkeit
Selbstzentrierung
Pessimismus
Mißtrauen

Selbstaktualisierung
Expansivität
Geselligkeit
Unternehmungsfreude
Ausgelassenheit
Positive Emotionen
• *Extraversion*
Lebhaftigkeit
Improvisationsfreude
Stärke der Erregung
Mobilität
Dominanz

**Geringe Verhaltens-
kontrolle**
Spontaneität
Erlebnishunger
Hedonismus
Sensation-seeking
Gefühlsbetontheit
• *Offenheit für
Erfahrung*
Veränderungsbereit-
schaft
Risikofreude
Radikalismus
Egoismus
Exhibitionismus

Zügellosigkeit
Untersozialisiertheit
Aggressivität
Erregbarkeit
Anger Out
Geringe Empathie
Gewissenlosigkeit
Geringe Anstrengungs-
bereitschaft
Geringer Belohnungs-
aufschub
Verlogenheit

Abb. 5.1: Circumplex- bzw. Oktantenmodell der Persönlichkeit, basierend auf den orthogonalen Faktoren ‚Seelische Gesundheit' und ‚Verhaltenskontrolle'. Kursive Eigenschaften gehören zu den ‚Big Five'.

Eigenschaften innerhalb eines Oktanten sind relativ hoch positiv korreliert; sie eignen sich daher gut zur Definition von *Persönlichkeitstypen* (so läßt sich beispielsweise ein stark verhaltenskontrollierter Typ – abgekürzt: VK-Plus-Typ – durch hohe Werte in den Eigenschaften definieren, die in dem zugeordneten Oktanten lokalisiert sind). Einander gegenüberliegende Eigenschaften korrelieren relativ hoch negativ; Eigenschaften, die zu zwei senkrecht aufeinander stehenden Oktanten gehören, sind weitgehend unabhängig voneinander; Eigenschaften, die Winkel von 45 Grad (bzw. 135 Grad) bilden, sind leicht bis mittelhoch positiv (bzw. negativ) korreliert (zu weiteren Einzelheiten siehe Becker, 1995). Interessanterweise lassen sich auch vier der ‚Big Five‘ in diesem Circumplexmodell lokalisieren. Zum Zusammenhang zwischen den Big Five (s.o.), den Big Six (Big Five + sechster Faktor Hedonismus) und den Big Two (Seelische Gesundheit und Verhaltenskontrolle) siehe Becker (in press).

Da Persönlichkeitsstörungen im wesentlichen durch von den sozialen Erwartungen abweichende, mithin extreme Ausprägungen von Persönlichkeitseigenschaften gekennzeichnet sind, sollten sie sich ebenfalls in dem Circumplexmodell der Persönlichkeit lokalisieren lassen. Der entsprechende Nachweis wurde von Becker (1998) erbracht (siehe auch Becker, 1995). Abbildung 5.2 zeigt die Lokalisationen.

Dieser Abbildung sind zum einen die ‚Verwandtschaftsverhältnisse‘ zwischen den Persönlichkeitsstörungen, zum anderen die Lokalisationen in bezug auf die Oktanten des Circumplexmodells der Persönlichkeit zu entnehmen. So sind beispielsweise die Borderline-, die paranoide und die dependente Persönlichkeitsstörung im Oktanten ‚geringe Seelische Gesundheit‘ lokalisiert, mithin durch geringe Seelische Gesundheit und eine mittlere Ausprägung in Verhaltenskontrolle gekennzeichnet. Dabei handelt es sich um Erwartungswerte, die nicht auf jeden Fall zutreffen müssen, sondern lediglich häufig anzutreffen sind. Man erkennt in Abbildung 5.2 auch, daß einige Persönlichkeitsstörungen dicht beieinander liegen (z.B. die schizoide und die vermeidend-selbstunsichere Persönlichkeitsstörung), so daß sie ausschließlich mit Hilfe der Werte einer Person in Seelischer Gesundheit und Verhaltenskontrolle nur ungenügend zu differenzieren sind. Jedoch läßt sich auf folgendem Weg Abhilfe schaffen: Die ‚Big Two‘ sind sehr breite Persönlichkeitseigenschaften, die – im Sinne hierarchischer Persönlichkeitsstrukturen – aus mehreren Komponenten bzw. Facetten zusammengesetzt sind (Becker, 1998). Eine größere Anzahl dieser Facetten kann mit Hilfe des Trierer Persönlichkeitsfragebogens (TPF) (Becker, 1989) sowie des Trierer Inventars zur Verhaltenskontrolle (Becker, 1995) erfaßt werden. Begibt man sich auf die Ebene dieser Facetten, lassen sich Persönlichkeitsstörungen präziser charakterisieren und besser voneinander differenzieren als ausschließlich auf der Ebene der Big Two.

5.2.1.3 Psychische Störung

Im DSM-IV wird folgende Definition vorgelegt: Eine psychische Störung wird „... als ein klinisch bedeutsames Verhaltens- oder psychisches Syndrom oder Muster aufgefaßt, das bei einer Person auftritt und das mit momentanem Leiden ... oder einer Beeinträchtigung ... oder mit einem stark erhöhten Risiko einhergeht, zu sterben, Schmerz, Beeinträchtigung oder einen tiefgreifenden Verlust an Freiheit zu erleiden. Zusätzlich darf dieses Syndrom oder Muster nicht nur eine verständliche ... Reaktion auf ein bestimmtes Ereignis sein, wie z.B. den Tod eines geliebten Menschen. Unabhängig von

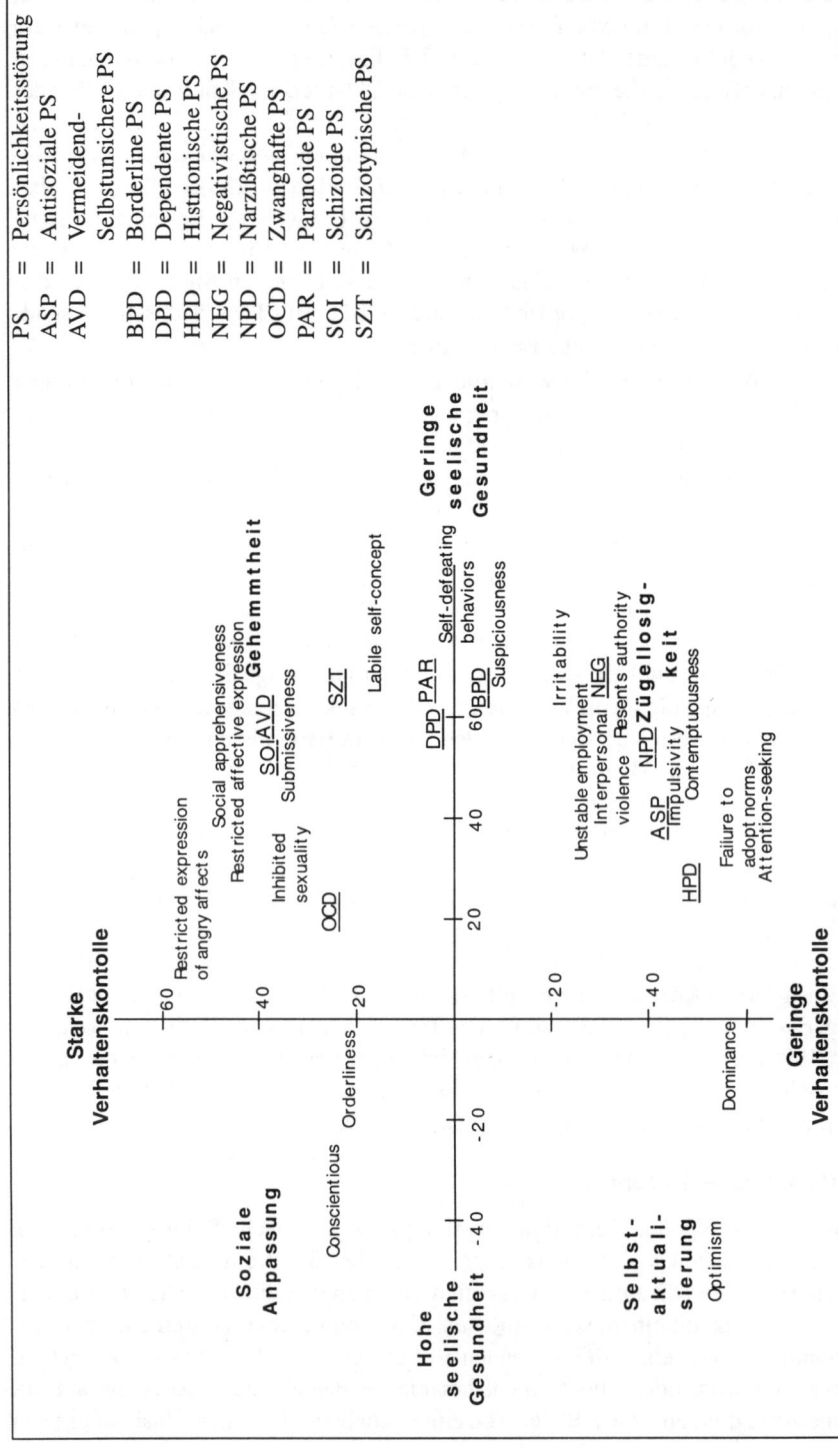

Abb. 5.2: Lokalisation von Persönlichkeitsstörungen sowie ausgewählter Variablen aufgrund ihrer Ladungen auf den beiden Faktoren ‚Seelische Gesundheit' und ‚Verhaltenskontrolle'. Entnommen aus Becker (1998).

dem ursprünglichen Auslöser muß gegenwärtig eine verhaltensmäßige, psychische oder biologische Funktionsstörung bei der Person zu beobachten sein." (Saß, Wittchen & Zaudig, 1996, S. 944).

Wichtig erscheint uns die Festlegung darauf, daß es sich bei der psychischen Störung in jedem Fall um die Störung *eines Individuums* handelt. (Damit wird nicht ausgeschlossen, daß diese Störung maßgeblich durch den Einfluß aktueller Umweltbedingungen, z.B. eines sozialen Systems, bedingt oder mitbedingt ist; siehe unten.)

5.2.2 Entstehung einer psychischen Störung

5.2.2.1 Ein allgemeines Bedingungsmodell

Das Auftreten einer psychischen Störung kann prinzipiell aus einer diachronischen, einer synchronischen oder einer kombiniert diachronisch-synchronischen Perspektive erklärt werden. Im ersten Fall wird die Störung vor dem Hintergrund der Lebensgeschichte des Klienten analysiert und als Resultat einer mehr oder weniger langen Kette von störungsbegünstigenden und störungserschwerenden Bedingungen aufgefaßt. Im zweiten Fall richtet der Kliniker das Augenmerk auf die bereits ausgebildete Störung und versucht, jene aktuellen Bedingungen zu identifizieren, die daran beteiligt sind, daß die Störung trotz ihres in der Regel aversiven bzw. ich-dystonen Charakters (Ausnahme u.a. Persönlichkeitsstörungen) aufrechterhalten bleibt oder sich verstärkt.

Ob sich eine Störung manifestiert, hängt vom Zusammenwirken von Risiko- und Schutzfaktoren auf seiten der Person und ihrer Umwelt ab. Risikofaktoren (bzw. pathogene Faktoren) können als prädisponierende, auslösende und aufrechterhaltende bzw. rückfallbegünstigende Bedingungen beteiligt sein. Diesen stehen Schutzfaktoren gegenüber, die in immunisierende, Puffer- und kurative Faktoren zu unterteilen sind (zu näheren Einzelheiten siehe Becker, 1995). Wie Fiedler (1997) zu Recht betont, können die in den letzten Jahren gewonnenen Erkenntnisse über die Ätiologie spezifischer psychischer Störungen eine wichtige Orientierung bei der Therapieplanung bieten (siehe z.B. Reinecker, 1994; Schulte, 1996).

Auf die synchronische Perspektive kommen wir ausführlicher im Unterkapitel über systemische Modelle zu sprechen.

5.2.2.2 Zwei Circumplexmodelle der Bedingungen und Folgen

Für Therapeuten ist es von großem Nutzen, wenn sie über Hypothesen oder empirisch gesichertes Wissen darüber verfügen, welche zurückliegenden Verhaltensweisen wichtiger Bezugspersonen eines Menschen welche wahrscheinlichen Auswirkungen auf diesen Menschen haben. Gesucht wird mithin einerseits ein Beschreibungssystem für zurückliegende Bedingungen und anderseits ein Beschreibungssystem für die wahrscheinlichen Folgen dieser Bedingungen.

Ausgehend von einer Literaturanalyse zum Einfluß der sozialen Umwelt auf die Persönlichkeit (speziell zum Einfluß von Eltern und Erziehern auf die Persönlichkeitseigenschaften und Verhaltensweisen der Erzogenen) entwickelte Becker (1995) ein *Circumplexmodell der Bedingungen* (siehe Abbildung 5.3), das unten zu drei weiteren Circumplexmodellen in Beziehung gesetzt wird.

177

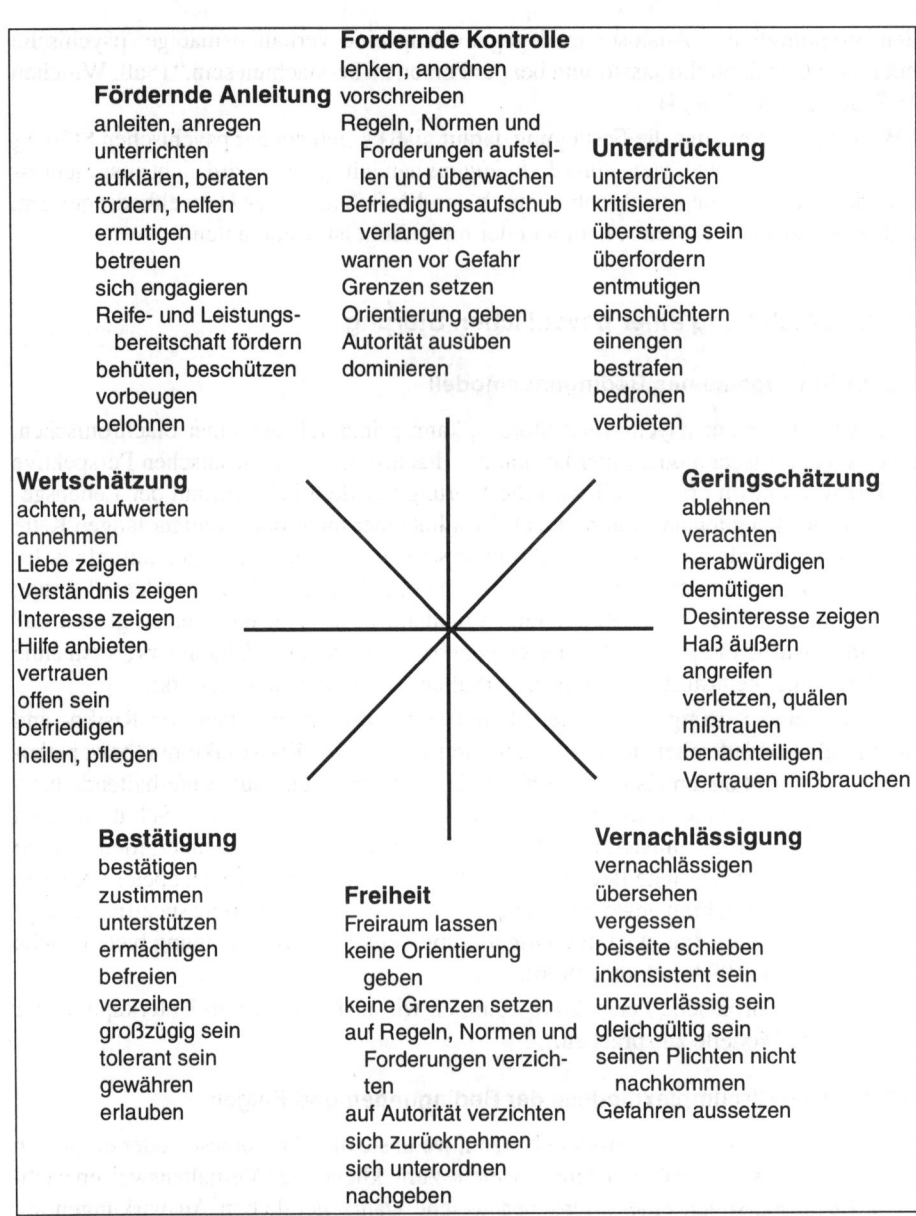

Fordernde Kontrolle
lenken, anordnen
Fördernde Anleitung vorschreiben
anleiten, anregen   Regeln, Normen und
unterrichten   Forderungen aufstel-   **Unterdrückung**
aufklären, beraten   len und überwachen   unterdrücken
fördern, helfen   Befriedigungsaufschub   kritisieren
ermutigen   verlangen   überstreng sein
betreuen   warnen vor Gefahr   überfordern
sich engagieren   Grenzen setzen   entmutigen
Reife- und Leistungs-   Orientierung geben   einschüchtern
 bereitschaft fördern   Autorität ausüben   einengen
behüten, beschützen   dominieren   bestrafen
vorbeugen   bedrohen
belohnen   verbieten

Wertschätzung   **Geringschätzung**
achten, aufwerten   ablehnen
annehmen   verachten
Liebe zeigen   herabwürdigen
Verständnis zeigen   demütigen
Interesse zeigen   Desinteresse zeigen
Hilfe anbieten   Haß äußern
vertrauen   angreifen
offen sein   verletzen, quälen
befriedigen   mißtrauen
heilen, pflegen   benachteiligen
  Vertrauen mißbrauchen

Bestätigung   **Vernachlässigung**
bestätigen   vernachlässigen
zustimmen   **Freiheit**   übersehen
unterstützen   Freiraum lassen   vergessen
ermächtigen   keine Orientierung   beiseite schieben
befreien   geben   inkonsistent sein
verzeihen   keine Grenzen setzen   unzuverlässig sein
großzügig sein   auf Regeln, Normen und   gleichgültig sein
tolerant sein   Forderungen verzich-   seinen Plichten nicht
gewähren   ten   nachkommen
erlauben   auf Autorität verzichten   Gefahren aussetzen
  sich zurücknehmen
  sich unterordnen
  nachgeben

Abb. 5.3: Circumplexmodell der Bedingungen.

Das Bedingungsmodell deckt sich weitgehend mit einem von Benjamin (1993, 1994) propagierten Modell. Es geht davon aus, daß man das auf eine andere Person gerichtete Sozialverhalten eines Menschen mit Hilfe der vier Dimensionen Wertschätzung vs. Geringschätzung, Fordernde Kontrolle vs. Freiheit, Fördernde Anleitung vs. Vernach-lässigung sowie Bestätigung vs. Unterdrückung beschreiben kann. Fördernde Anleitung kann dabei als Kombination von Wertschätzung und Fordernder Kontrolle verstanden werden usw.

Das in Abbildung 5.4 wiedergegebene *Circumplexmodell der kurz- und mittelfristigen Folgen* faßt unsere Hypothesen darüber zusammen, mit welchen Gefühlen und Verhaltensweisen eine Person auf die im Circumplexmodell der Bedingungen formulierten Verhaltensweisen wichtiger Bezugspersonen mit erhöhter Wahrscheinlichkeit reagiert (zu Einzelheiten und wichtigen Randbedingungen siehe Becker, 1995). Die Hypothesen sind den jeweils korrespondierenden Oktanten zu entnehmen, d.h. der Nord-Ost-Oktant im Bedingungsmodell (Unterdrückung) begünstigt die im Nord-Ost-Oktanten des Folgenmodells (Sich Unterwerfen) beschriebenen Reaktionen usw.

5.2.2.3 Ein Circumplexmodell des selbstbezogenen Verhaltens

Während eine Vielzahl von Klinikern psychische Störungen primär oder ausschließlich als Störungen des interpersonalen Verhaltens betrachtet, halten wir es für fruchtbar, sich auch mit der Frage zu beschäftigen, wie ein Klient *mit sich selbst* umgeht. Menschen zeigen nicht nur anderen Personen, sondern auch sich selbst gegenüber bestimmte Verhaltensweisen, z.B. Wertschätzung oder Kontrolle (Becker, 1995; Benjamin, 1994; Henry, Schacht & Strupp, 1990; Meichenbaum, 1979; Sullivan, 1953; Tönnies, 1994). Wir nennen ein derartiges Verhalten *selbstbezogenes Verhalten*. Es wird meist als Folge einer ‚Introjektion‘ interpretiert, d.h. der Betreffende übernimmt ein Verhalten, das relevante Bezugspersonen ihm gegenüber in der Vergangenheit gezeigt haben (z.B. resultiert ein stark selbstkritisches Verhalten aus der zurückliegenden Kritik seitens der Eltern; Koestner, Zuroff & Powers, 1991). Abbildung 5.5 gibt das von uns entwickelte und empirisch überprüfte Circumplexmodell des selbstbezogenen Verhaltens wieder. Zur Messung der vier Dimensionen Selbstachtung vs. Selbstabwertung, starke vs. geringe Selbstkontrolle, Selbstanleitung vs. Selbstvernachlässigung sowie Selbstbestätigung vs. Selbstunterdrückung wurde von uns der *Fragebogen zum selbstbezogenen Verhalten* (FSBV) konstruiert, der über gute psychometrische Eigenschaften verfügt.

Auf faktorenanalytischem Weg konnten wir zeigen, daß enge Zusammenhänge zwischen diesem Circumplexmodell und dem in Abbildung 5.1 wiedergegebenen Circumplexmodell der Persönlichkeit bestehen, wobei oktantenweise Entsprechungen vorliegen (Seelische Gesundheit korreliert sehr hoch mit Selbstachtung, Selbstkontrolle korreliert hoch mit starker Verhaltenskontrolle usw.). Weiterhin konnten wir signifikante positive Zusammenhänge zwischen dem selbstbezogenen Verhalten (Selbstabwertung, Selbstunterdrückung und Selbstvernachlässigung) und einer schlechten habituellen körperlichen Gesundheit nachweisen. Das selbstbezogene Verhalten ist offensichtlich in hohem Maße klinisch relevant und zwar sowohl im Hinblick auf die seelische wie körperliche Gesundheit (siehe unten). So fanden beispielsweise Connolly und Strupp (1996), daß Klienten nach Abschluß der Behandlung Verbesserungen im selbstbezogenen Verhalten (u.a. größere Selbstachtung, geringere Selbstunterdrückung) zu den wichtigsten therapiebedingten Veränderungen zählten.

Zusammenfassend lassen sich die von uns postulierten und in Teilen empirisch abgesicherten Zusammenhänge zwischen den oben beschriebenen vier Circumplexmodellen wie folgt veranschaulichen (siehe Abbildung 5.6). Sie seien exemplarisch am Beispiel des Süd-West-Oktanten erläutert: Die Umweltbedingung ‚BESTÄTIGUNG‘

Sich einordnen
sich kontrolliert und
unterlegen fühlen
folgen, gehorchen
Regeln, Normen und
Forderungen beachten
sich einordnen
nachgeben
sich orientieren
vorausschauen
vorsichtig sein

Annehmen
sich beachtet fühlen
lernen
Kompetenzen erwerben
Hilfe suchen und
annehmen
Kritik annehmen
imitieren
sich identifizieren
Regeln, Normen und
Forderungen verinner-
lichen
bei Normüberschrei-
tung sich schuldig
fühlen

Sich unterwerfen
sich bedroht und unterdrückt
fühlen
sich ängstigen
sich schwach fühlen
sich körperlich unwohl fühlen
sich überfordert fühlen
sich abhängig fühlen
sich anschuldigen
Kontakt reduzieren
sich verschließen
verheimlichen
Gefühle unterdrücken
passiv sein

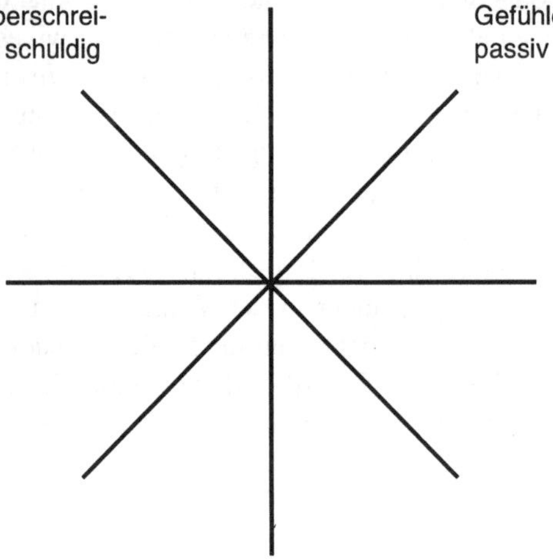

Wertschätzen
sich geliebt fühlen
sich wohlfühlen
sich sicher fühlen
stolz sein
sich achten
sich lieben
Interesse zeigen
Verständnis zeigen
vertrauen
befriedigen

Geringschätzen
sich ungeliebt fühlen
sich wertlos fühlen
sich ablehnen
sich schämen
sich schlecht fühlen
sich unsicher fühlen
Haß empfinden
verachten, ablehnen
mißtrauen
sich abkehren
sich rächen, angreifen

Sich entfalten
sich bestätigt fühlen
sich stark und voller
Energie fühlen
sich zutrauen
Neues erproben
erfinderisch sein
sich öffnen
Gefühle zeigen
ausgelassen sein
sich behaupten
Kontakt suchen
Fehler eingestehen

Sich fei bewegen
sich frei fühlen
eigene Wege gehen
spontan sein
erkunden
aus der Reihe tanzen
Regeln, Normen und
Forderungen überge-
hen
leichtsinnig sein
Nach dem Lustprinzip
leben
egoistisch sein
Ansprüche stellen
seinen Willen durch-
setzen

Opponieren
sich vernachlässigt fühlen
Wut verspüren
Beachtung suchen
sich stolz geben
protestieren, rebellieren
anklagen und anschuldigen
Regeln, Normen und Forde-
rungen ablehnen
seinen Pflichten nicht
nachkommen
wenig Kompetenzen
erwerben
vernachlässigen
verwahrlosen, aussteigen
lügen, ausagieren
rücksichtslos sein
keine Schuldgefühle haben

Abb. 5.4: Circumplexmodell der Folgen.

Abb. 5.5: Circumplexmodell des selbstbezogenen Verhaltens.

begünstigt kurz- und mittelfristig das Verhaltensmuster des ‚Sich-Entfaltens' und längerfristig das (habituelle) selbstbezogene Verhalten ‚Selbstbestätigung' sowie die unter dem Begriff der ‚Selbstaktualisierung' subsumierten Persönlichkeitseigenschaften; es bestehen mit anderen Worten positive Zusammenhänge zwischen den einem Oktanten zugeordneten vier Konstrukten.

5.2.2.4 Systemische Modelle

Konzepte aus der Systemtheorie sowie systemisches Denken gewinnen in der Psychologie wachsenden Einfluß. Sie lassen sich mit Gewinn auf Fragen der Entstehung und Therapie psychischer Störungen anwenden. Vor allem Paar- und Familientherapeuten stützen sich häufig auf systemische Konzepte, um Strukturen und Prozesse in Gruppen von Individuen zu verstehen und zu beeinflussen (z.B. Schweitzer & Weber, 1997). Aus Sicht des Verfassers erweist sich die Systemtheorie jedoch auch als geeigneter Rahmen für die Analyse und Beeinflussung *intrapsychischer* Strukturen und Prozesse, sofern man ein Individuum als System auffaßt (siehe unten sowie z.B. Schwartz, 1997).

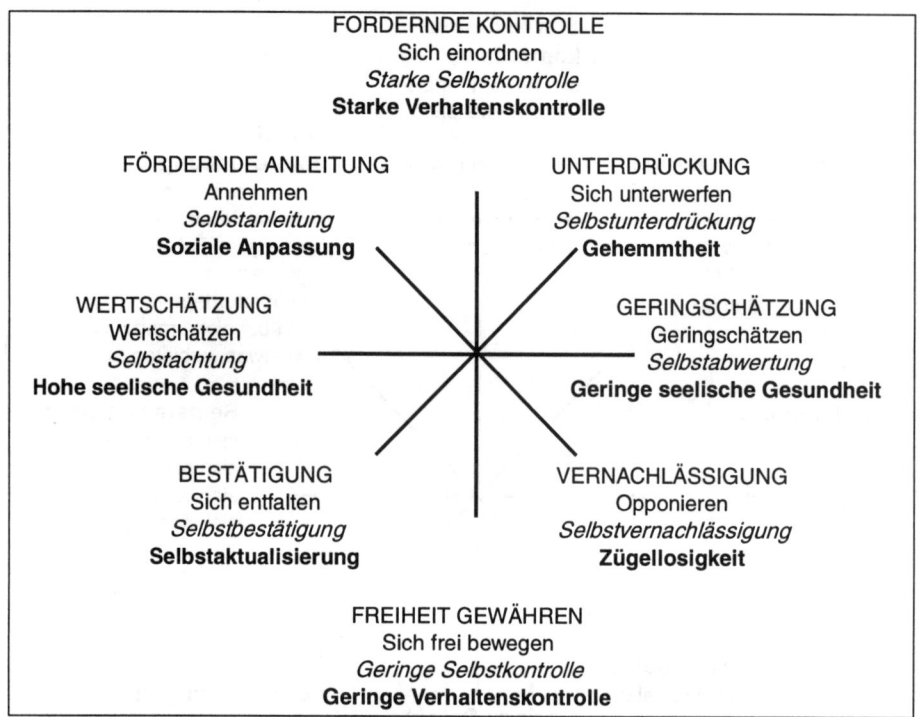

FÖRDERNDE KONTROLLE
Sich einordnen
Starke Selbstkontrolle
Starke Verhaltenskontrolle

FÖRDERNDE ANLEITUNG
Annehmen
Selbstanleitung
Soziale Anpassung

UNTERDRÜCKUNG
Sich unterwerfen
Selbstunterdrückung
Gehemmtheit

WERTSCHÄTZUNG
Wertschätzen
Selbstachtung
Hohe seelische Gesundheit

GERINGSCHÄTZUNG
Geringschätzen
Selbstabwertung
Geringe seelische Gesundheit

BESTÄTIGUNG
Sich entfalten
Selbstbestätigung
Selbstaktualisierung

VERNACHLÄSSIGUNG
Opponieren
Selbstvernachlässigung
Zügellosigkeit

FREIHEIT GEWÄHREN
Sich frei bewegen
Geringe Selbstkontrolle
Geringe Verhaltenskontrolle

Abb. 5.6: Simultane Abbildung von vier Circumplexen der Bedingungen, kurzfristigen Folgen, des Umgangs mit sich selbst und Persönlichkeitseigenschaften.

Grundkonzepte der Systemtheorie

In seiner allgemeinsten Bedeutung bezieht sich der Systembegriff auf Mengen von Elementen, zwischen denen Beziehungen bestehen und die zusammen eine Ganzheit bilden. Eine spezifische Form von Systemen sind lebende Systeme. Diese besitzen interne Strukturen und Organisationsprinzipien und befinden sich in einer Umgebung, mit der sie in Interaktion treten (z.B. Materie und Energie austauschen oder sich wechselseitig beeinflussen). Zur Beschreibung und Erklärung des Funktionierens von Systemen wurden sogenannte Systemtheorien entwickelt. Wie Böse und Schiepek (1989) betonen, gibt es nicht ‚die' Systemtheorie, sondern verschiedene Varianten von Systemtheorien, die jedoch eine Reihe von Grundannahmen teilen. Der Einfachheit wegen sprechen wir von ‚der' Systemtheorie, wenn wir uns auf den allgemeinen Rahmen beziehen. Ford (1987) faßt die Grundzüge einer durch die Systemtheorie nachhaltig geprägten neuen Sichtweise über den Menschen in folgenden sechs Thesen zusammen:

- Im Brennpunkt steht die geordnete Komplexität des Zusammenwirkens von Person und Umwelt.
- Die Vorstellung linearer Reiz-Reaktionsmuster, die dem klassischen mechanistischen Denken entspringt, wird durch ein Modell abgelöst, das von sich wechselseitig beeinflussenden Größen ausgeht.
- Die Person wird als aktiver, sich selbst regulierender und selbst konstruierender Organismus betrachtet.

- Eine Person entwickelt sich von einfachen zu komplexeren Organisationsformen. Dieser Prozeß verläuft nicht notwendigerweise kontinuierlich und glatt, vielmehr sind innere Entwicklungs- oder äußere Störfaktoren dafür verantwortlich, daß bestehende Gleichgewichte gestört und neue (eventuell höhere) Gleichgewichte geschaffen werden, die den veränderten Bedingungen besser angepaßt sind (vgl. Chaostheorie).

- Die Selektion, Organisation und Nutzung von Informationen spielen bei der menschlichen Entwicklung eine zentrale Rolle. Alle Lebewesen tauschen Energie und Materie mit der Umwelt aus, jedoch zeichnet den Menschen die Elaboriertheit seiner Informationsverarbeitungsprozesse aus.

- Auf zunehmend komplexeren Organisationsebenen können neue Eigenschaften auftreten, die sich nicht einfach aus den isoliert betrachteten Eigenschaften der Komponenten ableiten lassen.

Die Attraktivität der Systemtheorie besteht u.a. darin, daß sie als eine Art *Metatheorie* Phänomene, die sich auf unterschiedlichen Ebenen (z.b. der Zelle, des Individuums oder einer größeren sozialen Einheit) abspielen und die jeweils von spezifischen Wissenschaften (z.b. Biologie, Psychologie, Soziologie, Politologie) erforscht werden, mit Hilfe einheitlicher Begriffe und Prinzipien zu beschreiben erlaubt. Dies gelingt u.a. dadurch, daß man Systeme einerseits als aus Subsystemen zusammengesetzt und andererseits als Teile von übergeordneten Suprasystemen konzipiert (Miller, 1975). Man geht mit anderen Worten von einer *Systemhierarchie* aus, wie sie in schematischer, stark vereinfachender Weise in Abbildung 5.7 wiedergegeben ist.

Faßt man die Person als System auf (Personebene), so setzt sie sich aus mehreren *Subsystemen* erster Ordnung (z.b. einem ,sensumotorischen System'; siehe unten) zusammen. Jedes dieser Subsysteme erster Ordnung besteht seinerseits aus Subsystemen zweiter Ordnung (z.b. bestimmten Sinnesorganen), die sich ihrerseits aus Subsystemen dritter Ordnung zusammensetzen, usw. Analog können mehrere Personen (z.b. die Mitglieder einer Familie, eine Therapiegruppe oder ein Therapeut und ein Klient) ein Suprasystem erster Ordnung bilden, das seinerseits Teil eines Suprasystems zweiter Ordnung ist, usw. Inhaltlich läßt sich dieser Abbildung im Hinblick auf die Ätiologie einer psychischen Störung entnehmen, daß diese in synchronischer Perspektive prinzipiell auf unterschiedlichen Ebenen (der Person sowie der Subsysteme und Suprasysteme erster und höherer Ordnung) analysiert werden kann (siehe oben). Weiterhin ist zu verdeutlichen, daß aufgrund der horizontalen und vertikalen Vernetztheit jede Systemkomponente (mithin auch der Mensch auf der Personebene) nur eine *partielle Autonomie* besitzt; insbesondere muß die Vorstellung aufgegeben werden, daß ein übergeordnetes System uneingeschränkte Macht über ein Subsystem besitzt, sofern das Gesamtsystem (ohne Verlust seiner Organisation) weiterbestehen soll.

Wir stellen im folgenden ein von uns entwickeltes spezifisches Systemmodell des Menschen vor.

Ein Systemmodell des Menschen

Das betreffende Systemmodell wird von uns als hypothetisches Struktur- und Funktionsmodell mit primär heuristischer Zielsetzung und nicht als formalisierte Theorie aufgefaßt (siehe auch Dörner, 1996). Die dabei definierten (Sub-)Systeme werden ausschließlich auf einer psychologischen Ebene (und nicht auf einer biologischen Ebene) konzipiert. Ausgangspunkte unserer Überlegungen sind u.a. folgende Annahmen:

- Um psychische Störungen zu verstehen, ist es erforderlich, Vorstellungen über psychische Strukturen, Funktionen und Prozesse zu besitzen, die (‚normales‘) Verhalten und Erleben zu verstehen erlauben (siehe hierzu eingehender unsere Annahmen über die Möglichkeit einer Beschreibung des Verhaltens mit Hilfe hierarchisch-vernetzte Regelkreise, negativer und positiver Rückkoppelungen usw. in Becker, 1995).
- Bei der Suche nach Systemkomponenten (bzw. Subsystemen) des Menschen können u.a. folgende Informationsquellen genutzt werden: (a) die ‚naive Alltagspsychologie‘ (so hat z.B. Schwartz, 1997, die Erfahrung gesammelt, daß Patienten häufig von inneren ‚Teilen‘ sprechen), (b) wissenschaftliche psychologische Theorien, (c) Konzepte aus der Kybernetik (insbesondere hierarchisch-vernetzte Regelkreise) sowie (d) die Analyse komplexer sozialer Systeme (z.B. Gesellschaften), deren Strukturen und Prozesse sich leichter beobachten lassen als die Strukturen und Prozesse in Subsystemen zweiter und höherer Ordnung.

Das zuletzt genannte Argument bedarf der Erläuterung. Wir gehen davon aus, daß es funktionale Entsprechungen zwischen einem (modernen) Gesellschaftssystem und einem psychischen System gibt, die in Tabelle 5.1 in Ausschnitten dargestellt sind.

Gesellschaftssysteme sind komplexe Strukturen, die von Menschen geschaffen wurden, um ihr Zusammenleben zu koordinieren und auf diesem Weg ihre Lebensbedingungen und Möglichkeiten der Bedürfnisbefriedigung zu verbessern. Aus den dabei entstandenen gesellschaftlichen Strukturen lassen sich folglich Rückschlüsse auf menschliche Bedürfnisse ziehen. Darüber hinaus sind zahlreiche Entsprechungen zwischen gesellschaftlichen Aufgaben und den Funktionen eines psychischen Systems zu konstatieren. Exemplarisch sei auf die Aufgabe der Kooperation zwischen gesellschaftlichen Gruppen und der gemeinsamen Willensbildung einerseits und die Aufgabe der Kooperation und Koordination zwischen psychischen Subsystemen und der individuellen Willensbildung andererseits hingewiesen. In beiden Fällen müssen konkurrierende ‚Interessen‘ verschiedener Systemkomponenten *koordiniert* werden.

Wichtige Anregungen zur Formulierung unseres Systemmodells erhielten wir u.a. von Miller, Galanter und Pribram (1960), Powers (1973) sowie Ford (1987). Von Ford übernahmen wir den Gedanken, daß für adaptive Kontrollsysteme folgende sechs Funktionen unverzichtbar sind:

- Befehlsfunktion: legt Ziele bzw. *Sollwerte* fest (Sollwerte können auch als *Erwartungen* aufgefaßt werden)
- Vergleichs- bzw. Regulationsfunktion: prüft, ob Sollwert und *Istwert* übereinstimmen, d.h. ob die Realität den Erwartungen entspricht oder nicht
- Kontrollfunktion: plant Maßnahmen zur Reduktion von Istwert-Sollwert-Diskrepanzen
- Aktionsfunktion: setzt Maßnahmen in Aktionen um
- Informations(sammel)funktion: mißt den Istwert der Regelgröße
- Energetisierende Funktion: stellt Energie für das Gesamtsystem bereit.

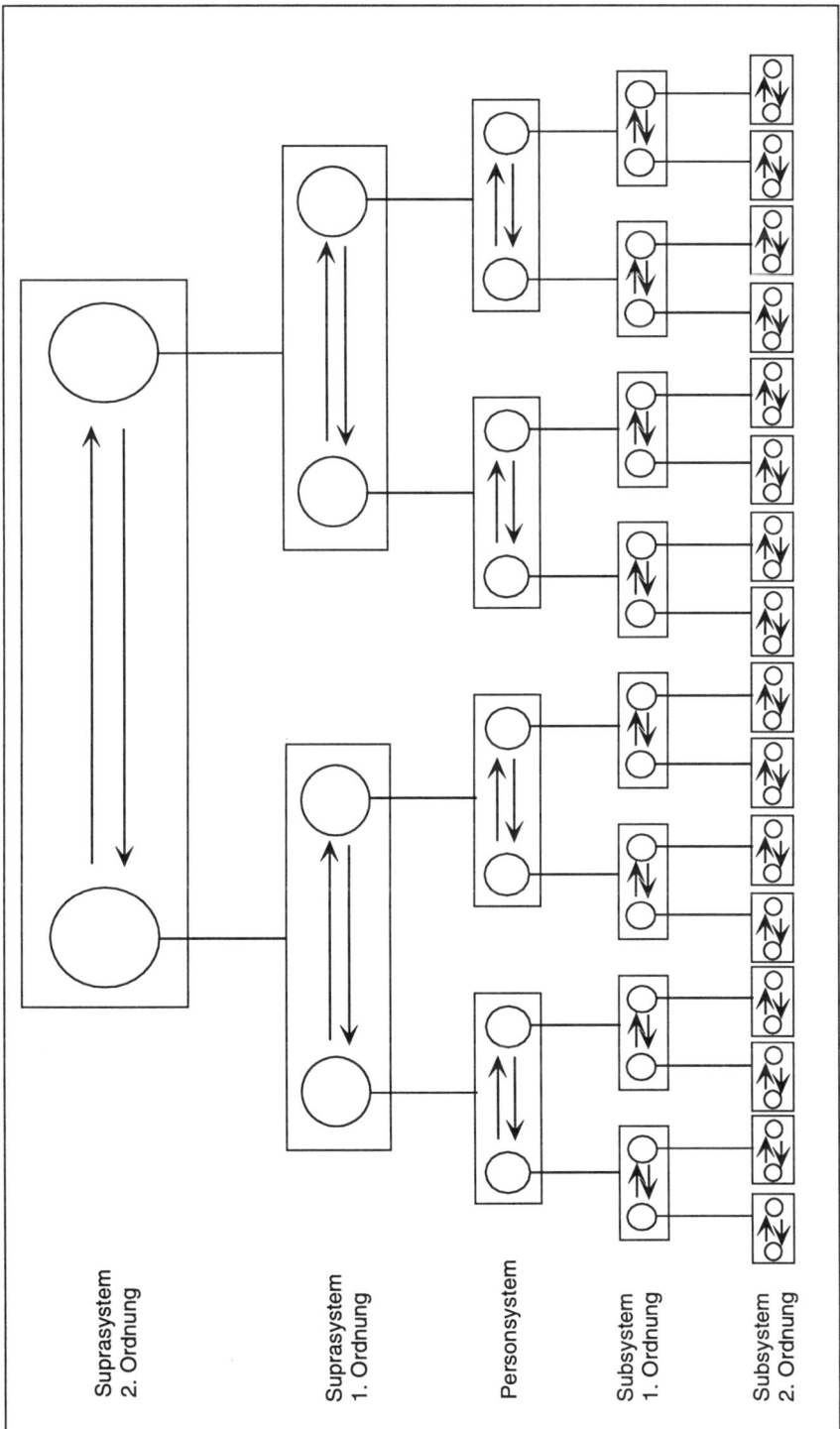

Abb. 5.7: Vereinfachte Darstellung einer Systemhierarchie. Jedes System ist durch zwei mit zwei Pfeilen verknüpfte Kreise dargestellt. Systeme auf tieferen Ebenen sind Subsysteme von übergeordneten Systemen.

Tab. 5.1: Entsprechungen auf den Ebenen eines Gesellschaftssystems und eines psychischen
         Systems

Aufgabe, Funktion	Gesellschaftssystem	Psychisches System
		Psychische Funktionen:
Willensbildung, Koordination	Politische Entscheidungsgremien	Wille
Information	Medien	Sensorik, Wahrnehmung
Kommunikation	Kommunikationssysteme: Post, Telefon, Datennetze	Sprache
Wissensspeicherung	Bibliotheken, Datenbänke	Gedächtnis
Problemlösung	Expertensysteme, Berufe, Wissenschaft	Denken, Lernen
Verkehr, Transport	Verkehrs- und Transportsysteme	Motorik
Energiebereitstellung	Energiesysteme, Kraftwerke	Emotion
Organisation, Wert- und Konsensbildung, Konfliktregelung	Gesetze, Normen, Regeln, Rechtsprechung	Gewissen
		Bedürfnisse:
Verteidigung, Schutz,	Polizei, Militär, Grenzschutz	Sicherheit
Religion	Kirchen	Orientierung
Nahrungs- und Güterbeschaffung	Landwirtschaft, Wirtschaft, Handel	Nahrung
Sport	Sporteinrichtungen	Bewegung
Kooperation	Vereine, Verbände, Familie	Bindung
Kunst, Kultur, Bildung	Kulturelle- und Bildungseinrichtungen	Selbstaktualisierung

Diese erweitern wir um die für den Menschen als komplexes lebendes System wichtige
zentrale Koordinationsfunktion (siehe eingehender Becker, 1995). In unserer Systemtheorie lehnen wir uns an diese Funktionen teilweise an und ordnen sie hypothetischen
intrapsychischen Subsystemen (erster Ordnung) zu, die wir verkürzend ebenfalls als
Systeme bezeichnen. Wir unterscheiden insgesamt neun derartige Systeme (siehe
Abbildung 5.8).

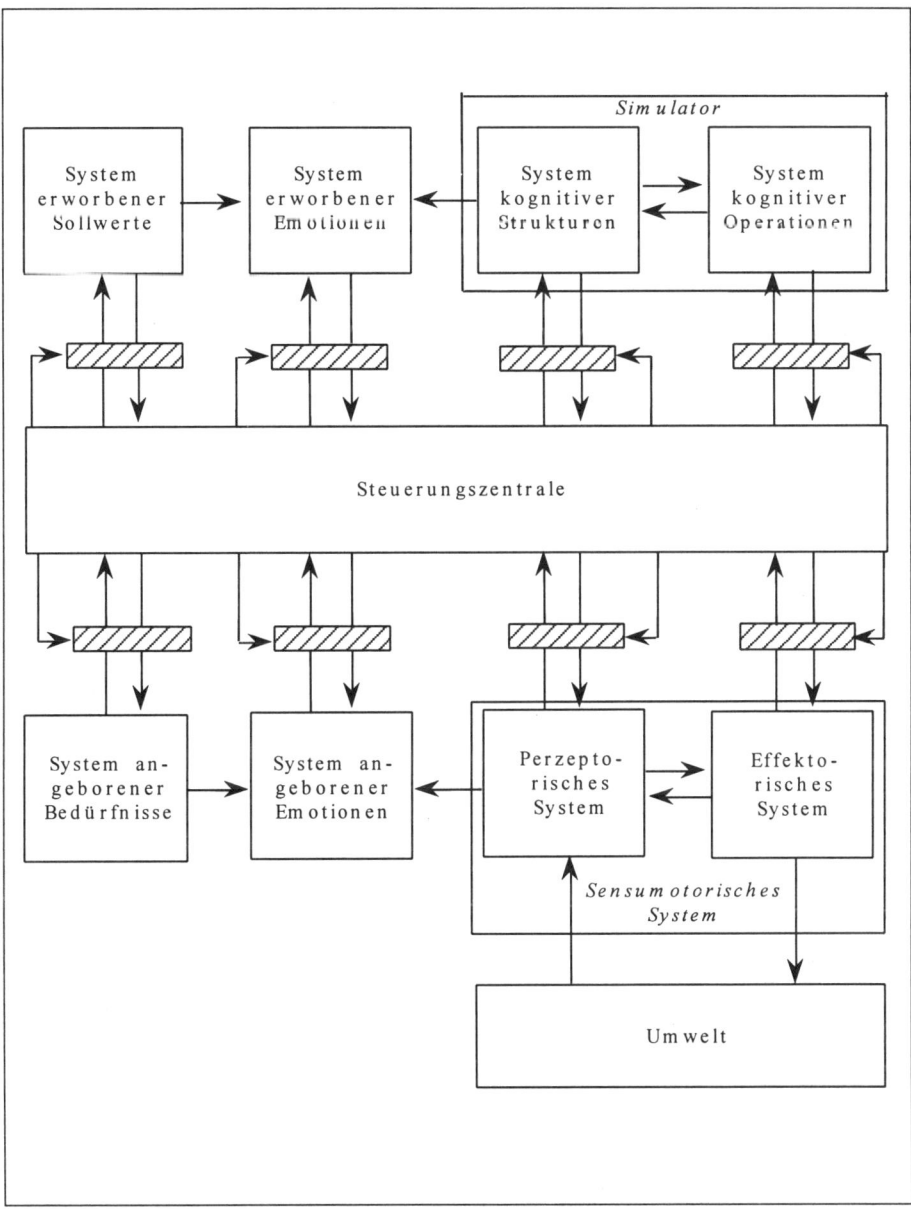

Abb. 5.8: Hypothetisches Systemmodell des Menschen mit neun Subsystemen sowie acht Informationsreglern (schraffiert).

Das Systemmodell ist symmetrisch aufgebaut. Es stehen sich paarweise Systeme mit vergleichbaren Funktionen gegenüber, wobei es sich bei den oberen vier Systemen um ‚höhere‘ Systeme handelt, die sich im Verlaufe der Entwicklung herausbilden. (1) Das ‚System angeborener Bedürfnisse‘ und das ‚System erworbener Sollwerte‘ haben ausschließlich Befehlsfunktionen. Sie dienen als Sollwertgeber (d.h. sie setzen Erwartungen) und liefern Informationen über aktuelle Bedürfnisse, über mittel- und langfristige Ziele, Wünsche, Ich-Ideale des Individuums sowie über soziale Normen, Werte, Gebote und Verbote, denen sich das Individuum verpflichtet fühlt. (2) Die beiden Systeme angeborener und erworbener Emotionen haben Vergleichsfunktionen, d.h. sie antworten auf persönlich bedeutsame *Istwert-Sollwert-Diskrepanzen* (Abweichungen der Realität von den Erwartungen) mit emotionalen Reaktionsmustern. (3) Das ‚perzeptorische System' und das ‚System kognitiver Strukturen' dienen primär als Informationssysteme über die ‚Realität'; sie können aber auch Befehlsfunktionen übernehmen. (4) Das ‚effektorische System' und das ‚System kognitiver Operationen' sind für die Kontroll- und Aktionsfunktionen zuständig. Das perzeptorische und das effektorische System arbeiten besonders eng zusammen (als ‚sensumotorisches System'; siehe auch Thelen, 1995). Analoges gilt für das ‚System kognitiver Strukturen' und das ‚System kognitiver Operationen', die als ‚Simulator' fungieren und vor allem für vorausschauendes Denken und Planen sowie für Handlungsentwürfe zuständig sind. (5) In der Mitte der Systemabbildung ist die ‚Steuerungszentrale' eingezeichnet. Sie ist für die *Koordination* der anderen Systeme zuständig. Ihr kommen die Funktionen des Bewußtseins, der Aufmerksamkeit und des Willens (u.a. volitionale Abschirmung gegenüber konkurrierenden Absichten) zu. Zusätzlich enthält die Abbildung acht schmale Rechtecke zwischen der Steuerungszentrale und den anderen Systemen, die als Informationsregler konzipiert sind. Mit ihrer Hilfe kann die Zentrale die Kommunikation zwischen den Systemen steuern (erleichtern oder hemmen) und damit bei Bedarf die in den Systemen zeitlich *parallel ablaufenden* Prozesse mehr oder weniger gut koordinieren. Die Parallelität des Geschehens bedeutet zugleich, daß die weitaus meisten psychischen Prozesse *unbewußt* oder vorbewußt ablaufen.

Zwar hat die Steuerungszentrale wichtige übergeordnete Funktionen, ohne jedoch einseitig andere Systeme ‚beherrschen' oder kontrollieren zu können. Insbesondere ist sie kein ‚Alleskönner' oder ‚Homunkulus'. Vielmehr wird die Steuerungszentrale ihrerseits von den anderen Systemen beeinflußt, die unter besonderen Bedingungen sogar vorübergehend die primäre Kontrolle über das Verhalten und Erleben erlangen können; d.h. *alle* Systeme (genauer: Subsysteme erster Ordnung) haben nur eine *partielle* Autonomie. Von Becker (1995) wurden sechs Prinzipien der Steuerungszentrale postuliert:

- Vorrang der Befriedigung lebenswichtiger physiologischer- und Sicherheitsbedürfnisse
- Verhalten im Einklang mit der Realitätstheorie
- Vorrang Unlust-reduzierender Maßnahmen
- Vorrang überlernter, automatisierter Strategien
- Verhalten unter der Leitung antizipatorischer Schemata (Erwartungen)
- Große Bedeutung unbewußter (zeitlich parallel ablaufender) Prozesse.

5.2.2.5 Zusammenhänge zwischen den Circumplexmodellen und dem Systemmodell: Eine Persönlichkeitstheorie

Oben haben wir zwei unterschiedliche Möglichkeiten der Beschreibung interindividueller Differenzen aufgezeigt: mit Hilfe der beiden Circumplexmodelle der Persönlichkeit und des selbstbezogenen Verhaltens sowie mit Hilfe des Systemmodells. Auf den ersten Blick stehen beide Beschreibungsformen unverbunden nebeneinander. Sollten sie sich beide als geeignet erweisen, wichtige interindividuelle Differenzen zu erfassen, so sollten sich jedoch Zusammenhänge zwischen ihnen herstellen lassen. Im Idealfall wäre ein problemloses Überwechseln von einer ‚Sprache' in die andere möglich. Wir werfen also die Frage nach den Zusammenhängen zwischen diesen Beschreibungszugängen auf.

Zunächst sollen die engen Zusammenhänge zwischen dem Circumplexmodell der Persönlichkeit und dem Circumplexmodell des selbstbezogenen Verhaltens aufgezeigt werden. Ersteres ging aus Bemühungen hervor, die beiden Hauptdimensionen zur Beschreibung relativ stabiler interindividueller Differenzen im Verhalten und Erleben mit Hilfe der Faktorenanalyse herauszufinden. Sie sind folglich sehr breit und beziehen sich auf die Interaktionen des Menschen mit seiner Umwelt (primär seiner sozialen Umwelt) sowie auf den Umgang des Menschen mit sich selbst (d.h. das selbstbezogene Verhalten). Das Circumplexmodell des selbstbezogenen Verhaltens greift letzteren Teilaspekt heraus und erfaßt ihn in differenzierter Form. Das Circumplexmodell der Persönlichkeit ist insoweit das umfassendere, übergeordnete Modell. Mit anderen Worten verstehen wir unter der Persönlichkeit eines Menschen die für ihn charakteristischen relativ überdauernden (kontextabhängigen) Formen des Umgangs mit seiner (sozialen) Umwelt *und* mit sich selbst.

Als nächstes verknüpfen wir das Circumplexmodell der Persönlichkeit mit dem Systemmodell des Menschen. Diese Verknüpfung erfolgt unter Bezugnahme auf zwei zentrale Konzepte: *Anforderungen* (bzw. Sollwerte) und *Ressourcen* (d.h. Mittel zur Bewältigung von Anforderungen bzw. zur Annäherung von Istwerten an Sollwerte). Wir gehen davon aus, daß das Verhalten von Menschen systemtheoretisch verstanden werden kann als Bestrebung, Anforderungen mit Hilfe von Ressourcen zu bewältigen. Menschen verfolgen zwei übergeordnete Ziele: (1) Bewahrung und Vermehrung von Ressourcen, (2) Nutzung bzw. ‚Verbrauch' von Ressourcen. Diese allgemeinen und abstrakten Aussagen werden im folgenden näher erläutert (zum Konzept der Ressourcen und deren Bedeutung im Zusammenhang mit seelischer und körperlicher Gesundheit siehe Becker, 1997b; Hornung & Gutscher, 1994).

Das Circumplexmodell der Persönlichkeit basiert auf den Big Two Seelische Gesundheit und Verhaltenskontrolle, auf die wir uns hier aus Platzgründen beschränken (zu den beiden diagonal gelegenen Dimensionen „Soziale Anpassung vs. Zügellosigkeit" und „Selbstaktualisierung vs. Gehemmtheit" siehe Becker, 1995). *Unter Seelischer Gesundheit verstehen wir die Fähigkeit zur Bewältigung externer und interner (psychischer) Anforderungen.* Die Bewältigung *externer Anforderungen* betrifft den Umgang des Menschen mit seiner (sozialen) Umwelt. Unter externen Anforderungen verstehen wir Anforderungen (d.h. Sollwerte bzw. Erwartungen), die von den Suprasystemen des Menschen ausgehen, d.h. insbesondere zwischenmenschliche und berufliche bzw. schulische Anforderungen. Die Bewältigung *interner Anforderungen* bezieht sich auf den Umgang des Menschen mit sich selbst (sein selbstbezogenes Verhalten). Interne Anforderungen betreffen zum einen das ‚System angeborener Bedürfnisse' (d.h. die Befriedigung der physiologischen Bedürfnisse, des Explorationsbedürfnisses, der Bedürfnisse nach Selbstaktualisierung, nach Orientierung und Sicherheit, nach Bindung sowie nach Achtung) und zum anderen das ‚System kognitiver Strukturen' (z.B. Vermeidung bzw. Verringerung von Inkonsistenzen im Selbst- und Umweltmodell) sowie das ‚System erworbener Sollwerte' (u.a. Anforderungen, die von Zielen und Projekten sowie sozialen Werten und Normen ausgehen). *Unter externen Ressourcen* verstehen wir Mittel, die auf seiten der Umwelt zur Verfügung stehen (z.b. günstige psychosoziale Bedingungen im familiären, privaten, beruflichen oder gesellschaftlichen Umfeld; ökonomische Mittel; soziokulturelle Bedingungen wie Ordnungen, Normen, Gesetze usw.). *Interne (psychische) Ressourcen* sind bestimmte Persönlichkeitseigenschaften, die ein Individuum besitzt (z.B. Intelligenz, soziale und berufliche Kompetenzen oder bestimmte Einstellungen, Überzeugungen und generalisierte Erwartungen).

Seelische Gesundheit

Mit Blick auf das Systemmodell zeichnet sich ein Mensch mit hoher (bzw. geringer) Seelischer Gesundheit dadurch aus, daß seine Subsysteme ihre Funktionen gut (bzw. weniger gut) erfüllen und harmonisch (bzw. weniger harmonisch) zusammenarbeiten, so daß sich das Personsystem im Gleichgewicht (bzw. gestörten Gleichgewicht, Zustand innerer Zerrissenheit oder Gespaltenheit) befindet. Was dies im einzelnen bedeutet, wurde von Becker (1995) ausführlich beschrieben. Wir beschränken uns hier auf eine knappe Zusammenfassung.

Die Annahmen werden zunächst bezüglich der Fähigkeit zur Bewältigung *externer* Anforderungen erläutert. Diese Fähigkeit manifestiert sich auf zwei Ebenen: (1) als adäquate (d.h. mit Erfahrung kongruente) Repräsentation der Wirklichkeit in den Wissensspeichern ‚System kognitiver Strukturen' und ‚System erworbener Sollwerte', (2) als Leistungsfähigkeit der operativen Systeme, nämlich des ‚Systems kognitiver Operationen' und des ‚sensumotorischen Systems'. Bei inadäquaten Umwelt- und Selbstmodellen sowie einem inadäquaten ‚System erworbener Sollwerte' besteht eine erhöhte Gefahr psychischer Störungen. Analoges gilt für den Fall, daß eine Person nicht über die erforderlichen aufgaben- bzw. berufsbezogenen Kompetenzen und nicht über hinreichende soziale Kompetenzen verfügt.

Die Fähigkeit zur Bewältigung *interner* Anforderungen betrifft:
- das ‚System angeborener Bedürfnisse': Seelisch Gesunde sind gut in der Lage, ihre Bedürfnisse zu befriedigen,
- das ‚System erworbener Sollwerte': Seelisch Gesunde verfügen über Ziele, die ihrem Leben Sinn und Orientierung verleihen, und sie zeichnen sich sowohl durch *Tenazität* (verstärkten Einsatz bei schwer erreichbaren Zielen) als auch durch *Flexibilität* (Abrücken von unerreichbaren Zielen; Akzeptieren der Realität) aus; ferner lassen sie sich von ‚rationalen' Überzeugungen und Wertvorstellungen leiten,
- das ‚System kognitiver Strukturen': Seelisch Gesunde stellen eine Balance zwischen einer Stabilisierung und Veränderung von Selbst- und Umweltmodellen her. Sie verfügen einerseits über ein hinreichend stabiles und konsistentes Selbst- und Umweltmodell, das Orientierung und Sicherheit bietet, sind aber andererseits in der Lage, neue Erfahrungen konstruktiv zu einer Erweiterung und Korrektur dieser Modelle zu nutzen und damit psychische Entwicklung zu ermöglichen.

Verhaltenskontrolle

Als nächstes betrachten wir das Konstrukt der *Verhaltenskontrolle* aus systemischer Perspektive. Unsere Grundannahme besagt, daß bei stark Verhaltenskontrollierten die im oberen Teil des Systemmodells aufgeführten Systeme (siehe Abbildung 5.8), nämlich das ‚System erworbener Sollwerte‘, das ‚System erworbener Emotionen‘ sowie der ‚Simulator‘, einen größeren Einfluß auf das Verhalten des Gesamtsystems haben als bei gering Verhaltenskontrollierten. Bei den im unteren Teil des Systemmodells aufgeführten Systemen verhält es sich genau umgekehrt. Diese interindividuellen Unterschiede spiegeln neben genetischen Einflüssen den Einfluß der Sozialisation wider, wobei es interessant ist, daß es generell zu einer Zunahme der Verhaltenskontrolle mit zunehmendem Lebensalter kommt. Bei stark Verhaltenskontrollierten hat der Sozialisationsprozeß jedoch tiefere Spuren hinterlassen, so daß sie eher ‚übersozialisiert‘ erscheinen, während gering Verhaltenskontrollierte (‚Spontane‘) sich in stärkerem Maße ihre Spontaneität und hedonistischen Züge bewahrt haben. Gering Verhaltenskontrollierte neigen mithin stärker als Verhaltenskontrollierte dazu, Ressourcen zu nutzen bzw. zu verbrauchen. Im einzelnen betreffen die Unterschiede zwischen stark und weniger Verhaltenskontrollierten hauptsächlich vier Systeme:

- das ‚System erworbener Sollwerte‘: Kontrollierte verfolgen eher Fernziele und beachten stärker als Spontane soziale Werte, Normen, Konventionen, Pflichten und selbstgesetzte Ziele (z.B. das Ziel, eine begonnene Arbeit zu Ende zu bringen), während Spontane stärker am Hier-und-Jetzt bzw. an kurzfristigen Annäherungszielen interessiert sind,
- das ‚System angeborener Bedürfnisse‘: Spontane schenken ihren augenblicklichen physiologischen Bedürfnissen und ihrem Explorationsbedürfnis mehr Beachtung und sind hedonistisch; Kontrollierte haben ein stärkeres Bedürfnis nach Orientierung und Sicherheit,
- den ‚Simulator‘: Bei Verhaltenskontrollierten dominieren *assimilative* Prozesse bzw. der Wunsch zu bewahren, was sich unter anderem in einer Neigung zum Konservatismus äußert, während Spontane für *akkomodative* Prozesse besonders aufgeschlossen sind, d.h. eine Vorliebe für Neues und Veränderungen haben, und
- die ‚Steuerungszentrale‘: Bei Spontanen neigt die ‚Steuerungszentrale‘ zu rascheren Zielwechseln; die ‚Schwelle für Absichtswechsel‘ ist – um es mit Dörner (1993) auszudrücken – bei Spontanen niedriger als bei Kontrollierten.

5.2.2.6 Psychische Störungen aus systemtheoretischer und persönlichkeitspsychologischer Perspektive

Betrachtet man psychische Störungen aus systemischer Perspektive, so nimmt man zunächst einen synchronischen Standpunkt ein, d.h. man versucht, die aktuell vorhandene Störung auf aktuelle systemische Prozesse zurückzuführen. In vielen Fällen wird es zusätzlich erforderlich sein, die Störung auch diachronisch zu betrachten, d.h. zurückliegende Interaktionen zwischen Individuum und Umwelt sowie zurückliegende intrapsychische Prozesse zur Erklärung heranzuziehen; auch dies kann in systemischer Perspektive geschehen. Dabei können u.a. die Circumplexmodelle der Bedingungen und der Folgen wertvolle Hilfe bei der Hypothesenbildung liefern (siehe Abbildungen 5.3 und 5.4).

Wir beschränken uns hier auf die synchronische Perspektive. *Eine psychische Störung kann* – allgemein gesprochen – *auf Schwierigkeiten eines Individuums bei der Bewältigung externer und interner (psychischer) Anforderungen mit Hilfe der ihm zur Verfügung stehenden externen und internen Ressourcen zurückgeführt werden* (siehe unten sowie Becker, 1992, 1997b). Übersetzt in die Sprache der Systemtheorie bedeutet dies, daß die aktuellen Bedingungen einer psychischen Störung prinzipiell auf der Personebene und/oder auf den Ebenen der Subsysteme bzw. Suprasysteme erster und höherer Ordnung gesucht und gegebenenfalls lokalisiert werden können. Daraus ergibt sich, daß psychische Störungen *prinzipiell* mit Hilfe von Konzepten aus verschiedenen Wissenschaften (z.B. Biologie, Medizin, Psychologie, Soziologie), die sich auf unterschiedliche Systemebenen spezialisiert haben, beschrieben und teilweise erklärt werden können. Im konkreten *Einzelfall* mögen sich jedoch eine oder zwei Ebenen als besonders fruchtbar herausstellen (z.B. die Personebene und die Ebene der Suprasysteme erster Ordnung).

Wir beschränken uns im folgenden zunächst auf die Personebene und damit auf die Ebene der in Abbildung 5.8 wiedergegebenen Systeme (genauer: Subsysteme erster Ordnung). Eine psychische Störung kann daraus resultieren, daß entweder eines oder mehrere Systeme ihre Funktionen nicht adäquat erfüllen oder die Kooperation zwischen den Systemen sowie die Koordination gestört sind (vgl. ähnliche Vorstellungen in den Theorien von Sigmund Freud, Carl Gustav Jung sowie in jüngerer Zeit Schwartz, 1997). Es werden zunächst zwei Beispiele für ein beeinträchtigtes Funktionieren eines Systems genannt:

- Störungen, die das ‚System kognitiver Strukturen' betreffen (Inkongruenzen zwischen der Realitätstheorie und direkten Erfahrungen, d.h. dysfunktionale Realitätstheorie; starke Inkonsistenzen zwischen Elementen). Diese Störungen basieren mithin auf inadäquaten internen Ressourcen.

- Störungen, die das ‚System erworbener Sollwerte' betreffen (Dominanz von Vermeidungszielen gegenüber Annäherungszielen; Fehlen längerfristiger Ziele und Projekte als Folge einer einschneidenden Veränderung der äußeren Lebensbedingungen; Verlust des Lebenssinns). Diese Störungen basieren auf inadäquaten internen Anforderungen (Zielen).

Es folgt ein Beispiel für eine gestörte Koordination bzw. ein Ungleichgewicht zwischen den Systemen, d.h. für die Dominanz eines Systems oder mehrerer Systeme gegenüber anderen Systemen:

- Dominanz des ‚Systems erworbener Sollwerte' (einseitige Steuerung des Verhaltens durch ‚irrationale Überzeugungen' sensu Ellis; rigides Verfolgen unrealistischer Ziele oder Projekte zu Lasten des ‚Systems angeborener Bedürfnisse'; starke Diskrepanz zwischen Idealselbst als Teil des ‚Systems erworbener Sollwerte' und Selbstmodell als Teil des ‚Systems kognitiver Strukturen'). Diese Störungen basieren auf inadäquaten internen Anforderungen (Zielen).

Diese rein intrapsychische Betrachtung von Störungen der Funktionen und der Koordination von Subsystemen bedarf *der Ergänzung durch die Einbeziehung der Suprasysteme bzw. der externen Anforderungen und Ressourcen.* Auch hierfür seien zwei Beispiele angeführt. (1) So kann es über positive Rückkoppelungsprozesse zwischen zwei (Ehe-)Partnern zu einer Funktionsbeeinträchtigung eines Subsystems (z.B. des

‚Systems erworbener Sollwerte') des einen Partners kommen, wenn die betreffenden Funktionen weitgehend vom anderen Partner übernommen bzw. an den Partner delegiert werden (vgl. das Kollusionsprinzip von Willi, 1975). (2) Psychische (und physische) Störungen können auch daraus resultieren, daß zu hohe externe (z.B. schulische oder berufliche) Anforderungen an ein Individuum gestellt werden, die es mit Hilfe seiner internen Ressourcen nicht bewältigen kann.

Verknüpft man diese systemische Betrachtungsweise mit den Circumplexmodellen der Persönlichkeit und des selbstbezogenen Verhaltens, so läßt sich eine Reihe von Hypothesen, die zum Teil bereits empirisch überprüft und gestützt werden konnten, formulieren. Auch hier beschränken wir uns auf wenige Beispiele:

- Die Wahrscheinlichkeit für das Auftreten einer psychischen Störung wächst mit abnehmenden Werten in der Persönlichkeitseigenschaft Seelische Gesundheit, d.h. bei einer gering ausgeprägten Fähigkeit zur Bewältigung externer und interner (psychischer) Anforderungen.
- In Abhängigkeit von der Kombination der Werte einer Person in Seelischer Gesundheit und Verhaltenskontrolle (und damit ihrer Ähnlichkeit zu bestimmten Persönlichkeitstypen) erhöht bzw. erniedrigt sich die Wahrscheinlichkeit für bestimmte Arten von psychischen Störungen. Dies sei am Beispiel von fünf klinisch besonders relevanten Persönlichkeitstypen ausschnitthaft in Tabelle 5.2 erläutert.

5.3 Therapie psychischer Störungen

5.3.1 Definition und Ziele von Psychotherapie

In Anlehnung an Strotzka (1975, S. 4) definieren wir Psychotherapie wie folgt: Psychotherapie ist ein interaktioneller Prozeß zur Beeinflussung psychischer Störungen, die in einem Konsens (möglichst zwischen Klient, Therapeut und relevanten Bezugsgruppen) für behandlungsbedürftig gehalten werden, mit vom Klienten und Therapeuten bejahten und wissenschaftlich fundierten psychologischen Methoden in Richtung auf gemeinsam erarbeitete Ziele, auf der Basis einer Theorie des normalen und gestörten Verhaltens.

Nach Bastine (1992) werden in jeder Psychotherapieform zwei generelle Zielsetzungen verfolgt: einerseits die Beseitigung der psychischen Störungen, Behinderungen und Probleme, andererseits die Förderung des subjektiven Wohlbefindens. Als speziellere Behandlungsziele nennt Bastine (1992, S. 195):

- „... die Förderung persönlicher Fähigkeiten, Fertigkeiten und Kompetenzen, beispielsweise durch Wissensvermittlung, Übung und Training;
- die Förderung von Funktionsfähigkeit und Einsicht, z.B. durch Bearbeiten von Blockaden, Hemmungen oder Fixierungen auf Grund von intrapsychischen Konflikten oder pathologischen Verarbeitungsprozessen;
- die Förderung psychischen Wachstums und leib-seelischer Integration durch

Selbstverwirklichung, Sinnfindung und die Verarbeitung körperlicher Befindlichkeiten;
• die Förderung interpersoneller Beziehungen durch die Entwicklung ungestörter
und wechselseitig befriedigender Beziehungen."

Tab. 5.2: Kurzcharakterisierung von fünf klinisch relevanten Persönlichkeitstypen

---

VK-PLUS-TYP (Starke Verhaltenskontrolle)

Starke Selbstkontrolle; Arbeitsorientierung
Verstandesbetontheit
Disposition zu zwanghafter Persönlichkeitsstörung

GH-TYP (Gehemmtheit)

Selbstunterdrückung, Selbstbestrafung
Anhedonie
Gehemmte Gefühle und Bedürfnisse
Neigung zu psychosomatischen Beschwerden
Disposition zu folgenden Persönlichkeitsstörungen:
      vermeidend-selbstunsichere
      schizoide
      schizotypische

SG-MINUS-TYP (Geringe Seelische Gesundheit)

Selbstabwertung
Mißbefinden (negative Affektivität)
Disposition zu folgenden Persönlichkeitsstörungen:
      Borderline
      dependente
      paranoide

ZÜ-TYP (Zügellosigkeit)

Selbstvernachlässigung
Neigung zu Anger out/Aggressivität
Disposition zu folgenden Persönlichkeitsstörungen:
      antisoziale
      negativistische
      narzißtische

VK-MINUS-TYP (Geringe Verhaltenskontrolle)

Geringe Selbstkontrolle; Hedonismus
Gefühlsbetontheit
Sensation seeking; Risikofreude
Neigung zu histrionischer Persönlichkeitsstörung

Vergleicht man diese von Bastine formulierten generellen und speziellen Therapieziele
mit den im Trierer Persönlichkeitsfragebogen (TPF) von Becker (1989) enthaltenen

Skalen zur Messung der seelischen Gesundheit und ihrer Komponenten, so erkennt man zahlreiche Entsprechungen. Mithin scheint der TPF – neben weiteren diagnostischen Verfahren – geeignet, vor Beginn einer Therapie nützliche Ausgangsinformationen über den Klienten zu gewinnen und nach Beendigung der Therapie den Erfolg der Maßnahmen zu evaluieren. Unsere eigenen Auffassungen über die Ziele von Psychotherapie decken sich weitgehend mit denjenigen von Bastine, berücksichtigen jedoch explizit neben Veränderungen (von Symptomen, Verhaltensweisen etc.) auch die Haltung des *Akzeptierens* (siehe unten). Sie lassen sich auf die knappe Formel bringen: *Verbesserung der Voraussetzungen für die Bewältigung externer und interner (psychischer) Anforderungen mit Hilfe interner und externer Ressourcen.* Die Bewältigung externer und interner (psychischer) Anforderungen betrifft primär die beiden großen Bereiche: Umgang des Klienten mit anderen Menschen sowie Umgang des Klienten mit sich selbst (selbstbezogenes Verhalten, d.h. vor allem *Umgang mit den eigenen Bedürfnissen*).

Zur Veranschaulichung unserer oben formulierten Konzeption von Psychotherapie kann Abbildung 9 dienen, die sich teilweise an eine Abbildung in Bastine (1992, S. 182) anlehnt.

Diese Abbildung soll u.a. unsere systemische Betrachtungsweise verdeutlichen, die sich auch hier an verschiedenen Stellen zeigt: in der Berücksichtigung der Interaktion zwischen Klient (bzw. Therapeut) und Suprasystemen des Klienten (bzw. Therapeuten); in der gemeinsamen Erarbeitung des therapeutischen Vertrages und der *gemeinsamen* Verständigung über das vorliegende Problem sowie über Ziele und Methoden der Therapie; in der Hervorhebung der Therapeut-Klient-Beziehung und der Bereitschaft von Therapeut und Klient, sich wechselseitig auf den therapeutischen Prozeß einzulassen (Henry & Strupp, 1994), sowie in den beiden Rückkoppelungsschleifen von den Veränderungen des Klienten (bzw. Therapeuten) zum Ausgangspunkt des Geschehens (Klient bzw. Therapeut). Dies beinhaltet u.a., daß sich während des therapeutischen Prozesses, dessen Verlauf nicht in allen Einzelheiten vorherzusehen ist, alle relevanten Variablen (therapeutischer Vertrag, Problemdefinition etc.) verändern können. Wichtig erscheint uns neben der Veränderung des Klienten (primär: Umgang des Klienten mit anderen sowie mit sich selbst) auch die Berücksichtigung eventueller vorübergehender oder länger andauernder Veränderungen des *Therapeuten* durch den therapeutischen Prozeß.

Festzuhalten ist ferner, daß sich obige Definition und Konzeption auf *einen* Klienten bezieht. Dieser Begriff kann auch durch eine größere Einheit (ein Suprasystem erster Ordnung, z.B. ein Paar oder eine Familie) ersetzt werden, sofern entweder alle Beteiligten unter psychischen Störungen leiden oder die Störungen einer Einzelperson (‚Klient‘) eng mit Prozessen im Suprasystem verbunden sind, so daß für eine erfolgversprechende Therapie das Gesamtsystem einbezogen werden sollte.

5.3.2 Konzept und Prinzipien einer Allgemeinen Psychotherapie

5.3.2.1 Der Begriff der Allgemeinen Psychotherapie

Der Begriff der Allgemeinen Psychotherapie wird in unterschiedlicher Bedeutung verwendet. Grawe, Donati und Bernauer (1994), die den Begriff maßgeblich geprägt

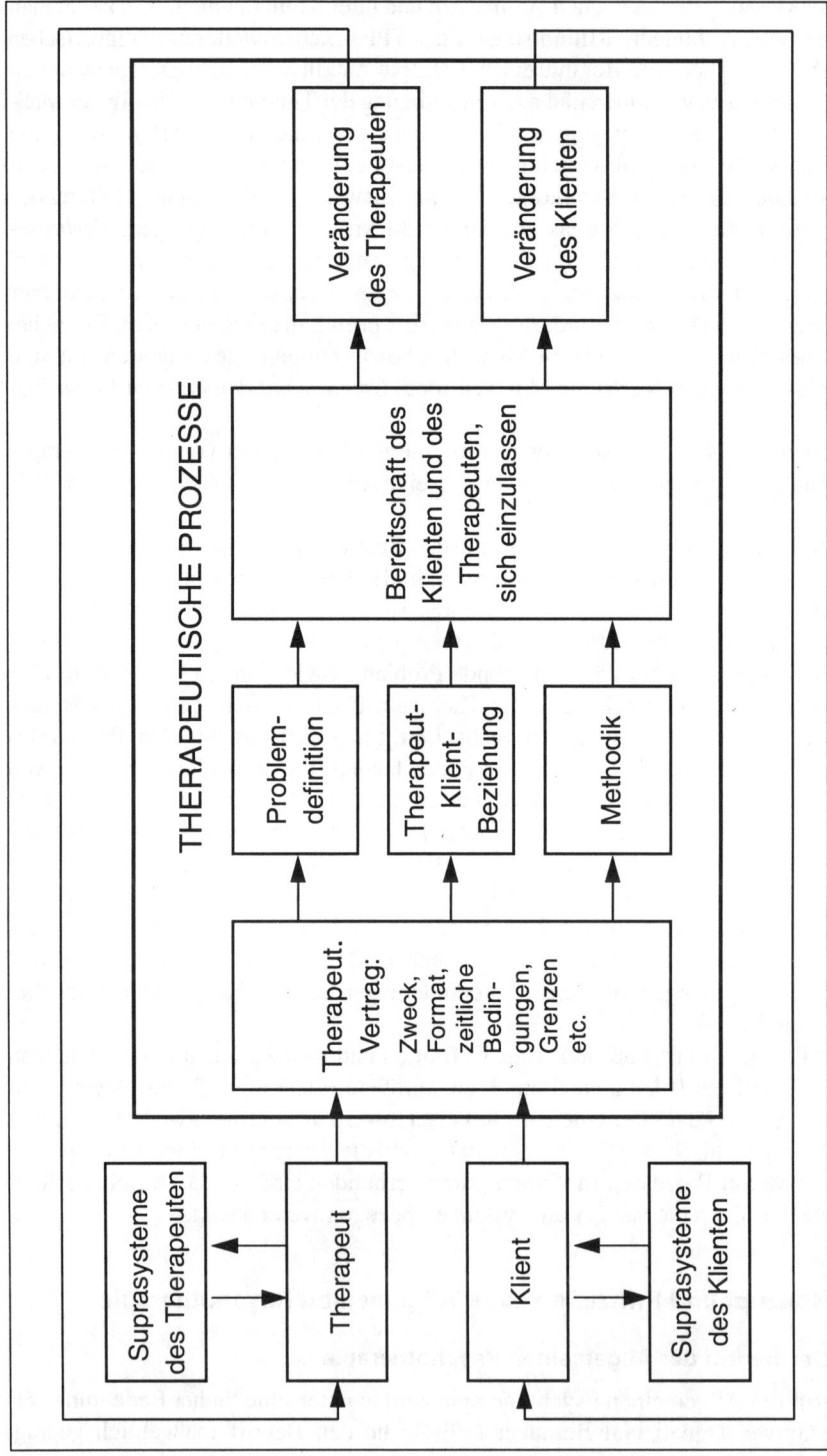

Abb. 5.9: Allgemeines Modell der Psychotherapie: Kontextbedingungen, beteiligte Personen, Prozeß und Methodik, Auswirkungen (in loser Anlehnung an Bastine, 1992, S. 182).

haben, verbinden mit ihm die Vision einer zukünftigen nicht mehr schulenorientierten Psychotherapie, in der der Therapeut verschiedene Interventionsmöglichkeiten *flexibel* nutzt und sich dabei am Ergebnisstand der empirischen Psychotherapieforschung sowie an den jeweiligen grundlagenwissenschaftlichen (psychologischen) Erkenntnissen orientiert. Vielversprechend erscheint diesen Autoren eine zukünftige Psychotherapie auf schematheoretischer Basis (siehe auch Grawe in diesem Band).

Auch Baumann (1996) hält eine Strukturierung der Psychotherapie auf Grund von Schulen für problematisch; sinnvoller erscheint ihm eine Orientierung an Problemfeldern. Im Gegensatz zu Grawe et al. (1994) bezweifelt er jedoch, daß die Zeit reif ist für den Versuch einer einheitlichen und umfassenden Theorie der Psychotherapie.

Wir erläutern im folgenden unsere eigene Verwendung des Begriffs der Allgemeinen Psychotherapie in diesem Kapitel, der sich teilweise von derjenigen Grawes unterscheidet, weil wir ihm eine engere Bedeutung geben. Er deckt sich mit der Zielsetzung einer schulenübergreifenden Psychotherapie, die Erkenntnisse und Methoden der verschiedenen Therapieschulen sowie wissenschaftliche Erkenntnisse der Grundlagendisziplinen nutzt und auf einer neuen (system)theoretischen Basis zu integrieren versucht. Zugleich ergänzen wir den Begriff um den der *Differentiellen Psychotherapie*. Diese Unterscheidung lehnt sich an die Unterscheidung von Allgemeiner und Differentieller Psychologie an. Während die Allgemeine Psychotherapie, so wie wir sie hier verstehen, nach generell bzw. auf möglichst viele Fälle anwendbaren Konzepten und Prinzipien sucht und damit eher störungsübergreifend orientiert ist, befaßt sich die Differentielle Psychotherapie mit den Variationen des psychotherapeutischen Vorgehens in Abhängigkeit von den individuellen Besonderheiten, wobei im vorliegenden Beitrag insbesondere die Persönlichkeitseigenschaften der beteiligten Interaktionspartner, speziell des Klienten und des Therapeuten, betont werden (vgl. eine ähnliche Unterscheidung zwischen *therapeutischem Basisverhalten* und Differentieller Psychotherapie bei Tscheulin, 1992). Allgemeine und Differentielle Psychotherapie ergänzen sich wechselseitig und bilden gemeinsam das Fundament einer Psychotherapie der Zukunft.

Im folgenden formulieren wir einige zentrale Konzepte und Prinzipien einer Allgemeinen Psychotherapie. Sie orientieren sich an systemtheoretischen Konzepten sowie an der oben formulierten übergeordneten therapeutischen Leitidee: *Verbesserung der Voraussetzungen des Klienten für die Bewältigung externer und interner (psychischer) Anforderungen mit Hilfe interner und externer Ressourcen.* Mithin sollte sich ein Psychotherapeut, der versucht, die psychische Störung eines Klienten aus synchronischer Perspektive zu verstehen und eine darauf aufbauende Therapie zu planen, schwerpunktmäßig mit folgenden Fragen befassen:

- Welches sind die internen Anforderungen eines Klienten?
- Welche externen Anforderungen werden an ihn gestellt?
- Über welche internen Ressourcen verfügt der Klient?
- Welche externen Ressourcen stehen ihm zur Verfügung?

Die therapeutischen Bemühungen werden demgemäß auf Veränderungen in einem oder mehreren dieser Bedingungskomplexe (auf seiten des Klienten und seiner Umwelt) abzielen. Diese zunächst abstrakt formulierten Konzepte werden im folgenden anhand ausgewählter Prinzipien einer Allgemeinen Psychotherapie konkretisiert.

5.3.2.2 Die Bedeutung des interpersonalen Verhaltens

Aus einer Reihe von Gründen stellen wir das interpersonale Verhalten an die erste Stelle. Nach übereinstimmenden Ergebnissen der Therapieforschung ist die *Qualität der Therapeut-Klient-Beziehung* einer der bedeutendsten Faktoren (vielleicht sogar der entscheidendste Faktor) für den Therapieerfolg (Strupp, 1996). Es überrascht daher nicht, daß in Listen der therapeutischen Wirkfaktoren diese Variable regelmäßig auftaucht (Grawe et al., 1994, sprechen von der Bedeutung der *Beziehungsperspektive*). Erst bei Vorliegen einer tragfähigen Therapeut-Klient-Beziehung (verstanden als wertvolle Ressource) sind die Voraussetzungen dafür gegeben, daß (1) der Klient zur Kooperation bereit ist, (2) Vertrauen aufbaut, (3) auch problematische oder angstbesetzte Themen anschneidet, (4) den Mut faßt, sich auf *störungsspezifische* Behandlungsmaßnahmen, z.B. angstauslösende Übungen (etwa eine In-Vivo-Konfrontation mit einer phobischen Angstquelle oder ein Selbstbehauptungstraining), einzulassen und/oder (5) seine bisherige Realitätstheorie zu überprüfen und gegebenenfalls zu korrigieren (siehe auch Beitrag von Grawe).

Die Bedeutung des interpersonalen Verhaltens ergibt sich ferner daraus, daß psychische Störungen in vielen Fällen als Störungen des interpersonalen Verhaltens – insbesondere des Verhaltens gegenüber wichtigen Bezugspersonen – zu betrachten sind (Hahlweg, 1996), die sich auch in der Klient-Therapeut-Interaktion bemerkbar machen, so daß sie in vielen Fällen dort ‚bearbeitet' werden können (siehe unten).

Welches sind besonders relevante Dimensionen des interpersonalen Verhaltens? Hier kann auf das in Abbildung 5.3 wiedergegebene Circumplexmodell der Bedingungen zurückgegriffen werden, wobei insbesondere der Wertschätzung sowie der Bestätigung und der fördernden Anleitung große Bedeutung zukommen (siehe z.B. Fiedler, Vogt, Rogge & Schulte, 1994). In besonderen Fällen oder Phasen der Therapie kann auch fordernde Kontrolle oder Freiheit-Einräumen angezeigt sein (siehe unten). Ein spezieller Aspekt der Wertschätzung ist die Echtheit (Kongruenz, Offenheit) des Therapeuten. Sie schafft gute Voraussetzungen dafür, daß der Klient Vertrauen faßt, den Therapeuten versteht und neues soziales Verhalten erprobt. Die Echtheit des therapeutischen Verhaltens, insbesondere der Wertschätzung des Therapeuten, wird der Klient vor allem am nonverbalen Kommunikationsverhalten des Therapeuten überprüfen.

So einleuchtend diese Prinzipien sind, so schwer kann es im Einzelfall sein, eine gute Beziehung zwischen Therapeut und Klient zu erreichen (z.B. wenn der Therapeut unerfahren ist oder wenn der Klient eine Persönlichkeitsstörung hat; siehe unten). Nicht selten ist damit zu rechnen, daß ein Klient einen Therapeuten mehreren *Beziehungstests* unterzieht, bevor er sich auf ihn und/oder die Therapie näher einläßt. Die Bereitschaft des Klienten, sich auf die Therapie einzulassen, bzw. das Ausmaß, in dem sich der Klient auf die Therapie einläßt, ist ein guter Prädiktor des Therapieerfolgs.

Vor dem Hintergrund der großen Bedeutung des interpersonalen Verhaltens bieten Formen der Gruppentherapie (siehe z.B. Schneider-Düker, 1981) oder der Paar- und Familientherapie besonders günstige Voraussetzungen für interpersonales Lernen.

5.3.2.3 Die Bedeutung von Vertrauen

Von Becker (1994) wurde die Hypothese formuliert und empirisch gestützt, daß ein enger Zusammenhang zwischen der seelischen und körperlichen Gesundheit einerseits und der Vertrauenstrias andererseits besteht. Unter der *Vertrauenstrias* werden drei Arten des Vertrauens (d.h. drei Arten positiver Erwartungen) subsumiert: Vertrauen in andere Menschen (interpersonales Vertrauen; siehe Rotter, 1980); Selbstvertrauen bzw. generalisierte Selbstwirksamkeitsüberzeugungen (Krampen, 1991); sowie Vertrauen in die Zukunft (siehe das Konzept des dispositionellen Optimismus von Scheier & Carver, 1985). Diese drei Formen des Vertrauens sind ihrerseits positiv miteinander verbunden und entwickeln sich wahrscheinlich in einer typischen Entwicklungssequenz vom interpersonalen Vertrauen (siehe auch Bowlby, 1977; Erikson, 1970), über das Selbstvertrauen hin zum Vertrauen in die Zukunft (Krampen, 1997).

In vielen Fällen wird es ein wichtiges übergeordnetes Ziel der Psychotherapie sein, bei einem Klienten die Vertrauenstrias – eine wertvolle interne Ressource – zu fördern. Bowlby (1977) spricht z.B. davon, daß der Klient erst nach Schaffung einer ‚sicheren Basis‘ (Vertrauen in den Therapeuten) bereit ist, neues Terrain zu erkunden (siehe auch Henry & Strupp, 1994; Spangler & Zimmermann, 1995). Therapeuten aus unterschiedlichen Therapieschulen stimmen darin überein, daß Maßnahmen, die Hoffnungslosigkeit und Demoralisierung beseitigen und das Selbstvertrauen und das Vertrauen des Klienten in die Zukunft stärken (z.B. das Einflößen von Hoffnung auf Besserung im Rahmen der jeweiligen Therapie) die Chancen eines erfolgreichen Therapieverlaufes vergrößern und daß umgekehrt alles, was das Selbstvertrauen bzw. die Selbstwirksamkeitsüberzeugungen des Klienten schwächt, zu vermeiden ist (mit der kleinen Einschränkung im Fall überzogener unrealistischer Selbstwirksamkeitsüberzeugungen). Daraus ergibt sich u.a., daß der Therapeut die Therapie so gestalten sollte, daß der Klient Fortschritte weitgehend auf seine eigenen Anstrengungen attribuiert und dabei sein Selbstvertrauen bzw. seine Selbstwirksamkeitsüberzeugungen sowie seine Autonomie zurückgewinnt oder verstärkt. Fiedler (1997) verweist auf die Bedeutung einer ‚Patientenschulung‘ (Information und Aufklärung des Patienten über seine Störung sowie deren Ätiologie und Behandlungsmöglichkeiten) für den Aufbau von Vertrauen des Klienten (siehe auch Petermann, 1992); wir sind allerdings der Meinung, daß die Voraussetzungen, unter denen eine Patientenschulung angezeigt oder nicht angezeigt ist, näher zu untersuchen sind (z.B. in Abhängigkeit von der Ich-Dystonie der Störung oder dem geäußerten Interesse des Klienten an ‚Aufklärung‘).

Wenngleich in vielen Fällen eine Förderung von Vertrauen angemessen sein wird, ist einschränkend zu beachten, daß natürlich auch ein Zuviel an Vertrauen – im Sinne der naiven Vertrauensseligkeit, der unkritischen oder narzißtischen Selbstüberschätzung sowie des dysfunktionalen Optimismus bezüglich der Zukunft – zum Problem werden kann (vgl. das Konzept des ‚flexiblen Optimismus‘ von Seligman, 1991).

Zusammenfassend halten wir das Konzept der Vertrauenstrias für einen therapeutischen Schlüsselbegriff, der zukünftig stärkere Beachtung verdient. Zu den therapeutischen Konsequenzen siehe eingehender Becker (1994), Krampen (1997), Petermann (1992) und Schwartz (1997).

5.3.2.4 Die Bedeutung der Ressourcenaktivierung

Die große Bedeutung der Ressourcenaktivierung ergibt sich bereits aus unserer oben formulierten Grundannahme, daß seelische Gesundheit bzw. psychische Störungen eng mit der Bewältigung externer und interner (psychischer) Anforderungen mit Hilfe externer und interner Ressourcen zusammenhängen. Auch Grawe (1996) hält die geschickte Ressourcenaktivierung für das A und O wirksamer Therapie. Darunter versteht er, daß man einem Patienten besonders gut helfen kann, indem man an seine positiven Möglichkeiten, Eigenarten, Fähigkeiten und Motivationen anknüpft. Die Art der Hilfe ist mithin so zu gestalten, daß der Patient sich in der Therapie auch in seinen Stärken und positiven Seiten und als selbstwirksam erfahren kann. Diese Erfahrung ist besonders in der Anfangsphase der Therapie von großer Bedeutung, da sie ein Gegengewicht zu der oftmals beeinträchtigten Selbstachtung des Klienten schafft und damit dem fundamentalen Bedürfnis des Klienten nach Achtung Rechnung trägt (siehe unten). Der Therapeut sollte nicht aus den Augen verlieren, daß der Klient zwar in bestimmten Bereichen Probleme hat, hingegen in vielen anderen Bereichen externe und interne Anforderungen gut bewältigt. Unter einem entsprechenden Blickwinkel kann sogar das symptomatische Verhalten vor dem Hintergrund einer spezifischen Lebenssituation oder Biographie des Klienten als Leistung oder als Ressource aufgefaßt werden (Fiedler, 1995; Schweitzer & Weber, 1997), d.h. im Laufe der Therapie wird oftmals erkennbar, daß die psychische Störung das Resultat zurückliegender Bemühungen des Klienten ist, eine individuelle ungünstige Lebenssituation mit den ihm zur Verfügung stehenden Mitteln zu bewältigen.

Neben der Aktivierung interner Ressourcen sollte auch die Aktivierung externer Ressourcen in Betracht gezogen werden (Becker, 1997b; Hornung & Gutscher, 1994). Hierunter fallen vorhandene oder aufzubauende Suprasysteme des Patienten, z.B. familiäre Ressourcen, Experten aus anderen Berufsgruppen (z.B. Mediziner, Juristen, Sozialarbeiter, Berufsberater) oder soziale Einrichtungen in der Gemeinde (Selbsthilfegruppen, Vereine), die als soziale Stützsysteme fungieren können. Bleibt noch die Selbstverständlichkeit zu ergänzen, daß – aus Sicht des Klienten – der Therapeut selbst eine besonders wichtige externe Ressource darstellt, in die der Klient große Hoffnungen setzt. Diesen Erwartungen kann der Therapeut u.a. dadurch zu entsprechen versuchen, daß er – je nach Bedarf flexibel – für den Klienten die Rolle eines ‚Freundes', Lehrmeisters, Aufklärers oder Befreiers einnimmt (Becker, 1995).

Zur Bedeutung von Ressourcen für Gesundheit und Wohlbefinden siehe auch Antonovsky (1979), Diener und Fujita (1995), Hornung und Gutscher (1994) sowie Masten, Morison, Pellegrini und Tellegen (1990).

5.3.2.5 Die Bedeutung der Selbstachtung

Wie oben ausgeführt, gehen wir davon aus, daß Menschen ein angeborenes Bedürfnis nach Achtung (Selbstachtung und Achtung seitens anderer Menschen) haben. Sie versuchen mithin, ihre Selbstachtung zu bewahren oder zu verbessern. Nach empirischen Befunden des Verfassers *ist die Selbstachtung ein sehr guter Indikator der seelischen Gesundheit.* Ferner steht der Grad der Selbstachtung in engem (negativem) Zusammenhang mit körperlichen Beschwerden und der körperlichen Gesundheit (Becker, 1996). So überrascht es nicht, daß sich unter Psychotherapiepatienten gehäuft Personen mit geringer Selbstachtung finden. Die Dimension Selbstachtung vs. Selbstabwertung ist eine der zentralen Dimensionen im Circumplexmodell des selbstbezogenen Verhaltens (siehe Abbildung 5.5, die auch Hinweise zur Operationalisierung gibt). Selbstachtung weist zwar eine enge Verwandtschaft zu Selbstvertrauen, Selbstsicherheit und subjektiver Kompetenzeinschätzung auf, darf jedoch nicht damit gleichgesetzt werden. Für hohe Selbstachtung ist charakteristisch, daß sich die Person mit ihren Eigenarten (Stärken *und* Begrenzungen) bejaht, im ‚inneren Frieden' mit sich selbst lebt und ein hohes Selbstwertgefühl hat. Der Grad der Selbstachtung ist eng mit der habituellen emotionalen Befindlichkeit verknüpft. Bei hoher Selbstachtung dominieren positive Gefühle, während geringe Selbstachtung von dysphorischen Verstimmungen, insbesondere Depressionen, Schuld- und Schamgefühlen, begleitet ist.

Angesichts der zentralen Bedeutung der Selbstachtung für die emotionale Befindlichkeit und den Gesundheitszustand eines Menschen, sollten in der Therapie Bedingungen geschaffen werden, die die Selbstachtung des Klienten fördern, und es sollte alles unterlassen werden, was die Selbstachtung untergräbt. Wie der Abbildung 5.6 zu entnehmen ist, erweist sich die Wertschätzung des Therapeuten als besonders geeignet, die Selbstachtung des Klienten zu stärken. Ein weiterer therapeutischer Ansatzpunkt kann das Abrücken des Klienten von irrationalen Sollwerten und damit verbundener Selbstüberforderung sein. Manche Klienten finden dadurch zu ihrer Selbstachtung zurück, daß sie sich mit sich selbst (und ihren Begrenzungen) sowie ihrer Biographie – speziell mit ihren Eltern oder wichtigsten Bezugspersonen – ‚aussöhnen', d.h. bereit sind, sich, die eigene Vergangenheit und die Rahmenbedingungen ihrer Existenz zu *akzeptieren* (siehe auch Hayes, 1994).

5.3.2.6 Die Bedeutung von Gefühlen und Bedürfnissen

Häufiger Anlaß zum Aufsuchen eines Psychotherapeuten sind lang andauernde negative Gefühle (Ängste, Depressionen, Schuld- oder Schamgefühle, Gereiztheiten usw.) oder eine starke emotionale Labilität, unter denen ein Patient leidet. Bereits aus diesem Grund steht der Umgang mit Gefühlen in vielen Psychotherapien im Zentrum der Aufmerksamkeit. Es ist daher nicht überraschend, wenn dieser Thematik im letzten Jahrzehnt verstärkte Beachtung geschenkt wurde, wie u.a. der umfangreiche Sammelband von Petzold (1995) belegt. In diesem Werk wird deutlich, daß alle wichtigen Therapieschulen den Emotionen einen hohen Stellenwert einräumen.

Umstritten sind hingegen die theoretische Erklärung und die Funktionen von Emotionen, die Methoden zur Beeinflussung von Emotionen sowie die Frage, ob bzw. unter welchen Umständen es wünschenswert ist, Emotionen zu kontrollieren, zu akzeptieren oder zu verstärken. „Demzufolge ist es der Literatur über Psychotherapie nicht gelungen, eine integrative, umfassende Perspektive über Emotionen zu entwickeln, die in der Lage ist, das gesamte Spektrum emotionaler Phänomene, die für die Therapie relevant sind, zu erhellen." (Greenberg & Safran, 1989, S. 19). Um diesen Mangel zu überwinden, legten Greenberg und Safran (1987, 1989) eine Theorie emotionaler Prozesse vor, die mit unseren eigenen systemtheoretischen Annahmen (Becker, 1995) weitgehend kompatibel ist. Die Autoren unterscheiden vier Arten von Emotionen: primäre, sekundäre, instrumentelle und fehlangepasste (dysfunktionale) Emotionen. Nach ihrer Auffassung haben (auch negative) Emotionen meist eine adaptive Funktion und sind eher Verbündete in einem therapeutischen Veränderungsprozeß als negative oder unerwünschte Merkmale des Klienten, die es möglichst schnell zu löschen gilt.

Innerhalb unserer Systemtheorie des Menschen kommt Emotionen eine hohe Relevanz zu, weil sie auf persönlich *bedeutsame Istwert-Sollwert-Diskrepanzen* (d.h. Diskrepanzen zwischen dem, was ist, und dem, was sein soll bzw. erwartet wird) hinweisen. Sie spiegeln wider, wie gut es dem Betreffenden gelingt, externe und interne (psychische) Anforderungen mit Hilfe externer und interner Ressourcen zu bewältigen. Wegen der zentralen Bedeutung von Ressourcen für die Bewältigung von Anforderungen reagieren Menschen im allgemeinen mit starken negativen Emotionen auf den drohenden oder eingetretenen Verlust wichtiger Ressourcen (vgl. Hobfoll, 1989). Mithin eröffnen Emotionen dem Therapeuten oder sonstigen Bezugspersonen einen Einblick in wichtige Ressourcen sowie Anforderungen, z.B. in die Bedürfnisse und den *Umgang mit Bedürfnissen* sowie in die *erworbenen Sollwerte* (Ziele, Projekte, Werte, verinnerlichte Normen usw.) eines Menschen, die diesem unter Umständen nicht oder nur wenig bewußt sind. Sie lassen auch Rückschlüsse auf dessen real vorhandene oder subjektiv wahrgenommene Fähigkeiten zur Verringerung der Istwert-Sollwert-Diskrepanzen (z.B. Selbstwirksamkeitsüberzeugungen oder Selbstvertrauen) zu (siehe auch die damit kompatible Emotionstheorie von Lazarus, 1991, sowie Lazarus & Lazarus, 1994). Emotionen – insbesondere habituelle emotionale Bereitschaften – stehen mithin in enger Beziehung zu zahlreichen Persönlichkeitseigenschaften (Becker, eingereicht).

Grawe et al. (1994) und Sachse (1992) verweisen auf die empirisch gut gesicherte Tatsache, daß erfolgreiche Psychotherapien durch eine stärkere affektive Beteiligung des Patienten (im Sinne des tatsächlichen Erlebens von Emotionen und nicht des Redens über Emotionen) gekennzeichnet sind als weniger erfolgreiche. Dieser Befund läßt sich mit unserer systemtheoretischen Betrachtung des Menschen in Einklang bringen. Die ‚Steuerungszentrale‘ kann ihre Koordinationsfunktion in dem Maße erfüllen, wie sie – mittels Lenkung der Aufmerksamkeit – Informationen aus den verschiedenen Subsystemen, darunter die Systeme angeborener und erworbener Emotionen sowie der ‚Simulator‘, dem Bewußtsein zur Verfügung stellt und integriert. Der Klient erlebt dies als Einheit von Gefühl und Verstand (vgl. Greenberg & Pascual-Leone, 1997). *Die Gefühle eines Menschen – auch seine vordergründig störenden ‚negativen‘ Emotionen – sind mithin wichtige Ressourcen*, die für die Bewältigung externer und interner (psychischer) Anforderungen (z.B. die Überprüfung bisheriger Realitätskonstruktionen) genutzt werden können. Versucht eine Person jedoch, mit Hilfe von Abwehrmechanismen, Drogen oder anderen Mitteln negative Emotionen zu vermeiden, so kann dies zwar *kurzfristig* erfolgreich sein, jedoch um den Preis einer erhöhten Wahrscheinlichkeit dafür, daß sich *längerfristig* diese Emotionen verstärken und schließlich einen dominierenden Einfluß auf das intrapsychische Geschehen erlangen. Solche starken Emotionen erzwingen dann gewissermaßen die Hinwendung der Aufmerksamkeit auf die zugrundeliegenden Istwert-Sollwert-Diskrepanzen. Dies sei am Beispiel starker depressiver Gefühle erläutert. Hier besteht die Gefahr, daß es zu einer selektiven Zentrierung auf negative Inhalte des Selbst- und Umweltmodells und damit zu einer verzerrten Wahrnehmung der eigenen Person (z.B. dem ‚Ausblenden‘ eigener positiver Eigenschaften) und Umwelt (z.B. dem ‚Ausblenden‘ vorhandener externer Ressourcen) kommt. Dies entspricht einer positiven Rückkoppelung zwischen negativen Emotionen und negativen Gedanken (vgl. Beck, 1979).

Aus dieser systemtheoretischen Betrachtung lassen sich therapeutische Konsequenzen ableiten (zum therapeutischen Umgang mit Gefühlen, der auch körperorientierte Methoden umfaßt, siehe eingehender: Gendlin, 1981; Greenberg, Rice & Elliott, 1993;

Greenberg & Safran, 1987, 1989; Perls, Hefferline & Goodman, 1979; Petzold, 1995; Revenstorf, 1992; Sachse, 1992; Schwartz, 1997). Wir beschränken uns hier auf einen ausgewählten Hinweis. Manche Klienten schämen sich ihrer ‚negativen' Gefühle und versuchen, sie zu verbergen oder abzuwehren (d.h. sie haben den Sollwert bzw. die Erwartung an sich, keine derartigen Gefühle zu erleben). Für solche Klienten kann es eine emotionale Entlastung bedeuten, wenn sie die von Zeit zu Zeit auftretenden negativen Gefühle (Istwerte) als unvermeidlichen Teil ihres Lebens *akzeptieren* lernen. Auch diese Form der Reduktion einer Istwert-Sollwert-Diskrepanz durch Veränderung des Sollwertes ist als eine angemessene Form des Umgangs mit sich selbst zu betrachten (zum Konzept des ‚Akzeptierens' und zur Bedeutung der *Förderung von Akzeptierung als wichtiges therapeutisches Prinzip* neben dem Prinzip der Veränderung siehe eingehender Hayes, Jacobson, Follette und Dougher, 1994). Umgekehrt kann gerade das bewußte Ankämpfen gegen eigene negative Gefühle (z.B. eine vorübergehende Angst oder depressive Verstimmung) diese Gefühle intensivieren, wenn sich der Betreffende wegen dieser Gefühle selbst abwertet und damit einen positiven Rückkoppelungsprozeß in Gang setzt.

5.3.2.7 Die Bedeutung von Realitätskonstruktionen

Brewin und Power (1997) arbeiten heraus, daß es ein gemeinsames Ziel von Therapeuten aus unterschiedlichen Therapieschulen ist, ihren Klienten zu einer veränderten Sicht und Bedeutungsgebung ihrer Symptome, Beziehungen und Lebensprobleme zu verhelfen. Die ‚*Umwandlung von Bedeutung'* kann mithin als eine integrative therapeutische Leitidee betrachtet werden.

In unserer Systemtheorie gehen wir davon aus, daß Menschen im ‚System kognitiver Strukturen' eine Realitätstheorie aufbauen, mit deren Hilfe sie ihre bisherigen Erfahrungen mit der Umwelt und mit sich selbst in eine (hierarchische) Ordnungsstruktur bringen. Mit „bisherige Erfahrungen mit der Umwelt und mit sich selbst" sind einerseits *direkte* Erfahrungen gemeint, die das Individuum in der Interaktion mit der Umwelt (z.B. im Hinblick auf die Befriedigung von Bedürfnissen, das Erleben von Emotionen oder die Bewältigung externer Anforderungen) gesammelt hat. Zum anderen fallen darunter *indirekte* Erfahrungen des Individuums, die aus der Bewertung seines Verhaltens oder der Situation durch wichtige Bezugspersonen (z.B. Anerkennung oder Kritik seitens eines Elternteils; Zuschreibung bestimmter Eigenschaften durch den Ehepartner) resultieren. Auch diese indirekten Erfahrungen, die sich nicht mit den direkten Erfahrungen zu decken brauchen, werden unter bestimmten Bedingungen zum Bestandteil der Realitätstheorie (vgl. Rogers, 1973).

Die Realitätstheorie umfaßt ein ‚*Umweltmodell'* (Sicht der Welt, repräsentiert in Form von Begriffen, Schemata, Propositionen, Erwartungen, kognitiven Landkarten, bildlichen Vorstellungen) sowie ein ‚*Selbstmodell'* (Sicht der eigenen Person; Selbstkonzept), die beide aufs engste aufeinander bezogen und miteinander verknüpft sind. Umwelt- und Selbstmodell haben eine historische (u.a. biographische) Dimension, d.h. umfassen Konstruktionen über zurückliegende Prozesse und ‚verantwortliche Ursachen'. Hervorzuheben ist, daß es sich um subjektive Konstruktionen handelt, die jedoch für die betreffende Person den Charakter von ‚Realitäten' besitzen, Orientierung und Sicherheit geben und mit dem Verhalten zirkulär verknüpft sind. Im Rahmen unserer

Systemtheorie betrachten wir die Realitätstheorie als obersten Sollwertgeber in einer Hierarchie von Sollwerten. Insbesondere Konzepte, die sich an der Spitze der Konstrukthierarchie befinden, sind sehr resistent gegenüber Veränderungen. Nach der Auffassung von Rogers (1973) kommt es zu psychischen Störungen, wenn das Selbstmodell eines Menschen erhebliche Inkongruenzen zu dessen bisherigen direkten Erfahrungen aufweist. In einem solchen Fall ist das Individuum genötigt, neue Erfahrungen (Istwerte), die im Widerspruch zu seinem Selbstmodell (Sollwerte) stehen, mit Hilfe von Abwehrmechanismen in verzerrter Form zu verarbeiten. Daraus resultieren eine wachsende Selbstentfremdung sowie eine blockierte Selbstaktualisierung.

Zu den therapeutisch relevanten Aspekten der Realitätstheorie eines Klienten, denen der Therapeut besondere Aufmerksamkeit widmen sollte, gehören mithin das Selbstmodell des Klienten (Wie kongruent ist das Selbstmodell zu den direkten Erfahrungen? Wie realistisch ist es?), das ‚Umweltmodell' (Wie sieht der Klient seine aktuelle und zurückliegende Umwelt, insbesondere seine relevanten Bezugspersonen und deren Beziehungen zu ihm?) sowie die Störungs- und Behandlungstheorie des Klienten (Wie erklärt er sich seine psychische Störung? Wer ist ‚schuld' an der Störung? Wie stellt er sich eine wirksame Behandlung vor? Wer trägt die Verantwortung für den Erfolg oder Mißerfolg der Behandlung?).

Für eine erfolgreiche Psychotherapie ist es wichtig, daß der Therapeut sich auf diese Realitätskonstruktionen einstellt (vgl. Rogers' therapeutische Leitidee der Empathie), sie ernst nimmt und versucht, sein therapeutisches Vorgehen flexibel darauf abzustimmen. Probleme können sich ergeben, wenn es nicht gelingt, die therapeutisch relevanten Realitätskonstruktionen des Klienten und Therapeuten anzunähern (Schaffung einer gemeinsamen konsensuellen Realität), und wenn der Therapeut einseitig kontrollierend versucht, seine Realitätskonstruktionen dem Klienten ‚überzustülpen' (siehe z.B. die therapeutische Leichtfüßigkeit im Umgang mit Störungskonzepten; Schiepek, 1991).

Ein bedeutsamer Teil der Bearbeitung der Realitätskonstruktionen des Klienten kann die ‚Aufarbeitung' der biographischen Vergangenheit (z.B. der zurückliegenden Beziehungen zu den Eltern oder Geschwistern oder traumatischer Erlebnisse, unter anderem mit dem Ziel einer Klärung oder Neubewertung von Schuld) sein. Jedoch ist dieser vor allem von Tiefenpsychologen betonte Aspekt keinesfalls obligatorischer Bestandteil jeder Therapie.

5.3.2.8 Die Bedeutung von Bewältigungskompetenzen, Problemaktualisierung und neuen Erfahrungen

Neben der Klärungsperspektive kommt nach Grawe et al. (1994) der Problemaktualisierung und Problembewältigung große Bedeutung zu. Dies beinhaltet, daß sich der Therapeut nicht nur mit den Realitätskonstruktionen eines Klienten (z.B. seinem Bild eigener Kompetenzen), sondern auch mit dessen realen (Bewältigungs-)Kompetenzen befassen sollte. In vielen Fällen weisen Klienten neben den oben erwähnten internen Ressourcen auch spezifische ‚Defizite', insbesondere im zwischenmenschlichen Bereich, auf (Trower, Bryant & Argyle, 1978). Dazu zählen beispielsweise Schwierigkeiten in der Selbstbehauptung, ungünstige Formen der nonverbalen Kommunikation (z.B. inadäquater oder fehlender Blickkontakt), Selbstunsicherheiten, Hemmungen gegenüber dem anderen Geschlecht, Schwierigkeiten in der Regulation von Nähe und

Distanz, geringe Empathie, generalisiertes Mißtrauen, sozial unangemessene (z.B. rücksichtslose) Formen der Durchsetzung eigener Vorstellungen und Wünsche usw. In solchen Fällen bietet es sich an, durch entsprechende störungsspezifische therapeutische Angebote (z.B. Rollenspiel, Selbstbehauptungstraining, soziales Kompetenz- oder Problemlösetraining, Reizkonfrontation) dem Klienten Lernmöglichkeiten zu eröffnen (z.B. Schulte, 1996; Ullrich & Ullrich de Muynck, 1978, 1980). Wie oben erwähnt, liefern Gruppentherapien besonders günstige Rahmenbedingungen für soziales Lernen, sofern der Klient bereit ist, sich in eine Gruppe zu begeben.

Verallgemeinernd läßt sich als Prinzip festhalten, daß es in der Psychotherapie darauf ankommt, dem Klienten Gelegenheiten zu bieten, (a) zur Aktualisierung seiner Probleme (z.B. in Gestalt einer ‚Übertragung' gegenüber dem Therapeuten; in einer familientherapeutischen Sitzung in Anwesenheit der Familienmitglieder; in Rollenspielen; im Rahmen einer Gruppentherapie; bei einer In-vivo-Exposition), (b) zum Sammeln neuer Erfahrungen in den Problemsituationen (z.B. das Erleben konsistenter Wertschätzung und Verläßlichkeit eines Therapeuten; das Ertragen der Angst bei einer Expositionstherapie) und (c) zur Erweiterung des Bewältigungsrepertoires bzw. der internen Ressourcen (z.B. Verbesserungen sozialer Fertigkeiten). Durch die unter (b) und (c) genannten neuen Erfahrungen kommt es zu Veränderungen der Erwartungen (Antizipationen) des Klienten, speziell im Hinblick auf seine Fähigkeit zur Bewältigung spezifischer externer und interner (psychischer) Anforderungen.

5.3.2.9 Die Bedeutung von Suprasystemen des Klienten

Am Beispiel der (realen oder gedanklichen) Einbeziehung von Familienmitgliedern in die Therapie wurde die von systemisch-orientierten Therapeuten hervorgehobene Bedeutung der Suprasysteme des Klienten verdeutlicht. Die Qualität der Beziehungen zu wichtigen Bezugspersonen, wie Ehepartnern, Eltern, Kindern, Geschwistern, Freunden, Arbeitskollegen usw., entscheidet maßgeblich über die Qualität der Bedürfnisbefriedigung. Suprasysteme sind mithin die wichtigsten Quellen befriedigender oder frustrierender emotionaler Erfahrungen und sollten, wenn nötig und möglich, aktiv in die Therapie einbezogen werden (*Wahl des geeigneten therapeutischen Settings*). Nicht immer ist eine Familien- oder Paartherapie jedoch seitens der Betroffenen erwünscht oder realisierbar. Aber auch im Fall einer Einzeltherapie (oder Gruppentherapie) empfiehlt es sich, die Tatsache nicht aus dem Auge zu verlieren, daß der Klient in der Regel Teil eines oder mehrerer Suprasysteme ist, die durch den Therapieprozeß und Veränderungen im Verhalten und Erleben des Klienten mitbeeinflußt werden und ihrerseits auf diese Veränderungen antworten. Bedeutsame (indirekte) Auswirkungen von Einzeltherapien auf Familienangehörige wurden u.a. von Roberts (1996) nachgewiesen. Unter günstigen Umständen können – wie oben ausgeführt – Suprasysteme als externe Ressourcen fungieren und den Therapieprozeß unterstützen. Nicht selten versucht das Suprasystem jedoch, über negative Rückkoppelungen den Ausgangszustand (alten ‚Attraktorbereich') wiederherzustellen und damit das System zu stabilisieren (Böse & Schiepek, 1989; Lieb, 1995, 1996; Simon, 1995). Aus Sicht des Therapeuten kann es dann zu ‚Widerstand' in der Therapie kommen.

5.3.2.10 Die Bedeutung von Widerstand

Unter ‚Widerstand' in der Therapie wird verstanden, daß ein Klient sich bewußt oder unbewußt zu weigern scheint, die erfahrungsgemäß erfolgversprechenden therapeutischen Anregungen oder störungsspezifischen Maßnahmen des Therapeuten aufzugreifen und umzusetzen. Widerstand ist ein häufiges Phänomen, das unterschiedlich interpretiert werden kann.

Aus systemischer Sicht ist damit zu rechnen, daß es zu vorübergehendem oder dauerhaftem Widerstand kommt, da Systeme dazu neigen, erreichte Gleichgewichte (Attraktoren) aufrechtzuerhalten. Eine nicht zu unterschätzende Rolle spielt dabei die Angst des Patienten, dieses Gleichgewicht zu verlieren und in einen noch weniger erträglichen Zustand zu geraten (z.B. mit kognitiven oder motivationalen Inkonsistenzen konfrontiert zu werden, oder im Extremfall: die Angst, seine eigene Identität zu verlieren und ‚verrückt' zu werden). Widerstand ist in diesem Sinn eine natürliche Schutzhaltung, die der Therapeut zu respektieren hat (vgl. die Beachtung von Abwehrmechanismen im Rahmen tiefenpsychologischer und humanistischer Behandlungen). Verstärkter Widerstand ist u.a. dann zu erwarten, wenn der Therapeut ein zu forsches Tempo an den Tag legt und den Klienten überfordert (z.B. die Ängste und Vermeidungstendenzen des Klienten unterschätzt), zu viel Kontrolle ausübt und sich auf ‚Machtkämpfe' (z.B. im Hinblick auf die geeignete Form der Therapie) einläßt, komplexe Botschaften an den Klienten richtet (Binder & Strupp, 1997; Henry, 1997), zu wenig die Stärken und Ressourcen des Klienten nutzt, zu wenig die positiven Motivationen des Klienten erkennt und anerkennt, auf den Klienten einen inkompetenten oder unsicheren Eindruck macht und wenn er die Einbindung des Klienten in sein(e) Suprasystem(e) zu wenig mitberücksichtigt. Widerstand kann hingegen vermieden oder verringert werden, wenn der Therapeut (a) ein für den Klienten durchsichtiges und mit ihm abgestimmtes Vorgehen wählt, (b) dem Klienten mit Wertschätzung, Offenheit und Empathie (sowie gegebenenfalls mit Metakommunikation) begegnet, auch und gerade dann, wenn es sich um einen besonders ‚schwierigen' Klienten handelt, der z.B. ein feindseliges, negativistisches, abhängiges, verschlossenes, mißtrauisches oder provozierendes Verhalten zeigt (vgl. Binder & Strupp, 1997), (c) das Selbstvertrauen, die Selbstachtung und die Autonomie des Klienten stärkt, (d) ihm das Gefühl vermittelt, daß er ein Verbündeter an seiner Seite ist, und (e) wenn er auf die individuellen Besonderheiten des Klienten, insbesondere seine sozialen Beziehungen und seine Persönlichkeitseigenschaften, angemessen eingeht.

5.3.2.11 Zusammenfassung in Gestalt therapeutischer Maximen

Die vorangehenden Prinzipien einer Allgemeinen Psychotherapie seien in Gestalt von neun therapeutischen Maximen zusammengefaßt:
- Widme der Pflege der therapeutischen Beziehung höchste Aufmerksamkeit!
- Fördere das Vertrauen des Klienten!
- Nutze vorhandene interne und externe Ressourcen des Klienten!
- Fördere die Selbstachtung des Klienten!
- Schenke den Gefühlen (und Bedürfnissen) und dem Umgang mit Gefühlen des Klienten besondere Beachtung!
- Orientiere das therapeutische Vorgehen an den Realitätskonstruktionen des

Klienten!
* Biete dem Klienten Gelegenheiten zur Aktualisierung seiner Probleme und zur Erweiterung seines Bewältigungsrepertoires!
* Beachte die Einbindung des Klienten in Suprasysteme!
* Versuche, Quellen von Widerstand des Klienten zu verstehen und Anlässe für Widerstand zu vermeiden!

Diese neun Maximen müssen um eine zehnte erweitert werden, die zum nächsten Kapitel dieses Beitrages überleitet:
* Berücksichtige die Persönlichkeit des Klienten und stimme das therapeutische Vorgehen darauf ab!

5.3.3 Ansatzpunkte zu einer Differentiellen Psychotherapie

5.3.3.1 Die therapeutische Relevanz der Persönlichkeit

Betrachtet man die Entwicklung der Persönlichkeitspsychologie in diesem Jahrhundert, so lassen sich wenigstens vier Phasen ausmachen, in denen persönlichkeitspsychologischen Konzepten ein jeweils unterschiedliches Gewicht innerhalb der Klinischen Psychologie zukam. Die in den ersten Jahrzehnten dominierenden tiefenpsychologischen Ansätze verknüpften Persönlichkeitstheorie, Diagnostik und Therapie zu einer relativ geschlossenen Einheit. Mit dem Aufkommen der faktorenanalytisch begründeten Eigenschaftspsychologie in den 50er und 60er Jahren fanden Persönlichkeitseigenschaften (z.B. Neurotizismus oder Extraversion) sowohl im Zusammenhang mit der Deskription und Klassifikation als auch der Erklärung psychischer Störungen starke Beachtung. Vernachlässigt wurde hingegen die Ausarbeitung differenzierter Aussagen zur therapeutischen Relevanz von Klienteneigenschaften.

Es folgte eine Phase, in der die Persönlichkeitspsychologie an Boden verlor. Verantwortlich hierfür waren unter anderem die Kritik am Traitkonzept, der Dissens zwischen Persönlichkeitspsychologen bezüglich der fundamentalen Persönlichkeitsdimensionen sowie das Aufkommen neuer Therapierichtungen, darunter vor allem der Verhaltenstherapie, der wissenschaftlichen Gesprächstherapie sowie der Familientherapie. Diese drei Therapierichtungen stimmten in der (anfänglichen) Ablehnung traditioneller klinischer Klassifikationssysteme und einer persönlichkeitspsychologischen Diagnostik überein; zwischenzeitlich mehren sich die Anzeichen für eine Umorientierung der Verhaltenstherapie hin zu einer Mitberücksichtigung der Persönlichkeit (z.B. Lutz & Giesemann, 1995). Selbst einzelne familientherapeutisch orientierte Theoretiker entdecken das Individuum und seine intrapsychische Struktur aufs Neue (z.B. Schwartz, 1997).

Seit etwa 1980 erlebt die Persönlichkeitspsychologie – vor allem durch die Einführung der Persönlichkeitsstörungen im DSM sowie durch Fortschritte auf dem Gebiet der differentiellen Indikationsforschung (Grawe, 1992a, 1992b; Tscheulin, 1983, 1992) – einen erneuten Aufschwung innerhalb der Klinischen Psychologie. Gleichwohl wird der Nutzen der Persönlichkeitspsychologie für die Klinische Psychologie und Psychotherapie nach wie vor kontrovers eingeschätzt (siehe Tabelle 5.3)

Unseres Erachtens lassen sich zwei grundsätzliche Formen der Berücksichtigung der Persönlichkeit des Klienten im Rahmen von Psychotherapie unterscheiden: (1) Im ersten Fall erfolgt eine Anpassung der Therapie an die Persönlichkeit des Klienten. Die

Tab. 5.3: Kontroverse Stellungnahmen zum Nutzen von Eigenschaftsbegriffen bei der Lösung
von fünf Grundaufgaben der Klinischen Psychologie

Aufgabe	Befürworter	Kritiker
(1) Deskription und Klassifikation psychischer Störungen	(Viele) psychische Störungen sind Extremvarianten allgemeiner Persönlichkeitseigenschaften; es existiert ein Kontinuum von Normalität zu psychischen Störungen; Persönlichkeitseigenschaften sind unverzichtbar für die Beschreibung und hilfreich bei der Klassifikation von Patienten	Psychische Störungen unterscheiden sich qualitativ von normalem Verhalten und Erleben; statt Eigenschaften sollten spezifische Verhaltensweisen in spezifischen Situationen bzw. dysfunktionale Kognitionen untersucht werden
(2) Erklärung psychischer Störungen	Persönlichkeitseigenschaften kommt ein hoher Erklärungs- und Prognosewert (z.B. Rückfallprognose) zu; bestimmte Eigenschaften disponieren zu psychischen Störungen	Aktuelle Umwelt- und Systembedingungen, dysfunktionale Kognitionen sowie gestörte biologische Prozesse sind wichtige Determinanten psychischer Störungen
(3) Festlegung von Therapiezielen	Die Veränderung von Persönlichkeitseigenschaften (z.B. die Förderung von Ichstärke oder Autonomie) gehört zu den wichtigen Therapiezielen	Spezifische Verhaltensweisen in spezifischen Situationen, Kognitionen, soziale Interaktionsmuster oder aktuelle Umweltbedingungen sind zu modifizieren
(4) Auswahl von Therapiemaßnahmen	Die Kenntnis individueller Eigenschaften des Patienten fördert das Verständnis des Therapeuten und erleichtert die Auswahl geeigneter Behandlungsmaßnahmen	Individuelle Eigenschaften des Patienten bieten keine Entscheidungshilfe bzw. bleiben folgenlos bei der Auswahl von Behandlungsmaßnahmen
(5) Therapieevaluation	Neben einer Veränderung aktueller Beschwerden sowie spezifischer Verhaltensweisen und Kognitionen kann die Veränderung von Eigenschaften (z.B. geringere Aggressivität) ein Kriterium erfolgreicher Behandlung sein	Die Veränderung von Persönlichkeitseigenschaften ist ein unrealistisches bzw. irrelevantes Erfolgskriterium

Persönlichkeitseigenschaften werden als relevante Ausgangsgrößen betrachtet, es ist jedoch keine direkte ‚Veränderung' der Persönlichkeit des Klienten intendiert. Der Therapeut versucht vielmehr, mit Hilfe diagnostischer Methoden einen Einblick in die Persönlichkeitsstruktur des Klienten zu gewinnen, um dessen interpersonales und selbstbezogenes Verhalten und damit verbundene persönlichkeitsspezifische Lebensprobleme (McCrae, 1994) besser zu verstehen und sein eigenes interpersonales Verhalten (z.B. das Ausmaß an Wertschätzung oder Kontrolle) optimal darauf abzustimmen.

Exemplarisch für diesen Ansatz sei auf Kuhl und Kazen (1997) verwiesen, die – angelehnt an die Jungsche Typologie – unter anderem vier Typen von Klienten unterscheiden: (a) einen Denktypus, der besonders gut auf logisch-rationales Argumentieren ansprechen soll, (b) einen Fühltypus, für den erlebnisaktivierende (z.B. gestalttherapeutische) Methoden besonders geeignet erscheinen, (c) einen intuitiven Typus, der für Verhaltenstherapie aufgeschlossen sein soll, sowie (d) einen Empfindungstyp, bei dem körper- und empfindungsnahe Verfahren zum Einsatz kommen sollten; empirische Belege für diese Hypothesen zur Indikation stehen zur Zeit noch aus. Eine spezifische Variante dieser adaptiven Berücksichtigung der Persönlichkeit des Klienten besteht darin, die Persönlichkeitseigenschaften des Klienten als feste Gegebenheiten oder gar Ressourcen zu betrachten und zusammen mit dem Klienten nach möglichen Veränderungen in seinen äußeren Lebensbedingungen zu fahnden, die eine bessere Passung von Persönlichkeit und Umwelt herbeiführen.

(2) Im zweiten Fall wird – im Konsens mit dem Klienten – der Versuch unternommen, im Rahmen der Therapie Bedingungen zu realisieren, die eine Veränderung bestimmter Persönlichkeitseigenschaften des Klienten (z.B. eine Stärkung der Autonomie, eine Abschwächung sehr starker oder sehr geringer Verhaltenskontrolle oder eine Verringerung von Mißtrauen) begünstigen. Dies wird vor allem dann angezeigt sein, wenn beim Klienten eine sogenannte ‚Persönlichkeitsstörung‘ (siehe oben) diagnostiziert wird, oder wenn der Klient von sich aus den Wunsch nach Veränderung einzelner Persönlichkeitszüge äußert (z.B. den Wunsch nach besserer Selbstbehauptung, geringerer Ängstlichkeit oder größerer Ausgeglichenheit). Orientiert man sich als Therapeut an der Theorie von Carl Rogers zur Bedeutung einer Kongruenz von Selbstbild und Erfahrung für die seelische Gesundheit, so besteht eine erste *paradoxe* Form der Veränderung bestimmter Persönlichkeitseigenschaften eines Klienten darin, daß über die Förderung der Selbstexploration durch einen wenig lenkenden Therapeuten der Klient sein ‚wahres‘ Selbst ‚entdeckt‘ (d.h. Inkongruenzen zwischen Selbstbild und Erfahrung und damit Selbsttäuschungen verringert), mithin sein Selbstbild revidiert und in seinem Bemühen um Kongruenz von Selbstbild und Verhalten tatsächlich sein Verhalten und – längerfristig – seine Persönlichkeit verändert. Eine zweite *paradoxe* Form der Veränderung bestimmter Persönlichkeitseigenschaften (z.B. der Selbstachtung) besteht darin, daß der Klient aufhört, sich in Richtung auf ein Idealselbst verändern zu wollen, und bereit wird, sich so zu *akzeptieren*, wie er ist (siehe eingehender Greenberg, 1994).

Im Hinblick auf die Veränderbarkeit von Persönlichkeitseigenschaften ist zu bedenken, daß dieser bei Erwachsenen enge Grenzen gesetzt sind, da Persönlichkeitseigenschaften nicht nur genetisch mitdeterminiert sind, sondern sich als relativ stabile erlernte Formen der Anpassung des Individuums an seine Umwelt, vor dem Hintergrund einer spezifischen Biographie, interpretieren lassen (zur Stabilität und Veränderbarkeit von Persönlichkeitseigenschaften siehe eingehender Heatherton & Weinberger, 1993). Dennoch können auch begrenzte Veränderungen von Persönlichkeitseigenschaften in die ‚richtige‘ Richtung die Anpassung des Individuums, sein Wohlbefinden und seine Bewältigungskompetenzen nachhaltig verbessern (zur Bedeutung der Veränderung von Persönlichkeitseigenschaften – z.B. Stärkung des Selbstvertrauens oder der Autonomie – als Erfolgskriterien einer Psychotherapie aus Sicht des Klienten siehe auch Connolly & Strupp, 1996).

Die beiden diskutierten Formen der Berücksichtigung der Persönlichkeit des Klienten im Rahmen der Psychotherapie schließen sich nicht aus, wenn man die Zeitdimension einführt. In der Regel wird es sich empfehlen, in den Anfangsphasen der Therapie eine adaptive Strategie zu wählen, mithin das therapeutische Vorgehen auf die Persönlichkeit des Klienten abzustimmen; der Klient sollte dort abgeholt werden, wo er sich befindet, und seine vorhandenen Eigenschaften sollten als Ressourcen genutzt werden. In einer fortgeschrittenen Phase der Therapie können dann – mit Zustimmung oder auf Wunsch des Klienten – behutsame Schritte in Richtung auf eine Veränderung bestimmter Persönlichkeitseigenschaften unternommen werden. Mit der Betonung der Behutsamkeit des Vorgehens ist dabei folgendes gemeint: Unterstellt man, daß ein Klient ein starkes Bedürfnis nach Achtung besitzt, so folgt daraus, daß er so akzeptiert werden möchte, wie es seinem aktuellen Selbstmodell entspricht; mithin wird er sich direkten therapeutischen Versuchen, seine Persönlichkeit zu verändern, in der Regel offen oder subtil widersetzen, sofern er sie als Ablehnung seiner Person interpretiert. Unter Umständen ist nicht nur mit seinem Widerstand gegen derartige Beeinflussungsversuche, sondern mit einer *Polarisierung*, d.h. Veränderung in die ‚falsche‘ Richtung, zu rechnen (vgl. analoge Polarisierungen in Partnerschaften).

Wir skizzieren im folgenden zwei Strategien einer Berücksichtigung der Persönlichkeit des Klienten: (a) ausgehend vom Circumplexmodell der Persönlichkeit (einschließlich des Circumplexmodells des selbstbezogenen Verhaltens), (b) ausgehend vom Systemmodell des Menschen. Beide Betrachtungsweisen ergänzen sich: die erste liefert eine Groborientierung über den Klienten mit der Möglichkeit einer typologischen Klassifikation, während die zweite auf differenzierte Einblicke in das intrapsychische Geschehen abzielt.

5.3.3.2 Differentielle Psychotherapie, ausgehend vom Circumplexmodell der Persönlichkeit

Die in den Abbildungen 5.1 und 5.6 dargestellten Circumplexmodelle der Persönlichkeit und des selbstbezogenen Verhaltens erscheinen uns therapeutisch relevant, weil sie die Konzeptualisierung häufig anzutreffender Typen von Klienten ermöglichen, deren Kenntnis das Verständnis des Therapeuten für seinen Klienten vertiefen kann, und weil sie Hypothesen zur Ätiologie der Störung sowie zum geeigneten therapeutischen Vorgehen abzuleiten gestatten.

Fünf besonders häufig anzutreffende Typen von Klienten sind der stark verhaltenskontrollierte (VK-Plus-) Typ, der gehemmte (GH-) Typ, der Typ mit geringer seelischer Gesundheit (SG-Minus-Typ), der zügellose (ZÜ-) Typ sowie der Typ mit geringer Verhaltenskontrolle (VK-Minus-Typ) (siehe oben). Exemplarisch greifen wir in den Tabellen 5.4 und 5.5 Kurzcharakterisierungen relevanter Merkmale und möglicher Therapieziele beim VK-Plus-Typ und beim ZÜ-Typ heraus (zu den anderen Typen sowie Einzelheiten siehe eingehender Becker, 1995; es ist interessant, daß Schulz, 1981, auf empirischem Weg fünf Typen von Klienten ermittelte, von denen vier gut mit unseren Typen übereinzustimmen scheinen).

In diesen Tabellen wird zugleich auf das Systemmodell des Menschen Bezug genommen, d.h. die individuellen Eigenarten der betreffenden Typen sowie die Therapieziele werden im Hinblick auf folgende Systeme beschrieben:

Tab. 5.4: Relevante Merkmale und Therapieziele beim VK-Plus-Typ

System	Merkmale	Therapieziele
System kognitiver Strukturen		
Selbstmodell	Geordnetes, starres Selbstmodell; diszipliniert, pflichtbewußt, verläßlich, vernünftig, vorausschauend, besonnen	Lockerung des starren Selbstmodells
Umweltmodell	Geordnetes, starres Umweltmodell; Vorliebe für Ordnungen, Regeln, stabile Umwelten, klare Oben-unten-Relationen	Lockerung des starren Umweltmodells
Hauptbedrohungen	Verlust von Ordnung; Chaos; Anarchie; Veränderungen; überraschende Anforderungen; Verlust der Selbstkontrolle; Spontaneität	Abbau der Angst vor dem Verlust der Selbstkontrolle und vor Veränderungen; Förderung der Risikobereitschaft
System kognitiver Operationen		
Interpersonale Strategien	Autoritäre Strategie; einengendes, kontrollierendes Verhalten; förmliches, steifes Verhalten	Förderung permissiven, großzügigen Verhaltens; Abschwächung förmlichen, steifen Verhaltens
Intrapersonale Strategien	Starke Selbstkontrolle; Hang zum ‚Zwanghaften‘	Verringerung der starken Selbstkontrolle; Förderung von Spontaneität
Sonstige Strategien	Vorausschauen; planen; Tendenz zum ‚Bewahren‘ bzw. zur Stabilität; Dominanz assimilativer Prozesse; Hang zur Routine; Tendenz zur Absicherung	Förderung von Spontaneität; Abschwächung von Routinen; Förderung der Risikobereitschaft und Eigenständigkeit
System erworbener Sollwerte	Verfolgen von Fernzielen	Verfolgen von Nahzielen im Hier-und-Jetzt; Förderung von Ausgelassenheit
	Starke Beachtung sozialer Normen (Gebote, Verbote); konservative Werte; Arbeitsorientierung	Förderung einer autonomen Moral bzw. eines ‚humanistischen‘ Gewissens
System angeborener Bedürfnisse	Starkes Bedürfnis nach Orientierung und Sicherheit; starkes Bedürfnis nach Achtung; Verdrängung oder Aufschub von Bedürfnissen	Förderung der spontanen Befriedigung physiologischer Bedürfnisse und des Bedürfnisses nach Selbstaktualisierung
Emotionssysteme	Tendenz zur Gefühlskontrolle; Ängste bei Veränderungen	Förderung des Gefühlsausdrucks; Abbau von Angst vor Veränderung
Steuerungszentrale	Starke Zukunfts- und Vernunftsorientierung; häufige ‚Innenorientierung‘; seltener Zielwechsel	Förderung der Fähigkeit zum Zielwechsel sowie einer stärkeren ‚Außenorientierung‘

- System kognitiver Strukturen (Selbstmodell; Umweltmodell; Hauptbedrohungen aus der Sicht des Klienten)
- System kognitiver Operationen (interpersonale Strategien; intrapersonale Strategien bzw. selbstbezogenes Verhalten; sonstige Strategien)
- System erworbener Sollwerte (Annäherungs- und Vermeidungsziele; Werte; Normen)
- System angeborener Bedürfnisse (Dominanz von Bedürfnissen; Umgang mit Bedürfnissen)
- Emotionssysteme (Systeme angeborener und erworbener Emotionen; Art der Emotionen; Umgang mit Gefühlen)
- Steuerungszentrale (Art der Aufmerksamkeitssteuerung; Dominanz einer Innen- oder Außenorientierung; ‚Willensstärke').

Die Logik hinter den Hypothesen zum differentiellen therapeutischen Vorgehen ist folgende: Wir gehen davon aus, daß es für jeden der fünf Typen von Vorteil wäre, wenn er sich – bezogen auf das Circumplexmodell der Persönlichkeit – stärker in Richtung auf die Mitte des Achsenkreuzes (bzw. in Richtung auf seinen Gegentyp) bewegen würde; z.B. würde sich die Anpassungsfähigkeit und Flexibilität eines VK-Plus-Typen verbessern, wenn er seine ins Zwanghafte gehenden Züge, seine einseitige ‚Innenorientierung' und Zukunftsorientierung, seine Überbetonung von Rationalität und seine überstarke Tendenz zum Bewahren von Ressourcen abschwächen und sein Verhaltensrepertoire in Richtung größere Spontaneität, ‚Außenorientierung', Gefühlsbetontheit und Genießen des Hier-und-Jetzt (VK-Minus-Typ) erweitern würde. Dies entspräche einer besseren Ausbalancierung zwischen (a) der Bewahrung und Erweiterung von Ressourcen und (b) der Nutzung bzw. dem Verbrauch von Ressourcen; es entspräche zugleich einer besseren Ausbalancierung des Einflusses verschiedener (Sub-)Systeme (vgl. ähnliche Vorstellungen bei Schwartz, 1997, der das Konzept einer „systemischen Therapie der inneren Familie" propagiert). Aus dem Circumplexmodell der Bedingungen (Abbildung 5.3) bzw. aus Abbildung 5.6 läßt sich ableiten, welche Form des interpersonalen Verhaltens eine solche Veränderung begünstigt (z.B. im Fall des VK-Plus-Typs ein therapeutisches Verhalten, das durch ‚Freiheit-Gewähren' und ‚Bestätigung' gekennzeichnet ist). Hier zeigt sich der Gewinn einer systematischen Verknüpfung der vier Circumplexmodelle in Abbildung 5.6: Der Therapeut kann theoriegeleitet Hypothesen darüber bilden, welches der acht Grundmuster aus dem Circumplexmodell der Bedingungen (Abbildung 5.3) sich als besonders geeignet erweisen sollte, um bei einem Klienten mit einem bestimmten Persönlichkeitsmuster (Persönlichkeitstyp) eine Bewegung in Richtung auf seinen Gegentyp anzuregen.

Interessanterweise lassen sich mit Hilfe dieser Typologie Ergebnisse der empirischen Erforschung der differentiellen Indikation einordnen und verstehen (Beutler et al., 1991a, 1991b; Garamoni & Schwartz, 1986; Grawe, Caspar & Ambühl, 1990; Mallinger, 1982; Romney & Bynner, 1992; Schulz, 1981; Tscheulin, 1983, 1992; Wells, Glikkauf Hughes & Buzzell, 1990). Exemplarisch gehen wir auf Ergebnisse von Tscheulin (1983, 1992) ein, der eine Unterscheidung von zwei Typen von Klienten (primär ausgehend von der Art ihrer dispositionellen Selbstaufmerksamkeit) für erforderlich hält: handlungsbezogene (bzw. aktionsbezogene) und selbstreflexive (bzw. selbstbezogene). Stark *handlungsbezogene* Klienten sind spontan wenig zur Selbstreflexion fähig, gehen

Tab. 5.5: Relevante Merkmale und Therapieziele beim ZÜ-Typ

System	Merkmale	Therapieziele
System kognitiver Strukturen		
Selbstmodell	Unabhängig; stark; kritisch gegenüber Autoritäten; empfindlich gegenüber Kontrolle; überlegen	Akzeptanz eigener ‚Schwächen‘; Bereitschaft zur Selbstkritik
Umweltmodell	Welt ist ‚schlecht‘; andere sind nicht verläßlich, schwach oder unterlegen	Förderung eines positiveren Umweltmodells
Hauptbedrohungen	Vernachlässigung; übersehen werden; in Position der Unterlegenheit geraten; sich anpassen müssen	Förderung der Bereitschaft zur Anpassung; Abbau von Mißtrauen
System kognitiver Operationen		
Interpersonale Strategien	Kritisch gegenüber Autoritäten; einschüchtern; sich seinen Teil holen; aggressiv sein; lügen; Projektionen	Förderung von Empathie, Verläßlichkeit und Ehrlichkeit; Abbau von Aggressionen und Projektionen
Intrapersonale Strategien	Selbstvernachlässigung	Förderung von Selbstanleitung und Selbstkontrolle
Sonstige Strategien	Impulsives, unbeherrschtes Handeln bzw. Reagieren	Förderung von Selbstkontrolle und Arbeitsorientierung
System erworbener Sollwerte	Wenige Fernziele; Verfolgen von Gegenwartszielen; egoistische, hedonistische Ziele	Förderung einer stärkeren Orientierung an Fernzielen
	Negieren allgemeiner Normen und Werte; sich seine eigenen Gesetze geben	Förderung der Akzeptanz allgemeiner Normen und Werte sowie einer Leistungsorientierung
System angeborener Bedürfnisse	Starkes, unbefriedigtes Bedürfnis nach Achtung; starkes Explorationsbedürfnis; geringes Bedürfnis nach Orientierung und Sicherheit; geringer Bedürfnisaufschub	Suche nach geeigneten Formen der Befriedigung des Bedürfnisses nach Achtung; Förderung des Bedürfnisses nach Bindung und des Befriedigungsaufschubs
Emotionssysteme	Häufige negative Emotionen (vor allem Ärger, Wut, Haß, Neid, Ressentiment)	Abbau von Ärger, Wut, Haß, Neid, Ressentiments; Förderung von Vergebung
Steuerungszentrale	Starke Gegenwarts- und ‚Außenorientierung‘	Förderung der ‚Innenorientierung‘ und der Zukunftsorientierung

häufig ganz in Handlung auf, sind eher extravertiert, können nur schlecht zwischen erstrebtem und realisiertem Verhalten unterscheiden. Stark *selbstreflexive* Klienten geraten häufig in den Zustand der objektiven Selbstaufmerksamkeit, sind ängstlich, introvertiert, voller negativer Affekte und geringer Selbstachtung. Spontanes Handeln ist bei ihnen selten.

Das therapeutische Verhalten sollte sich bei diesen beiden Kliententypen wie folgt unterscheiden, um erfolgreich zu sein: „Handlungsbezogene Klienten gewinnen mehr bei einem Therapeuten, der sie konstruktiv zu konfrontieren vermag, der z.B. in der Lage ist, seine Sicht- und Erlebnisweise dem Klienten zur Verfügung zu stellen. Selbstreflexive Klienten gewinnen eher bei einem Therapeuten, der *nicht konfrontativ* vorgeht, der gerade in der Lage ist, seine eigene Sicht- und Erlebnisweise wegzulassen. ... Damit in der Psychotherapie eine konstruktive Persönlichkeitsveränderung stattfinden kann, bedarf es eines reziprok- komplementären Beziehungsverhältnisses zur Kontaktperson." (Tscheulin, 1983, S. 62).

Die durch empirische Studien gestützte Hypothese von Tscheulin läßt sich mit unseren Circumplexmodellen in Einklang bringen, wenn man folgende Annahmen macht:

- Selbstreflexive Klienten mit ihrer ausgeprägten ‚Innenorientierung' sind primär dem Oktanten ‚Gehemmtheit' in Abbildung 5.1 (bzw. dem GH-Typ) und dem selbstbezogenen Verhaltensmuster der ‚Selbstunterdrückung' sowie eventuell dem VK-Plus-Typ zuzuordnen. Für sie ist ein komplementäres therapeutisches Verhalten vom Typ der ‚Bestätigung' bzw. eventuell des ‚Freiheit-Gewährens' zu empfehlen.

- Handlungsbezogene Klienten lassen sich primär dem Oktanten ‚Zügellosigkeit' (bzw. dem ZÜ-Typ) und dem selbstbezogenen Verhaltensmuster der ‚Selbstvernachlässigung' sowie eventuell dem VK-Minus-Typ zuordnen (vgl. z.B. ihre erhöhten Scores in den Psychopathie- und Hypomanie-Skalen des MMPI). Für sie ist ein komplementäres therapeutisches Verhalten vom Typ der ‚fördernden Anleitung' (z.B. in Gestalt gehäufter Konfrontationen bei gleichzeitiger Wertschätzung) sowie eventuell der ‚fordernden Kontrolle' zu empfehlen. Diese Empfehlung deckt sich mit den therapeutischen Erfahrungen von Sanderson und Clarkin (1994).

5.3.3.3 Differentielle Psychotherapie, ausgehend vom Systemmodell des Menschen

Betrachtet man den Menschen als komplexes System, so ist es für einen Therapeuten aufschlußreich, sich einen Einblick in die spezifischen Charakteristika der verschiedenen (Sub-)Systeme des Klienten zu verschaffen. Jedes der neun Systeme ist an der Realisierung von Verhalten beteiligt, und jedes verdient die Beachtung des Therapeuten.

System kognitiver Strukturen

Einblicke in die *Realitätstheorie* eines Klienten, d.h. in sein Selbst- und sein Umweltmodell, liefern einen der besten Schlüssel zum Verständnis eines Menschen. Im Umweltmodell ist Wissen über die Struktur und Funktionsweise der Umwelt repräsentiert. Dieses Wissen hat u.a. die Form von Begriffen, Schemata, Erwartungen sowie kognitiven Landkarten. Die Überprüfung der Realitäts- bzw. Erfahrungsangemessenheit und gegebenenfalls die Veränderung solcher Repräsentationen (z.b. globaler oder spezifischer Erwartungen) kann ein wichtiges Ziel der Psychotherapie unter einer klärungsorientierten Perspektive sein.

Wir gehen kurz auf das Selbstmodell ein. Unter anderem können folgende Fragen Aufschluß über das *Selbstmodell* eines Klienten liefern:

- Welche Aspekte des Selbst befinden sich an der Spitze der Selbstkonzepthierarchie? An welchen Aspekten möchte der Klient unbedingt festhalten? Welche Revisionen würden ihn besonders stark in Frage stellen?
- Wie realistisch sieht sich der Klient? Inwieweit entspricht sein Selbstkonzept seinen direkten Erfahrungen, und inwieweit entspricht es der Art, wie er von anderen (z.B. vom Therapeuten oder von wichtigen Bezugspersonen) wahrgenommen wird?
- Wie negativ oder positiv ist das Selbstkonzept gefärbt?
- Welche Eigenschaften oder Verhaltensweisen des Klienten liegen ‚im Schatten‘, d.h. können nicht als Teil des Selbst akzeptiert und integriert werden?
- Berichtet der Klient von einer Art Gespaltenheit des Selbst (vgl. Andrews, 1991; Greenberg, 1979; Schwartz, 1997)?

Ein klassischer Ansatz zur Klärung und eventuellen Veränderung des Selbstmodells sowie des Umweltmodells ist die von Rogers begründete Gesprächstherapie mit ihrer Betonung der drei Basisvariablen Wertschätzung, Empathie und Echtheit. Andrews (1991) verweist jedoch darauf, daß nicht alle Klienten ein solches therapeutisches Verhalten als hilfreich erleben (zu Einzelheiten siehe Becker, 1995). Für Klienten, die unter einem ‚gespaltenen Selbst‘ leiden, wird von verschiedenen Therapeuten die gestalttherapeutische Technik der ‚Zwei-Stühle‘ empfohlen; weitere therapeutische Strategien zur Veränderung des ‚inneren Systems‘ beschreibt Schwartz (1997).

Systeme angeborener und erworbener Emotionen

Wir haben oben bereits die große Bedeutung von Emotionen im Zusammenhang mit der Entstehung und Behandlung psychischer Störungen hervorgehoben. Emotionen sind Ausdruck persönlich bedeutsamer Istwert-Sollwert-Diskrepanzen und lassen mithin Rückschlüsse auf zugrundeliegende Bedürfnisse und erworbene Sollwerte (siehe unten) sowie auf Ressourcen zu. Greenberg und Safran (1987, 1989) unterscheiden folgende differentiell auszuwählende Formen des therapeutischen Umgangs mit Emotionen: (a) Bewußtmachen von Emotionen, (b) Hervorrufen von Emotionen, (c) Emotionales Restrukturieren, (d) Ansprechen zustandsabhängiger Kernüberzeugungen und (e) Verändern dysfunktionaler Emotionen.

Wie von Becker (1995) näher ausgeführt wurde, verdienen verschiedene Formen von *Schuld-* und *Schamgefühlen* sowie *Ressentiments* eines Klienten stärkere Beachtung (sie wurden in der Vergangenheit im Vergleich zu anderen ‚klassischen‘ Emotionen wie Angst, depressive Verstimmung oder Ärger-Wut-Feindseligkeit zu Unrecht stiefmütterlich behandelt). Bezogen auf Schuld- oder Schamgefühle sowie Ressentiments stellen sich u.a. folgende Fragen:

- Hat der Klient ‚pathologische‘ Schuld- oder Schamgefühle?
- Wie geht er mit eigener Schuld um? Neigt er z.B. zu einer ‚pathologischen‘ Schuldabwehr? Projiziert er Schuld einseitig in die soziale Umwelt? Weicht er

einer Klärung von Schuldfragen aus? Ist er dazu in der Lage, für begangenes
Unrecht um Verzeihung zu bitten?
- Wie geht er mit dem, was er oder andere Personen als einen Makel oder Fehler
  an ihm betrachten, um? Kann er zu eigenen Fehlern und Begrenzungen stehen,
  ohne sich deshalb abzuwerten? Neigt er zu einer ‚pathologischen' Schamabwehr?
- Ist er in der Lage, sich oder anderen für begangenes Unrecht zu vergeben (vgl.
  Johnson, 1985; Tausch, 1992)?

Systeme angeborener Bedürfnisse und erworbener Sollwerte

Diese beiden Systeme werden hier gemeinsam betrachtet, da sie entscheidend an der
Motivation des Handelns beteiligt sind. Zweifellos handelt es sich bei der *Klärung*
sowie eventuellen *Veränderung* der motivationalen Grundlagen des Verhaltens und
Erlebens eines Klienten um ein zentrales Anliegen vieler Therapierichtungen, darunter
der Psychoanalyse, der Gesprächspsychotherapie, der Gestalttherapie, Adlers Indivi-
dualpsychologie, Jungs analytischer Therapie, der Logotherapie sowie der rational-
emotiven Therapie. Zu den zu bearbeitenden Fragen gehören etwa folgende:
- Wie ist die Bedürfnishierarchie des Klienten aufgebaut? Welches sind seine zur
  Zeit dominierenden Bedürfnisse?
- Wie gut gelingt es dem Klienten, seine angeborenen Bedürfnisse zu befriedigen?
- Neigt der Klient dazu, bestimmte Bedürfnisse zu verdrängen oder ihre tatsächliche Bedeutsamkeit für sein Handeln falsch einzuschätzen?
- Welches sind die vom Klienten bevorzugt verwendeten Strategien der Bedürfnis-
  befriedigung? Wie hängen sie mit seinem Selbstmodell zusammen?
- Wie ist die Zielhierarchie des Klienten aufgebaut? Welche übergeordneten Ziele
  dominieren die Hierarchie?
- Wie weit in die Zukunft reichen die Ziele des Klienten? Wie stark und eventuell
  einseitig orientiert er sich an Fern- oder Nahzielen? Sieht der Klient überhaupt
  noch eine Zukunftsperspektive?
- Erscheint es dem Klienten attraktiv, Fernziele anzustreben und für deren Erreichung zu kämpfen, oder läßt er sich von der Hoffnung auf günstige Gelegenheiten
  im Hier-und-Jetzt leiten?
- Wie klar und wie bewußt sind die Ziele formuliert? Hat der Klient sie bisher expli-
  zit überprüft?
- Wie realistisch sind die Zielsetzungen?
- Verfolgt der Klient sog. ‚Identitätsziele' (sensu Gollwitzer, 1987)? Versucht er
  also, durch die Erreichung bestimmter Ziele (z.B. hoher beruflicher Ziele, hoher
  moralischer Ansprüche usw.) seine Identität zu definieren?
- Bestehen konflikthafte Widersprüche zwischen verschiedenen Zielsetzungen?
- Welche Hauptprojekte verfolgt der Klient? Wie erfolgreich ist er dabei?
- Dominieren bei dem Klienten *Vermeidungsziele*, d.h. wird er in erster Linie durch
  das Vermeiden potentieller Gefahrenquellen bzw. das Beachten von Verboten
  motiviert?
- Wie ‚rational' (sensu Albert Ellis) sind die Gebote und Verbote, an denen sich der
  Klient orientiert?
- Befindet sich der Klient in einer akuten Sinnkrise, die als Verlust des Glaubens

an anstrebenswerte und/oder für ihn erreichbare Lebensziele interpretiert werden kann?

• Wie verhält sich der Klient, wenn bisher angestrebte Ziele schwer oder nicht mehr erreichbar sind?

Wir beschränken uns auf die Diskussion von zwei dieser Fragenkomplexe: (a) die Bedeutung von Konflikten und (b) den Umgang mit schwer erreichbaren Zielen und Versagungen.

Konflikte zwischen erworbenen Sollwerten, zwischen angeborenen Bedürfnissen oder zwischen Bedürfnissen und erworbenen Sollwerten gehören zum menschlichen Leben, sie sind jedoch besonders häufig und in besonderer Schärfe bei vielen Klienten zu beobachten (Schwartz, 1997, spricht in diesem Zusammenhang von internen *Polarisierungen*). Sie wären z.b. durch das Setzen von Prioritäten und die damit verbundene Bereitschaft zum (vorübergehenden oder dauerhaften) Verzicht auf bestimmte Optionen zu lösen. Dieser Verzicht fällt jedoch bestimmten Personen schwer, und sie versuchen unbewußt nach dem Muster zu handeln: gleichzeitiges Anstreben von A und Nicht-A. In der Therapie wird es darauf ankommen, die motivationalen und emotionalen Hintergründe dieser Schwierigkeiten (z.B. Ängste) zu klären, und z.B. durch die Förderung der Vertrauenstrias den Mut zum Setzen von Prioritäten respektive das Verfolgen von Annäherungs- im Gegensatz zu Vermeidungszielen zu stärken.

Aus empirischen Studien von Becker (1985, 1995) ergibt sich, daß Personen, die zu psychischen Störungen neigen, häufig zwei ungünstige Bewältigungsstrategien zeigen: (a) Angesichts von Hindernissen bei der Zielerreichung geben sie vorschnell auf (geringe Tenazität). (b) Bei unerreichbaren Zielen bzw. nach Verlusten gelingt es ihnen nicht, sich mit Unabänderlichem abzufinden (geringe Flexibilität). Je nach Art der für einen Klienten charakteristischen Bewältigungsstrategie sollten in der Therapie die Tenazität oder die Flexibilität des Klienten oder beide gestärkt werden.

System kognitiver Operationen

Die Analyse und Beeinflussung kognitiver Operationen des Klienten ist Hauptgegenstand der kognitiven Verhaltenstherapie. Wie Beck und Clark (1988), Keßler (1984), Meichenbaum (1979) und Revenstorf (1992) anmerken, handelt es sich bei der kognitiven Psychotherapie um eine Richtung, die zwar die Bedeutung kognitiver Prozesse hervorhebt, ansonsten aber von einer einheitlichen theoretischen Konzeption weit entfernt ist. Stellvertretend verweisen wir auf Beck (1979), der u.a. sechs Arten ,kognitiver Fehler', die bei Klienten (insbesondere depressiven Patienten) häufig anzutreffen sind, auflistet: willkürliche Schlußfolgerungen, selektive Verallgemeinerungen, Übergeneralisationen, Maximierung und Minimierung, Personalisierung und verabsolutiertes, dichotomes Denken. Zu den kognitiven Operationen zählen weiterhin Formen der Selbstkommunikation (Tönnies, 1994), die wir unter das Konzept des selbstbezogenen Verhaltens subsumieren. Das Bewußtmachen und Beeinflussen dieses selbstbezogenen Verhaltens eines Klienten sind wirksame therapeutische Methoden.

Daneben kann natürlich der Veränderung der kognitiv gesteuerten (z.B. durch Schemata oder Skripte geleiteten) interpersonalen Verhaltensweisen (z.B. der Art der Selbstbehauptung oder der Selbstdarstellung; siehe Laux & Weber, 1993) – etwa durch neues soziales Lernen in Rollenspielen oder in einer Gruppentherapie – große Bedeutung zukommen.

Steuerungszentrale

Der Steuerungszentrale räumen wir einen besonders hohen Stellenwert für die Verhaltenssteuerung und damit auch für die Erklärung und Therapie psychischer Störungen ein. Wie oben ausgeführt wurde, ist die Zentrale primär für die *Koordination* der verschiedenen partiell autonomen und parallel arbeitenden (Sub-)Systeme bzw. die Steuerung der Kommunikation zwischen ihnen zuständig. Sie erfüllt diese Aufgabe durch Aufmerksamkeitssteuerung, indem sie den Einfluß einzelner Systeme mit Hilfe der Informationsregler verstärkt (,Aktivierung') oder abschwächt (,Inhibition') und einen eher fokussierten oder ganzheitlichen Verarbeitungsmodus begünstigt. Wir beschränken uns im folgenden auf die Bedeutung der *Aufmerksamkeitssteuerung* für die Psychotherapie.

Der Gedanke, daß psychische Störungen etwas mit einer selektiven ,Informationsverarbeitung' zu tun haben, ist nicht neu. Man findet ihn u.a. in tiefenpsychologischen, humanistischen und kognitiven Therapierichtungen. So lassen sich beispielsweise die von Freud beschriebenen *Abwehrmechanismen* als Formen einer selektiven Informationsverarbeitung interpretieren. Informationsauswahl (auch in Gestalt von Abwehrmechanismen) ist unvermeidlich und durchaus mit seelischer Gesundheit vereinbar (Schwartz, 1990; Vaillant, 1980). Sie kann sich als hilfreich erweisen, indem z.B. negative Emotionen, die mit problemlösendem Verhalten interferieren würden, vermieden werden.

Andererseits liegen die Gefahren exzessiver Informationsselektion auf der Hand. Die Person entwirft ein verzerrtes Bild der eigenen Person sowie der Umwelt, wird z.B. eigene Bedürfnisse oder Gefühle entstellt wahrnehmen, die Reaktionen anderer Menschen mißverstehen oder Handlungen ausführen, die ihr fremd und der eigenen Kontrolle entzogen erscheinen (im Extremfall entwickelt sich eine dissoziative Identitätsstörung). Dabei handelt es sich in der Regel nicht um bewußt eingesetzte Maßnahmen, sondern um automatisch und unbewußt ablaufende Prozesse. Bei einer Vielzahl von Klienten wird eine wichtige Aufgabe des Therapeuten darin bestehen, zwei Arten defizitärer Aufmerksamkeitsprozesse zu identifizieren und zu beeinflussen: (a) rigide Fixierung der Aufmerksamkeit (z.B. im Sinne einer einseitigen objektiven oder subjektiven Selbstaufmerksamkeit; vgl. Tscheulin, 1992) und (b) selektive Unaufmerksamkeit (vor allem Leugnung und Verdrängung). Leugnung und Verdrängung haben oft die Funktion, die Wahrnehmung von *Inkonsistenzen* zu verhindern. Sie können sich kurzfristig als vorteilhaft herausstellen, beeinträchtigen jedoch längerfristig das Funktionieren des Gesamtsystems (vgl. Schwartz, 1990, sowie Grawe und Hummitzsch in diesem Band).

Eine optimale Aufmerksamkeitssteuerung ist für die ,Zentrale' eine schwierige Aufgabe: Nachteile können sich sowohl aus einer zu starken Lenkung der Aufmerksamkeit auf einzelne Subsysteme bzw. Aspekte des Erlebens als auch aus einer zu großen selektiven Unaufmerksamkeit ergeben. Parallel arbeitende Subsysteme ,konkurrieren' mithin um die Aufmerksamkeit der Steuerungszentrale; sie streben gewissermaßen nach einer Dominanz über das psychische Geschehen (z.B. Dominanz des ,Systems angeborener Emotionen', die sich im Fall von Angst als ‚kopflose Flucht' manifestiert). Die optimale Aufmerksamkeit hängt im übrigen von den jeweiligen Rahmenbedingungen ab, so daß eine *flexible* Aufmerksamkeitssteuerung von Vorteil ist (Schwartz, 1990). Entsprechend unserer Grundthese von der Notwendigkeit einer ‚Differentiellen Psychotherapie' wird das Therapieziel im Einzelfall darin bestehen, die Aufmerksamkeitssteuerung entweder stärker in die eine oder in die andere der beiden Richtungen zu lenken.

Exemplarisch verweisen wir auf einige therapeutische Methoden zur Beeinflussung von Aufmerksamkeitsprozessen: Konfrontation (z.B. Tscheulin, 1992), (Traum-)Deutung, das ‚Fokussieren' nach Gendlin (1981), das ‚Explizieren' von Sachse (1992) und das Gewinnen von Ein-Sicht (z.B. mittels Zimmer-Technik) nach Schwartz (1997).

5.3.4 Der integrative Charakter der vorgestellten Therapietheorie

Den Abschluß dieses Beitrages bilden einige zusammenfassende Anmerkungen zum integrativen Charakter der in ihren Grundzügen dargestellten Therapietheorie. Mit ‚integrativ' ist vor allem folgendes gemeint:

* Verknüpfung von Diagnostik, Ätiologie und Therapie
* Therapieschulenübergreifende Perspektive unter Einbeziehung wichtiger Erkenntnisse, die im Rahmen von Therapieschulen gewonnen wurden
* Berücksichtigung grundlagenwissenschaftlicher Forschungsergebnisse und Theorien
* Suche nach einer Perspektive, die sich auf verschiedene Wissenschaften übertragen läßt.

Am Ausgangspunkt unserer Überlegungen stand die Frage nach den Determinanten des individuellen ‚normalen' und ‚gestörten' Verhaltens und Erlebens. Es wurden vier Arten von Bedingungen unterschieden:

* biologische Prozesse, die mit naturwissenschaftlichen Methoden (der Physik und Chemie) zu erforschen sind,
* intrapsychische Prozesse, die einen Zugang zum Handeln und Erleben liefern und einen Hauptgegenstand psychologischer Forschung bilden,
* die soziale Umwelt (wichtige Interaktionspartner und Suprasysteme),
* sonstige Umweltbedingungen (belebte und unbelebte Umwelt).

Im Mittelpunkt unserer Therapietheorie stehen die intrapsychischen Prozesse. Diese sind weder vollständig durch biologische Prozesse determiniert (wohl jedoch davon begleitet), noch ganz durch soziale und sonstige Bedingungen in der Umwelt determiniert, sieht man von Extremfällen ab (massive Eingriffe von außen, die Funktionen vorübergehend oder dauerhaft außer Kraft setzen). Wir betrachten den Menschen – mit anderen Worten – als in zumindest begrenztem Umfang frei entscheidendes und für sein Verhalten und Erleben mitverantwortliches Individuum. Theorien, die individuelles Verhalten und Erleben (und seine Störungen) ausschließlich biologisch zu erklären versuchen, sind ebenso einseitig wie Theorien, die ausschließlich auf intrapsychische Vorgänge abheben, oder Theorien, die das Individuum ausschließlich als Teil sozialer Systeme konzipieren.

Bei der Suche nach theoretischen Leitideen, die grundsätzlich geeignet sein könnten, eine übergreifende Perspektive zu liefern, erschien uns ‚die' Systemtheorie vielversprechend, denn sowohl biologische und intrapsychische, als auch soziale und ökologische Prozesse lassen sich als systemische Prozesse begreifen. Wenn man griffige Formeln liebt, könnte man das unserer Theorie zugrundeliegende Menschenbild wie folgt auf den Punkt bringen: „Der Mensch als System unter Systemen".

Spannend und ungelöst erscheint uns die Frage, ob es allgemeine Prinzipien gibt, die für unterschiedliche Arten von (lebenden) Systemen charakteristisch sind. Wohlwissend, daß es sich um eine sehr vorläufige und unvollständige Antwort handelt, formulieren wir einige Annahmen. Als übergeordnetes Ziel lebender Systeme (mithin als oberster Sollwert) erscheint uns das ‚gute Leben', d.h. Systeme versuchen, sich zu erhalten und gemäß artspezifischer Organisationsprinzipien zu entwickeln, indem sie Bedingungen aufsuchen oder herstellen, die das Erreichen dieses Ziels ermöglichen. Daran sind Prozesse maßgeblich beteiligt, die mit Hilfe von vier Prinzipien beschrieben werden können: *Spezialisierung*, *Kooperation*, *Dominanz* und *Koordination*. Diese Prinzipien gelten für das intrapsychische System ebenso wie für Subsysteme und Suprasysteme erster und höherer Ordnung.

In phylogenetischer Hinsicht entwickeln sich einfache Lebewesen durch Differenzierung zu höheren Lebewesen, indem sie spezialisierte Subsysteme (d.h. Körperorgane und biologische Funktionssysteme) ausbilden (*Spezialisierung*), die zum Wohle des Gesamtorganismus in geordneter Weise zusammenarbeiten müssen (*Kooperation*). Analoges gilt für komplexe Gesellschaften und ihre Institutionen (siehe auch Tabelle 5.1). Diese Prinzipien der Spezialisierung und Kooperation lassen sich auch auf psychische Subsysteme, wie wir sie in unserem Systemmodell des Menschen unterschieden haben, übertragen. Ein gut funktionierendes (‚seelisch gesundes') psychisches Gesamtsystem zeichnet sich dadurch aus, daß alle beteiligten Subsysteme (z.B. das ‚System angeborener Bedürfnisse' und der ‚Simulator') effizient zusammenarbeiten, so daß keines der Subsysteme einseitig andere Subsysteme dominiert (‚versklavt') bzw. hemmt (vgl. eine analoge systemische Betrachtung von Gesundheit und Krankheit bei Schwartz, 1990).

Nicht immer gelingt diese harmonische Kooperation. Ist sie für längere Zeit durch die (starke) *Dominanz* bzw. Überfunktion eines Subsystems beeinträchtigt, treten Spannungen zwischen den Subsystemen auf, und es besteht die Gefahr, daß das Gesamtsystem Störungen entwickelt. Im Falle eines partnerschaftlichen Systems oder eines gesellschaftlichen Systems kommt es zum Widerstand unterdrückter Subsysteme gegenüber dem dominierenden Subsystem, die das bestehende Ungleichgewicht beseitigen und ein neues Gleichgewicht herzustellen versuchen. Analoges gilt auch bei lang andauernder (starker) Dominanz eines psychischen Subsystems gegenüber anderen psychischen Subsystemen. Hervorzuheben ist die *Dauer* der einseitigen Dominanz. Während eine vorübergehende Dominanz eines Subsystems für die Bewältigung einer situativen Anforderung erforderlich sein kann, rechnen wir bei dauerhafter (starker) Dominanz eines oder mehrerer Subsysteme (und damit verbundener ‚Versklavung' oder Hemmung anderer Subsysteme) mit einem erhöhten Störungsrisiko. (In Klammern sei angemerkt, daß es sich bei den Konzepten ‚Kooperation' und ‚Dominanz' um

Begriffe handelt, die sich auch für die Analyse von Prozessen in Gruppen sowie für die Persönlichkeitsdiagnostik bewährt haben; Leary, 1957; Piontkowski, 1976).

Um systemische Kooperation zu erleichtern und einer länger andauernden Dominanz einzelner Subsysteme entgegenzuwirken, erweist es sich in sehr komplexen Systemen als vorteilhaft, wenn ein Subsystem vorhanden ist, das mit der Aufgabe der systemischen *Koordination* betraut ist. Auf gesellschaftlicher Ebene übernimmt in demokratisch verfaßten Staaten die politische Institution des Parlaments eine derartige Koordinationsfunktion. Auf biologischer Ebene hat beispielsweise das Kleinhirn die Funktion einer Koordinationsstelle für Bewegungsabläufe, und der Hypothalamus koordiniert autonome und endokrine Funktionen. In analoger Weise haben wir für den Menschen ein psychisches Subsystem – die ‚Steuerungszentrale‘ – postuliert, das u.a. für die Koordination aller Subsysteme zuständig ist.

Psychische Störungen lassen sich aus dieser Sicht als Ungleichgewichte zwischen Subsystemen infolge mangelnder Kooperation, chronischer Dominanz und ungenügender Koordination interpretieren. Psychotherapie wäre dann der Versuch, mit psychologischen Mitteln dazu beizutragen, daß ein Klient eine innere (biologische und psychologische) und äußere (soziale und ökologische) Balance erreicht bzw. wiederfindet.

Literatur

Andrews, J. D. W. (1991). *The active self in psychotherapy. An integration of therapeutic styles.* Boston: Allyn and Bacon.

Antonovsky, A. (1979). *Health, stress, and coping.* San Francisco: Jossey-Bass.

Antonovsky, A. (1987). *Unraveling the mystery of health.* San Francisco: Jossey-Bass.

Bastine, R. (1992). Psychotherapie. In R. Bastine (Hrsg.), *Klinische Psychologie.* Band 2 (S. 179-301). Stuttgart: Kohlhammer.

Baumann, U. (1996). Wissenschaftliche Psychotherapie auf der Basis der wissenschaftlichen Psychologie. *Report Psychologie, 21,* 686-699.

Beck, A. T. (1979). *Wahrnehmung der Wirklichkeit und Neurose.* München: Pfeiffer.

Beck, A. T. & Clark, D. A. (1988). Anxiety and depression: An information processing perspective. *Anxiety Research, 1,* 23-36.

Becker, P. (1985). Bewältigungsverhalten und seelische Gesundheit. *Zeitschrift für Klinische Psychologie, 14,* 169-184.

Becker, P. (1988). Seelische Gesundheit und Verhaltenskontrolle: Zwei replizierbare, varianzstarke Persönlichkeitsfaktoren. *Zeitschrift für Differentielle und Diagnostische Psychologie, 9,* 13-38.

Becker, P. (1989). *Der Trierer Persönlichkeitsfragebogen TPF. Handanweisung.* Göttingen: Hogrefe.

Becker, P. (1992). Seelische Gesundheit als protektive Persönlichkeitseigenschaft. *Zeitschrift für Klinische Psychologie, 21,* 64-75.

Becker, P. (1994). Die Bedeutung von Vertrauen für die seelische und körperliche Gesundheit. *Logotherapie & Existenzanalyse,* Sonderheft, 52-64.

Becker, P. (1995). *Seelische Gesundheit und Verhaltenskontrolle. Eine integrative Persönlich-keitstheorie und ihre klinische Anwendung.* Göttingen: Hogrefe.

Becker, P. (1996). Persönlichkeit. In A. Ehlers & K. Hahlweg (Hrsg.), *Enzyklopädie der Psychologie: Themenbereich D Praxisgebiete, Serie II Klinische Psychologie, Band 1 Grundlagen der Klinischen Psychologie* (S. 465-534). Göttingen: Hogrefe.

Becker, P. (1997a). *Interaktions-Angst-Fragebogen* (3., revidierte und erweiterte Aufl. Manual). Göttingen: Beltz Test.

Becker, P. (1997b). Prävention und Gesundheitsförderung. In R. Schwarzer (Hrsg.), *Gesundheitspsychologie. Ein Lehrbuch* (S. 517-534). Göttingen: Hogrefe.

Becker, P. (1998). A multifacet circumplex model of personality as a basis for the description and therapy of personality disorders. *Journal of Personality Disorders, 12*, 213-225.

Becker, P. (1999). Beyond the Big Five. *Personality and Individual Differences, 26*, 511-530.

Becker, P. (eingereicht). Struktur- und Zusammenhangsanalysen von Emotionen und Persönlichkeitseigenschaften.

Benjamin, L. (1993). *Interpersonal diagnosis and treatment of DSM personality disorders.* New York: Guilford Press.

Benjamin, L. S. (1994). SASB: A bridge between personality theory and clinical psychology. *Psychological Inquiry, 5*, 273-316.

Beutler, L. E., Engle, D., Mohr, D., Daldrup, R. J. et al. (1991a). Predictors of differential response to cognitive, experiential, and self-directed psychotherapeutic procedures. *Journal of Consulting and Clinical Psychology, 59*, 333-340.

Beutler, L. E., Mohr, D. C., Grawe, K., Engle, D. & MacDonald, R. (1991b). Looking for differential treatment effects: Cross-cultural predictors of differential psychotherapy efficacy. *Journal of Psychotherapy Integration, 1*, 121-141.

Binder, J. L. & Strupp, H. H. (1997). „Negative process": A recurrently discovered and under-estimated facet of therapeutic process and outcome in the individual psychotherapy of adults. *Clinical Psychology Science and Practice, 4*, 121-139.

Böse, R. & Schiepek, G. (1989). *Systemische Theorie und Therapie. Ein Handwörterbuch.* Heidelberg: Asanger.

Bowlby, J. (1977). The making and breaking of affectional bonds: II. Attachment, communication, and the therapeutic process. *British Journal of Psychiatry, 130*, 421-431.

Brewin, C. R. & Power, M. J. (1997). Meaning and psychological therapy: Overview and introduction. In M. J. Power & C. R. Brewin (Eds.), *The Transformation of Meaning in Psychological Therapies* (pp. 1-14). Chichester: Wiley.

Cattell, R. B. (1978). *Die empirische Erforschung der Persönlichkeit.* Weinheim: Beltz.

Coan, R. W. (1977). *Hero, artist, sage, or saint? A survey of views on what is variously called mental health, normality, maturity, self-actualization, and human fulfillment.* New York: Columbia University Press.

Connolly, M. B. & Strupp, H. H. (1996). Cluster analysis of patient reported psychotherapy outcomes. *Psychotherapy Research, 6*, 30-42.

Diener, E. & Fujita, F. (1995). Resources, personal strivings, and subjective well-being: A nomothetic and idiographic approach. *Journal of Personality and Social Psychology, 68*, 926-935.

Dörner, D. (1993). Jenseits des Kognitivismus. In L. Montada (Hrsg.), *Bericht über den 38. Kongreß der Deutschen Gesellschaft für Psychologie in Trier 1992. Band 2* (S. 501-515). Göttingen: Hogrefe.

Dörner, D. (1996). Eine Systemtheorie der Motivation. In J. Kuhl & H. Heckhausen (Hrsg.), *Enzyklopädie der Psychologie: Themenbereich C Theorie und Forschung, Serie IV Motiva-*

tion und Emotion, Band 4 Motivation, Volition und Handlung. (S. 329-357). Göttingen: Hogrefe.

Empt, A. K. & Schiepek, G. (1997). Systemische Psychotherapie: Trends und Forschungsaktivitäten. *Report Psychologie, 22*, 706-713.

Erikson, E. H. (1970). Wachstum und Krisen der gesunden Persönlichkeit. In E. H. Erikson (Hrsg.), *Identität und Lebenszyklus* (S. 55-122). Frankfurt: Suhrkamp.

Fiedler, P. (1995). *Persönlichkeitsstörungen*. (2. überarbeitete und erweiterte Aufl.). Weinheim: Psychologie Verlags Union.

Fiedler, P. (1997). Therapieplanung in der modernen Verhaltenstherapie: Von der allgemeinen zur phänomen- und störungsspezifischen Behandlung. In H. Reinecker & P. Fiedler (Hrsg.), *Therapieplanung in der modernen Verhaltenstherapie. Eine Kontroverse* (S. 1-27). Lengerich: Pabst.

Fiedler, P., Vogt, L. & Rogge, K.-E. (1994). Die prognostische Relevanz der Autonomie-Entwicklung von Patienten in der verhaltenstherapeutischen Phobienbehandlung: eine Prozeßanalyse mittels SASB. *Zeitschrift für Klinische Psychologie, 23*, 202-212.

Ford, D. H. (1987). *Humans as self-constructing living systems: A developmental perspective on personality and behavior*. Hillsdale, NJ: Erlbaum.

Garamoni, G. L. & Schwartz, R. M. (1986). Type A behavior pattern and compulsive personality: Toward a psychodynamic-behavioral integration. *Clinical Psychology Review, 6*, 311-336.

Gendlin, E. T. (1981). *Focusing*. Salzburg: Otto Müller.

Gollwitzer, P. M. (1987). Suchen, Finden und Festigen der eigenen Identität: Unstillbare Zielintentionen Rubikon. In H. Heckhausen, P. M. Gollwitzer & F. E. Weinert (Hrsg.), *Jenseits des Rubikon: Der Wille in den Humanwissenschaften* (S. 176-189). Berlin: Springer.

Grawe, K. (1992a). Konfrontation, Abwehr und Verständigung: Notwendige Schritte im Erkenntnisprozeß der Psychotherapieforschung. *Psychologische Rundschau, 43*, 174-178.

Grawe, K. (1992b). Psychotherapieforschung zu Beginn der neunziger Jahre. *Psychologische Rundschau, 43*, 132-162.

Grawe, K. (1996). Umrisse einer zukünftigen Psychotherapie. In H. Bents, R. Frank & E. R. Rey (Hrsg.), *Erfolg und Mißerfolg in der Psychotherapie* (S. 38-58). Regensburg: Roderer.

Grawe, K., Caspar, F. & Ambühl, H. (1990). Die Berner Therapievergleichsstudie: Wirkungsvergleich und differentielle Indikation. *Zeitschrift für Klinische Psychologie, 19*, 338-361.

Grawe, K., Donati, R. & Bernauer, F. (1994). *Psychotherapie im Wandel. Von der Konfession zur Profession*. Göttingen: Hogrefe.

Greenberg, L. S. (1979). Resolving splits: Use of the two-chair technique. *Psychotherapy: Theory, Research and Practice, 16*, 316-324.

Greenberg, L. (1994). Acceptance in experiential therapy. In S. C. Hayes, N. S. Jacobson, V. M. Follette & M. J. Dougher (Eds.), *Acceptance and change: Content and context in psychotherapy* (pp. 53-67). Reno: Context Press.

Greenberg, L. S. & Pascual-Leone, J. (1997). Emotion in the creation of personal meaning. In M. Power & C. R. Brewin (Eds.), *The transformation of meaning in psychological therapies. Integrating theory and practice* (pp. 157-173). Chichester: Wiley.

Greenberg, L. S. & Safran, J. D. (1987). *Emotion in psychotherapy: Affect, cognition and the process of change*. New York: Guilford Press.

Greenberg, L. S. & Safran, J. D. (1989). Emotion in psychotherapy. *American Psychologist, 44*, 19-29.

Greenberg, L. S., Rice, L. & Elliott, R. (1993). *Facilitating emotional change: The moment to moment process*. New York: Guilford.

Hahlweg, K. (1996). Interaktionelle Aspekte psychischer Störungen. In A. Ehlers & K. Hahlweg (Hrsg.), *Enzyklopädie der Psychologie: Themenbereich D Praxisgebiete, Serie II Klinische Psychologie, Band 1 Grundlagen der Klinischen Psychologie* (S. 585-648). Göttingen: Hogrefe.

Hayes, S. C. (1994). Content, context, and the types of psychological acceptance. In S. C. Hayes, N. S. Jacobson, V. M. Follette & M. J. Dougher (Eds.), *Acceptance and change: Content and context in psychotherapy* (pp. 13-32). Reno: Context Press.

Hayes, S. B., Jacobson, N. S., Follette, V. M. & Dougher, M. J. (Eds.). (1994). *Acceptance and change: Content and context in psychotherapy*. Reno, NV: Context Press.

Heatherton, T. F. & Weinberger, J. L. (Eds.). (1993). *Can personality change?* Washington DC: American Psychological Association.

Henry, W., P. (1997). The circumplex in psychotherapy research. In R. Plutchik & H. R. Conte (Eds.), *Circumplex models of personality and emotions* (pp. 385-410). Washington, DC: American Psychological Association.

Henry, W. P., Schacht, T. E. & Strupp, H. H. (1990). Patient and therapist introject, interpersonal process, and differential psychotherapy outcome. *Journal of Consulting and Clinical Psychology, 58*, 768-774.

Henry, W. P. & Strupp, H. H. (1994). The therapeutic alliance as interpersonal process. In A. Horvath & L. S. Greenberg (Eds.), *The working alliance: Theory, research, and practice* (pp. 51-84). New York: Wiley.

Hobfoll, S. (1989). Conservation of resources: A new attempt at conceptualizing stress. *American Psychologist, 44*, 513-524.

Hornung, R. & Gutscher, H. (1994). Gesundheitspsychologie: Die sozialpsychologische Perspektive. In P. Schwenkmezger & L. R. Schmidt (Hrsg.), *Lehrbuch der Gesundheitspsychologie* (S. 65-87). Stuttgart: Enke.

Hummitzsch, H. (1995). *Psychotherapie. Ein schulenübergreifender Ansatz.* Heidelberg: Asanger.

Johnson, S. (1985). *Characterological transformation: The hard work miracle.* New York: Norton.

Keßler, B. H. (1984). Verhaltenstherapie. In L. R. Schmidt (Hrsg.), *Lehrbuch der Klinischen Psychologie.* (2. neubearbeitete und erweiterte Aufl.) (S. 534-575). Stuttgart: Enke.

Koestner, R., Zuroff, D. C. & Powers, T. A. (1991). Family origins of adolescent self-criticism and its continuity into adulthood. *Journal of Abnormal Psychology, 100*, 191-197.

Krampen, G. (1991). *Fragebogen zu Kompetenz- und Kontrollüberzeugungen (FKK).* Göttingen: Hogrefe.

Krampen, G. (1997). *Die Vertrauenstrias. Handlungs-, persönlichkeits- und entwicklungstheoretische Einordnung und empirische Untersuchungsbefunde.* Trierer Psychologische Berichte (Band 24 Heft 1). Trier: Universität, Fachbereich I - Psychologie.

Kuhl, J. & Kazen, M. (1997). *Persönlichkeits-Stil-und-Störungs-Inventar (PSSI). Handanweisung.* Göttingen: Hogrefe.

Laux, L. & Weber, H. (1993). *Emotionsbewältigung und Selbstdarstellung.* Stuttgart: Kohlhammer.

Lazarus, R. S. (1991). *Emotion and adaptation.* New York: Oxford University Press.

Lazarus, R. S. & Lazarus, B. N. (1994). *Passion and reason. Making sense of our emotions.* New York: Oxford University Press.

Leary, T. (1957). *Interpersonal diagnosis of personality.* New York: The Ronald Press Company.

Lieb, H. (1995). *Verhaltenstherapie, Systemtheorie und die Kontrolle menschlichen Verhaltens. Ein Beitrag zur Paradigmendiskussion in der Psychotherapie.* Regensburg: Roderer.

Lieb, H. (1996). Selbstorganisation und Selbstmanagement aus verhaltenstherapeutischer und systemtherapeutischer Sicht. In H. Reinecker & D. Schmelzer (Hrsg.), *Verhaltenstherapie, Selbstregulation, Selbstmanagement* (S. 83-105). Göttingen: Hogrefe.

Lutz, R. & Giesemann, U. (1995). Emotionen in der Verhaltenstherapie und ihren Weiterentwicklungen - ihre Bedeutung und Handhabung im therapeutischen Prozeß. In H. Petzold (Hrsg.), *Die Wiederentdeckung des Gefühls* (S. 551-572). Paderborn: Junfermann.

Mallinger, A. E. (1982). Demand-sensitive obsessionals. *Journal of the American Academy of Psychoanalysis, 10,* 407-426.

Masten, A. S., Morison, P., Pellegrini, D. & Tellegen, A. (Eds.). (1990). *Competence under stress: risk and protective factors.* Cambridge: Cambridge University Press.

McCrae, R. R. (1994). A reformulation of axis II: personality and personality-related problems. In P. T. J. Costa & T. A. Widiger (Eds.), *Personality disorders and the five-factor model of personality* (pp. 303-309). Washington, DC: American Psychological Association.

Meichenbaum, D. W. (1979). *Kognitive Verhaltenstherapie.* München: Pfeiffer.

Metzger, R. (1996). *Die Skinner'sche Analyse des Verhaltens. Ein integrativer Ansatz für die klinische Psychologie.* Pfaffenweiler: Centaurus.

Miller, G. A., Galanter, E. & Pribram, K. H. (1960). *Plans and the structure of behavior.* New York: Holt, Rinehart & Winston.

Miller, J. G. (1975). General systems theory. In A. M. Freedman, H. I. Kaplan & B. J. Sadock (Eds.), *Comprehensive textbook of psychiatry-II. Volume 1* (pp. 75- 88). Baltimore: The Williams and Wilkins Company.

Perls, F. S., Hefferline, R. & Goodman, P. (1979). *Gestalttherapie.* Stuttgart: Klett-Cotta.

Petermann, F. (1992). *Psychologie des Vertrauens.* München: Quintessenz-Verlags-GmbH.

Petzold, H. G. (Hrsg.). (1995). *Die Wiederentdeckung des Gefühls. Emotionen in der Psychotherapie und der menschlichen Entwicklung.* Paderborn: Junfermann.

Piontkowski, U. (1976). *Psychologie der Interaktion.* München: Juventa.

Powers, W. T. (1973). *Behavior: The control of perception.* Chicago: Aldine.

Reinecker, H. (Hrsg.). (1994). *Lehrbuch der Klinischen Psychologie. Modelle psychischer Störungen.* 2., überarb. und erweiterte Auflage. Göttingen: Hogrefe.

Revenstorf, D. (1992). Richtungen und Ansätze der Psychotherapie. In R. Bastine (Hrsg.), *Klinische Psychologie.* Band 2 (S. 303-360). Stuttgart: Kohlhammer.

Roberts, J. (1996). Perceptions of the significant other of the effects of psychodynamic psychotherapy. *British Journal of Psychiatry, 168,* 87-93.

Rogers, C. R. (1973). Die klient-bezogene Gesprächstherapie. München: Kindler.

Romney, D. M. & Bynner, J. M. (1992). A simplex model of five DSM-III personality disorders. *Journal of Personality Disorders, 6,* 34-39.

Rotter, J. B. (1980). Interpersonal trust, trustworthiness, and gullibility. *American Psychologist, 35,* 1-7.

Sachse, R. (1992). *Zielorientierte Gesprächstherapie.* Göttingen: Hogrefe.

Sanderson, C. & Clarkin, J., F. (1994). Use of the NEO-PI personality dimensions in differential treatment planning. In P. T. J. Costa & T. A. Widiger (Eds.), *Personality disorders and the five-factor model of personality* (pp. 219-235). Washington DC: American Psychological Association.

Saß, H., Wittchen, H. U. & Zaudig, M. (1996). *Diagnostisches und Statistisches Manual Psychischer Störungen DSM-IV.* Göttingen: Hogrefe.

Scheier, M. F. & Carver, C. S. (1985). Optimism, coping, and health: Assessment and implications of generalized outcome expectancies. *Health Psychology, 4,* 219-247.

Schiepek, G. (1991). *Systemtheorie der Klinischen Psychologie.* Braunschweig: Vieweg.

Schneider-Düker, M. (1981). *Gruppenpsychotherapie. Methoden und Probleme.* München: Kösel.

Schulz, W. (1981). Klassifikation und Indikation in der Gesprächspsychotherapie. In W. R. Minsel & R. Scheller (Hrsg.), *Psychotherapie* (S. 184-207). München: Kösel.

Schwartz, G. E. (1990). Psychobiology of repression and health. In J. L. Singer (Ed.), *Repression and dissociation* (pp. 405-434). Chicago: University of Chicago Press.

Schwartz, R. C. (1997). *Systemische Therapie mit der inneren Familie.* München: Pfeiffer.

Schweitzer, J. & Weber, G. (1997). „Störe meine Kreise!". Zur Theorie, Praxis und kritischen Einschätzung der Systemischen Therapie. *Psychotherapeut, 42,* 197-210.

Seligman, M. (1991). *Pessimisten küßt man nicht. Optimismus kann man lernen.* München: Droemer Knaur.

Simon, F. B. (1995). *Die andere Seite der Gesundheit. Ansätze einer systemischen Krankheits- und Therapietheorie.* Heidelberg: Carl Auer.

Spangler, G. & Zimmermann, P. (Hrsg.). (1995). *Die Bindungstheorie.* Stuttgart: Klett-Cotta.

Strotzka, H. (1975). Was ist Psychotherapie? In H. Strotzka (Hrsg.), *Psychotherapie: Grundlagen, Verfahren, Indikationen* (S. 3-6). München: Urban & Schwarzenberg.

Strupp, H. H. (1996). The tripartite model and the Consumer Reports study. *American Psychologist, 51,* 1017-1024.

Sullivan, H. S. (1953). *The interpersonal theory of psychiatry.* New York: Norton.

Tausch, R. (1992). Vergeben. Ein bedeutsamer seelischer Vorgang. *Logotherapie & Existenzanalyse, 1,* 61-92.

Thelen, E. (1995). Motor development: A new synthesis. *American Psychologist, 50,* 79-95.

Tönnies, S. (1994). *Selbstkommunikation. Empirische Befunde zu Diagnostik und Therapie.* Heidelberg: Asanger.

Trower, P., Bryant, B. & Argyle, M. (1978). *Social skills and mental health.* London: Methuen.

Tscheulin, D. (1983). Über differentielles therapeutisches Vorgehen in der klientenzentrierten Therapie. In D. Tscheulin (Hrsg.), *Beziehung und Technik in der klientenzentrierten Therapie* (S. 53-64). Weinheim: Beltz.

Tscheulin, D. (1992). *Wirkfaktoren psychotherapeutischer Intervention.* Göttingen: Hogrefe.

Ullrich, R. & Ullrich de Muynck, R. (Hrsg.). (1978). *Soziale Kompetenz. Experimentelle Ergebnisse zum Assertiveness-Training-Programm ATP. Band 1. Meßmittel und Grundlagen.* München: Pfeiffer.

Ullrich, R. & Ullrich de Muynck, R. (1980). *Diagnose und Therapie sozialer Störungen.* München: Pfeiffer.

Vaillant, G. E. (1980). *Werdegänge. Erkenntnisse der Lebenslauf-Forschung.* Reinbek bei Hamburg: Rowohlt.

Wells, M. C., Glickauf Hughes, C. & Buzzell, V. (1990). Treating obsessive-compulsive personalities in psychodynamic/interpersonal group therapy. *Psychotherapy, 27,* 366-379.

Willi, J. (1975). *Die Zweierbeziehung.* Hamburg: Rowohlt.

6 Rückblick und Ausblick

Peter Becker und Rudolph F. Wagner

6.1 Die Leitidee der Therapieintegration

Ein in der Praxis tätiger Psychotherapeut, der daran interessiert ist sich fortzubilden, steht vor keiner leichten Aufgabe. In der Regel hat er eine Grundausbildung in einer bestimmten Richtung oder Schule der Psychotherapie erhalten, die ihm als „geistige Heimat" Orientierung und Sicherheit bietet. Er muß sich entscheiden, ob er ausschließlich die Fortbildungsangebote „seiner" Therapierichtung wahrnehmen oder sich auch mit Methoden und Konzepten einer anderen Therapierichtung vertraut machen soll. Viele Praktiker bekennen sich zu einer eklektischen Orientierung, d.h. sie versuchen, den mehr oder weniger engen Rahmen einer Therapierichtung zu verlassen und sich schulenübergreifend weiterzubilden (Davison & Neal, 1998; Westen, 1997; Wolfe & Goldfried, 1988). Eine derartige Perspektivenerweiterung wird unter Umständen dadurch begünstigt, daß in bestimmten Praxiseinrichtungen und Kliniken Psychotherapeuten mit unterschiedlicher theoretischer Grundausrichtung aufeinander treffen. Dabei kann es zu einem fruchtbaren Gedanken- und Erfahrungsaustausch kommen, aber auch zu einer verstärkten Abgrenzung, um die Sicherheit bietende „reine Lehre" oder eventuelle eigene Omnipotenzphantasien nicht zu gefährden. Entschließt sich ein Psychotherapeut zu Grenzüberschreitungen oder löst er sich gar von seiner Therapieschule, so stellt sich ihm die Frage nach einer möglichen Therapieintegration unter einem neuen, breiteren Dach.

Auch die in Forschung und Lehre mit Psychotherapie Befaßten stehen vor einer vergleichbaren Situation. In die wissenschaftliche Literatur hat eine kaum mehr überschaubare Vielzahl therapeutischer Ansätze Eingang gefunden. Den Autoren von Lehrbüchern der Klinischen Psychologie und Psychotherapie bereitet es Mühe, diese Vielfalt unter sinnvollen Oberbegriffen zu ordnen, da die Grenzen zwischen verwandten Ansätzen fließend sind. Nach einer Phase zunehmender Differenzierung und Segregation wird der Ruf nach Integration lauter, denn es lassen sich Argumente dafür vorbringen, daß die verschiedenen Therapierichtungen weniger in einem Ausschluß- als in einem Ergänzungsverhältnis zueinander stehen (Grawe, 1996; in diesem Band). Umstritten ist jedoch die Frage, ob und auf welchem Weg eine Therapieintegration erfolgen sollte.

Aufschlußreich im Hinblick auf die Verwirklichung des Integrationsgedankens ist ein Rückblick auf die Geschichte der Therapieintegration. In einem lesenswerten Überblicksartikel unterscheidet Arkowitz (1997) drei Hauptrichtungen: (1) theoretische Integration, (2) Suche nach gemeinsamen Faktoren, (3) technischer Eklektizismus. Unter *theoretischer Integration* versteht er die Verbindung von zwei oder mehr Therapierichtungen in der Hoffnung, daß das Ergebnis besser sei als jede Richtung für sich alleine. Ein bekanntes Beispiel lieferten Dollard und Miller (1950), die eine Verknüpfung von Psychoanalyse und Lerntheorie versuchten. Dabei handelt es sich primär um eine Übertragung psychoanalytischer Konzepte in die Sprache der Lernpsychologie mit dem Ziel einer Annäherung scheinbar grundverschiedener Ansätze. Man könnte diese Strategie als *assimilative Integration* bezeichnen.

Die Suche nach *gemeinsamen Faktoren* basiert auf dem Grundgedanken, Elemente in verschiedenen Therapierichtungen aufzuspüren, in denen sie übereinstimmen. Es sollen mit anderen Worten nicht die trennenden, sondern die verbindenden schulenübergreifenden Wirkfaktoren identifiziert werden. Diese Strategie ist eng mit dem Namen Frank verbunden. In einem einflußreichen 1961 verfaßten Buch sowie späteren Arbeiten gelangte Frank zu dem Ergebnis, daß alle Psychotherapieformen eine Reihe von Gemeinsamkeiten aufweisen, darunter: Überwindung von „Demoralisierung" und Wecken von Hoffnung, Anbieten eines Erklärungsschemas für die Störungen, Verwendung eines „Rituals" und eines spezifischen Settings, Aktivierung von Emotionen, Ermutigung zu einem veränderten Verhalten außerhalb der Therapiesituation, Förderung einer neuen Sicht der eigenen Person und der eigenen Probleme durch Interpretationen und korrektive emotionale Erfahrungen.

Unter *technischem Eklektizismus* versteht Arkowitz (1997) die empirisch geleitete Auswahl der Therapiemethode, die für eine Person mit einer bestimmten Art von Problemen am besten geeignet ist. Die zugrunde liegende Haltung ist weniger durch die Bemühung um theoretische Geschlossenheit als vielmehr durch eine pragmatische Orientierung am Erfolg gekennzeichnet. Zwei bekannte Beispiele für technischen Eklektizismus liefern die multimodale Therapie von Lazarus (1981, 1986) sowie die systematische eklektische Psychotherapie von Beutler und Clarkin (1990). Beutler und Clarkin (1990, S. 17, Übers. d. Verf.) erläutern ihren Ansatz wie folgt: „Systematische eklektische Psychotherapie beinhaltet die Bemühung um die Entwicklung von Entscheidungskriterien für die Auswahl bestimmter Behandlungsmethoden, unabhängig von den zugrunde liegenden Theorien." Wegen dieser Haltung des Sowohl-als-auch im Hinblick auf die Theorien verwenden wir den Terminus „*summative Integration*". Viele in der Praxis tätige Psychotherapeuten dürften dieser Form von Eklektizismus Sympathien entgegenbringen (Wolfe & Goldfried, 1988).

Es ist aufschlußreich, vor dem Hintergrund dieser konzeptuellen Differenzierungen und historischen Entwicklungen die im vorliegenden Band vertretenen Auffassungen über Therapieintegration einzuordnen und zu vergleichen. Dabei treten Gemeinsamkeiten und Unterschiede deutlicher hervor, und es werden neuere Entwicklungen sichtbar, die den in Anlehnung an Arkowitz (1997) oben skizzierten Rahmen sprengen.

6.2   Systematische Einordnung und Vergleich verschiedener integrativer Ansätze

Wir beginnen dieses Unterkapitel mit einer sehr grundsätzlichen Frage: Auf welchem Weg kann eine wissenschaftlich fundierte psychologische Therapietheorie entwickelt werden? Eine solche Therapietheorie wird notwendigerweise in Theorien und Erkenntnissen der Psychologie und ihrer verschiedenen Teildisziplinen verankert sein. Dies gilt gleichermaßen für klassische wie für moderne Psychotherapietheorien. Zur Erläuterung seien drei Beispiele herangezogen. Freuds Psychoanalyse basiert auf bestimmten motivations-, emotions-, entwicklungs- und persönlichkeitstheoretischen Hypothesen, und sie spiegelt im günstigsten Fall den wissenschaftlichen Erkenntnisstand im ersten Drittel dieses Jahrhunderts wider. Die klassische Verhaltenstherapie hat ihre Wurzeln primär in den Lerntheorien. Die Selbstmanagement-Therapie von Kanfer, Reinecker und Schmelzer (1996) stützt sich u.a. auf neuere Befunde der Grundlagenforschung in der Handlungs- und Systemtheorie, der Biopsychologie und den Lerntheorien.

Im Rahmen einer Psychotherapietheorie wird auf einen mehr oder weniger schmalen und mehr oder weniger aktuellen Ausschnitt aus dem vorhandenen Repertoire an psychologischen Theorien und Erkenntnissen zurückgegriffen, um damit das Auftreten psychischer Störungen zu erklären und Methoden zur Überwindung der Störungen zu entwickeln. Verschiedene Psychotherapierichtungen lassen sich u.a. danach unterscheiden, wie breit und wie aktuell ihr psychologisches Fundament ist. Hat sich der psychologische Erkenntnisstand deutlich verbessert, liegt es nahe, ihn zu nutzen, um die psychologische Therapie weiterzuentwickeln und neue innovative Ansätze zu entwerfen (s. die Beiträge von Becker, Grawe, Hummitzsch und Wagner in diesem Band).

In unserer bisherigen Argumentation stand implizit der Einzelfall mit seinen spezifischen individuellen Störungen im Mittelpunkt. Nun ist nicht zu übersehen, daß bei aller Einzigartigkeit des jeweiligen Psychotherapieklienten auch Ähnlichkeiten zu anderen Klienten bestehen. Solche Ähnlichkeiten eröffnen die Möglichkeit einer *typologischen Klassifikation* von Klienten. Diese kann störungsbezogen erfolgen, indem verschiedene Störungsbilder in einem klinischen Klassifikationssystem kategorisiert und voneinander abgegrenzt werden. Ein solches Klassifikationssystem liefert die Grundlage für eine Erforschung der Ätiologie und der wirksamen Behandlungsformen bestimmter psychischer Störungen.

Eine typologische Generalisierung kann auch persönlichkeitsbezogen erfolgen, indem Klienten mit einer ähnlichen Persönlichkeitsstruktur zu Persönlichkeitstypen zusammengefaßt werden. Wenn sich verschiedene Persönlichkeitstypen in ihren Verhaltens- und Erlebensmustern bedeutsam unterscheiden, kann dies von Bedeutung für das geeignete therapeutische Vorgehen sein, ein Aspekt, der vor allem in dem Beitrag von Becker hervorgehoben wird.

Eine dritte Möglichkeit einer typologischen Generalisierung eröffnet sich, wenn der Lebenskontext von Individuen in die Typenbildung einbezogen wird, d.h. wenn erforscht wird, welche Zusammenhänge zwischen bestimmten Lebenskontexten und psychischen Störungen bzw. geeigneten Therapieformen bestehen. Dieser Gesichtspunkt wird zwar gelegentlich in die Diskussion eingebracht (z.B. von Köhlke, 1997), er bedarf jedoch künftig einer stärkeren Beachtung (s.u.).

Von diesen Überlegungen ausgehend, lassen sich die im vorliegenden Band vertretenen Ansätze einer Therapieintegration mit Hilfe der Tabelle 6.1 einordnen und vergleichend gegenüberstellen. Zusätzlich sind die drei prototypischen integrativen Ansätze von Dollard und Miller, Frank sowie Lazarus in die Tabelle einbezogen worden. Neben den oben besprochenen Konzepten verdient ein im Kapitel von Einsiedel und Mitarbeitern herausgearbeiteter Gesichtspunkt Beachtung. Diese Autoren plädieren für eine ganzheitliche Therapie psychischer Störungen, die fachübergreifend konzipiert sein sollte, d.h. sich nicht von vornherein auf eine psychologische Therapie beschränken sollte. Der Tabelle 6.1 ist zu entnehmen, welche Schwerpunkte in den jeweiligen Beiträgen dieses Bandes gesetzt und welche Aspekte ganz oder weitgehend ausgeblendet werden.

6.3   Das Konzept einer Allgemeinen Psychotherapie

Eine Erörterung der Vor- und Nachteile einer Allgemeinen Psychotherapie setzt zunächst eine Verständigung darüber voraus, in welcher Bedeutung dieser Begriff verwendet werden soll. Ein Blick in die Literatur und auch in den vorliegenden Band zeigt, daß es unterschiedliche Begriffsverwendungen gibt. Da die Diskussion entscheidend durch Grawe geprägt wurde, soll seine Auffassung, wie er sie unlängst formuliert hat, kurz dargestellt und kommentiert werden (s. eingehender Grawe, 1997, sowie in diesem Band). „Mit der Bezeichnung ‚allgemeine Psychotherapie‘ wollte ich das Nichtausklammernde betonen. Ich meine damit eine Psychotherapie, der sich alle empirisch offenen Therapeuten gemeinsam zugehörig fühlen können, eine Psychotherapie, die allen ‚gemein‘ ist. Gemeinsames Fundament wäre die Orientierung an allgemeinen wissenschaftlichen Prinzipien, nicht an bestimmten Inhalten. Das Ziel einer wirklich umfassend wissenschaftlich begründeten Psychotherapie ist ein asymptotisches Ziel. Wir werden es nie erreichen ... Es ist dabei eine ständig in Entwicklung begriffene Psychotherapie gemeint, die fortlaufend das jeweils neu gesicherte Wissen aufnimmt, theoretisch zu integrieren versucht und praktische Schlußfolgerungen im Sinne veränderter Vorgehensweisen daraus zieht. Eine allgemeine Psychotherapie wäre theoretisch fundiert, aber nicht durch eine bestimmte Theorie definiert ... Mit allgemeiner Psychotherapie ist das Gegenteil einer Therapierichtung gemeint ... Die Theorien und Vorgehensweisen wechseln mit dem Erkenntnisfortschritt, ohne daß sich an dem, was mit allgemeiner Psychotherapie gemeint ist, etwas ändert. Die immer angestrebte Überwindung des status quo ändert aber nichts daran, daß eine allgemeine Psychotherapie zu einem gegebenen Zeitpunkt immer in Form konkreter Theorien und Vorgehensweisen verwirklicht werden muß." (Grawe, 1997, S. 153-154).

Grawe möchte mit diesem Verständnis von Allgemeiner Psychotherapie vor allem drei Dinge erreichen: (1) die Überwindung aktueller und zukünftiger Therapieschulen; (2) eine Psychotherapie, die sich auf dem aktuellen Stand des empirisch gesicherten Wissens befindet; (3) eine theoretisch fundierte Psychotherapie. Wie Grawe ausführt, ist eine derartige Allgemeine Psychotherapie ein unerreichbares Ideal, vergleichbar einer platonischen reinen Idee. Sie läßt sich stets nur angenähert verwirklichen und befindet sich in ständiger Weiterentwicklung.

Wenngleich wir den Geist dieser Auffassung teilen (theoretische und empirische Fundierung, Überwindung klassischer Therapieschulen), sehen wir dennoch gewisse Schwierigkeiten. Sie betreffen zum einen Grawes Auffassungen über Wissenschaft und gesichertes Wissen. Wissenschaft, und dies gilt insbesondere für die Psychologie, vollzieht sich in der Auseinandersetzung zwischen Wissenschaftlerinnen und Wissenschaftlern, die unterschiedliche Theorien vertreten, unterschiedliche Methoden favorisieren und unterschiedliches Wissen für hinreichend gesichert halten. Man kann

Tab. 6.1: Vergleichende Gegenüberstellung verschiedener Ansätze einer Therapieintegration

Autoren	(Ganzheitliche) Therapie psychischer Störungen							
	Fachübergreifende Therapie	Psychologische Therapie						
		An psychologischen Theorien und am Einzelfall orientierte Integration				Typologische Generalisierung		
		Summativ	Assimilativ	Gemeinsame Faktoren	Innovativ	Störungsbezogen	Persönlichkeitsbezogen	Lebenskontextbezogen
Dollard & M.			×					
Frank				×				
Lazarus		×				×		
Einsiedel et al.	×	×				(×)	(×)	
Wagner		×			(×)	×		
Hummitzsch				×	×			
Becker				×	×	(×)	×	
Grawe				×	×	(×)	(×)	

also bezweifeln, ob eine Allgemeine Psychotherapie jenseits aller Therapierichtungen und -schulen realisierbar ist. Weiterhin stellt sich die Frage, wie eine Allgemeine Psychotherapie im Sinne obiger Ausführungen gelehrt und praktiziert werden soll. Hier verweist Grawe darauf, daß zu einem bestimmten Zeitpunkt – also z.B. in der nächsten Dekade – die Allgemeine Psychotherapie in Form konkreter Theorien und Vorgehensweisen verwirklicht werden muß. Wie soll man die Realisierung der Allgemeinen Psychotherapie in jeweils einer bestimmten Form näher charakterisieren und von anderen Richtungen der Psychotherapie abgrenzen? Hierfür benötigt man eine nähere Bezeichnung, etwa im Sinne einer Allgemeinen Psychotherapie auf xy-theoretischer Basis, oder eine Allgemeine Psychotherapie nach Autor A. Schließt man sich dieser Auffassung an, wird das Attribut „Allgemein" in Verbindung mit Psychotherapie überflüssig. Man erkennt dies, wenn man in obigem Zitat aus Grawe (1997) das Wort „allgemein" in Verbindung mit Psychotherapie weglässt.

Um diese terminologischen Schwierigkeiten zu vermeiden, verwenden wir im folgenden den Begriff der Allgemeinen Psychotherapie in einer leicht abgewandelten Bedeutung: Unter Allgemeiner Psychotherapie verstehen wir einen Oberbegriff für verschiedene Richtungen der Psychotherapie, die sich dadurch auszeichnen, daß sie in hohem Maße am aktuellen Stand der Theorienbildung und an Erkenntnissen in relevanten Wissenschaften, insbesondere der Psychologie, sowie am Stand der Psychotherapieforschung orientiert sind. Es versteht sich, daß eine so konzipierte Allgemeine Psychotherapie mit keiner der klassischen Therapieschulen in Einklang zu bringen ist, da jene klassischen Schulen nicht hinreichend den aktuellen wissenschaftlichen Erkenntnisstand widerspiegeln. Darin besteht Übereinstimmung mit Grawe. Andererseits vertreten wir die Auffassung, daß es zu einem bestimmten Zeitpunkt verschiedene Möglichkeiten einer Realisierung von Allgemeiner Psychotherapie, mithin verschiedene Therapierichtungen, geben kann und wird. Allgemeine Psychotherapie steht mithin nicht im Widerspruch zu Therapierichtung, sondern deckt sich – verkürzt gesprochen – mit „Psychotherapie auf dem Stand der Wissenschaft". Dies ist zugleich das zentrale Anliegen, das Grawe mit seiner Konzeption einer Allgemeinen Psychotherapie verfolgt (s. eingehender Grawe in diesem Band).

6.4   Pro und Kontra Allgemeine Psychotherapie

Grawe hat mit der Propagierung einer Allgemeinen Psychotherapie eine lebhafte Kontroverse ausgelöst. Wir stellen im folgenden einige Argumente pro und kontra Allgemeine Psychotherapie im oben definierten Sinn zur Diskussion.

6.4.1 Argumente für eine Allgemeine Psychotherapie

Aus wissenschaftlicher Sicht und im Interesse der Therapieklienten ist es wünschenswert, daß sich der aktuelle Stand wissenschaftlicher Erkenntnisse und Theorienbildung in der Psychotherapie abbildet, wenn Psychotherapie – mit anderen Worten – sich auf der Höhe der Zeit befinden soll. Eine Allgemeine Psychotherapie schützt vor dem einseitigen Blickwinkel eines ausschließlich an einer klassischen Therapierichtung orientierten Therapeuten. Dank einer Verbreiterung der Wissensbasis wachsen die Chancen dafür, daß der Therapeut bei adäquater Nutzung dieses Wissens sich flexibel auf unterschiedliche Klienten einstellen kann. Damit verbessern sich die Aussichten auf einen erfolgreichen Therapieverlauf.

Wenn eine Allgemeine Psychotherapie als integrative Therapie konzipiert wird, sind die Voraussetzungen für eine Verständigung von Therapeuten über die Grenzen ihrer jeweiligen Therapieschule hinaus gegeben. Idealerweise sollte die Kommunikation in einer übergeordneten „neutralen" Sprache erfolgen (Wolfe & Goldfried, 1988; Hummitzsch in diesem Band). Man trifft sich sozusagen auf einer höheren Ebene, ohne sich gegenseitig die Existenzberechtigung streitig zu machen. Ein Beispiel hierfür ist das Rahmenmodell psychotherapeutischer Theorien von Wagner (1995), in welchem die höhere Ebene durch den Sprung auf die metatheoretische Ebene erreicht wird. Die im Rahmen unterschiedlicher Therapierichtungen gesammelten Erfahrungen werden gebündelt und verbreitern die gesamte Wissensbasis und das Methodenarsenal.

Vorteile können sich auch in der Ausbildung von Psychotherapeuten ergeben. Es kommt nicht zu einem Bruch, wenn ein Hochschulabsolvent sein Studium abgeschlossen hat und sich für die Weiterbildung zum Psychotherapeuten entschließt. Vielmehr kann das im Studium erworbene Wissen nahtlos in die Therapieausbildung einfließen. Es gibt nicht mehr die in der Vergangenheit beklagte Kluft zwischen dem, was man im Studium lernt, und dem, was sich in der Praxis als relevant erweist. Im übrigen wäre nicht nur ein verbesserter Wissenstransfer vom Studium in die Praxis, sondern auch von der Praxis in Studium und Forschung zu begrüßen.

Ein weiterer Vorteil, der ebenfalls den zur Zeit noch mangelhaften Wissenstransfer zwischen Praxis und Forschung verbessern könnte, besteht in der theoretischen Integrationsleistung, die von Allgemeinen Psychotherapeutinnen und -therapeuten erbracht werden kann, wenn diese in ihrer Therapie den Mut aufbringen, Wissen aus unterschiedlichen Richtungen in ihren Behandlungen zu integrieren. Denn durch die therapeutische Arbeit mit unterschiedlichen psychologischen Herangehensweisen kann im Sinne eines praktischen Lernens eine Integration im Kopf der Behandlerinnen und Behandler entstehen, deren enorme Fruchtbarkeit heute nur erahnt werden kann. Hier sehen wir einen wichtigen Schritt, um das in der Praxis (auch heute schon) vorhandene Wissen für die Psychotherapieforschung nutzbar zu machen.

6.4.2 Argumente gegen eine Allgemeine Psychotherapie

In Tabelle 6.1 wurden verschiedene Wege aufgezeigt, wie eine Allgemeine Psychotherapie über eine Integration vorhandener Therapierichtungen etabliert werden kann. Gegen eine summative Integration läßt sich der Einwand vorbringen, daß sich die mit verschiedenen Therapierichtungen verknüpften Menschenbildannahmen als inkompatibel erweisen (s. Beitrag von Wagner in diesem Band). So steht beispielsweise eine Grundannahme der Psychoanalyse, daß menschliches Verhalten durch unbewußte Prozesse motiviert und gesteuert ist, im Widerspruch zu einer Grundannahme einer Psychotherapie auf handlungstheoretischer Basis, wonach menschliches Verhalten als bewußt gesteuertes intentionales Handeln verstanden werden kann. In einem solchen Fall wäre eine summative Integration verschiedener Therapierichtungen wegen unüberbrückbarer theoretischer Grundannahmen ausgeschlossen. Unseres Erachtens gilt dieses Inkompatibilitätsargument allerdings nur dann, wenn die jeweilige Grundposition wie folgt verabsolutiert wird: Menschliches Verhalten ist entweder grundsätzlich unbewußt motiviert oder grundsätzlich intentional. Versteht man die Psychoanalyse und die Handlungstheorie jedoch als sich gegenseitig ergänzende und korrigierende Grundpositionen, indem man konzediert, daß ein bestimmtes Verhalten unbewußt motiviert, ein anderes Verhalten bewußt gesteuert sein kann, so steht einer Annäherung und Integration verschiedener Positionen kein unüberwindliches Hindernis im Wege. Wie Wagner (in diesem Band) zeigt, kann gerade eine solche Relativierung einzelner Therapierichtungen eine sinnvolle Grundlage für eine Allgemeine Psychotherapie bilden.

Ernst zu nehmen ist der Einwand, daß sich beim Überschreiten der Grenzen einer bestimmten Therapierichtung zunächst ein Orientierungs- und Sicherheitsverlust (bzw. eine „Entwurzelung") einstellen kann. Tscheulin (1992) sieht in diesem Zusammenhang einerseits die Gefahr einer „Verbohrtheit", wenn man innerhalb des gewohnten Rahmens verbleibt, und andererseits die Gefahr des Identitätsverlustes, wenn man eine zu große Offenheit für Neues zeigt. Im Zweifelsfall erscheint ihm Verbohrtheit weniger gefährlich als ein Identitätsverlust.

In eine ähnliche Richtung zielt der Einwand, daß die von einem Allgemeinen Therapeuten geforderte Flexibilität zu einer Überforderung führen kann. In der Tat wachsen die Anforderungen an einen Therapeuten, wenn er sowohl bei der Erklärung psychischer Störungen als auch bei der Wahl einer geeigneten Therapiemethode mehr Optionen zur Verfügung hat, zwischen denen er wählen muß. Da im Verlauf einer Psychotherapie oftmals schnelle Entscheidungen zu treffen sind, ist nicht auszuschließen, daß ein Therapeut bei zu hoher Komplexität der Aufgabe die Orientierung verliert, verunsichert wird oder erratische Ad-hoc-Entscheidungen trifft. Hummitzsch verweist in seinem Beitrag zu Recht darauf, daß ein praktikabler Ansatz nicht zu komplex sein darf. In jedem Fall erfordert die Hinwendung zu einer Allgemeinen Psychotherapie ausgearbeitete und empirisch erprobte Indikationsregeln (siehe hierzu eingehender Seidenstücker & Roth, 1997, sowie Grawe in diesem Band). Andererseits kann es gerade ein wichtiges Ziel einer Allgemeinen Psychotherapie sein, solche Indikationsregeln immer wieder zu überprüfen und zu optimieren.

Fiedler (1997a, S. 21) prognostiziert: „... daß auch einer sog. allgemeinen Psychotherapie, wie sie einigen Kollegen (z.B. Grawe, 1995; 1997) zur Zeit vorschwebt, keine große Zukunft beschieden sein wird." Er begründet seine Skepsis u.a. damit, daß keines der bisher als Allgemeine Psychotherapie ausgearbeiteten Konzepte über hinreichende empirische Evidenz verfüge. An anderer Stelle führt Fiedler (1997b, S. 156) aus: „Meines Erachtens geht langfristig kein Weg daran vorbei, die bisher sträflich von den traditionellen wie modernen Therapieschulen vernachlässigte Frage des Geltungsanspruches und der Realgeltung der jeweiligen Konzeption endlich einmal in den Mittelpunkt zu rücken." Am Beispiel der Argumentation von Fielder läßt sich eine grundsätzliche Problematik einer Allgemeinen Psychotherapie verdeutlichen. Eine Allgemeine Psychotherapie, die den aktuellen wissenschaftlichen Erkenntnisstand zu berücksichtigen versucht, hat innovativen Charakter. Notwendigerweise wird es längere Zeit dauern, bis eine solche Therapie hinreichend evaluiert ist (s. Beitrag von Grawe in diesem Band). Während der Phase der Erprobung wird man stets den Einwand eines fehlenden Wirksamkeitsnachweises vorbringen können. Andererseits lassen sich therapeutische Fortschritte nur erzielen, wenn neue Wege beschritten werden.

Mit Widerstand gegen eine Allgemeine Psychotherapie ist aus naheliegenden Gründen von seiten der Therapieverbände zu rechnen. Aber auch die zur Zeit noch geltende Gesetzgebung steht einer Allgemeinen Psychotherapie im Wege, denn es werden nur sog. Richtlinienverfahren anerkannt. Die Beschränkung auf (erprobte) Richtlinienverfahren dient einerseits dem Schutz des Verbrauchers vor fragwürdigen therapeutischen Methoden und ungenügend ausgebildeten Psychotherapeuten. Andererseits schreibt sie für längere Zeit den status quo fest und verzögert die Einführung neuer, verbesserter Verfahren. Durch den Wissenschaftlichen Beirat beim Bundesministerium für Gesundheit, der nach Artikel 1, § 11 des verabschiedeten Psychotherapeutengesetzes auf Vorschlag der Spitzenverbände der Psychotherapeuten zu besetzen ist, besteht jedoch zukünftig die Möglichkeit, daß auch andere Verfahren im Rahmen der gesetzlichen Krankenversorgung angewandt werden können, wenn deren wissenschaftliche Anerkennung vom Beirat empfohlen wird. Hier sehen wir in Zukunft eine große Chance für die Etablierung einer Allgemeinen Psychotherapie im Gesundheitssystem.

Selbst wenn, wie von Grawe intendiert, eine Allgemeine Psychotherapie schulenübergreifend konzipiert wird, besteht die Gefahr, daß sich eine bestimmte Realisierungsform einer Allgemeinen Psychotherapie als neue Therapieschule etabliert. Diese Gefahr liegt deshalb auf der Hand, weil eine größere Anzahl angehender Psychotherapeuten in dieser Richtung ausgebildet wird, entsprechende Ausbildungsstätten und Ausbildungsmaterialien geschaffen werden und Forschung in diese Richtung gelenkt wird. Man kann also vermuten, daß auch zukünftig verschiedene Therapierichtungen existieren werden. Fiedler (1997b, S. 154) gesteht, was ihm persönlich vorschwebt: „... Nämlich eine lebendige, offene, und wohlwollend konstruktive Konkurrenz der Therapieschulen untereinander!" Auch die in diesem Band versammelten Beiträge legen für eine Pluralität der Konzeptionen unter dem Dach einer Allgemeinen Psychotherapie Zeugnis ab.

6.5 Ausblick

Im Schlußkapitel dieses Bandes einen Ausblick in die Zukunft zu wagen, liegt nahe, ist jedoch riskant. Wer kann sich schon anmaßen, über prophetische Qualitäten zu verfügen? Dennoch lassen wir uns auf eine solche Diskussion ein und stellen zwei Fragen: In welche Richtung geht die Entwicklung? Wohin sollte sie gehen?

Unbestreitbar wurden in den letzten Jahren beachtliche Fortschritte innerhalb der Grundlagenwissenschaft Psychologie sowie in der angewandten Disziplin Klinische Psychologie und Psychotherapie erzielt. Wir stimmen mit Grawe und anderen Autoren darin überein, daß diese Erkenntnisse das Gesicht der Psychotherapie verändern. Sie warten darauf, in der Ausbildung und Praxis aufgegriffen und umgesetzt zu werden. Mit Blick in die Zukunft bedeutet diese Entwicklung, daß der Bedarf nach beruflicher Fortbildung steigen wird. Eine *kontinuierliche professionelle Weiterbildung* erscheint unumgänglich. Die im vorliegenden Band versammelten Autoren sind der Meinung, daß eine solche Fortbildung sich primär am Stand der Wissenschaft orientieren sollte. Dies impliziert die Bereitschaft zum Blick über den eigenen Tellerrand.

Wie in mehreren Kapiteln betont wurde, zeichnet sich als Ergebnis der Therapieforschung ab, daß es über die Therapieschulen hinweg eine Reihe *gemeinsamer Wirkfaktoren* gibt, auf die in der Aus- und Weiterbildung künftig großen Wert gelegt werden sollte. Weiterhin ist die Bedeutung einer *störungsbezogenen Perspektive* unbestritten (s. z.B. Reinecker & Fiedler, 1997). Die systematische Erforschung der Ätiologie spezifischer psychischer Störungen und von Behandlungsmethoden, die sich bei einer bestimmten Art von psychischer Störung als besonders erfolgversprechend erweisen, gehört zu den vordringlichen Aufgaben. Dabei stellt störungsbezogenes Wissen einen zwar sehr wichtigen Baustein erfolgreicher Psychotherapie dar, doch es kann und soll nicht das tiefere Verständnis der bei einem bestimmten Klienten beteiligten Mechanismen ersetzen (Wagner, 1997; siehe auch die Beiträge von Becker, Grawe und Hummitzsch in diesem Band).

Ausgelöst durch die neue Gesetzgebung wird ein Prozeß beschleunigt, der zu einer Zurückverlagerung großer Teile der *Therapieausbildung an die Universitäten* führen wird. Daraus ergeben sich Chancen einer besseren Verzahnung von Forschung, Lehre und Anwendung. Idealerweise sollte es dabei zu einer wechselseitigen Rückkoppelung von der Forschung in die Praxis und von der Praxis in die Forschung kommen. Ein sehr weitgehender Vorschlag, den Einsiedel, Singer, Schlitt und Schönefuß in diesem Band zur Diskussion stellen, zielt auf ein eigenständiges Fach Psychotherapie an Universitäten ab. Wie groß die Realisierungschancen eines solchen Vorschlages sind, wird die Zukunft erweisen. Zu Recht betonen diese Autoren die Notwendigkeit einer fachübergreifenden Orientierung und Bereitschaft zur interdisziplinären Zusammenarbeit.

Aus mehreren Beiträgen dieses Bandes sowie jüngeren Entwicklungen in der Grundlagenforschung und Klinischen Psychologie läßt sich prognostizieren, daß in der Psychotherapie zukünftig die *Persönlichkeit* und eventuelle *Persönlichkeitsstörungen* des Klienten verstärkte Aufmerksamkeit finden werden (s. hierzu u.a. Becker, 1995, 1996, in Druck; Beutler & Clarkin, 1990; Fiedler, 1995; Grawe, Caspar & Ambühl, 1991; Schmitz, Fydrich & Limbacher, 1996; Tscheulin, 1992).

Als weiteren Trend glauben wir, den wachsenden Einsatz standardisierter *diagnostischer Verfahren* (z.B. Fragebogentests oder computerunterstützte Diagnostik) ausmachen zu können (siehe auch Steck, 1997). Ein steigender Bedarf ergibt sich u.a. aus der Notwendigkeit, komplexe diagnostische Entscheidungen durch die Verwendung objektivierender Verfahren zu erleichtern (s. Grawe in diesem Band). Weiterhin sind solche Verfahren für die Evaluation und *Qualitätssicherung* von Therapien unverzichtbar (Grawe, 1998; Grawe & Braun, 1994; Seidenstücker & Roth, 1997).

Mit Blick auf das optimale therapeutische Setting und Vorgehen verweist Tabelle 6.1 auf ein offensichtliches Forschungsdefizit. Während wir über störungs- und persönlichkeitsbezogenes Wissen verfügen, das für die Indikation genutzt werden kann, fehlt es weitgehend an gesicherten Erkenntnissen über die wirksamsten Formen der Therapie bei Klienten aus unterschiedlichen Lebenskontexten. Die Klärung dieser Frage wird von vielen Therapeuten als bedeutsam eingeschätzt (z.B. Kaimer, 1997; Köhlke, 1997).

Wenn wir uns eine persönliche Stellungnahme zum Abschluß erlauben, so sind wir nach der Auseinandersetzung mit der Thematik dieses Bandes davon überzeugt, daß sich die Diskussion um eine Allgemeine Psychotherapie als fruchtbar erweist. Vieles spricht dafür, daß eine Psychotherapie der Zukunft am Stand der wissenschaftlichen Forschung orientiert sein wird, und daß sie den engen Rahmen klassischer Therapierichtungen hinter sich lassen wird.

Literatur

Arkowitz, H. (1997). Integrative theories of therapy. In P. L. Wachtel & S. B. Messer (Eds.), *Theories of psychotherapy. Origins and evolution* (pp. 227-288). Washington, D. C: American Psychological Association.

Becker, P. (1995). *Seelische Gesundheit und Verhaltenskontrolle. Eine integrative Persönlichkeitstheorie und ihre klinische Anwendung.* Göttingen: Hogrefe.

Becker, P. (1996). Persönlichkeit. In A. Ehlers & K. Hahlweg (Hrsg.), *Enzyklopädie der Psychologie: Themenbereich D Praxisgebiete, Serie 2 Klinische Psychologie, Band 1 Psychologische und biologische Grundlagen* (S. 465-534). Göttingen: Hogrefe.

Becker, P. (in Druck). *Neuere therapeutisch relevante Ergebnisse der Persönlichkeitsforschung.* Eysenck-Journal.

Beutler, L. E. & Clarkin, J. F. (1990). *Systematic treatment selection: Toward targeted therapeutic interventions.* New York: Brunner/Mazel.

Davison, G. C. & Neale, J. M. (1998). *Klinische Psychologie.* 5., aktualisierte Auflage. Weinheim: Psychologie Verlags Union.

Dollard, J. & Miller, N. E. (1950). *Personality and psychotherapy: An analysis in terms of learning, thinking, and culture.* New York: McGraw-Hill.

Fiedler, P. (1995). *Persönlichkeitsstörungen.* 2., überarbeitete und erweiterte Auflage. Weinheim: Psychologie Verlags Union.

Fiedler, P. (1997a). Therapieplanung in der modernen Verhaltenstherapie: Von der allgemeinen zur phänomen- und störungsspezifischen Behandlung. In H. Reinecker & P. Fiedler (Hrsg.), *Therapieplanung in der modernen Verhaltenstherapie. Eine Kontroverse* (S. 1-27). Lengerich: Pabst.

Fiedler, P. (1997b). Die Zukunft der Verhaltenstherapie lag schon immer so ziemlich genau in der Mitte ... zwischen Phänomen- und Störungsorientierung. Ein zusammenfassender Kommentar. In H. Reinecker & P. Fiedler (Hrsg.), *Therapieplanung in der modernen Verhaltenstherapie. Eine Kontroverse* (S. 131-159). Lengerich: Pabst.

Frank, J. D. (1961). *Persuasion and healing.* Baltimore: Johns Hopkins University Press.

Grawe, K. (1995). Grundriß einer Allgemeinen Psychotherapie. *Psychotherapeut, 40,* 130-145.

Grawe, K. (1996). Umrisse einer zukünftigen Psychotherapie. In H. Bents, R. Frank & E. R. Rey (Hrsg.), *Erfolg und Mißerfolg in der Psychotherapie* (S. 38-58). Regensburg: Roderer.

Grawe, K. (1997). „Moderne" Verhaltenstherapie oder allgemeine Psychotherapie? *Verhaltenstherapie und Verhaltensmedizin, 18,* 137-159.

Grawe, K. (1997). Research-informed psychotherapy. *Psychotherapy Research, 7,* 1-19.

Grawe, K. (1998). *Psychologische Therapie.* Göttingen: Hogrefe.

Grawe, K. & Braun, U. (1994). Qualitätskontrolle in der Psychotherapiepraxis. *Zeitschrift für Klinische Psychologie, 23*, 242-267.

Grawe, K., Caspar, F. & Ambühl, H. (1991). Was ist differentiell an der Differentiellen Psychotherapieforschung? Eine Replik auf die Stellungnahmen von Reinecker, Schindler und Hand zur Berner Therapievergleichsstudie. *Zeitschrift für Klinische Psychologie, 20*, 286-297.

Kanfer, F. H., Reinecker, H. & Schmelzer, D. (1996). *Selbstmanagement-Therapie. Ein Lehrbuch für die klinische Praxis* (2., vollst. überarb. u. erw. Aufl.). Berlin: Springer.

Kaimer, P. (1997). Umwelt-Relevanz und therapeutische Arbeitsbeziehungen in der Verhaltenstherapie. In H. Reinecker & P. Fiedler (Hrsg.), *Therapieplanung in der modernen Verhaltenstherapie. Eine Kontroverse* (S. 87-90). Lengerich: Pabst.

Köhlke, H.-U. (1997). Die Zukunft der verhaltenstherapeutischen Praxis – Spezialisierung? Ein Versuch zu einer Verständigung zwischen Forschung und Praxis. In H. Reinecker & P. Fiedler (Hrsg.), *Therapieplanung in der modernen Verhaltenstherapie. Eine Kontroverse* (S. 63-79). Lengerich: Pabst.

Lazarus, A. A. (1981). *The practice of multimodal therapy*. New York: McGraw-Hill.

Lazarus, A. A. (1986). Multimodal therapy. In J. C. Norcross (Ed.), *Handbook of eclectic psychotherapy* (pp. 65-93). New York: Brunner/Mazel.

Reinecker, H. & Fiedler, P. (Hrsg.). (1997). *Therapieplanung in der modernen Verhaltenstherapie. Eine Kontroverse*. Lengerich: Pabst.

Schmitz, B., Fydrich, T. & Limbacher, K. (Hrsg.). (1996). *Persönlichkeitsstörungen: Diagnostik und Psychotherapie*. Weinheim: Psychologie Verlags Union.

Seidenstücker, G. & Roth, W. L. (1997). *Entscheidungen im Kontext von Psychotherapien: Fragestellungen, Indikationsmodelle, Entscheidungsansätze* (Trierer Psychologische Berichte Band 24, Heft 4). Trier: Universität, Fachbereich I - Psychologie.

Steck, P. (1997). Psychologische Testverfahren in der Praxis. Ergebnisse einer Umfrage unter Testanwendern. *Diagnostica, 43*, 267-284.

Tscheulin, D. (1992). *Wirkfaktoren psychotherapeutischer Intervention*. Göttingen: Hogrefe.

Wagner, R. F. (1995). Ein metatheoretisches Rahmenmodell psychotherapeutischer Theorien. *Zeitschrift für Klinische Psychologie, Psychopathologie und Psychotherapie, 43*, 185-199.

Wagner, R. F. (1997). Verhaltenstherapie in der Integration von Individualität und Standardisierung. In H. Reinecker & P. Fiedler (Hrsg.), *Therapieplanung in der modernen Verhaltenstherapie. Eine Kontroverse* (S. 98-103). Lengerich: Pabst.

Westen, D. (1997). Divergences between clinical and research methods for assessing personality disorders: Implications for research and the evolution of axis II. *American Journal of Psychiatry, 154*, 895-903.

Wolfe, B. E. & Goldfried, M. R. (1988). Research on psychotherapy integration: Recommendations and conclusions from an NIMH workshop. *Journal of Consulting and Clinical Psychology, 56*, 448-451.

Autorenverzeichnis

Prof. Dr. Peter Becker, Diplom-Psychologe
Universität Trier
Fachbereich I - Psychologie
54286 Trier

Dr. Eckehard Einsiedel, Diplom-Psychologe
Universitätskinderklinik
Langenbeckstraße 1
55101 Mainz

Prof. Dr. Klaus Grawe, Diplom-Psychologe
Universität Bern
Institut für Psychologie
Muesmattstraße 45
CH-3000 Bern 9

Heinz Hummitzsch, Diplom-Psychologe
Sozialpsychiatrischer Dienst des Landkreises Northeim
Wallstraße 40
37154 Northeim

Harald Schlitt, Diplom-Psychologe
Bundesarbeitsgemeinschaft Psychologisch-Medizinischer Initiativgruppen (BPMI)
Hermann-Ehlers-Straße 40
55124 Mainz

Götz Schönefuß, Diplom-Psychologe
Universitätsfrauenklinik
Langenbeckstraße 1
55101 Mainz

Peter Singer, Diplom-Psychologe
c/o Deutsche Gesellschaft zur Evaluation von Therapieformen (DgzET)
Freiligrathstraße 5
55131 Mainz

Dr. Rudolph F. Wagner, Diplom-Psychologe
Universität Würzburg
Institut für Psychotherapie und Medizinische Psychologie
Klinikstraße 3
97070 Würzburg

Sachregister

Psychotherapie

Klaus Grawe
Psychologische Therapie
1998, XX/780 Seiten, gebunden, DM 98,–
sFr. 85,– / öS 715,– • ISBN 3-8017-0978-7

Klaus Grawe

Psychologische Therapie

Hogrefe

Was sind die wirksamen Faktoren der Psychotherapie? Wie lassen sich Entstehung, Aufrechterhaltung und Veränderung psychischer Störungen erklären? Eine Therapeutin, ein Therapieforscher und ein grundlagenwissenschaftlicher Psychologe diskutieren diese Fragen in drei aufeinander aufbauenden Dialogen und entwickeln auf dieser Grundlage ein Modell für eine psychologisch begründete Therapiepraxis. Klaus Grawe legt mit diesem Buch eine fundierte Theorie der Psychotherapie vor.

Walter Bongartz / Bärbel Bongartz
Hypnosetherapie
1998, 336 Seiten, DM 69,–/sFr. 60,–/öS 504,–
ISBN 3-8017-0826-8

Walter Bongartz / Bärbel Bongartz

Hypnose therapie

Hogrefe

Das Buch vermittelt anhand vieler Beispiele, praktischer Hinweise und Übungen die Arbeitsweise der modernen Hypnosetherapie. Detailliert wird eine Vielzahl direkter wie indirekter Hypnoseinduktionen und hypnosetherapeutischer Interventionsformen beschrieben. Die Autoren verdeutlichen mittels zahlreicher Fallbeispiele und Therapieentwürfe den Aufbau von Hypnosetherapien und die Funktion der einzelnen Komponenten im Therapieverlauf. Therapeuten finden für jede Phase der Therapie viele Anregungen und Therapievorschläge.

🖁 Hogrefe - Verlag
Rohnsweg 25, 37085 Göttingen • http://www.hogrefe.de

Psychotherapie

Hansruedi Ambühl / Bernhard Strauß (Hrsg.)
Therapieziele
1999, 336 Seiten, DM 59,– / sFr. 51,–
öS 431,– • ISBN 3-8017-1126-9

Hansruedi Ambühl und Bernhard Strauß

Therapieziele

Hogrefe

Prominente Vertreter der wichtigsten Psychotherapierichtungen setzen sich in diesem Buch mit der Frage der Therapieziele auseinander und diskutieren diese sowohl aus historischem Blickwinkel als auch hinsichtlich ihrer Erfaßbarkeit in empirischen Untersuchungen. Darüber hinaus werden ethische Aspekte bei der Setzung von Therapiezielen und die Frage des »Informed Consent« behandelt. Das Buch bietet Psychotherapeuten und Wissenschaftlern eine wichtige Basis zur kritischen Bewertung ihres Handelns und nicht zuletzt zur Planung wissenschaftlicher Untersuchungen auf dem Gebiet der Therapieevaluation.

Martin Hautzinger
Depression
(Fortschritte der Psychotherapie, Band 4)
1998, VIII/86 Seiten, DM 39,80 / sFr. 35,90
öS 291,– (Im Reihenabonnement DM 29,80
sFr. 26,80 / öS 218,–) • ISBN 3-8017-1002-5

Martin Hautzinger

Depression

Fortschritte der Psychotherapie

Hogrefe

Das Praxismanual informiert über den aktuellen Kenntnisstand der Behandlung depressiver Störungen. Nach einer Darstellung des Ätiologie- und Bedingungswissens sowie der Diagnosesysteme werden praxisorientierte Empfehlungen für die psychotherapeutische Depressionsbehandlung gegeben. Dargestellt werden u.a. günstiges und ungünstiges Therapeutenverhalten, der Umgang mit Krisen, Antidepressiva-Therapie, einzelne Therapiekomponenten sowie Maßnahmen zur Rückfallprophylaxe.

🖁 Hogrefe - Verlag
Rohnsweg 25, 37085 Göttingen • http://www.hogrefe.de

Psychotherapie